AF684749

REG PRICE 7.05
STRAND PRICE
$1.00

Veröffentlichungen der GUW Bd. 2

Juristen für das Reich

von
Jürg Schmutz

VERÖFFENTLICHUNGEN DER GESELLSCHAFT FÜR UNIVERSITÄTS- UND WISSENSCHAFTSGESCHICHTE

In Verbindung mit
Rüdiger vom Bruch, Notker Hammerstein,
Walter Höflechner, Rainer A. Müller, Wolfgang Proß

herausgegeben von
Rainer Christoph Schwinges

Band 2

Juristen für das Reich

Die deutschen Rechtsstudenten an der Universität Bologna 1265–1425

von
Jürg Schmutz

Juristen für das Reich

Die deutschen Rechtsstudenten an der Universität Bologna 1265–1425

von

Jürg Schmutz

Teil 1: Text

SCHWABE & CO AG · VERLAG · BASEL

Die vorliegende Arbeit wurde von der
Philosophisch-historischen Fakultät der Universität Bern
im Sommersemester 1997
auf Antrag von Prof. Dr. Rainer Chr. Schwinges
als Dissertation angenommen.

Publiziert mit Unterstützung des Schweizerischen Nationalfonds
zur Förderung der wissenschaftlichen Forschung

© 2000 by Schwabe & Co. AG · Verlag · Basel
Printed in Switzerland
ISBN 3-7965-1437-5

Umschlagillustration:
Mitglieder der deutschen Nation vor dem Prokurator
(Archivio dell'Università di Bologna, Cod. n. 5:
Statua Nationis Germanicae a. 1497, fol. 2r)

Inhaltsverzeichnis

Vorwort und Dank

Vor genau hundert Jahren, 1899, veröffentlichte Gustav Knod unter dem Titel „Deutsche Studenten in Bologna (1289–1562)" seinen biographischen Index zu den zwölf Jahre vorher erschienenen Aufzeichnungen der deutschen Rechtsstudenten an der alten Universität Bologna. Mit diesem Werk stellte er der Forschung eine reiche Fundgrube zur Verfügung, die trotz offenkundiger Mängel bis heute eine vielbenutzte und teilweise noch immer nicht überholte Grundlage für biographische Studien über die deutschen gelehrten Juristen geblieben ist.

Zu einer monographischen Synthese über die deutschen Rechtsstudenten, in der sowohl Knods Vorarbeiten als auch die weiteren wichtigen Bologneser Quellen unter prosopographischen Gesichtspunkten ausgewertet worden wären, ist es indessen in der Folgezeit nicht gekommen. Mit der vorliegenden Arbeit, die in etwas ausführlicherer Form im Sommer 1997 von der Philosophisch-historischen Fakultät der Universität Bern als Dissertation angenommen wurde, soll nun zumindest einmal für den rezeptionsgeschichtlich wichtigen Zeitraum zwischen 1265 und 1425 eine umfassende Auswertung auf einer breiten Quellenbasis vorgelegt werden. Trotz hundert Jahren wissenschaftlichem Fortschritt seit Knod und trotz der Verwendung von Datenbanken anstelle von Zettelkästen und anderen technischen Erleichterungen bleiben aber auch jetzt noch manche Fragen offen und verschiedene Angaben zweifelhaft. In diesem Sinn mag auch das vorliegende Werk seinerseits wieder als Quelle und Anregung für zukünftige lokal und regional angelegte Studien dienen, ergänzt und korrigiert werden und auf diese Weise die Forschung voranbringen.

Während der Entstehungsgeschichte dieses Buchs haben mich zahlreiche Menschen und Institutionen mit Rat und Tat und nicht zuletzt mit den notwendigen finanziellen Mitteln in vielfältiger Weise unterstützt. Ihnen allen, insbesondere den im Folgenden genannten Personen und Institutionen, möchte ich an dieser Stelle herzlich danken.

Professor Rainer Chr. Schwinges in Bern und Professor Peter Moraw in Giessen liessen mir durch ihre knappe aber präzise Betreuung sehr viel wissenschaftlichen Freiraum. Kolleginnen und Kollegen in Bern, Giessen und Frauenfeld halfen mit klugen Fragen und Hinweisen, mit Gastfreundschaft, gelegentlich auch mit deutlichen Worten und schliesslich mit viel Geduld beim Lesen der Korrekturen und bei technischen Fragen.

Besonders erwähnen möchte ich unter diesen Christian Hesse, Barbara Studer, Beat Immenhauser und Bruno Koch in Bern, Bettina Koch und Steffen Krieb in Giessen und Doris Stöckly in Frauenfeld.

Meine Arbeit wurde materiell unterstüzt und im Wesentlichen getragen durch Stipendien des Schweizerischen Nationalfonds zur Förderung des wissenschaftlichen Nachwuchses und der Deutschen Forschungsgemeinschaft. Diese grosszügige Förderung ermöglichte es mir unter anderem, während zweier lehrreicher Jahre als Stipendiat am Graduiertenkolleg „Mittelalterliche und neuzeitliche Staatlichkeit“ der Justus-Liebig-Universität Giessen vom besonderen Umfeld interdisziplinärer Forschung zu profitieren und in diesem Rahmen auch mehrere Archivaufenthalte in Bologna zu absolvieren. Der Schweizerische Nationalfonds leistete zudem einen ansehnlichen Beitrag an die Druckkosten. Ich danke den beiden Institutionen für ihre wichtigen Beiträge, ohne die das Werk in dieser Form nicht hätte entstehen können. Ein besonderer Dank gilt auch dem Schwabe-Verlag für die sorgfältige Drucklegung.

Traditionellerweise gehört der letzte Abschnitt oder zumindest der letzte Satz des Vorworts den jeweiligen Lebenspartnerinnen als symbolisches Entgelt für geduldig ertragenen Egoismus und Vernachlässigung während einiger der sogenannt „besten Jahre“ des Lebens.[1] Völlig zu Recht selbstverständlich, denn eine wissenschaftliche Arbeit wird nicht ausschliesslich von den oben erwähnten, wohlmeinenden, verständnisvollen und in vielfältiger Weise hilfsbereiten Personen begleitet, sondern sehr stark, wenn auch weniger direkt, von Menschen, die das alles schlicht und einfach auszuhalten haben. Ich danke deshalb meiner Frau Beate ganz herzlich für ihre mehr oder weniger immer spürbare Zustimmung zu diesem Unternehmen – und dies umso mehr, als sie nie ganz begreifen konnte, wie man über ein solches Thema so lange an einem Buch arbeiten kann ...

Müllheim, im Oktober 1999

---

1 Maximilian Herberger, Die Frau im Vorwort, in: Rechtshistorisches Journal 6 (1987), 233–239.

1. Einleitung

Res sanctissima utriusque iuris sapientia per quam et militans ecclesia regitur et civilis respublica gubernatur sic erudendis est mentibus exibenda, ut non desidiose provisionis tedio negligatur, sed opportune solertie studio conquiratur.

aus den Statuten des Collegio Gregoriano, Bologna[2]

Heute betrachten wir es als selbstverständlich, in nahezu allen Lebensbereichen wissenschaftlich ausgebildete Berufsjuristen anzutreffen, und wir haben uns daran gewöhnt, Entscheide von grösserer Tragweite nicht ohne deren Zustimmung zu fällen. Diese „Herrschaft" der Juristen über das öffentliche Leben, die Franz Wieacker geradezu als „Charakteristikum der okzidentalen Gesellschaften gegenüber allen anderen uns bekannten Kulturen" bezeichnete[3], stellt den vorläufigen Höhe- und Schlusspunkt einer seit dem hohen Mittelalter von Norditalien und Südfrankreich ausgehenden Weiterentwicklung des europäischen Rechtswesens dar. Tragende Elemente und gleichzeitig auch Ergebnisse dieses Prozesses waren die Wiederentdeckung bzw. Wiederbenutzung der Digesten Kaiser Justinians nach der frühmittelalterlichen „*età senza giuristi*"[4], die Herausbildung neuer Formen des Rechtsunterrichts und schliesslich die Entstehung einer völlig neuartigen Lehrinstitution, der Universität.

Das neu entdeckte oder neu verstandene römische sowie das sich rasch entwickelnde Kirchenrecht stellten nie bloss akademischen Übungsstoff dar. Die beiden Rechte fanden vielmehr im Verlauf eines sich teilweise über Jahrhunderte hinziehenden Aufnahmevorgangs

---

2 Statuten des Collegio Gregoriano, 1372, in: Chartularium Studii Bononiensis, Bd. 2, hg. von Albano Sorbelli, Bologna 1913, S. 289 f.

3 *Franz Wieacker*, Privatrechtsgeschichte der Neuzeit unter besonderer Berücksichtigung der deutschen Entwicklung, Göttingen ^{2}1967, S. 22.

4 Die Spanne vom siebten bis zum zehnten Jahrhundert muss in rechtshistorischer Hinsicht als Zeit der geringsten Kenntnis und praktischen Anwendung des spätantiken römischen Rechts betrachtet werden: *Manlio Bellomo*, L'Europa del diritto comune (I libri di Erice 1), Rom ^{7}1994, S. 45–65.

(wieder) Eingang in die juristische Praxis, aus der sie, zumindest in Oberitalien, nie völlig verschwunden waren.[5] Die kontinuierlich in Wissenschaft und Praxis weiterentwickelten Rechte konnten aber zu keinem Zeitpunkt ohne die entsprechenden Kenner und Interpreten zur Anwendung kommen, weil bloss wenige unter den geistlichen und kaum ein weltlicher Herr sich ihrer ohne Hilfe richtig zu bedienen wussten. Die Anwendung und erst recht die Vermittlung der „gelehrten" Rechte, wie Zivil- und Kirchenrecht oft zusammenfassend bezeichnet werden, war und ist deshalb seit je her ohne juristisch gebildete Personen nicht vorstellbar. Rechtsgeschichte ist demzufolge immer auch Juristengeschichte, und Juristengeschichte ist seit dem Hochmittelalter immer auch Universitätsgeschichte.[6] Die Juristen als Träger der Rezeption, d. h. der Aufnahme der gelehrten Rechte in einzelnen Regionen sowie ihre Studien an den Rechtsuniversitäten bilden aus diesem Grund Schlüsselfiguren bzw. Schlüsselelemente der Rechtsgeschichte.[7] Dieser personale Ansatz in der Rezeptionsforschung ist um so stärker zu betonen, als über lange Zeit hinweg die „fremden" gelehrten Rechte selbst als offensiv in den germanischen Rechtsraum hineindrängende Subjekte verstanden worden waren.[8]

---

5 *Hermann Lange*, Die Anfänge der modernen Rechtswissenschaft. Bologna und das frühe Mittelalter (Abhandlungen der Geistes- und Sozialwissenschaftlichen Klasse. Akademie der Wissenschaften und der Literatur 9), Stuttgart 1993, S. 13.

6 Vgl. in diesem Zusammenhang die von *Rainer Chr. Schwinges* aufgestellten Rahmenbedingungen gelehrter Karrieren: Karrieremuster. Zur sozialen Rolle der Gelehrten im Reich des 14. Bis 16. Jahrhunderts, in: Gelehrte im Reich. Zur Sozial- und Wirkungsgeschichte akademischer Eliten des 14. Bis 16. Jahrhunderts, hg. von dems. (ZHF Beiheft 18), Berlin 1996, S. 11–22.

7 *Johannes Fried*, Die Rezeption Bologneser Wissenschaft in Deutschland während des 12. Jahrhunderts, in: Viator 21 (1990), 103–145, hier: S. 111, setzt die personengeschichtlichen Forschungen an die erste Stelle seines Programms für einen vierfachen Zugriff auf die Rezeption der Bologneser Wissenschaften in Deutschland. Die prosopographischen Studien sind nach ihm zu ergänzen durch Untersuchungen über die Verbreitung der in Italien entstandenen Handschriften, über die in Deutschland selbst entstandenen juristischen Texten und über weitere Zeugnissen für Studienaufenthalte in Bologna bzw. Italien.

8 Anschauliche Beispiele für die Form des Diskurses zwischen den „Germanisten" und den „Romanisten" während der stark nationalistisch geprägten Phase der Rechtsgeschichte des ausgehenden 19. und beginnenden 20. Jahrhunderts liefern neben vielen anderen *Emil Ott*, Beiträge zur Receptions-Geschichte des römisch-canonischen Processes in den böhmischen Ländern, Leipzig 1879, S. VII und *Otto Riedner*, Das Speierer Offizialatsgericht im dreizehnten Jahrhundert, in: Mitteilungen des Historischen Vereins der Pfalz 29/30 (1907), S. 1–107, hier: S. 107.

Die vorliegende Untersuchung umfasst 3601 Studenten aus dem Alten Reich an der Bologneser Rechtsuniversität zwischen 1265 und 1425. Die regionale und soziale Herkunft dieser Menschen, ihre Studien, weiteren Lebenswege und ihr Wirken werden mit prosopographischen Ansätzen erschlossen und in den Rahmen der Universitäts-, Sozial- und Bildungsgeschichte des späten Mittelalters eingeordnet.[9] Es geht einmal darum, am Beispiel der Besucherschaft einer hochangesehenen Rechtsuniversität die Struktur einer besonders mobilen gesellschaftlichen Schicht im Reich zu erfassen, die sich durch ein Studium im Ausland für eine wie auch immer geartete Karriere innerhalb der Kirche oder im höheren Gerichts- oder Verwaltungsdienst geistlicher oder weltlicher Herren qualifizierte. Zum Zweiten soll anhand der feststellbaren nachuniversitären Karrieren der Stellenwert eines Bologna-Aufenthalts in der gesellschaftlichen Realität des späten Mittelalters dargestellt werden, wobei speziell Veränderungen der „beruflichen" wie auch der sozialen Qualifikationen Beachtung finden werden. Insbesondere gilt es, die Möglichkeiten der neuen Qualifikation „Bildung" neben den traditionellen ständischen Orientierungs- und Verhaltensmustern einzuordnen und die immer wieder betonte Gleichrangigkeit der gelehrten und vor allem der promovierten Juristen mit den Adligen in ihrem gesellschaftlichen Umfeld zu überprüfen.[10]

---

9 Aus der reichen Literatur zur prosopographischen Methode sind stellvertretend für viele zu nennen *Peter Moraw*, Personenforschung und deutsches Königtum, in: ZHF 2 (1975), S. 7–18; *Rainer Chr. Schwinges*, Deutsche Universitätsbesucher im späten Mittelalter. Methoden und Probleme ihrer Erforschung, in: Politische Ordnungen und soziale Kräfte im Alten Reich, hg. von H. Weber, Wiesbaden 1980, S. 37–51; *Neithard Bulst*, Zum Gegenstand und zur Methode von Prosopographie, in: Medieval Lives and the Historian, hg. von dems. und Jean-Philippe Genet, Kalamazoo 1982, S. 1–16; *Hilde de Ridder-Symoens*, Possibilités de carrière et de moblité sociale des intellectuels-universitaires au moyen âge, ebd., S. 343–357; *Dietmar Willoweit*, Das juristische Studium in Heidelberg und die Lizentiaten der Juristenfakultät von 1386 bis 1436, in: Semper Apertus. Sechshundert Jahre Ruprecht-Karls-Universität Heidelberg 1386–1986, hg. von Wilhelm Doerr u.a., 6 Bde., Bd. 1, S. 85–135; *Rainer Chr. Schwinges*, Deutsche Universitätsbesucher im 14. und 15. Jahrhundert. Studien zur Sozialgeschichte des Alten Reiches (Veröffentlichungen des Instituts für Europäische Geschichte Mainz 123: Abteilung Universalgeschichte) (Beiträge zur Sozial- und Verfassungsgeschichte des Alten Reiches 6), Stuttgart 1986; *Peter Moraw*, Gelehrte Juristen im Dienste der deutschen Könige des späten Mittelalters (1273–1493), in: Die Rolle der Juristen bei der Entstehung des modernen Staates, hg. von Roman Schnur, Berlin 1986, S. 77–147; *Rainer Chr. Schwinges* (Hg.), Gelehrte im Reich (Anm. 6).

10 Zur Gleichrangigkeit von Promovierten und Adligen vgl. etwa *Laetitia Boehm*, Libertas scholastica und negotium scholare. Entstehung und Sozialprestige des aka-

Als zeitlicher Rahmen der Untersuchung wurden die Grenzjahre 1265 und 1425 festgelegt. Das Anfangsjahr 1265 ergab sich aus dem Einsetzen der *Memorialia Communis*, also aus einem kommunalen Verwaltungsakt, der zur Schaffung einer der frühesten und wichtigsten Quellen für die Erfassung der Bologneser Studentenschaft führte. Das Schlussjahr 1425 wurde dagegen „willkürlich“ gewählt und kann deshalb nur als „technisches“ Epochendatum betrachtet werden. Um das Jahr 1425 war es nämlich angesichts der nunmehr einigermassen flächendeckenden Versorgung mit Universitäten nördlich der Alpen nicht mehr erforderlich, sich für ein Rechtsstudium nach Bologna oder an andere Universitäten in den welschen, d. h. romanischen, Ländern zu begeben. Zudem hatte spätestens zu Beginn des 15. Jahrhunderts die Universität Bologna durch die Konkurrenz anderer Lehrstätten einen grossen Teil ihrer vormaligen Attraktivität und Bedeutung für die Juristen aus dem Reich eingebüsst.[11]

Einen wie auch immer lokal fest umrissenen Rekrutierungsraum „Reich“ für die Mitglieder der deutschen Nation, der Landsmannschaft der Deutschen an der Universität Bologna, gab es nicht.[12] Die Nation legte sich selbst weder auf einen sprachlich noch geographisch definierbaren Raum fest, sondern nahm immer wieder auch Studenten aus Regionen ausserhalb des deutschen Sprachgebiets in ihre Gemeinschaft

---

demischen Standes im Mittelalter, in: Universität und Gelehrtenstand, hg. von Hellmuth Rössler und Günther Franz, Limburg/Lahn 1970, S. 15–61; *Hermann Lange*, Vom Adel des doctor, in: Das Profil des Juristen in der europäischen Tradition (Symposion aus Anlass des 70. Geburtstages von Franz Wieacker), hg. von Klaus Luig und Detlef Liebs, Ebelsbach 1980, 279–294; *Ingrid Baumgärtner*, «De privilegiis doctorum» Über Gelehrtenstand und Doktorwürde im späten Mittelalter, in: HJb 106 (1986), S. 298–332.

11 Von dieser Entwicklung klar zu unterscheiden ist der nach der Mitte des 15. Jahrhundert wiederum zu beobachtende, nunmehr primär humanistisch geprägte, starke Zulauf aus dem Reich an die italienischen Universitäten, der aber nichts mehr mit der „Grundversorgung“ Europas mit höheren Bildungsstätten zu tun hatte. Die Universität Bologna trug dieser Akzentverschiebung bereits zu Beginn des Jahrhunderts Rechnung, indem sie um 1426 einen Lehrstuhl für Griechisch schuf und sich generell stärker auf den Humanismus hin orientierte: *Albano Sorbelli*, Storia della Università di Bologna, Bd. 1: Il Medievo, Bologna 1940 (= Ndr. Bologna 1987), S. 254ff.; *Hilde de Ridder-Symoens*, La place de l'Université de Bologne dans la mobilité des étudiants européens, in: Universitates e Università. Atti del convegno, Bologna 16–21 Novembre 1987, Bologna 1995, S. 83–92, hier: S. 87.

12 Zu den Nationen an den mittelalterlichen Universitäten vgl. grundsätzlich *Pearl Kibre*, The Nations in the Medieval Universities, Cambridge (Massachusettes) 1948.

auf, wenn diese keine eigenen Korporationen in Bologna unterhielten. So finden sich in ihren Reihen beispielsweise 37 Personen aus dem skandinavischen Raum, die wohl bei einer ausschliesslich auf die Studentenschaft des Reichs angelegten Untersuchung beiseite gelassen werden müssten. Als Mitglieder der Nation, die sie schliesslich waren, und nicht zuletzt auch aufgrund ihres geringen Anteils von lediglich gut einem Prozent, der das Gesamtbild wenig beeinflusst, bleiben sie aber mit einbezogen. Aus der Praxis der deutschen Nation, möglichst viele (zahlende) Mitglieder zu gewinnen, ergab sich schliesslich ein Rekrutierungsraum, der ohne präzise Begrenzungen zwischen Skandinavien und den Alpen, Burgund und dem Ordensland lag.

Ungeachtet der Schwierigkeiten bei der angemessenen Bezeichnung eines geographisch derart diffus umrissenen Gebietes habe ich mich mit Gustav Knod und dem Titel seines biographischen Index zu den Nationsakten für den Begriff „deutsche Studenten“ entschieden, wobei ich mir seiner doppelten Unzulänglichkeit wohl bewusst bin.[13] „Deutsch“ soll aber im Folgenden weder sprachlich, noch national-territorial, geschweige denn imperial verstanden werden, sondern lediglich Bezug nehmen auf die namengebende Hauptquelle, die *Acta Nationis Germanicae*, die uns den Grossteil der Studenten überliefern[14]. Als Alternativbegriff zu „deutsch“ im erwähnten Sinn soll der Ausdruck „Reich“ verstanden werden.

Ein gewisses Erstaunen mag die Tatsache hervorrufen, dass nicht von vornherein klar ist, wer überhaupt als Student in Bologna betrachtet werden kann. Von den alten italienischen Universitäten sind jedoch, im Unterschied zu den später eröffneten deutschen Hohen Schulen, für ihre Frühzeit kaum Matrikeln erhalten, so dass ihr Personalbestand aus matrikelähnlichen Quellen, Promotionsregistern oder sogar gänzlich universitätsfremder Überlieferung rekonstruiert werden muss.[15] Während also die Studenten, oder nach der umfassenderen Definition von Rainer Chr. Schwinges, die Universitätsbesucher, für die deutschen

---

13 *Gustav Knod*, Deutsche Studenten in Bologna (1289–1562). Biographischer Index zu den Acta nationis Germanicae universitatis Bononiensis, Berlin 1899 (= Ndr. Aalen 1970).

14 *Ernst Friedländer* und *Carlo Malagola* (Hgg.), Acta Nationis Germanicae Universitatis Bononiensis ex archetypis tabularii Malvezziani, Berlin 1887.

15 Zu den Matrikeln vgl. *Jacques Paquet*, Les matricules universitaires (Typologie des sources du Moyen Âge occidental 65), Turnhout 1992; für die einzelnen Quellen vgl. jeweils unten das entsprechende Kapitel.

Hohen Schulen aufgrund der offiziellen Dokumentation recht klar erfasst werden können[16], liegt demgegenüber für die italienischen Universitäten eine überaus heterogene, anlässlich der Quellenkritik im Einzelnen näher zu bewertende Ausgangsbasis vor.[17] Ein direkter Vergleich des solcherart rekonstruierten Universitätsbesuchs in Italien mit den auf „offiziellen" Immatrikulationszahlen basierenden Frequenzen der deutschen Universitätsbesucher ist damit streng genommen unzulässig, dürfte aber dennoch den einzigen Weg zur quantitativen Gegenüberstellung der jeweiligen Besucherströme darstellen.

Angesichts der besonderen Quellenlage und zahlreicher Eigenheiten der Bologneser Rechtsschule wird die Untersuchung durch eine ausführliche Quellenkritik und eine kurze Darstellung zum Aufbau der Universität Bologna eingeleitet. Ein erster Hauptteil analysiert sodann die soziale und räumliche Herkunft der Studenten sowie ihr Studium in Bologna. Der zweite Hauptteil beschäftigt sich mit den späteren Tätigkeiten und Karriereverläufen der in Bologna ausgebildeten Juristen, wobei insbesondere nach den Einsatzmöglichkeiten für das an der Universität erworbene Rechtswissen gefragt wird. Ein im Anhang beigefügter Personenkatalog erschliesst einerseits bisher unbekannte Studenten und erweitert anderseits den bereits bekannten Personenbestand um die Ergebnisse der neueren einschlägigen Forschung.

Der vorliegende neue Ansatz zur Erforschung der deutschen Studenten an der Bologneser Rechtsschule lehnt sich an verschiedene Forschungstendenzen an, von denen an dieser Stelle einige wichtige Vertreter genannt werden sollen. Für die Identifikation der aus den Unterlagen der deutschen Nation bekannten Personen ist der bereits ewähnte biographische Index Knods weiterhin unverzichtbar, wenn er auch einige bearbeitungstechnische Mängel aufweist und rund hundert Jahre nach seinem Erscheinen teilweise überholt ist. Für die Erschliessung und weitgehend vollständige Dokumentation von Personen, die teilwei-

---

16 *Rainer Chr. Schwinges*, Universitätsbesucher (Anm. 9), S. 8 und *ders.*, Der Student in der Universität, in: Geschichte der Universität in Europa, hg. von Walter Rüegg, Bd. 1, München 1993, S. 181–223, hier: S. 181–187.

17 An einschlägigen Vorarbeiten sind insbesondere zu nennen die im Literaturverzeichnis aufgelisteten Arbeiten *Arnold Luschins von Ebengreuth* über die Österreicher an den italienischen Universitäten und die von ihm dafür zusammengetragenen, jetzt im Max-Planck-Institut für europäische Rechtsgeschichte in Frankfurt am Main aufbewahrten Zettelkästen, sowie die auch darauf basierenden weiterführenden Studien von *Fritz Weigle*, Deutsche Studenten in Italien, in: QFIAB 32 (1942), 110–188.

se nur in den Bologneser Notariatsregistern nachgewiesen werden können, haben Åke Sällström für die skandinavischen und das Ehepaar Stelling-Michaud für die Schweizer Studenten beispielhafte, wenn auch jeweils nur einen kurzen Zeitraum abdeckende Untersuchungen vorgelegt.[18] Zu den sozialen Bedingungen des Universitätsbesuchs liegen zahlreiche Arbeiten, vor allem Peter Moraws und Rainer Chr. Schwinges' vor, die mit der alten Vorstellung der mittelalterlichen Universität als einem idealistisch-egalitären System von Aufstiegschancen für alle gründlich und überzeugend aufgeräumt haben.[19]

Die eigentliche Karriereforschung befasst sich in einem ersten Schwerpunkt mit dem Wirken der gelehrten Juristen in einzelnen Regionen. Zu nennen sind hier etwa die Arbeiten von Heinz Lieberich über die gelehrten Räte in Bayern, von Hartmut Boockmann über die Rechtsstudenten des Deutschen Ordens oder von Dietmar Willoweit über die Juristen im mittelalterlichen Franken.[20] Karriereforschung unter dem Blickwinkel der Dienstherren, stellen Untersuchungen wie diejenige Peter Moraws und Ingrid Männls über die gelehrten Juristen im Dienst der deutschen Könige und Territorialherren oder die zahlreichen Arbeiten über die geistlichen Gerichte dar.[21] Der Ansatzpunkt Univer-

---

18 *Åke Sällström*, Bologna och Norden intill Avignonpåvedömets tid, Lund 1957; *Suzanne* und *Sven Stelling-Michaud*, Les juristes Suisses à Bologne. Notices biographiques et regestes des actes bolonais (Travaux d'Humanisme et Renaissance 38), Genève 1960.

19 *Peter Moraw*, Zur Sozialgeschichte der deutschen Universität im späten Mittelalter, in: Giessener Universitätsblätter 8, Heft 2 (1975), 44–60; *ders.*, Die Juristenuniversität in Prag (1372–1419), verfassungs- und sozialgeschichtlich betrachtet, in: Schulen und Studium im sozialen Wandel des hohen und späten Mittelalters, hg. von Johannes Fried (VuF 30), Sigmaringen 1986, 439–486; *Arno Seifert*, Studium als soziales System, in: Schulen und Studium, ebd., S. 601–619; *Peter Moraw*, Der Lebensweg der Studenten, in: Geschichte der Universität in Europa, Bd. 1 (Anm. 16), S. 225–254; dazu die in den Anmm. 5 und 8 erwähnten einschlägigen Arbeiten *Rainer Chr. Schwinges'*.

20 *Heinz Lieberich*, Die gelehrten Räte. Staat und Juristen in Baiern in der Frühzeit der Rezeption, in: ZBLG 27 (1964), S. 120–189; *Hartmut Boockmann*, Die Rechtsstudenten des deutschen Ordens. Studium, Studienförderung und gelehrter Beruf im späteren Mittelalter, in: FS Hermann Heimpel (Veröffentlichungen des Max-Planck-Instituts für Geschichte 36), 3 Bde., Göttingen 1972, Bd. 2, S. 313–375; *Dietmar Willoweit*, Juristen im mittelalterlichen Franken. Ausbreitung und Profil einer Elite, in: Gelehrte im Reich (Anm. 6), S. 225–267.

21 *Peter Moraw*, Gelehrte Juristen (Anm. 9); *Ingrid Männl*, Die gelehrten Juristen in den deutschen Territorien im späten Mittelalter, Ms. Diss. Giessen 1987; *Dies.*, Die gelehrten Juristen im Dienste der Territorialherren im Norden und Nordosten des

sität, von dem aus die weiteren Lebenswege von Rechtsstudenten verfolgt werden, ist in letzter Zeit nur von Dietmar Willoweit in seiner Untersuchung über die Lizentiaten der Heidelberger Juristenfakultät gewählt worden. Nicht zu unterschätzen für die Erfassung der Pfründenkarrieren sind schliesslich die neueren, unter Berücksichtigung der päpstlichen Provisionspraxis erstellten Untersuchungen zum Personalbestand von Dom- und Kollegiatstiften, die oft die einzigen Angaben überhaupt zu den weiteren Karrieren von Universitätsbesuchern liefern.[22]

Vielfalt, Umfang und Aufwand der für eine tiefergehende Synthese nötigen Vorarbeiten haben bisher noch keine ausführlicheren Gesamtdarstellungen des deutschen Universitätsbesuchs an der Bologneser Rechtsschule entstehen lassen. Die bis heute unternommenen Versuche von Dotzauer und kürzlich Maleczek sind kaum über summarische Bestandesaufnahmen hinaus gediehen.[23]

Reiches von 1250 bis 1440, in: Gelehrte im Reich (Anm. 6), S. 269–290; für die neueren Untersuchungen zum Offizialat vgl. *Ingeborg Buchholz-Johanek*, Geistliche Richter und geistliches Gericht im spätmittelalterlichen Bistum Eichstätt (Eichstätter Studien NF 23), Regensburg 1988 sowie die unten, im Kapitel 7.3.3. zum Offizialat angeführte Literatur.

22 *Rudolf Holbach*, Zu Ergebnissen und Pespektiven neuerer Forschung zu spätmittelalterlichen deutschen Domkapiteln, in: RhVjbll 56 (1992), S. 148–180; *Hélène Millet* und *Elisabeth Mornet* (Hgg.): I canonici al servizio dello Stato in Europa secoli XIII-XIV, Modena 1992; *Peter Moraw*, Stiftspfründen als Elemente des Bildungswesens im spätmittelalterlichen Reich. Studien zum weltlichen Kollegatstift in Deutschland, hg. von Irene Crusius (Studien zur Germania Sacra 114), Göttingen 1995, S. 270–297.

23 *Winfried Dotzauer*, Deutsche in den westeuropäischen Hochschul- und Handelsstädten, vornehmlich in Frankreich, bis zum Ende des Alten Reiches. Nation, Bruderschaft, Landsmannschaft, in: FS Ludwig Petry, Bd. 2 (Geschichtliche Landeskunde 5), Wiesbaden 1969, S. 89–159; *ders.*, Deutsches Studium in Italien unter besonderer Berücksichtigung der Universität Bologna. Versuch einer vorläufigen zusammenstellenden Überschau, in: Geschichtliche Landeskunde 14, Wiesbaden 1976, S. 84–130; *ders.* Deutsches Studium und deutsche Studenten an europäischen Hochschulen (Frankreich, Italien) und die nachfolgenden Tätigkeit in Stadt, Kirche und Territorium in Deutschland, in: Stadt und Universität im Mittelalter und in der früheren Neuzeit, hg. von. Erich Maschke und Jürgen Sydow (Veröffentlichungen des Südwestdeutschen Arbeitskreises für Stadtgeschichtsforschung 3), Sigmaringen 1977, S. 112–141; *Werner Maleczek*, Deutsche Studenten an Universitäten in Italien, in: Kommunikation und Mobilität im Mittelalter. Begegnungen zwischen dem Süden und der Mitte Europas (11.–14. Jahrhundert), hg. von Siegfried de Rachewiltz und Josef Riedmann, Sigmaringen 1995, S. 77–96.

Als ein Hauptproblem bei der Anlage der Untersuchung stellte sich neben den beinahe selbstverständlichen Schwierigkeiten im Umgang mit mittelalterlichen Quellen wie Problemen bei der Identifikation von Personen und einer generell äusserst unterschiedlichen Quellenlage vor allem die Erfassung der erwarteten „juristischen" Tätigkeit der ehemaligen Rechtsstudenten heraus. Abgesehen von hochspezialisierten Tätigkeiten wie derjenigen des Einzelrichters am geistlichen Gericht, des Offizials, hatte sich ein eigentlicher Berufsstand der Juristen im modernen Sinn im Reich des 13. und 14. Jahrhunderts noch kaum herausgebildet. Das Wirken der gelehrten, d. h. an einer Universität ausgebildeten Juristen lässt sich für diese Zeit deshalb weniger in aus heutiger Sicht „typisch" juristischen Tätigkeiten verfolgen als im Sinne eines umfassenderen Bildungs-, Kompetenz- und Erfahrungsbegriffs. Die Absolventen der mittelalterlichen Rechtsschulen (worunter nicht unbedingt eine Graduierung zu verstehen ist) finden sich somit grösstenteils später in Tätigkeiten und Umgebungen, allen voran im kirchlichen Bereich, in denen in erster Linie Gebildete, nicht speziell Rechtskundige gefragt waren. Die gelehrten Juristen erwiesen sich dort aufgrund ihrer weit über dem allgemeinen Schulungsniveau liegenden Bildung als mindestens potentielle Angehörige der politischen Klasse, wenn nicht gar der Funktionselite der damaligen Gesellschaft.[24] Das heisst, sie gehörten zu jener Schicht, aus der bei Bedarf punktuell Fachkräfte herangezogen wurden, ohne dass sich dies in ständig ausgeübten, institutionalisierten Funktionen oder Positionen manifestieren musste, die ihrerseits Niederschlag in den Quellen hätten finden können. Zu suchen ist demnach weniger der mittelalterliche „Jurist" als solcher, sondern vielmehr der juristisch ausgebildete Kleriker, insbesondere in der Gestalt eines materiell ausreichend bis reichlich versorgten Angehörigen eines Dom- oder Kollegiatstifts, der für seine Gemeinschaft, oft aber auch im Dienste der übergeordneten Kurie und öfter noch im eigenen Interesse tätig wurde. Einzelne Erwähnungen von ehemaligen Bologneser Studenten als Prokuratoren, Testamentsvollstrecker oder *iudices delegati* taugen demnach kaum als statistisch verwendbare Zeugnisse für eine Juristenkarriere, liefern aber doch Hinweise auf die Wertschätzung der betreffenden Personen und die ihnen zugetrauten speziellen Fähigkeiten. Darüber hinaus geben derartige Zeugnisse auch Aufschluss über die Wege der Rezepti-

---

24 Als Funktionseliten bezeichnet *Klaus von Beyme*, Die politische Klasse im Beamtenstaat, Frankfurt 1993, S. 32, diejenigen Mitglieder der (politischen) Führungsschicht, die nicht nur dem Kreis der mit Politik beschäftigten Personen, d. h. der politischen Klasse, angehören, sondern auch in den Entscheidungsgremien Einfluss nehmen können.

on der gelehrten Rechte. Rezeptionsgeschichte ist deshalb zugleich immer auch Elitengeschichte und die Geschichte der Entstehung einer noch immer weite Teile der modernen Gesellschaft prägenden akademischen Führungs- und Leitqualifikation.

2. Die Quellen

Die spezielle Quellenlage der italienischen Universitäten führt dazu, dass die Besucher der Bologneser Rechtsschule für die Frühzeit nicht in Matrikeln und Promotionsregistern überliefert sind. Wir haben deshalb für Bologna als Ersatz und ergänzend zu den teilweise fehlenden oder zeitlich erst spät einsetzenden „klassischen" Universitätsquellen noch zwei weitere Quellengruppen zu betrachten, einerseits die kommunale Bologneser Überlieferung und anderseits eine vielfältige Menge von anderen Belegen. Die drei genannten Kategorien sind in sich selbst keineswegs geschlossen. Die „Universitätsquellen" umfassen streng genommen gar keine offiziellen Dokumentationen der Universität – was mit den Eigenheiten der Bologneser Universitätsverfassung zusammenhängt – sondern genossenschaftsinterne Aufzeichnungen der deutschen Landsmannschaft und der Doktorenkollegien. Es handelt sich dabei also um Vereinsschriftgut, das allerdings aus dem Universitätsbetrieb und seiner nächsten Umgebung heraus entstanden und ohne diesen nicht erklärbar ist. Die kommunalen Quellen dagegen werden ihrer Bezeichnung gerecht. Es handelt sich bei ihnen um Regesten aus dem städtischen Notariatsbetrieb und um Unterlagen aus der kommunalen Rechtspflege. Die dritte Kategorie von Studienbelegen besteht aus einzelnen Zeugnissen, die teilweise aus Bologna selbst, teilweise aus dem Schriftverkehr mit der Kurie oder aus lokalen Beständen stammen.

Mit Ausnahme der Promotionsregister lassen die benutzten Quellen nicht selten Zweifel darüber offen, ob die genannten Personen tatsächlich ein Rechtsstudium in Bologna absolviert haben. Zur inneren Quellenkritik gehört deshalb auch immer die Erörterung der Kriterien, nach denen ein Studium wahrscheinlich ist oder nicht.

2.1 Die „universitären" Quellen

2.1.1 Die Acta Nationis Germanicae

Unter allen Bologneser Universitätsnationen ist die deutsche am besten dokumentiert und hat dadurch unsere Vorstellung der studentischen Körperschaften an dieser Hohen Schule wesentlich geprägt.[25] Die Unterlagen der Nation waren nach dem französischen Einmarsch in Bologna 1796 zerstreut und Teile davon erst 1825 von Graf Giuseppe Maria Malvezzi de'Medici auf dem Bologneser Markt entdeckt, aufgekauft und in seiner Bibliothek untergebracht worden. Dort wurde Jahrzehnte später der königliche Staatsarchivar Carlo Malagola darauf aufmerksam gemacht und das Material in der Folge von ihm und Ernst Friedländer unter dem Titel *Acta Nationis Germanicae universitatis Bononiensis* veröffentlicht.[26]

Die Acta Nationis enthalten die Statuten der Nation aus dem Jahre 1497, den ersten Band der sogenannten Annalen von 1289–1562, die Privilegien und die *Instrumenta*, eine Sammlung von Inventaren und mehrheitlich internen Verwaltungsakten. Für die Erfassung des Personenbestands der Nation sind die *Annales*, die chronologischen Eintragungen der Prokuratoren, der mit Abstand wichtigste Teil der Ausgabe. Bei der Neuanlage der ins Jahr 1289 zurückreichenden Annalen hielten die amtierenden Prokuratoren des Jahres 1310 unter Rückgriff auf ein älteres, nicht überliefertes Statut fest, *quod in libello debeat conscribi annus, procuratorum et superveniencium nomina, contribucionis quantitas et expense*.[27] Wir haben es demnach bei den Annalen mit eigentlichen Jahresrechnungen der Nation zu tun, als deren wesentliche Bestandteile die Namen der in die Nation Aufgenommenen, der sogenannten *supervenientes*, deren Beitragszahlungen und die Ausgaben der

---

25 *Carlo Malagola*, I libri della Nazione Tedesca presso lo studio Bolognese, Bologna 1888; *ders.*, Memorie storiche della Nazione Tedesca presso lo Studio Bolognese, Bologna 1888; stark vom Zeitgeist geprägt *Paolo Silvani*, La „Nazione" Germanica nello Studio Bolognese, in: Vita Bolognese, Bologna 1940; ferner: *Albano Sorbelli*, La „Nazione" nelle antiche università italiane e straniere, in: SMUB 16 (1943), 91–232; *Pearl Kibre*, Nations (Anm. 12); *Stefan Oswald*, Die Natio Germanica. Fünfhundert Jahre deutsches Studentenleben in Bologna (Acta Germanica 6 - Quaderni dell'Istituto di Cultura Germanica di Bologna), Bologna 1996.

26 Acta Nationis (Anm. 14); zur Problematik dieser Herausgabe vgl. *Paolo Colliva*, Statuta Nationis Germanicae Universitatis Bononie (1292–1750), (Acta Germanica 1 - Quaderni dell'Associazione Italo-Tedesca di Bologna), Bologna 1975, S. 74ff.

27 Acta Nationis (Anm. 14), S. 35.1.

Nation auftauchen.[28] Die Eintragungen sind jeweils in drei Teile gegliedert. Der erste nimmt Bezug auf die Abhaltung der jährlichen Zusammenkunft der Nation, die meistens am ersten Sonntag nach Epiphania (6. Januar) stattfand und gibt die Namen der für das laufende Jahr gewählten Prokuratoren an. Zusätzlich werden hier ausserordentliche Ereignisse erwähnt wie die Tatsache, dass wegen Unruhen die Versammlung nicht wie üblich in der Kirche San Fridiano stattfinden konnte, oder wenn wegen eines Pestzuges die Tätigkeit der Nation überhaupt unterbrochen war.

Im zweiten Teil werden unter der Rubrik *recepta* die Namen der neuen Nationsmitglieder eingeschrieben, sowie vermerkt, ob diese den Schwur zur Beachtung der Statuten geleistet und welchen Betrag sie zur Aufnahme in die Nation bezahlt hatten. Die Prokuratoren waren dazu angehalten, keine Eintragungen direkt in das Buch vorzunehmen, sondern diese vorerst in einen (nicht erhaltenen) *libellus de papyro* aufzunehmen und erst am Schluss des Jahres zu übertragen, was die auch in vielen Universitätsmatrikeln häufige Nennung sozial hochstehender Personen an erster Stelle der jährlichen Eintragungen, ungeachtet der tatsächlichen Reihenfolge der Aufnahme, erklärt.[29] Im dritten Teil folgen die *expensa*, die Ausgaben der Nation, die im Wesentlichen aus regelmässig wiederkehrenden Aufwendungen für Messen, Kultgegenstände, Wein und Notarsgebühren bestanden.

Die Acta Nationis überliefern nach Knod 4368 Personen, die zwischen 1289 und 1562 der Nation angehörten, sowie weitere 48 Personen, die entweder aus diesem Zeitrahmen fallen oder von Knod nicht als Studenten betrachtet wurden.[30] Die tatsächliche Zahl der aufgeführten Personen liegt jedoch etwas höher, da Knod zwar einerseits mindestens 24 Doppelnennungen unterlaufen sind, anderseits aber eine ganze Reihe von Inskribierten ohne Namensnennung als *magistri* oder *socii* meist sozial höherstehender Personen auftreten, die Knod nicht berücksich-

---

28 Im Jahr 1477 (Acta Nationis, S. 403.27) werden allerdings ausdrücklich *matricula nationis* erwähnt, worunter wohl nichts anderes als die Annales zu verstehen sind.

29 Acta Nationis, 35.10; zum Vorgehen vgl. *Rainer Chr. Schwinges*, Universitätsbesucher (Anm. 9), S. 373 ff.

30 *Gustav Knod*, Deutsche Studenten (Anm. 13), S. 662 und 699 ff., unterscheidet in dieser Gruppe ohne nachvollziehbare Systematik zwischen „Ehrenmitgliedern", „Officianten", „Syndici" und „sonstigen Personen", die nicht als „ordentliche Mitglieder" der Nation zu betrachten seien.

tigte.[31] In den Annales sind 41 solcher anonymer Personen festzustellen, die aber ohne Zweifel Mitglieder der Nation wurden, da auch sie in der Regel die geforderten Aufnahmegebühren entrichteten, die allerdings in den meisten Fällen von ihren sozial höherstehenden Begleitern übernommen wurden. Den Statuten der Nation gemäss, müssten alle diese Personen als Rechtsstudenten betrachtet werden, nahm diese doch ausschliesslich Studenten des Zivil- oder Kirchenrechts in ihre Reihen auf.[32] Bereits Knod hat allerdings gezeigt, dass auch unter den „regulär" Inskribierten ein Fachstudium zumindest in Fällen wie jenem des Herzogs Robert von Berg nicht angenommen werden kann, der als Bischof von Passau 1387 in die Annales Eingang fand.[33] Aus der Untersuchung ausgeklammert wurden jedoch die *famuli* und *servientes* der höhergestellten Herren, sofern sie nicht, wie ein gewisser Nicolaus, *famulus* des Henricus Mazerell von Basel[34], ausdrücklich als Scholaren bezeichnet werden. Als Studenten betrachtet wurden dagegen die Privatlehrer der sozial höherstehenden Studenten, da diesen wohl mindestens dieselbe Studienfähigkeit und dasselbe Interesse attestiert werden darf wie ihren Schülern.[35]

---

31 Zu den von *Gustav Knod* selbst, Deutsche Studenten (Anm. 13), S. 661 f. vermerkten neun Doppelnennungen sind bis zum Jahr 1425 noch mindestens weitere 14 hinzuzuzählen, nämlich seine Nummern 11 = 4240, 16 = 1005, 219 = 1085, 470 = 471, 472 = 3765, 641 = 2590, 738 = 975, 977 = 2672, 1188 = 2668, 1420 = 1421, 1444 = 4395, 1646 = 3924, 1810 = 2346, 2055 = 4384; Knod verzichtete ausdrücklich darauf, Personen ohne genügende individualisierende Merkmale in seinen Index aufzunehmen. So liess er anonyme *socii* und *magister* weg, nahm aber einige in den Acta Nationis nur mit ihren Funktionen bezeichnete kirchliche Dignitäre auf, die sich unter Beizug anderer Quellen identifizieren liessen.

32 SNG 1345–48, § 10: *Paolo Colliva*, Statuta (Anm. 26), S. 105; *Helmut Coing*, Römisches Recht in Deutschland (IRMAE V 6), Milano 1964, S. 48; vgl. auch die Ausführungen zur Deutschen Nation.

33 Acta Nationis, S. 149.5 ff.; *G. Knod*, Deutsche Studenten (Anm. 13), S. 700, Nr. 4.

34 Nicolaus, Nr. 2513, Heinrich Mazerel, Nr. 1387.

35 Nur von einem einzigen unter 44 erwähnten Privatlehrern ist eine vertieftere Beschäftigung mit juristischen Stoffen belegt: Otto, Kirchherr in Haynburg, Nr. 2671, als Lehrer Heinrichs von Burghausen in die *Annales* eingetragen, bestätigte am 27. Februar 1323, mehrere kanonistische Bücher aus der Klosterbibliothek zu Göttweig entliehen zu haben *volens me transferre ad studium iuris Bononiam* (zitiert nach der im Max-Planck-Institut für Europäische Rechtsgeschichte in Frankfurt aufbewahrten Kartei Arnold Luschins von Ebengreuth); Graduierungen von Privatlehrern sind nicht belegt, was aber auch damit zusammenhängen kann, dass die Lehrer oft anonym in die Nation aufgenommen wurden.

Aufgrund der Einträge in den Annalen allein ist allerdings – ungeachtet der tatsächlichen Qualität der darin Verzeichneten – die Zahl der Studenten aus dem Reich in Bologna nicht festzustellen. Aus verschiedenen, im Kapitel über die Deutsche Nation noch ausführlicher darzustellenden Gründen, vermochte die Nation nie auch nur sämtliche Studenten aus dem Zentrum ihres potentiellen Einzugsgebiets zu erfassen, geschweige denn Personen aus dessen Randgebieten. Allein für die Jahre 1289 bis 1330, für die am meisten Parallelquellen herangezogen werden können, sind mindestens 180 Personen aus dem deutschen Kernraum nachweisbar, die sich mit Sicherheit oder zumindest grosser Wahrscheinlichkeit nicht mit in den Annalen überlieferten Mitgliedern der Nation identifizieren lassen. Rechnet man die Studenten aus Böhmen, Mähren und Schlesien dazu, die mindestens zeitweise dem erweiterten Einzugsgebiet der Nation zugerechnet werden müssen, so erhöht sich diese Zahl um weitere 30 Personen.[36]

Die Edition der Acta Nationis erweiterte die Zahl der namentlich bekannten Studenten aus dem Reich an der Universität Bologna auf einen Schlag um ein Vielfaches. Noch 1876 war Theodor Muther in seiner Zusammenstellung der Deutschen Rechtsstudenten auf ausländischen Universitäten bis zum Jahr 1500 lediglich auf gut 100 Personen gekommen, und dies unter Berücksichtigung sämtlicher Hohen Schulen in Italien und Frankreich! Nur elf Jahre später verfügte man über ein Corpus von über 4000 bekannten Besuchern bis 1562 allein der Universität Bologna, von denen nicht wenige in Regionalstudien identifiziert und besser erschlossen wurden.[37] Auf einige dieser, teilweise von ihm selbst ange-

---

36 Von untergeordneter Bedeutung ist in diesem Zusammenhang die Frage nach dem Auftauchen einer selbständigen Böhmischen Nation und der formalen Zugehörigkeit der schlesischen Studenten zur Nation, da diese Gebiete grundsätzlich in die Untersuchung aufgenommen wurden; vgl. dazu auch die Ausführungen über die Definition der Studenten und zur deutschen Nation.

37 *Hermann Grotefend*, Mecklenburger auf der Universität Bologna, in: Jahrbuch des Vereins für Mecklenburgische Geschichte und Altertumskunde 53 (1888), 189–204; *Paul Ristelhuber*, Strasbourg et Bologne. Recherches biographiques et littéraires sur les étudiants alsaciens immatriculés à l'Université de Bologne de 1289 à 1562, Paris 1891; *A. Wetzel*, Schleswig-Holsteiner auf der Universität Bologna, in: Zeitschrift der Gesellschaft für Schleswig-Holstein-Lauenburgische Geschichte 21 (1891), S. 297–306; *Alan Allaria*, English Scholars at Bologna during the Middle Ages, in: Dublin Review 112 (1893), S. 66–83; *P. Pfotenhauer*, Schlesier auf der Universität Bologna, in: Zeitschrift des Vereins für Geschichte und Alterthum Schlesiens 28 (1894), 433–446, 29 (1895), S. 268–278; *Max Perlbach*, Prussia Scholastica. Die Ost- und Westpreussen auf den mittelalterlichen Universitäten (Monumenta historiae Warmiensis 6), Leipzig 1895; *P. Anton Ludewig S. J.*, Vorarlberger an in- und aus-

regten, Vorarbeiten konnte Gustav Knod bei der Erarbeitung seines 1899 erschienenen biographischen Index zu den Acta Nationis zurückgreifen. Das in zehnjähriger Exzerpierarbeit geschaffene Werk, für das trotz einiger Mängel Collivas Vorwurf der Mittelmässigkeit zu hart erscheint[38], ist auch ein Jahrhundert nach seiner Publikation noch ein unentbehrliches Hilfsmittel für die Beschäftigung mit den Acta Nationis und hat sogar die massgebliche Edition als Belegstelle für den Bolognabesuch aus dem Reich weitgehend verdrängt.

2.1.2 Die „Libri Secreti" Iuris Caesarei et Pontifici

Mit den „Libri secreti", den von den Doktorenkollegien geführten Promotionsregistern der Universität, setzt mit dem Jahr 1377 für das kanonische und 1378 für das zivile Recht endlich auch eine, wenn auch nicht offizielle, so doch „offiziöse" Überlieferung von Studenten durch Instanzen der Bologneser Hohen Schule selbst ein.[39] Woher der Heimlichkeit assoziierende Name der Promotionsregister stammt, ist nicht sicher geklärt. Ein Bezug zur absoluten Verschwiegenheit, zu der sich alle Mitglieder des Doktorenkollegiums bezüglich dessen Beratungen und Geschäften bei Eid und Strafandrohung verpflichten mussten und das demzufolge auch für die Niederschrift der entsprechenden Geschäfte galt, liegt aber nahe.[40] Die Prioren, die jeweils für ein Semester gewählten Vorsteher der Kollegien, führten die *Libri* persönlich und verzeichneten darin sämtliche Stationen des aufwendigen Promotionsverfahrens vom *examen privatum*, der eigentlichen Prüfung, bis zur

---

ländischen Hochschulen vom Ausgange des XIII. bis zur Mitte des XVII. Jahrhunderts (Forschungen zur Geschichte Vorarlbergs und Liechtensteins, Kulturgeschichtliche Abteilung 1), Bern-Bregenz-Stuttgart 1920; *R. Wedekind*, Hamburger auf der Universität Bologna 1289–1562, in: Zs. für Niederdeutsche Familienkunde 45 (1970), 166–167.

38 *Paolo Colliva*, Statuta (Anm. 26), S. 75.

39 *Albano Sorbelli* (Hg.), Il «Liber Secretus Iuris Caesarei» dell'Università di Bologna 1, 1378–1420 (Universitatis Bononiensis Monumenta 2), Bologna 1938; *ders.* (Hg.), Il «Liber Secretus Iuris Caesarei» dell'Università di Bologna 2, 1421–1450 (Universitatis Bononiensis Monumenta 3), Bologna 1942; *Celestino Piana* (Hg.), Il «Liber Secretus Iuris Caesarei» dell'Università di Bologna 1451–1500 (Orbis Academicus. Saggi e documenti di storia delle università 1), Milano 1984; *Ders.* (Hg.), Il «Liber Secretus Iuris Pontifici dell'Università di Bologna 1451–1500 (Orbis Academicus. Saggi e documenti di storia delle università 2); die Edition der Promotionsregister des kanonischen Rechts von 1377 bis 1450 steht noch aus.

40 *Albano Sorbelli*, LSIC 1 (Anm. 39), S. LXXXI.

endgültigen Bezahlung der beträchtlichen Summen für die anlässlich der feierlichen Promotion zu leistenden Geldgeschenke. So finden sich ausser der Tatsache der Graduierung selbst in den *Libri secreti* unter anderem die Ergebnisse des *examen privatum*, d. h., wieviele der anwesenden Doktoren die Leistung des Kandiaten als genügend beurteilten, ob jemand vom Nachweis einer minimalen Studienzeit oder bestimmter Vorlesungen dispensiert werden sollte, sowie der Termin und die (angesichts der gewaltigen Kosten nicht unwichtigen) finanziellen Garantien für *das examen publicum*, die feierliche Doktorpromotion, die in der Regel in der Kirche San Pietro stattfand. Auch sind die Eide der frischgebackenen Lizentiaten festgehalten, nur in Bologna und nirgendwo sonst den Doktortitel erwerben zu wollen und diesen nicht zu tragen ohne das entsprechende formale Examen abgelegt zu haben.[41]

Die Promotionsregister sind seit langem bekannt und mit Ausnahme des ersten Teils des *Liber secretus iuris canonici* von 1377 bis 1450 auch in Editionen gut zugänglich. Sie werden für die Jahre 1419 bis 1434 ergänzt durch eine Parallelüberlieferung, den *Liber sapientium*, eine Sammlung von verschiedenen Universitätsakten, darunter auch Promotionen von Zivilrechtlern, Kanonisten und Medizinern, die es erlaubt, nicht wenige Personen aus den *Libri secreti* genauer zu bestimmen.[42]

2.1.3 Die Statuten der deutschen Nation

Wie die Annalen stammen auch die ältesten erhaltenen Statuten der deutschen Nation aus jener Handschrift, in der die Prokuratoren des Jahres 1310 anlässlich der Neuordnung des Schriftgutes der Nation sämtliche bis zu diesem Zeitpunkt verfassten und in vier Büchern verstreuten Berichte zusammenstellen liessen. Da die statutarisch vorgeschriebenen Eintragungen in die Annalen mit dem Jahr 1289 einsetzen, ist es wahrscheinlich, dass auch das erwähnte Statut in diesem Jahr oder wenig früher in Kraft getreten ist, was einen Zusammenhang mit den 1288 revidierten Bologneser Statuten nahelegt.[43] Ein direkter oder indirekter Einfluss der städtischen Gesetzgebung auf die Verfassung der Universität und der einzelnen Nationen ist angesichts der Aufmerk-

---

41 Ebd., LXXIX f.

42 *P. Celestino Piana*, Lauree in diritto civile e canonico conferite dall'Università di Bologna secondo la relazione del „Liber sapientium“ (1419–1434), in: AMR, N.S. 17–19 (1969), S. 265–333.

43 *Paolo Colliva*, Statuta Nationis (Anm. 26), S. 79.

samkeit, die die kommunalen Behörden den Belangen der Hohen Schule immer wieder schenkten, auf jeden Fall anzunehmen.[44]

Als ältestes Statut ist ein vom Universitätsnotar Matheus Cambii erstelltes Instrument über die *reformacio quorundam statutorum* aus dem Jahr 1292 erhalten geblieben, in dem die Nation Eid, Beitrittsgebühren und Verfahren bei Eidesverweigerung festlegte.[45] Das nächste, wesentlich ausführlichere Statut der Nation stammt aus den Jahren 1345–1348 und ist in einer 1463 vom Breslauer Domherrn Nikolaus Schulz während seines Studiums in Bologna erstellten Abschrift erhalten.[46] Die Abfassung dieses Statutenwerks zog sich seit 1341 über mehrere Jahre hin und hat in den Annalen mehrfach Spuren hinterlassen, indem verschiedentlich Zusammenkünfte der *statutarii pro reformacione statutorum* stattfanden und diverse Beträge für Papier und Pergament sowie Schreiber- und Buchmalerkosten ausgewiesen werden.[47] Bis zum Ende des 14. Jahrhunderts werden danach keine ausserordentlichen Aufwendungen der Nation mehr in Sachen Statuten fassbar, bis 1396 für zwei Dukaten eine neue Abschrift und 1397 für acht Denare eine Reparatur in Auftrag gegeben wurden.[48] Offensichtlich waren zu dieser Zeit sowohl der Statutentext von 1345–1348 als auch der ältere von 1288/89 noch im Gebrauch und blieben es bis mindestens ins Jahr 1433, in dem im Inventar der Nation letztmals ein *liber statutorum antiquorum nationis predicte* und ein *liber statutorum novorum* erwähnt werden.[49]

---

44 *Giovanna Morelli*, De studio scolarium civitatis Bononie manutenendo. Gli statuti del Comune (1335–1454) per la tutela dello Studio e delle Università degli scolari, in: L'Archiginnasio 76 (1981), S. 79–165; zu den Statuten der Universität vgl. *Heinrich Denifle*, Die Statuten der Juristen-Universität Bologna vom Jahr 1317–1347 und deren Verhältnis zu jenen Paduas, Perugias, Florenz, in: Archiv für Litteratur- und Kirchengeschichte des Mittelalters 3 (1887); *Carlo Malagola*, Statuti delle Università e delle Collegi dello Studio bolognese, Bologna 1888 (= Neudruck Bologna 1988).

45 *Paolo Colliva*, Statuta Nationis (Anm. 26), S. 95 ff.; Acta Nationis, S. 349 f.

46 *Paolo Colliva*, Statuta Nationis (Anm. 26), 99–123. Die Handschrift, eine reiche Sammlung von juristischen Texten, wird heute in der Bibliothek des Prager Nationalmuseums aufbewahrt.

47 *Paolo Colliva*, Statuta Nationis (Anm. 26), S. 80 ff.; Acta Nationis, S. 104 ff.

48 Acta Nationis, S. 400.22 und S. 155.6.

49 Acta Nationis, S. 401.6 f; die von *Paolo Colliva*, Statuta Nationis (Anm. 26), S. 83, genannte letzte Erwähnung der beiden Statutenbücher im Instrumentum des Jahres 1482, Acta Nationis S. 404, konnte nicht verifiziert werden.

Für prosopographische Fragestellungen bieten die Statuten naturgemäss wenig. Ihr besonderer Wert für eine Studie über die deutsche Nation liegt vor allem darin, die zum Verständnis von Aufbau und Funktionieren dieser landsmannschaftlichen Korporation unentbehrlichen verfassungsmässigen Grundlagen (oder zumindest deren Idealzustand) darzulegen.

2.2 Die kommunalen Quellen

2.2.1 Die Memoriali del Comune

Die wertvollste und umfangreichste der Bologneser „Ersatzquellen" zur Universitätsgeschichte bilden die städtischen Notariatsregister, zeitgenössich *Memorialia communis*, heute Memoriali genannt, im Bologneser Archivio di Stato.[50] Diese „Mammutquelle", wie sie Martin Bertram bezeichnete[51], vereinigt in den heute noch erhaltenen 322 meist grossformatigen Bänden rund 2400 jeweils ein halbes Jahr umfassende, durch städtische Notare erstellte Regesten von öffentlich beglaubigten, privatrechtlichen Geschäften aus den Jahren 1265 bis 1436. Registrierpflichtig waren seit der Einführung der Register im Mai 1265 sämtliche Verträge, die den Wert von 20 Bologneser Pfund überstiegen. Um die Registrierpflicht auch tatsächlich durchzusetzen, wurde festgelegt, dass nicht registrierte Abschlüsse im Streitfall nicht gerichtlich eingeklagt werden durften. Darüber hinaus sollte mit einer Geldbusse noch empfindlich bestraft werden, wer dies dennoch versuchte.[52] Da unter den

---

50 *Luisa Continelli*, L'Archivio dell'Ufficio dei Memoriali. Inventario, vol. I: Memoriali, 1265–1436, Tom. I, 1265–1333, Bologna 1988; *Vittorio Franchini*, L'instituto dei „Memoriali" in Bologna nel secolo XIII, in: L'Archiginnasio 9 (1914), S. 95–106; *Giorgio Tamba*, I Memoriali del Comune di Bologna nel secolo XIII, Note di Diplomatica, in: Rassegna degli Archivi di Stato 47 (1987), Nr. 2–3, S. 235–290; *Jürg Schmutz*, Notariatsakten als prosopographische Quelle zur Universitätsgeschichte: Ein Neuansatz zur Auswertung der Memoriali del Comune von Bologna, in: QFIAB 76 (1996), S. 125–146; zur Einordnung der Memoriali in die Entwicklung der kommunalen Aktenführung vgl. den Sammelband Kommunales Schriftgut in Obertalien: Formen, Funktionen, Überlieferung, hg. von Hagen Keller und Thomas Behrmann (Münstersche Mittelalter-Schriften 68), München 1995.

51 *Martin Bertram*, Neuerscheinungen zur mittelalterlichen Geschichte der Stadt und Universität Bologna, in: QFIAB 67 (1987), S. 477–488, hier S. 483; *Luisa Continelli*, L'Archivio (Anm. 50), S. XVI.

52 *Luigi Frati* (Hg.), Statuti di Bologna dall'anno 1245 all'anno 1267, 3 Bde., Bologna 1869–77, hier Bd. 3, S. 625–31.

genannten Mindestwert auch die meisten Bank- und Buchgeschäfte der Studenten fielen, sind auf diese Weise zehntausende von Geldüberweisungen, kurzfristigen Krediten, An- und Verkäufen von Büchern und Abschreibeverträge für juristische Manuskripte erhalten geblieben, die uns Tausende von sonst nirgendwo belegten Studenten überliefern. Mit der gebotenen Vorsicht können die Memoriali deshalb auch zur Ermittlung der Frequenz des Universitätsbesuchs in Bologna betrachtet werden. Zumindest für die deutsche Nation lässt sich, wie der Abschnitt über die Frequenz zeigt, eine grobe Korrelation zwischen den in den Acta Nationis verzeichneten Mitgliedern und den Einträgen in den Memoriali aufzeigen. Aus dieser ergibt sich auch die Entscheidung, die Memoriali für die vorliegende Untersuchung nur bis zum Jahr 1325 zu berücksichtigen, da dem deutlich zurückgehenden Ertrag nach diesem Jahr ein unverhältnismässiger Aufwand bei der Durchsicht der Notariatsregister entgegenstünde.

Bei weitem am häufigsten finden sich in den Memoriali unter den Geschäften mit studentischer Beteiligung kurzfristige Kredite oder Wechsel (*mutua*) mit Laufzeiten zwischen einem und sechs Monaten. Die Studenten erscheinen dabei üblicherweise in Gruppen als Kreditnehmer, die ihrem Kreditgeber, meistens einem in Bologna ansässigen *campsor*, die Bezahlung einer Summe bis zu einem bestimmten Termin versprachen. Im Folgenden werden die gestellten Pfänder (meistens Bücher oder Pferde) bezeichnet, darauf der Notar, der das Originalinstrument erstellt hatte, der Ort des Vertragsabschlusses sowie die Zeugen, in der Regel Mitstudenten, auf der Seite des Kreditnehmers und Landsleute der oft aus toskanischen oder lombardischen Städten stammenden *campsores*.[53] Oft entbanden der oder die Erstgenannten in einem Zusatz ihre Mitkontraktanten von sämtlichen Verpflichtungen und übernahmen damit rechtlich die alleinige Verantwortung für die Rückzahlung der eingegangenen Schulden.

Das *mutuum* wurde ebenfalls als Möglichkeit benutzt, den Studenten aus der Heimat Geld zu überweisen, ohne ihnen die Summe in bar

---

53 Laut den Statuten waren neben den Kontraktanten anzugeben *super tali re, vel quantitate, vel facto vel tali causa, vel super tali negotio, et talis notarius fecit instrumentum, presentibus talibus, et in tali loco, et in tali anno, indictione et tali die et mensis talis*: *Vittorio Franchini*, L'instituto (Anm. 50), S. 99.

übersenden zu müssen.[54] So bestätigte beispielsweise am 12. April 1296 Graf Heinrich von Sponheim einem Florentiner *campsor* den Empfang von 100 Goldgulden in Bologneser Groschen, die einem *socius* desselben von einem Familiaren Heinrichs in Mainz übergeben worden waren.[55] Leider ist nicht bekannt, welche Summe Heinrichs Familiar dem Mainzer „Filialleiter“ insgesamt bezahlt hatte. Sicher waren es mehr als die schliesslich ausbezahlten 100 fl., wie umgekehrt auch bei den *mutua* in Bologna die Kreditnehmer weniger als die runde Summe ausbezahlt bekamen, die sie später zurückzahlen mussten. Damit die Bankiers nicht mit dem kanonischen Zinsverbot in Konflikt kamen, wurde nämlich stillschweigend ihr Profit auf die Wechselsummen aufgeschlagen bzw. von diesen abgezogen, so dass wir heute die von den Studenten zu entrichtenden Zinssätze und Spesen nicht genau beziffern können.[56]

Neben den Geldgeschäften führten der Handel mit Büchern und die von Studenten geschlossenen Verträge mit professionellen Handschriftenabschreibern und -schreiberinnen zu vielen Einträgen in die Notariatsregister, da die hierbei anfallenden Beträge oft die Mindestsumme von 20 Pfund überstiegen.[57] An- und Verkauf von Büchern sowie Verträge für Abschriften sind ausserordentlich detailliert beschrieben. So werden jeweils nicht nur Autor und Titel der Werke, sondern auch der Beschreibstoff, beizufügende *apparatus* und die verwendete Schrift genau festgehalten und bei Kopieraufträgen bisweilen auf ein bereits bestehendes Exemplar verwiesen, das als Muster dienen sollte.

Abgesehen von den erwähnten Geschäften tauchen Studenten nur selten in den Notariatsregistern auf. Vereinzelte Nennungen bei Haus-

---

54 Zum grenzüberschreitenden Zahlungsverkehr nach Bologna vgl. auch *Rudolf Hiestand*, Bologna als Vermittlerin im kurialen Zahlungsverkehr, in: VSWG 82 (1995), S. 332–349, besonders S. 347 f.

55 Mem. 90, fol. 55[r]; Heinrich von Sponheim-Starkenburg, Nr. 1485.

56 *Sven Stelling-Michaud*, L'université de Bologne et la pénétration des droits romain et canonique en Suisse aux XIIIe et XIVe siècles (Travaux d'Humanisme et Renaissance 17), Genève 1955, S. 94 ff; *Antonio Ivan Pini*, L'arte del cambio a Bologna nel XIII secolo, in: L'Archiginnasio 57 (1962), S. 20–81, hier S. 70.

57 *Antonio Perez Martin*, Büchergeschäfte in Bologneser Regesten aus den Jahren 1265–1350, in: Ius Commune 7 (1978), S. 7–49; eine einzige Schreiberin erscheint persönlich – in Anwesenheit ihres Mannes – in den betrachteten Memoriali beim Abschluss eines Abschreibevertrags (Mem. 123, fol. 305[r]); die übrigen Schreibverträge von Frauen wurden von Vätern für ihre Töchter abgeschlossen, z. B. CSB 8, S. 95 oder Mem. 26, fol. 68[r].

mieten, als Zeugen, Testamentsvollstrecker oder bei anderen Gelegenheiten, machen nur einen Bruchteil der Einträge aus. Die Memoriali bieten aber auch, unabhängig vom jeweiligen Gegenstand der Registrierung, oft die Möglichkeit, die Aufenthaltsdauer einzelner Studenten in Bologna festzustellen, wenn diese mehrfach aktenkundig wurden. Von den 1127 im Untersuchungszeitraum in den Bologneser Notariatsregistern erwähnten deutschen Studenten sind immerhin 419 dort mehr als einmal aufgeführt. Einige brachten es sogar auf zehn oder mehr Einträge, allen voran Jacobus Leonis aus Karden, der auch als *bidellus* des bekannten Legisten Franciscus de Sassolinis auftrat und zwischen 1296 und 1307 nicht weniger als 35 mal in den Memoriali nachzuweisen ist.

Selbstverständlich wurde der Quellenwert der Memoriali schon früh erkannt, und erste Listen von Studenten sind von Sarti und Fattorini bereits ab 1769, wenn auch in unbefriedigender Form, veröffentlicht worden.[58] Im Rahmen seiner Quellenstudien zu den deutschen Rechtsstudenten in Italien hat auch der österreichische Forscher Arnold Luschin von Ebengreuth auf die Memoriali hingewiesen, sie aber kaum für eigene Studien benutzt.[59] Seit 1921 sind auch im Rahmen des *Chartularium Studii Bononiensis* die die Universität betreffenden Regesten aus den Jahren 1265–1269, erste Hälfte 1270 und 1286, erschienen, wobei die frühen Ausgaben bezüglich Vollständigkeit und Transskripition nicht immer befriedigen.[60] Mit den Forschungen Sällströms und der Stelling-Michauds, die leider bisher keine Fortsetzungen gefunden ha-

---

58 *Mauro Sarti* und *Mauro Fattorini*, De claris Archigymnasii Bononiensis professoribus a saeculo XI usque ad saeculum XIV, Bologna 1769, neu hg. von Cesare Albicini und Carlo Malagola, 2 Bde., Bologna 1882 und 1896.

59 *Arnold Luschin von Ebengreuth*, Quellen zur Geschichte deutscher Rechtshörer in Italien, in: Sitzungsberichte der philosophisch-historischen Klasse der kaiserlichen Akademie der Wissenschaften 124 (1891), S. 1–30, hier S. 9–15; zu Luschins Quellensammlung und Methode vgl. auch *Hilde de Ridder-Symoens*, Deutsche Studenten an italienischen Rechtsfakultäten. Ein Bericht über unveröffentlichtes Quellenmaterial, in: Ius Commune 12 (1984), S. 287–315.

60 Chartularium Studii Bononiensis. Documenti per la Storia dell'Università di Bologna dalle Origini fino al secolo XV, hg. von der Commissione per la Storia dell'Uni-versità di Bologna, Bologna 1909 ff.; für die ganze Serie vgl. *Gabriele Zanella*, Bibliografia per la Storia dell'Università di Bologna dalle Origini al 1945, aggiornata al 1983, in: SMUB, N.S. 5, S. 7–237, dort nachzutragen der Bd. 15, Memoriali 1270, hg. von Roberto Ferrara und Giorgio Tamba, Bologna 1987; vgl. dazu *Roberto Ferrara*, Ricerca Storica e Nuove Tecnologie. I Memoriali del Comune di Bologna: Ipotesi e prime Prospettive per il Trattamento informatico di una fonte per la Storia dello Studio, in AMR, N.S. 33, (1982), S. 169–183.

ben, sind die Memoriali erstmals systematisch für Fragestellungen der modernen Universitätsgeschichte herangezogen worden.[61]

Die besondere Schwierigkeit bei der Benutzung der Memoriali als Quelle zur Universitätsgeschichte liegt in ihrer Eigenart als Regesten von viel ausführlicher abgefassten Privatverträgen begründet. Nicht alles, was im vollen Wortlaut der Originalinstrumente klar festgehalten wurde, fand auch Eingang in die knapp gehaltenen Regesten der dafür abgestellten städtischen Notare. Vor allem die Bezeichung der Studenten als solche fiel, da sie den Vertragspartnern klar und selbstverständlich war, häufig weg.

Erwähnungen *wie N.N., scolaris in iure canonico* und ähnliche sind natürlich eindeutig und die derart Bezeichneten konnten bedenkenlos in die Untersuchung aufgenommen werden. Schwieriger wird die Beurteilung, wenn Personen lediglich als *scolares* oder *scolares Bononie* bezeichnet werden. Zwar handelte es sich bei Ihnen wohl um Studenten, aber ob sie tatsächlich einem Rechtsstudium nachgingen, ist nicht zweifelsfrei erwiesen. Immerhin ist zu bedenken, dass in Bologna, wenn auch vom Ruhm der Rechtsschulen nahezu völlig in den Schatten gedrängt, seit dem ausgehenden 10. Jahrhundert auch Artes-Schulen und seit dem 14. Jahrhundert sogar eine Artes-Fakultät (darin inbegriffen die Mediziner und Notare) und seit 1368 eine theologische Fakultät an der Universität bestanden.[62] deren Besucher genausogut als *scolares* bezeichnet werden konnten wie Rechtsstudenten. Anderseits ist nicht leicht einsehbar, weshalb die Söhne der deutschen Oberschicht für ein artistisches Studium ausgerechnet nach Bologna hätten reisen sollen. Als Adliger studierte man im ausgehenden 13. und im 14. Jahrhundert kaum lediglich die Artes und falls doch, hätte man dafür bekanntere Hochschulen wie diejenige in Paris aufsuchen können, nicht aber ausgerechnet das ausschliesslich für seine Rechtsschule bekannte Bologna. Die überwiegende Mehrzahl der nur als *scolares* zu belegenden Studenten wird deshalb als Rechtsschüler zu betrachten sein und wurde auch als

---

61 *Åke Sällström*, Bologna och Norden (Anm. 18); *Sven Stelling-Michaud*, Université (Anm. 56), S. 8 ff.; *ders.*: Plan de recherche pour l'établissement d'un Corpus des étudiants européens (juristes, médecins, théologiens) ayant étudié à Bologne de 1270 à 1500, in: Bolletino storico-bibliografico subalpino 54 (1956), S. 191–195, *ders.* und *Suzanne Stelling-Michaud*: Juristes (Anm. 18); *Antonio Perez Martin*, Il Corpus Scholarium Bononiensium, in: Bolletino informativo dell'Istituto Giuridico Spagnolo in Roma 17 (1969), S. 7–11; *Jacques Verger*, Sven Stelling-Michaud and the History of Universities, in: History of Universities 8 (1989), S. 201–210.

62 *Albano Sorbelli*, Storia (Anm. 11), S. 105 ff.

solche gezählt, wobei in der Praxis so verfahren wurde, dass für die vorliegende Untersuchung als Rechtsstudent gilt, wer nicht eindeutig und ausschliesslich als Student eines anderen Faches erwähnt wurde. Dieses Vorgehen wird dadurch gestützt, dass von jenen elf Deutschen, die in den Notariatsregistern als *scolares Bononie in studio lit[t]erarum* auftauchen, fünf in den Akten der deutschen Nation ebenfalls erscheinen, in die doch laut Statuten nur Rechtsstudenten eingetragen werden sollten.[63]

Für einen nicht geringen Teil der in den Notariatsregistern fassbaren Nichtitaliener fehlen allerdings jegliche ausdrücklichen Hinweise auf ein Studium, obwohl diese schwerlich etwas anderes sein konnten als Studenten. So sind beispielsweise allein für den Zeitraum von 1265 bis 1330 in den Memoriali über 2500 Büchergeschäfte festgehalten, in denen zu über 90 Prozent juristische Werke umgesetzt wurden.[64] Angesichts der Tatsache, dass Bücher, insbesondere auch die zum Studium benötigten Gesetzestexte, dermassen kostspielig waren, dass sie sich kaum jemand aus rein bibliophilen Motiven angeschafft haben wird, darf man die an diesen Geschäften aktiv beteiligten Personen mit grosser Sicherheit als Rechtsstudenten betrachten.

Eine weitere Gruppe von mutmasslichen Studenten bilden die als Zeugen, Bürgen oder Prokuratoren bei Bücher- und Wechselgeschäften auftretenden Personen. Diese ebenfalls als Studenten zu betrachten, rechtfertigt sich aus der verbreiteten Gepflogenheit der Bologneser Notare, namentlich am Schluss der Registereinträge, auf die Bezeichnung *scolaris* zu verzichten, weil sich diese bei Geschäften unter Studenten wohl erübrigte. Dadurch erklärt sich auch, weshalb ein- und dieselbe Personen manchmal als Student bezeichnet wird, oft aber lediglich mit ihrem Namen und allenfalls Pfründenbesitz auftaucht.

Typisch für die Notariatsregister ist das Auftreten der Vertragspartner in Gruppen, was sich aus der damaligen Geschäftspraxis geradezu zwangsläufig ergab, da der Schritt von der Beweissicherung durch Zeugen zur rein schriftlichen Beglaubigung noch nicht ganz vollzogen

63 Studenten anderer Fächer wurden von den Notaren durchaus als solche bezeichnet, so etwa ein *Henricus Henrici Dam[...] de Alamonia, scolaris Bon. in logicha*, der am 21. Mai 1316 bei einem Repetitor *in logicalibus* einen Wechsel über 53 lb Bon. aufnahm (Mem. 131, fol. 377^r).

64 *Antonio Perez Martin*, Büchergeschäfte (Anm. 57), S. 9 f.; die effektive Zahl der Buchgeschäfte liegt deutlich höher, da Perez Martin die rund 20 nicht edierten Jahre des angegebenen Zeitraums nicht ausgewertet hat.

war.[65] Diese Gruppen, für die ich schon die Bezeichnung „Geschäftsgruppen“ vorgeschlagen habe[66], setzten sich in der Regel aus zwei bis fünf Personen zusammen, die als Kontraktanten, Bürgen oder Zeugen für den ordnungsgemässen Ablauf eines Geschäfts benötigt wurden. Die Bildung dieser Geschäftsgruppen funktionierte offensichtlich meistens nach demselben Mechanismus, der allgemein bei Zusammenschlüssen von Ortsfremden zu beobachten ist: Man suchte die Gesellschaft der Landsleute – und diese waren eben in Bologna praktisch immer ebenfalls Studenten.[67] Wie nun bei den Einträgen mit studentischer Beteiligung immer wieder zu beobachten ist, werden die darin auftretenden Nichtstudenten zumeist (ob ausnahmslos, lässt sich nicht belegen) mit ihren Funktionen genannt, als Professor, Kreditgeber oder *albergator*. Diese Praxis leuchtet ein, handelte es sich doch bei diesen Personen um die zentralen Figuren des betreffenden Geschäftsabschlusses, während die Studenten als die übliche Kundschaft nicht eigens als solche erwähnt zu werden brauchten. Wer als Ausländer in Bologna an derartigen Geschäften teilnahm, war demnach, wenn er nicht ausdrücklich anders bezeichnet wurde, auch in den Augen der Bologneser Notare, schlicht ein Student – und wenn nichts weiter angemerkt wurde, ein Student der Rechte, was bei einschlägigen Buchgeschäften ohnehin nahelag.[68]

Mit dieser, wenn auch nirgendwo explizit formulierten Prämisse arbeitet die prosopographische Forschung zur Universität Bologna seit Sartis Publikation der *scolares illustres*. Die Benutzer seines Katalogs sahen offensichtlich weder eine Notwendigkeit, noch war es ihnen in der Regel möglich, die von Sarti vorgenommenen Zuordnungen dieser Personen als Scholaren zu hinterfragen. Dabei sind eben auch Sartis „Scholaren“ streng genommen längst nicht alle als Studenten belegt (und ne-

65 *Harry Bresslau*, Handbuch der Urkundenlehre für Deutschland und Italien, 2 Bde., Berlin, 1912–1931; *Thomas Behrmann*, ‘Ad maiorem cautelam’. Sicherheitsdenken, Zukunftsbewusstsein und schriftliche Fixierung im Rechtsleben der oberitalienischen Kommunen, in: QFIAB 72, (1992), S. 26–53.

66 *Jürg Schmutz*, Notariatsakten (Anm. 50), S. 140.

67 Vgl. dazu auch unten, im Kapitel 5.6., die Ausführungen über die studentischen Gruppen.

68 Das Problem begegnet nicht nur in Bologneser Quellen: *Andrea Gloria*, Monumenti dell' Università di Padova I, Venezia 1884, S. 404, bemerkt zum gleichen Problem für die Quellen zur Universität Padua: „Farebbe poi molto bene chi traesse dai monumenti padovani i nomi dei forestieri ch'essi ricordano senza il titolo di scolari, titolo però che, riguardo a non pochi, reputo sia stato omesso dai notai.“

benbei erst recht nicht alle *illustres*). Als erste umfangreichere Zusammenstellung erfreute sich die Sammlung jedoch eines grossen Interesses und fand seither Eingang in die Universitätsgeschichten und Regionalstudien zur Herkunft der Studenten an der Universität Bologna.[69]

Auch die Herausgeber des *Chartularium Studii Bononiensis* folgten Sartis Sichtweise und bezeichneten Ausländer regelmässig als *scolari stranieri*, also als auswärtige Studenten, sofern keine Hinweise auf einen anderen Aufenthaltszweck vorlagen.[70] Stelling-Michaud ging sogar noch über diese unausgesprochene Definition hinaus, indem er unter seine 225 „Schweizer" sogar vier *famuli* bzw. *servientes* aufnahm und diese stillschweigend, aber nicht immer überzeugend, der Zahl der Rechtsstudenten zuschlug.[71] Die von ihm aufgestellten und seither immer wieder angeführten Schätzungen über die Studentenzahl in Bologna am Ende des 13. Jahrhunderts basieren auf diesem Verständnis der in den Memoriali überlieferten Angaben.[72]

2.2.2 Die Carte del Corredo der Curia del Podestà

Die Straf- und Zivilgerichtsbarkeit in Bologna wurde seit dem 13. Jahrhundert sowohl unter der Herrschaft des *popolo* als auch unter den folgenden Signorien vom Gericht des Podestà ausgeübt, das als politisch weitgehend unabhängige Behörde in den Händen des Podestà und seiner *familia* blieb.[73] Für die unter dem Klerikerprivileg in Bologna lebenden Studenten war dieses Gericht an sich nicht zuständig, da sich

---

69 *Heinrich Denifle*, Die Entstehung der Universitäten des Mittelalters bis 1400, Berlin 1885 (Ndr. Graz 1956), S. 151; *Albano Sorbelli*, Storia (Anm. 11); *P. Pfotenhauer*, Schlesier (Anm. 37); *Suzanne* und *Sven Stelling-Michaud*, Juristes (Anm. 18), passim.

70 CSB 5: S. 4, 21, 26, 27, 34, 41 usw.

71 *Sven Stelling-Michaud*, Université (Anm. 56), S. 8 f.; *ders.* und *Suzanne Stelling-Michaud*, Juristes (Anm. 18), Nrn. 28, 35, 99, 190.

72 *Sven Stelling-Michaud*, Université (Anm. 56), S. 38 f.; *Helmut Coing*, Römisches Recht in Deutschland (Anm. 32), S. 48; *ders.* (Hg.), Handbuch der Quellen und Literatur der neueren europäischen Privatrechtsgeschichte, Bd. 1: Mittelalter (1100–1500). Die gelehrten Rechte und die Gesetzgebung (Veröffentlichungen des Max-Planck-Instituts für europäische Rechtsgeschichte), München 1973, S. 81; *Antonio Ivan Pini*, Studenti e vita studentesca a Bologna, in: Studenti e Università degli studenti dal XII al XIX secolo (SMUB, N.S. 7), 1988, S. 64 f.; vgl. dazu auch unten, Kap. 4.4., die Ausführungen zur Frequenz.

73 Guida Generale degli Archivi di Stato Italiani 1, Rom 1981, S. 571 f.

diese bekanntlich nur vor ihrem Rektor verantworten mussten. Die Rektoren der beiden Universitäten übten aber in der Praxis nur die Gerichtsbarkeit in zivilrechtlichen Angelegenheiten und leichten Strafrechtsfällen aus, während sie in schwereren Strafrechtsfällen stillschweigend dazu übergingen, diese der Zuständigkeit des Comune zu überlassen, welches auch mit den entsprechenden Zwangsmitteln für deren Durchsetzung ausgestattet war. Die formalrechtliche Zuständigkeit für alle Fälle verblieb aber bis in die ersten Jahrzehnte des 14. Jahrhunderts bei den Rektoren.[74] Wie aus den erhaltenen Akten der Curia del Podestà hervorgeht, kam es aber immer wieder zu Versuchen, Studenten auch in Bagatellfällen vor das Gericht des Podestà zu ziehen, worauf jeweils der (General-)vikar des Bischofs von Bologna eingeschaltet wurde, der die Fälle mit einer beinahe stereotypen Formel für das bischöfliche Gericht reklamierte.[75] Für Klagen von Studenten gegen Bologneser Bürger, ob Studenten oder nicht, war selbstverständlich nur das kommunale Gericht zuständig.

Bereits im 13. Jahrhundert wurde die Dokumentation aus dem Bereich der Strafgerichtsbarkeit, die der Podestà bzw. seine Stellvertreter und Richter als *giudici ad maleficia* ausübten, in der *Camera degli atti* gesammelt und im 19. Jh. unter den Amtsbezeichnungen der zuständigen Richter abgelegt. Von besonderem Interesse sind dabei die sogenannten *Carte del Corredo*, von den Prozessparteien in den Jahren 1241 bis 1512 angefertigte Dokumente für die Eröffnung und Durchführung von Strafprozessen. Es handelt sich dabei um Anzeigen, Bestellungen von Prokuratoren, ärztliche Befunde, gerichtliche und aussergerichtliche Vergleiche.

Wie die Memoriali auch, bieten die Carte del Corredo für einige Personen eine aufschlussreiche Parallelüberlieferung zu den Annalen der

---

74 *Giorgio Cencetti*, Il foro degli scolari negli studi medievali, in: AMR 5 (1939–40), S. 163–188; *Massimo Vezzani*, Maestri e scolari a Bologna nelle carte di corredo del Podestà (Fine sec. XIII) - Parte prima. Tesi di Laurea, anno accademico 1970–71, Ms., Bologna, Istituto di Paleografia, S. XVII f.; vgl. auch unten den Abschnitt über die Beziehungen zwischen der Universität und dem Comune.

75 *... cum appareat per sententiam per nos latam ipsum d. N.N. esse in possessione vel quasi [clericatus] et fuisse iam est diu et nulla sit vobis in personas ecclesiasticas de iure tributa potestas, vos requirimus et rogamus quatenus non procedatis ulterius contra eum scilicet partes ad nostrum remittatis examen; nos enim parati sumus de ipso d. N.N. cuilibet petenti facere iustitie complementum*; zitiert nach *Bruno Cucconi*, Maestri e scolari a Bologna nelle carte di Corredo del Podestà (Fine sec. XIII), Parte secunda. Tesi di Laurea, anno accademico 1970/71, Ms., Bologna, S. 68 f.

Nation, die wie kaum eine andere Quelle geeignet ist, mitten ins pulsierende Alltagsleben der Studenten zu blicken. Damit soll den Rechtsstudenten keinesfalls unterstellt werden, Gerichtshändel seien bei ihnen an der Tagesordnung gewesen, aber die häufigen Verstösse gegen die restriktiven Bologneser Waffengesetze[76] und zahlreiche Klagen wegen Körperverletzung zeigen doch, dass, wer etwas auf sich hielt, zur Wahrung der persönlichen Ehre nicht selten lieber den (verbotenen) Dolch zückte als eine juristisch formvollendete Ehrverletzungsklage aufzusetzen.

Die Carte del Corredo sind grösstenteils in Form von einzelnen Dokumenten überliefert, da es sich ja in den meisten Fällen nur um kurze Schriftstücke handelt. Aus dem umfangreichen Bestand sind die die Universität betreffenden Stücke bereits vor längerer Zeit aussortiert worden und haben schon wiederholt das Interesse der Universitätsforschung gefunden.[77] Im Rahmen von mehreren Abschlussarbeiten am Paläographischen Institut der Universität Bologna sind in den frühen siebziger Jahren die Dokumente aus den Jahren 1280–1331 transskribiert worden und sollen in der Reihe des Chartularium Studii Bononiensis erscheinen.[78]

2.3 Weitere Quellen

Neben den bisher erwähnten umfangreicheren existieren in Bologneser Archiven zahlreiche weitere Quellen, von denen viele bereits durch das Chartularium Universitatis Bononiensis erschlossen sind. Zu nennen sind beispielsweise das kommunale Registro Grosso, die Archive verschiedener Klöster oder Notariatsinstrumente aus der Curia der Bologneser Bischöfe. In diesem Rahmen sind auch die Universität betreffende Akten aus den Vatikanischen Beständen erschienen. Art, Umfang und Wert dieser Dokumente für die Erforschung der deutschen Studenten sind sehr unterschiedlich. Zu finden sind in der Regel lediglich Belege zu Einzelpersonen, wie etwa die Ernennung von Prokuratoren, die Erlaubnis, Bücher zu exportieren, als Rektor Waffen zu

---

76 Zu den Bologneser Waffengesetzen vgl. *Gina Fasoli* und *Paolo Sella* (Hgg.), Statuti di Bologna dell'anno 1288, 2 Bde., Città del Vaticano 1937–39, Buch IV, § 67 f.

77 *Sven Stelling-Michaud*, Université (Anm. 56), S. 84 ff.; *Antonio Ivan Pini*, Studenti e vita (Anm. 72), S. 67 f.

78 *Antonio Ivan Pini*, Studenti e vita (Anm. 72), S. 53, Anm. 24.

tragen oder verstreute Promotionsbelege vor dem Einsetzen der *Libri secreti*. Die meisten dieser Angaben sind für die Studenten aus dem Reich bisher nicht verwertet worden, weil sie Knod noch nicht zugänglich waren und seither vom Chartularium zumeist nur die Bände mit den Memoriali eine weitere Beachtung fanden. Der Anteil der in diesen zusätzlich zu den bereits erwähnten Bologneser Quellen fassbaren Studenten beträgt jedoch mit 19 Personen nur etwas mehr als ein halbes Prozent.

Wie die Entstehungs- und Überlieferungsgeschichte der oben erwähnten Quellengattungen zeigt, bestanden durchaus Möglichkeiten für Rechtsstudenten, in Bologna zu studieren, ohne dort schriftliche Spuren ihres Aufenthalts zu hinterlassen. Wer es verstand, der Aufnahme in die Nation auszuweichen, keine Bücher- oder Wechselgeschäfte tätigte, nicht vor Gericht gezogen wurde und sein Studium auch nicht mit einer Promotion abschloss, kann zumindest in den Bologneser Quellen, selbst deren lückenlose Überlieferung vorausgesetzt, kaum als Student nachgewiesen werden. Für weitere 28 Besucher der Bologneser Universität finden sich aber in Quellen ausserhalb Bolognas Hinweise auf ein Studium. Bei derartigen indirekten Studienbelegen ist allerdings zu unterscheiden zwischen solchen, die direkt auf ein Studium in Bologna hinweisen und solchen, insbesondere in der älteren Literatur immer wieder auftauchenden Personen, deren juristische Kenntnisse mehr oder weniger stillschweigend mit einem Studium an der bekanntesten Rechtsuniversität des europäischen Mittelalters gleichgesetzt wurden. Stellvertretend für zahlreiche weitere Überlieferungsmöglichkeiten ausserhalb Bolognas sind an dieser Stelle nur die verschiedenen päpstlichen Register in der Edition des *Repertorium Germanicum* in Erinnerung zu rufen, die eine hohe Glaubwürdigkeit beanspruchen dürfen.[79] Wer also wie der Utrechter Kleriker Jacobus Bierwisch als *studens Bononie* beim Papst um Pfründen supplizierte oder wie der spätere Prager Erzbischof Johannes von Jenzenstein in eigenen Briefen auf das Studium in Bologna verwies, darf sicherlich als Student in Bologna betrachtet werden.[80] Nicht in die Liste der Studenten aufgenommen wurden dagegen Perso-

---

79 *Walter Deeters*, Über das Repertorium Germanicum als Geschichtsquelle. Versuch einer methodischen Anleitung, in: Blätter für deutsche Landeskunde 105 (1969), 27–43; zu den einzelnen Bänden vgl. das Quellen und Literaturverzeichnis.

80 Jacobus Bierwisch, Nr. 1755: RG I, 63 (ohne Jahr); Johannes von Jenzenstein, Nr. 2014 an seinen Bruder: vgl. dazu *Jacques Le Goff*, Un étudiant tchèque à l'université de Paris au XIVe siècle, in: Revue des études slaves 24 (1948), S. 143–170, hier S. 166 f.

nen wie der von Pfotenhauer als Besucher Bolognas angeführte Engelbert, Pleban an St. Maria bei Beuthen (Oberschlesien), der „um kanonisches Recht zu studieren, zu reisen und seine Kirche mit ihren Einkünften zu verpachten beschlossen habe".[81] Diese Quellenstelle kann wohl bestenfalls den Studienwillen des besagten Plebans, nicht aber ein Studium selbst und schon gar nicht eines in Bologna belegen.

Mit der Erwähnung dieser letzten und umfassendsten, weil kaum mehr eingrenzbaren Menge der möglichen Belege wird klar, dass eine systematische Suche nach allen „Bologneser" Studenten kaum je abgeschlossen werden kann. Neue und neu betrachtete Quellen werden deshalb auch in Zukunft die in dieser Untersuchung behandelte Anzahl von Studenten in Bologna ebenso erhöhen können, wie durch die überzeugende Gleichsetzung mit bereits bekannten Personen einzelne der hier Aufgeführten spurlos aus der Geschichte „verschwinden" werden.

3. Die Universität Bologna in ihrem Umfeld

Die Geschichte der Universität Bologna ist wie diejenige ihrer Schwestern aus der Frühzeit der Hohen Schulen bereits seit langer Zeit und vergleichsweise gut aufgearbeitet.[82] Speziell im Fall Bolognas kann die

---

81 „Als Ziel der Studienreise bezeichnet Stenzel, Gesch. Schlesiens S. 330 geradezu Bologna!": *P. Pfotenhauer*, Schlesier (Anm. 37) , (1894), 433–446, 437.

82 Unter den allgemeinen Werken sei einmal auf die im Literaturverzeichnis erwähnten „Klassiker" der Universitätsgeschichte von *Carl Friedrich von Savigny*, *Heinrich Denifle* und *Hastings Rashdall* verwiesen sowie auf die einschlägigen Beiträge in Geschichte der Universität, hg. von Walter Rüegg (Anm. 16); speziell zu Bologna sind zu nennen die beiden Bände von von *Albano Sorbelli* und *Luigi Simeoni*, Storia dell' Università di Bologna, Bologna 1940–1942; *Gina Fasoli*, Per la storia dell'Università di Bologna nel Medio Evo. Dalle lezioni tenute alla facoltà di Magistero nell'anno accademico 1969–70, Bologna 1970; *Gian Paolo Brizzi* und *Antonio Ivan Pini*: Studenti e università degli studenti dal XII al XIX secolo, in: SMUB N.S. 7 (1988); *Carlo Dolcini*: Università e studenti a Bologna nei secoli XIII e XIV, Torino 1988; einzelne Aspekte der Universitätsgeschichte werden behandelt in den reich illustrierten Sammelbänden von *Ovidio Capitani*, *Gian Paolo Brizzi u. a.* (Hgg.), L'Università a Bologna, Bd. 1: Personaggi, momenti e luoghi dalle origini al XVI secolo, Bologna 1987 und Bd. 2: Maestri, studenti e luoghi dal XVII al XX secolo, Bologna 1988; *Girolamo Arnaldi*, L'università di Bologna, in: Le università dell'Europa. La nascita delle università, hg. von Gian Paolo Brizzi und

Forschung von einer ausserordentlich guten Quellenlage ausgehen, neben der das Fehlen einer vergleichbaren Überlieferung zu den übrigen alten italienischen Schulen, vor allem zur Universität Padua, besonders zu bedauern ist.[83] Die weitaus meisten Darstellungen legen ihr Schwergewicht auf das 12. und 13. Jahrhundert, nach einhelliger Auffassung die Blütezeit der Universität, in der sich ihre besondere Organisationsform ausbildete und beachtet wurde, während ab dem 13. Jahrhundert das Bologneser Studium zunehmend unter den Einfluss der Stadt kam und zu einer „gewöhnlichen" Universität wurde, die freilich noch lange und gut vom Mythos ihrer Entstehungszeit zehren konnte.

Die Motive für die Beschäftigung mit der traditionsreichen Rechtsschule mögen anfangs in nicht geringem Masse patriotisch bestimmt gewesen sein, galt und gilt es doch in den Augen besonders der einheimischen Historiker noch immer, den Anspruch der eigenen Hohen Schule als erster und ruhmreichster derartiger Bildungsstätte zu sichern oder mindestens immer wieder zu erheben.[84] Ein Anspruch, der seit 1988 in subtiler aber unmissverständlicher Form erhoben wird, als die Stadt Bologna das neunte Jahrhundert des Bestehens ihrer Universität feierte und diese seither ihre emblematische Selbstdarstellung mit der römischen Zahl CM schmückt. Wenn die Universität Bologna als Institution aber auch noch nicht jene postulierten 900 Jahre alt ist, so zählt sie doch ohne Zweifel zu den ältesten in Europa und konnte lange Zeit mit Recht von sich behaupten, die wichtigste Juristenuniversität des Abendlandes zu sein.[85] Ihren unbestrittenen Platz in der Geschichte der

---

Jacques Verger, Milano 1990, S. 85–115 sowie in der seit 1907 (N.S. ab 1956) in unregelmässigen Abständen erscheinenden *Zeitschrift Studi e Memorie per la Storia dell'Università di Bologna* (SMUB); die wichtigste Bibliographie ist die bis ins Jahr 1983 nachgeführte *Bibliografia per la storia dell'università di Bologna* von Gabriele Zanella (Anm. 60); eine moderne monographische Darstellung zur Geschichte der Bologneser Universität liegt nicht vor.

83 Die von *Andrea Gloria*, herausgegebenen Monumenti della Università di Padova (1222-1405), Teil 1 (1222–1318), Venedig 1884; Teil 2 (1318–1405), 2 Bde., Padua 1888, können diese Lücke nur teilweise schliessen.

84 Zur fehlenden Distanz der Universitätshistoriker zu ihrem Forschungsgegenstand vgl. die Bemerkungen von *Peter Moraw*, Die Hohe Schule in Krakau und das europäische Universitätssystem um 1400, in: Studien zum 15. Jahrhundert, FS für Erich Meuthen, hg. von Johannes Helmrath und Heribert Müller, Köln 1994, S. 521–539, hier: S. 522 f.

85 *Hermann Fitting*, Die Anfänge der Rechtsschule zu Bologna, Berlin/Leipzig 1888, S. 1, spricht allerdings in seiner Jubiläumsschrift von Spuren einer bereits um das Jahr 1000 zurückzuverfolgenden, „der Studien halber auch aus weiter Entfernung

mittelalterlichen Universitäten behauptet die Bologneser Schule jedenfalls als einer der beiden Archetypen europäischer Hochschulen neben derjenigen von Paris. Mit dieser teilt sie seit dem Beginn der modernen Universitätsgeschichtsschreibung beinahe in allen Darstellungen jeweils die ersten Kapitel.

3.1 Aufbau und Organisation der Bologneser Rechtsschule

Der Begriff „Universität" als Singular für die Bezeichung der gesamten Bologneser Rechtsschule ist genau genommen nicht korrekt, denn in Bologna bestanden seit dem Ende des 12. Jahrhunderts zwei verschiedene *universitates*, nämlich diejenige der *citramontanen* und diejenige der *ultramontanen* Studenten (Graphik 1). In der ersten waren die Scholaren aus ganz Italien (von Bologna aus gesehen diesseits der Alpen) zusammengeschlossen, in der zweiten alle übrigen. Nach aussen trat die Universität jedoch in der Regel als Einheit auf, deren doppelte Spitze und Repräsentanten die beiden Rektoren bildeten.

Die beiden *universitates* bildeten nach den Statuen von 1317 je einen nicht ständigen Studentenrat von 19 Personen, den die einzelnen Nationen entsprechend ihrer Stärke proportional besetzten. Zusammen mit den beiden Rektoren bildeten diese Räte auch den gemeinsamen Studentenrat, das oberste, ebenfalls nichtständige Gremium der gesamten Universität[86]. Entscheidungen dieses Gremiums waren dann erforderlich, wenn die Gesamtuniversität ihre Interessen gegenüber den Professoren, der Stadt oder ökonomischen Partnern zu vertreten hatte.[87]

---

besuchten Hochschule" [...], „so dass die dortige Universität sehr füglich auch zu einer neunhundertjährigen Jubelfeier berechtigt sein würde".

86 SUB 1317, Rubr. XIV: *De numero consciliariorum et nacionibus, ipsorum electionibus, excusationibus et subrogacionibus.*

87 *Walter Steffen*, Die studentische Autonomie im mittelalterlichen Bologna. Eine Untersuchung über die Stellung der Studenten und ihrer Universitas gegenüber Professoren und Stadtregierung im 13./14. Jahrhundert (Geist und Werk der Zeiten 58), Bern-Frankfurt/Main-Las Vegas 1981, S. 94.

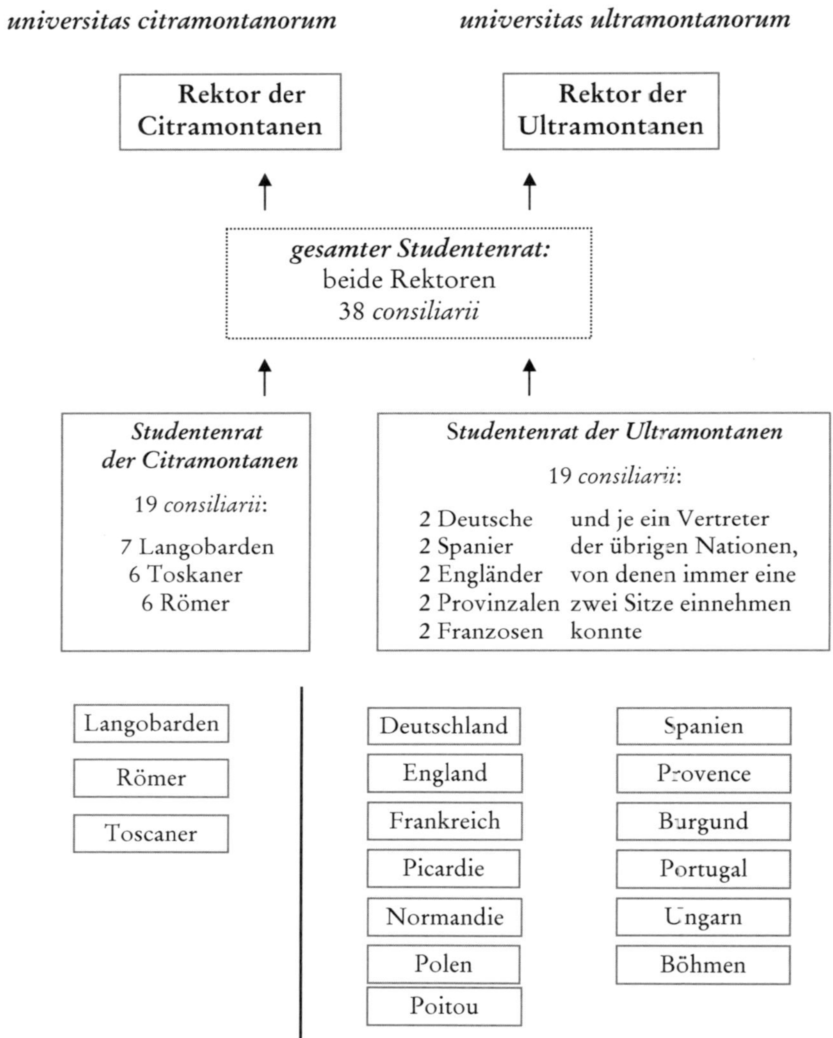

Quellen: SUB 1317, § 5 und 14; Steffen, Studentische Autonomie, 96.

Graphik 1: Aufbau der Rechtsuniversität Bologna nach den Statuten von 1317

Für den Unterricht spielte die korporative Vereinigung der Studenten in zwei verschiedenen *universitates* ohnehin keine Rolle, da die freie Auswahl der Professoren davon nicht betroffen war, und Angehörige beider *universitates* gleichzeitig denselben Lehrern zuhörten.[88] Im Sinne einer Ausbildungsstätte für Juristen ist die Bologneser Schule demnach sicher als Einheit anzusehen und wurde vom Comune und den Privilegiengebern auch immer als solche betrachtet. Im Folgenden werden daher die geläufigen Singularformen „*studium*" bzw. „Studium", „Universität" und „Rechtsschule" trotz ihrer Unschärfe dort verwendet, wo von der Gesamtheit der Bologneser Juristenschule die Rede ist.[89] Wird dagegen von den einzelnen Zusammenschlüssen der Studenten gesprochen, kommt die Bezeichung „*universitas*" zur Anwendung.

Im Rahmen einer Darstellung, die ihr Schwergewicht auf eine einzelne Gruppe von Besuchern der Bologneser Universität legt, kann dem institutionellen Rahmen des Gesamtstudiums kein allzu grosses Gewicht zukommen. Es muss daher an dieser Stelle genügen, bestimmte Aspekte aus der Geschichte der Bologneser Rechtsschule und ihres Umfelds herauszugreifen, ohne die deren Ruhm und Anspruch, ihre über Jahrhunderte hindurch grosse Anziehungskraft und ihre Bedeutung für die europäische Rechtskultur kaum zu verstehen sind. Die folgende, sehr gedrängte Darstellung versteht sich im Wesentlichen als Überblick über die äusserst unterschiedliche Forschungslage in der Aufarbeitung der Bologneser Universitätsgeschichte.

Die starke Position der in Korporationen zusammengeschlossenen Rechtsstudenten gegenüber ihren Professoren und der Kommune ist zu Recht immer wieder als Charakteristikum der Bologneser Universität

---

88 Aus Bologna sind keine Einschränkungen bei der Wahl der Doktoren bekannt wie beispielsweise in Orléans, wo die Nationen nur ihren eigenen Doktoren zuhörten und die deutsche Nation 1382 sogar ihren Angehörigen vorschrieb, nur bei den Bakkalaren der eigenen Nation Vorlesungen zu hören bis sie selbst den Bakkalarsgrad erlangt hätten: *Detlef Illmer*, Die Statuten der deutschen Nation an der alten Universität Orléans von 1378 bis 1596, in: Ius Commune 6 (1977), 10–107, hier: S. 12 und 35.

89 Als Sammelbegriff für sämtliche Aspekte der Institution mit ihren besonderen Normen und dem darin stattfindenden Lehrbetrieb bietet sich *studium* an. Vgl. dazu *Manlio Bellomo*, Federico II, lo 'studium' a Napoli e il diritto comune nel 'regnum', in: Rivista Internazionale di diritto comune 2 (1991), S. 135–151, 141 und *ders.*: Scuole giuridiche e università studentesche in Italia, in: Luoghi e metodi d'insegniamento nell'Italia medioevale (secoli XII-XIV), hg. von Luciano Gargan und Oronzo Limone, Galatina 1989, S. 121–140, hier: S. 123.

hervorgehoben worden.[90] Tatsächlich vermochten die Rechtsstudenten in Bologna auf dem Höhepunkt ihrer Macht im Gegensatz zu den in mehrfacher Hinsicht nicht mit ihnen vergleichbaren „Kommilitonen" an anderen Hohen Schulen sowohl studieninterne Anliegen wie die Wahl ihrer Rektoren, als auch ökonomische Rahmenbedingungen des Studiums, wie Wohnungsmieten, Lebensmittel- oder Buchpreise entscheidend zu beeinflussen.

Der entscheidende Unterschied zwischen den mächtigen studentischen Körperschaften in Bologna und den vergleichsweise machtlosen Studenten etwa in Paris bestand darin, dass sich in Bologna die Studenten untereinander als selbständig handelnde Gemeinschaften zusammengeschlossen hatten, während an den anderen Schulen die Korporationsbildung von den Magistern ausging und unter deren Kontrolle blieb.[91] Die Ursachen für diese Unterschiede dürften vorwiegend in der völlig anders zusammengesetzten Besucherschaft der beiden Universitäten zu suchen sein: Während in Paris und anderen mehrheitlich von Artes-Studenten besuchten Schulen zumeist jüngere, unselbständigere Scholaren von oftmals bescheidenerem sozialen Stand anzutreffen waren, studierten an Juristenuniversitäten wie Bologna oder später etwa Prag nicht selten bereits gereifte Männer, die in ihrer Heimat oft schon in Funktionen und Würden standen und den angeborenen oder beanspruchten gesellschaftlichen Status auch während des Studiums nicht aufgaben.[92] Die „Herrenmentalität" der Juristen und die juristische Fa-

---

90 Zu den studentischen Organisationsformen in Bologna vgl. noch immer *Heinrich Denifle*, Entstehung (Anm. 69), S. 132 ff.; *Hastings Rashdall*, The Universities of Europe in the Middle Ages, hg. von F. M. Powicke und A. B. Emden, 3 Bde., Oxford 1936, Bd. I: Salerno-Bologna-Paris, S. 176 ff.; ferner: *Albano Sorbelli*, Nazione (Anm. 25); *Pearl Kibre*, Nations (Anm. 12); *Sven Stelling-Michaud*, Université (Anm. 56), S. 38–46; *Helmut Coing*, Die juristische Fakultät und ihr Lehrprogramm, in: *ders.* (Hg.): Handbuch (Anm. 72), S. 52 ff.; *Walter Steffen*, Autonomie (Anm. 87); *Manlio Bellomo*, Saggio sull'Università, Rom 1994², S. 50 ff.

91 Entsprechend werden die Universitäten des vorwiegend in Italien verbreiteten Bologneser Typs als Studentenuniversitäten und diejenigen nach dem gesamteuropäisch erfolgreicheren Pariser Muster als Magisteruniversitäten bezeichnet. Vgl. dazu auch die Begriffsdefinitionen bei *Heinrich Denifle*, Entstehung (Anm. 69), S. 29 ff.

92 Zum Typus des Standesstudenten, der schon „jemand ist", bevor er überhaupt zur Universität kommt, vgl. *Rainer Chr. Schwinges*, Der Student in der Universität (Anm. 16), S. 183 f.; zur Besucherschaft der Juristenuniversität Prag vgl. *Peter Moraw* Die Juristenuniversität in Prag (Anm. 19), S. 439–486, S. 460; zur Beachtung der sozialen Rangfolge auch innerhalb der Universität vgl. *Rainer Chr. Schwinges*, Universitätsbesucher (Anm. 9), S. 3 ff. sowie *ders.*: Europäische Studenten des späten Mittelalters, in: Die Universität in Alteuropa, hg. von. A. Patschovsky und H. Rabe, Konstanz 1994, S. 129–146, hier: S. 133 f.

kultät als Ort der Reichen und Standespersonen bildete das ganze Mittelalter hindurch und darüber hinaus eine Konstante in der europäischen Universitätsgeschichte.[93]

3.1.1 Die Doktoren

In den Bologneser *universitates* gab es keine Professoren oder Doktoren.[94] So befremdlich diese Aussage auf den ersten Blick sein mag, so einleuchtend ist sie im Hinblick auf die Verfassung des Bologneser Studiums, das sich institutionell als Zusammenschluss der Studenten neben den Lehrern oder sogar gegen diese herausbildete. Diese Eigentümlichkeit der Universitäten nach dem Bologneser Vorbild muss man sich immer wieder in Erinnerung rufen, vor allem heute, wo sich die Hochschulen im Wesentlichen durch die Ordinariate definieren.

Der Platz der Doktoren in der Geschichte der Bologneser Rechtsschule ist demnach nicht einfach zu bezeichnen. Sie gehörten zwar unabdingbar zum *studium*, hatten es aufgebaut und trugen es, blieben aber organisatorisch und rechtlich von Gemeinschaften mit ihren Schülern ausgeschlossen, nicht zuletzt auch deshalb, weil sie im Unterschied zu den meisten Studenten Bologneser Bürger waren. Im anschliessenden Überblick über die Universität finden deshalb die Doktoren – einmal mehr – nur wenig Raum, und diesen aus den genannten Gründen auch nur am Rande der Übersicht über die *universitates*, zu denen sie eben genaugenommen nicht gehörten. Verglichen mit der Entwicklung der studentischen Organisation fanden sich die Bologneser Doktoren erst spät zu eigenen Körperschaften zusammen.[95] Seit den Anfängen des

---

93 Zur Juristenmentalität vgl. *Rainer Chr. Schwinges*, Rektorwahlen. Ein Beitrag zur Verfassungs-, Sozial- und Universitätsgeschichte des alten Reiches im 15. Jahrhundert (VuF 38), Sigmaringen 1992, S. 24 f.; *Frank Rexroth*, Finis scientie nostre est regere, in: ZHF 21 (1994), S. 315–344, hier: S. 324 ff. und 336 ff.

94 Die massgebenden Quellensammlungen sind noch immer *Sarti-Fattorini*, De claris Archigymnasii Bononiensis Professoribus (Anm. 58) und die Doktorenlisten bei *Umberto Dallari*, I Rotuli dei lettori, legisti e artisti dello Studio bolognese dal 1384 al 1799, 4 Bde., 1 Index, Bologna 1888–1924; zum Berufsbild der Doktoren allgemein vgl. *Jacques Verger*, Die Universitätslehrer, in: Geschichte der Universität in Europa (Anm. 16), S. 139–157; für die neuere Literatur vgl. auch die folgende Anmerkung.

95 *Albano Sorbelli*, LSIC 1 (Anm. 39), XI ff.; *Giovanna Morelli*, I Collegi di Diritto nello Studio di Bologna fra XIV e XVII secolo, in: Il carobbio 8 (1982), 250–258; *Manlio Bellomo*, Saggio (Anm. 90), S. 223 f. Zum Verhältnis der Doktorenkollegien zu den Körperschaften sämtlicher in Bologna tätiger Juristen vgl. *Ulrich Meyer-*

Studiums haben wohl die Lehrer in einer Prüfungskommission gemeinsam den Absolventen die Titel verliehen, aber erst als die Macht der Studenten gegen Ende des 13. Jahrhunderts nachliess und der Comune als Geldgeber in den Vordergrund trat, wurde ein engerer Zusammenschluss der Doktoren möglich.[96] Seit 1397 auch in eigenen Statuten fassbar, zeigen sich die Doktorenkollegien als zahlenmässig abgeschlossene, auf Bologneser Bürger beschränkte Vereinigungen der Ordinarien, denen allein das Recht zur Abnahme der fachlichen Examina und somit faktisch das Promotionsrecht zustand.[97]

3.1.2 Die Rektoren

Anders als ihre Kollegen in den Universitäten des Pariser Typus, waren die Rektoren der Bologneser *universitates* nicht Vorsteher der ganzen Hohen Schule, sondern lediglich die auf ein Jahr gewählten Obmänner der beiden Scholarenverbindungen.[98] Was aber ihre Kompetenzen und ihr Ansehen betraf, waren sie mit den ersteren durchaus gleichzusetzen und dies um so mehr, als in Bologna keine Repräsentanten der Gesamtuniversität existierten.

Zu den wichtigsten Kompetenzen der Rektoren in Bologna gehörte neben der Vertretung der *universitas* nach aussen, der Wahrung ihrer Rechte und Privilegien auch die Gerichtsbarkeit über die Studenten in Zivilangelegenheiten, eines der wichtigsten Privilegien im mittelalterlichen Universitätsleben überhaupt.[99] Im Weiteren zählten zu ihren Auf-

---

Holz, Collegia Iudicum. Über die Form sozialer Gruppenbildung durch die gelehrten Berufsjuristen im Oberitalien des späten Mittelalters, mit einem Vergleich zu Collegia Doctorum Iuris (Fundamenta Juridica 6), Baden-Baden 1989, S. 253–279.

96 *Albano Sorbelli*, LSIC 1 (Anm. 39), S. XXXIV ff.; *Giovanna Morelli*, I Collegi (Anm. 95), S. 251.

97 *Carlo Malagola*, Statuti (Anm. 44); *Albano Sorbelli*, LSIC 1 (Anm. 39), S. XVIIIff: *Albano Sorbelli*, LSIC 2 (Anm. 39), S. XLVII ff.; *Manlio Bellomo*, Saggio (Anm. 90), S. 242 f.

98 SUB 1317, Rubrr. 4–7; als Vorsteher einer rein studentischen Körperschaft wurden die Bologneser Rektoren von sämtlichen Angehörigen der jeweiligen *universitas* gewählt - auch dies ein Unterschied zu den Rektoren der meisten „Magister"-Universitäten, deren Rektoren durch die Ordinarien oder teilweise aufwendig ermittelte Ausschüsse gewählt wurden; vgl. dazu *Rainer Chr. Schwinges*, Rektorwahlen (Anm. 93).

99 SUB 1317, Rubr. X; vgl. dazu auch *Giorgio Cencetti*, Il foro (Anm. 74), S. 163–188.

gaben die Kontaktpflege mit Behörden, die Abnahme der Eidesleistungen und die Kontrolle der Arbeit von Funktionsträgern der *universitas* sowie von Schreibern, Miniatoren, Korrektoren, Buchbindern und anderen im Dienst der Universität stehenden Berufsleuten.[100] Sie hatten ferner für die ordnungsgemässe Einschreibung aller neu eintretenden Studenten zu sorgen, die alljährliche Verlesung der Statuten zu organisieren und die Bezahlung der Professoren sicherzustellen.[101]

3.1.3 Die Nationen

Obwohl die beiden *universitates* der Stadt, Privatpersonen und politischen Mächten gegenüber als Wortführer in universitären Angelegenheiten auftraten, stellten sie für die in ihnen zusammengeschlossenen Studenten, schon allein durch ihre Grösse, kaum identitätsstiftende Einheiten dar. In der Tat dürfte es namentlich den Angehörigen der ultramontanen *universitas* mitunter schwergefallen sein, weit über den Rahmen des Studiums hinausgehende Gemeinsamkeiten mit Scholaren aus historisch und kulturell sehr unterschiedlich geprägten Herkunftsorten zu erkennen. Hingegen wurde offensichtlich sowohl unter den Studenten als auch unter den Einwohnern Bolognas ein engerer Zusammenhalt und sogar gegenseitige Verantwortlichkeit von Personen gleicher Herkunft schon lange vor der Erwähnung der Nationen als selbstverständlich betrachtet.

Die Verbindung von Studenten aus denselben oder als zusammengehörig betrachteten Herkunftsgebieten zu *nationes*, als frühen Organisationsformen der Studenten in Bologna überhaupt, geht auf das 12. Jahrhunderts zurück. Die Zusammenschlüsse der auswärtigen Scholaren nach dem Vorbild der lokalen Innungen oder der aus ihrer Heimat bekannten Gilden, lassen sich wohl mit dem Bedürfnis nach gegenseitiger Unterstützung oder auch bloss nach vertrauter Gesellschaft in einem fremden Land erklären, ohne ein verstärktes Organisationsbedürfnis der Studenten den Professoren gegenüber annehmen zu müssen.[102] Die Be-

---

100 Im Jahr 1294 dürften rund 200 Personen in diesem Sektor beschäftigt gewesen sein: *Antonio Ivan Pini*, Problemi di demografi bolognese del Duecento, in: AMR, N.S. 17–19, S. 147–222, hier: S. 211.

101 SUB 1317, Rubr. XI: *Ad quid rectores specialiter teneantur.*

102 In der Forschung herrscht Uneinigkeit darüber, ob die Universitäten gegen Ende des 12. Jh. aus dem Zusammenschluss der Nationen, oder die Nationen aus dem Zerbrechen einer älteren Einheit der Studentenschaft entstanden seien. Vgl. zu der Frage *Heinrich Denifle*, Entstehung (Anm. 69), S. 135–160; *Pearl Kibre*, Nations

zeichung *natio* als Sammelbegriff für diese neu entstehenden Gruppierungen lag nahe, beinhaltete dieser Begriff doch nicht nur geographische Gemeinsamkeiten, sondern beschrieb auch das in der Universitätsstadt unter den ausländischen Studenten bestehende Zusammengehörigkeitsgefühl von Landsleuten.[103]

Der Zweck des studentischen Zusammenschlusses bestand in der Bildung einer Gemeinschaft zum öffentlichen Nutzen (*congregatio ... utilitatis tamen et publice et private*), mit den Zielsetzungen der Geselligkeit (*societatis amicitaeque communicatio*), der gegenseitigen Hilfe (*infirmorum consolatio et egenorum subsidium*) und der Versöhnung (*rancoris simultatumque exstirpatio*), wie aus den Statuten der deutschen Nation wohl verallgemeinert werden darf.[104] Wie dieser „Zweckartikel" deutlich aufzeigt, beschränkten sich auch die Aktivitäten der Nationen weitgehend auf die Gestaltung des studentischen Lebens ausserhalb des Lehrbetriebs.

An der Spitze der einzelnen *nationes* oder *consiliariae*, wie sie im Rahmen der Gesamtuniversität auch genannt wurden, standen sogenannte *consiliarii*, bei der deutschen Nation *procuratores* genannt, die zusammen den Studentenrat bildeten und dem Rektor als beratendes Gremium zur Seite standen, woher auch ihre Amtsbezeichnung stammt.[105] Die *consiliarii* wurden innerhalb der einzelnen Nationen nach einem genau festgelegten Prozedere gewählt, das wiederholte Mandate derselben Personen oder die überproportionale Vertretung einzelner Regionen verhindern sollte.[106] Konnten auf diese Weise in-

---

(Anm. 12), S. 3 ff; *Albano Sorbelli*, Nazione (Anm. 25); *Giorgio Cencetti*, Studium fuit Bononie. Note sulla storia dell'Università di Bologna nel primo mezzo secolo della sua esistenza, in: Studi Medievali 37 (1966), S. 781–834; *Guido Rossi*, „Universitas scholarium" e comune (sec. XII-XIV), in: SMUB N.S. 1 (1956), S. 173–266; zuletzt *Paolo Colliva*, Statuta Nationis (Anm. 26), S. 63; *Stefan Oswald*, Natio (Anm. 25), S. 23.

103 *Albano Sorbelli*, Nazione (Anm. 25), S. 114; dass die Studenten umgekehrt aber auch nationale Verschiedenheiten durchaus wahrnahmen, zeigt *Ludwig Schmugge*, Über nationale Vorurteile im Mittelalter, in: DA 38 (1982), S. 439–459, hier: S. 454 ff.

104 SNG 1497/1516, § 11: *Paolo Colliva*, Statuta Nationis (Anm. 26), S. 129.

105 SUB 1317, Rubr. XIV: *De numero consciliariorum et nacionibus, ipsorum electionibus, excusacionibus et subrogationibus*; zur Darstellung vgl. auch *Pearl Kibre*, Nations (Anm. 12), S. 63.

106 SUB 1317, Rubr. XIV; so wurde beispielsweise für die Citramontanen, die ihre *consiliarii* jeweils durch die Amtsvorgänger designieren liessen, festgelegt, dass in

nerhalb der einzelnen Nationen regionale Übergewichte noch ausgeglichen werden, so war das auf der Ebene der gesamten ultramontanen *universitas* aufgrund der Grössenverhältnisse der Nationen bereits nicht mehr möglich.

3.2 Die Mächte und das Studium

Als Institution, deren Besucher während ihres Studienaufenthalts einen wichtigen Faktor in der städtischen Ökonomie darstellten und nach Abschluss ihrer Studien zum Teil in einflussreiche Positionen innerhalb der geistlichen und weltlichen Herrschaft gelangten, musste die Bologneser Rechtsschule wie alle ihre Nachfolgerinnen fast zwangsläufig in das Blickfeld verschiedener Mächte geraten. Zu betrachten sind im Fall Bolognas insbesondere die beiden Universalmächte Kaiser und Papst sowie die Stadt Bologna selbst, zu deren Behörden und Einwohnern die Studenten vielfältige und oftmals enge Beziehungen pflegten.

3.2.1 Die deutschen Könige

Die Beziehungen der deutschen Herrscher zur Bologneser Rechtsschule als „natürliche" Schutzpatrone des Kaiserrechts und als Territorialherren in Oberitalien waren in bezug auf ihre Intensität, Zielrichtung und Erfolg im Laufe der Zeit höchst unterschiedlich.[107] Während Heinrich IV. und Heinrich V. durch die Inanspruchnahme von Bologneser *doctores* im Investiturstreit die entstehenden Schulen allenfalls

---

regelmässigen Abständen die ganze Nation wieder an der Wahl beteiligt sein sollte, *ne ceteris civitatibus, locis, nacionibus, eclesiis, certa loca vel opida vel civitas sibi perpetuare velint officium, ut sepius factum est.*

107 Zum Verhältnis Studium-Kaiser-Papst vgl. grundsätzlich *Giovanni De Vergottini*, Lo Studio di Bologna, l'Impero, il Papato, in: SMUB N.S. 1 (1956), S. 19–95; ferner *Johannes Fried*, Die Entstehung des Juristenstandes im 12. Jahrhundert. Zur sozialen Stellung und politischen Bedeutung gelehrter Juristen in Bologna und Modena (Forschungen zur neueren Privatrechtsgeschichte 21), Köln-Wien 1974, S. 46 ff.; *Helmut G. Walther*, Die Anfänge des Rechtsstudiums und die kommunale Welt Italiens, in: Schulen und Studium (Anm. 19), S. 121–162, hier: S. 150 ff.

indirekt gefördert hatten[108], trug Friedrich Barbarossa mit der Gewährung der Authentica „Habita" entscheidend und nicht ganz uneigennützig zur Festigung und weiteren Entwicklung des Rechtsunterrichts in Bologna bei.[109] Mit der Gewährung von existentiell wichtigen Rechten wie der Unterstellung der fremden Scholaren unter die Jurisdiktion ihrer Professoren oder des Bischofs und dem Verbot, Studenten für Verfehlungen (*delictum*, gemeint sind damit vor allem unbezahlte Schulden)[110] von Landsleuten haftbar zu machen, verschaffte Barbarossa darin den *causa studiorum peregrinantes* die zum Aufbau einer neuartigen Institution notwendige Sicherheit gegenüber den Organen der Studienorte, denen die Studenten als Orts- und Landesfremde bis dahin völlig ausgeliefert waren.[111] Dieser besondere Rechtsschutz war natürlich nur für die von auswärts kommenden Studenten von Belang, weil sich die Bologneser Studenten und die grösstenteils auch aus der Stadt selbst stammenden Professoren ja nach deren Verfassung zu rich-

---

108 „In particolare, la polemica, che accompagnò la lotta per le investiture, e che coinvolse i piu alti ingegni del tempo, fu combattuta con le armi della morale, della filosofia, della teologia, ma era sostanzialmente giuridica, e proprio l'universalità del suo oggetto dovè formentare neglli spiriti l'aspirazione a una legge mondana che non fosse limitata alla sola classe feudale o a singole nazioni": *Giorgio Cencetti*, Studium (Anm. 102), S. 792.

109 Friedrich Barbarossa brauchte die Hilfe der Bologneser und anderer Experten des römischen (Reichs-)Rechts, um seinen kaiserlichen Anspruch auf die italienischen Regalien darzulegen: *H. Koeppler*, Frederick Barbarossa and the Schools of Bologna, in: The English Historical Review 216 (1939), S. 577–607, S. 586; kritisch zur Idee des Kaiserrechts als Motiv für die Rezeption des römischen Rechts *Winfried Trusen*, Anfänge des gelehrten Rechts in Deutschland. Ein Beitrag zur Geschichte der Frührezeption (Recht und Geschichte 1), Wiesbaden 1962, S. 8 f.; Massgebend die Ausgabe der „Habita" bei *Winfried Stelzer*, Zum Scholarenprivileg Friedrich Barbarossas (Authentica „Habita"), in: DA 34 (1978), S. 123–165, mit Datierung 1155; *Kurt Zeilinger* datiert die „Habita" auf 1154: Das erste Roncaglische Lehensgesetz Friedrich Barbarossas, das Scholarenprivileg (Authentica Habita) und Gottfried von Viterbo, in: Römische Historische Mitteilungen 26 (1984), S. 191–217.

110 Vgl. dazu den Exkurs „Debitum oder delictum? bei *Winfried Stelzer*, Scholarenprivileg (Anm. 109), S. 163 f.; zum Problem der Haftung für Schulden von Landsleuten vgl. auch *H. Koeppler*, Frederick Barbarossa (Anm. 109), S. 595 f.

111 Zu Inhalt und Wirkung der „Habita" vgl. *Heinrich Denifle*, Entstehung (Anm. 69), S. 48ff; *Pearl Kibre*, Scholarly Privileges in the Middle Ages. The Rights, Privileges and Immunities of Scholars and Universities at Bologna, Padua and Oxford (Medieval Academy of America, Public. Nr. 72), London 1962, S. 10 ff.; *Antonio Marongiu*, A proposito dell'Auth. 'Habita', in: Atti del convegno internazionale di studi Accursiani, Bologna, 21–26 Ottobre 1963, 3 Bde., Milano 1968, Bd. 1, S. 99–113.

ten hatten.[112] Im Grunde genommen handelte es sich bei dieser Privilegierung um nichts anderes als um die Ausweitung bzw. Übertragung der ähnlich lautenden Regelungen aus dem Handelsrecht für Vereinigungen der Kaufleute auf die neu entstandene sozial-ökonomische Gruppe der Studierenden.[113]

Die Bestimmungen der „Habita“ sollten die Universitätsangehörigen zwar vor der Willkür der Stadtbehörden schützen, erwiesen sich aber trotz verbriefter kaiserlicher *laus* und *protectio* ohne die zu ihrer Durchsetzung notwendigen Machtmittel in der Praxis immer wieder als unzureichend.

Barbarossas modern und territorial denkender Enkel Friedrich II. war der päpstlich-universalen Bologneser Rechtsschule entschieden weniger gut gesinnt als sein Grossvater: Mit der Gründung seiner „Staatsuniversität“ in Neapel beraubte er 1224 das Bologneser Studium nicht weniger Studenten und versuchte es zwei Jahre darauf sogar zu verbieten, nachdem sich die Stadt Bologna der gegen Friedrich gerichteten Lega Lombarda angeschlossen hatte.[114]

Nach dem Tod Friedrichs II. 1250 vergingen rund zwei Jahrhunderte ohne direkte Kontakte zwischen dem Studium und den deutschen Herrschern, was zum einen damit erklärt werden kann, dass Bologna nach dem Rückzug der Staufer ab 1278 endgültig unter die Herrschaft der Päpste geriet und es anderseits die Universität schlicht nicht nötig hatte, diese Beziehungen zu pflegen, um beispielsweise ein kaiserliches Generalprivileg zu erlangen.[115] Erst mit Friedrich III. erfüllte ein Kaiser 1462 wieder seine eigentliche, wenn auch zu diesem Zeitpunkt nur noch symbolische Funktion für die Universität als Ort der Rechtspflege und

---

112 *Alfred Hessel*, Geschichte der Stadt Bologna von 1116–1280 (Historische Studien 76), Berlin 1910, S. 419.

113 Barbarossa selbst verlieh beispielsweise der Stadt Gent 1173 ein Privileg, das den Bürgern der Stadt im Reichsgebiet Schutz vor der Fremdschuldhaftung versprach. Ähnliche Regelungen finden sich im 12. und 13. Jahrhundert im ganzen Hanseraum: *Klaus Friedland*, Die Hanse, Stuttgart 1991, S. 96 f.

114 *Giovanni De Vergottini*, Studio (Anm. 107), S. 63 ff.; zum Begriff „Staatsuniversität“ vgl. *Heinrich Denifle*, Entstehung (Anm. 69), S. 452; *Manlio Bellomo*, Federico II (Anm. 89), S. 135–151.

115 Zur politischen Geschichte Bolognas in diesem Zeitraum vgl. noch immer *Alfred Hessel*, Bologna (Anm. 112), ins Italienische übersetzt und überarbeitet von *Gina Fasoli*, Bologna 1975, sowie *dies.*, Bologna nell’età medievale (1115–1506), in: Storia di Bologna, hg. von A. Ferri und G. Roversi, Bologna 1978, S. 127–196.

-entwicklung, indem er auf Betreiben des Bologneser Legisten Antonio da Pratovecchio dessen Neuredaktion der *Libri Feudorum* die kaiserliche Approbation erteilte – ein Akt, den noch König Siegmund verweigert hatte.[116]

Von den drei wichtigen Mächten, die die Entwicklung des Bologneser Studiums beeinflussten, hatte das Kaisertum, bezogen auf das ganze Spätmittelalter, mit Sicherheit den geringsten Einfluss. Abgesehen von den Massnahmen der beiden Staufer, von denen Barbarossa noch gar nicht mit einer institutionalisierten Universität konfrontiert war, haben die deutschen Herrscher in der Geschichte der Bologneser Rechtsschule nur eine Nebenrolle als Dienstherren für einige dort ausgebildete Juristen gespielt. Obwohl sie durch ihre Absolventen einen nicht zu unterschätzenden Einfluss auf die spätmittelalterliche Reichsverwaltung ausübte, lag die Universität Bologna als Institution eindeutig ausserhalb des faktischen Machtbereichs der deutschen Herrscher und blieb von diesen unabhängig.

3.2.2 Die Päpste

Ungleich wichtiger als die Beziehungen zu den meist fern von Bologna agierenden deutschen Herrschern war für das Bologneser Studium die mehrheitlich wohlwollende Aufmerksamkeit der Päpste als Privilegiengeber, geistliche Schutzherrschaft und nicht zuletzt auch als weltliche Herren.[117] Die einzigartige Machtfülle ihres Amtes erlaubte den Päpsten, so wertvolle Privilegien wie z. B. Dispense von der Residenzpflicht und die Erlaubnis zum Weiterbezug der Pfründenerträge auf fünf oder zehn Jahre zu erteilen,[118] was für einen grossen Teil der Studierenden den Aufenthalt fern von der Heimat überhaupt erst ermöglicht haben dürfte. Kaum geringer zu schätzen war der Einfluss der Päpste auf die Besetzung geistlicher Stellen, wodurch sie als erste und einzige Institution im Westen vor Friedrich II. in der Lage waren, gut ausgebildeten Leuten nach deren Studien angemessene Tätigkeiten in

---

116 *Giovanni De Vergottini*, Studio (Anm. 107), S. 79 f.

117 Zum Verhältnis des Papsttums zu den Universitäten vgl. *Giovanni De Vergottini*, Studio (Anm.107), S. 84–95; *Helmut Coing*, Handbuch (Anm. 72), S. 57 ff.; *Jürgen Miethke*, Die Kirche und die Universitäten im 13. Jahrhundert, in: Schulen und Studium (Anm. 19), S. 285–320.

118 Zu den Privilegien vgl. grundsätzlich *Pearl Kibre*, Privileges (Anm. 111), S. 18–53 und *Heinrich Denifle*, Entstehung (Anm. 69), S. 209 ff.

Aussicht stellen zu können.[119] Konkret ist dabei an die Praxis der päpstlichen Reservationen erledigter Benefizien etwa durch die Bulle *„Licet ecclesiarum"* von 1265 oder die Extravagante *„Execrabilis"* von 1317 zu denken.[120] Eine direkte Form der Studienunterstützung bildeten auch die seit dem 14. Jahrhundert auf päpstliche Initiative oder mit deren Unterstützung errichteten Kollegien, die ausgewählten Studenten Studium und Aufenthalt in Bologna ermöglichten.[121]

Unmittelbar zugunsten des ganzen Studiums wirkten die Päpste vor allem auch in ihrer Funktion als dessen geistliche Schutzherren. So intervenierte beispielsweise Clemens III. 1189 bei der Stadt wegen überhöhter Buchpreise, vermittelte Honorius III. um 1224 zwischen Comune und Studium[122] und brachte, als Schiedsrichter zwischen der zweiten Lombardischen Lega und Friedrich II. eingesetzt, den letzteren 1227 dazu, sein Verbot des Bologneser Studiums aufzuheben.[123] Honorius III. gab den an der Bologneser Schule erworbenen Abschlüssen auch kirchliche Autorität und damit implizit universale Gültigkeit, indem er 1219 festlegte, dass allein der Archidiakon von Bologna befugt sein sollte, den Absolventen des Bologneser Studiums nach bestandener Prüfung die *licentia docendi*, zu erteilen.[124] Nicolaus IV. verlieh

---

119 Zum komplexen Problem des päpstlichen Provisionswesens vgl. noch immer *Geoffrey Barraclough*, Papal Provisions. Aspects of Church History Constitutional, Legal and Administrative in the Later Middle Age, Westport (Connecticut) 1935; zum Konzept Friedrichs II. einer planmässigen Ausbildung von Verwaltungsfachleuten vgl. *Marie Therese Fögen*, Modell und Mythos. Die Rechtsfakultäten von Konstantinopel, Neapel und Bologna im Mittelalter, in: Rechtshistorisches Journal 15 (1996), S. 181–204, hier: S. 186 ff.

120 Zur Entwicklung des päpstlichen Provisionswesens vgl. *Andreas Meyer*, Zürich und Rom. Ordentliche Kollatur und päpstliche Provision am Frau- und Grossmünster 1316–1523 (Bibliothek des Deutschen Historischen Instituts 64), Tübingen 1986, S. 25–49.

121 *Augusto Vasina*, Lo „studio" nei rapporti colle realtà cittadine e il mondo esterno nei secoli XII-XIV, in: L'Università a Bologna (Anm. 82), S. 57; zum Spanischen Kolleg vgl. *Berthe Marie Marti*, The Spanish College at Bologna in the fourteenth century (University of Pennsylvania Press), Philadelphia 1966.

122 *Heinrich Denifle*, Entstehung (Anm. 69), S. 160 ff.; *Guido Rossi*, Universitas (Anm. 102), S. 197 ff.; *Manlio Bellomo*, Saggio (Anm. 90), S. 85.

123 *Pearl Kibre*, Privileges (Anm. 111), S. 21; *Giovanni De Vergottini*, Studio (Anm. 107), S. 87.

124 *Ugo Gualazzini*, L'Originie dello Studium Bolognese, S. 105 ff.; *Giorgio Cencetti*, La Laurea nelle Università Medioevali, in: SMUB 16 (1943), S. 249–273, hier: S. 262.

schliesslich 1291 sämtlichen in Bologna im zivilen und im kanonischen Recht erworbenen Graden auch formal allgemeine Geltung – rund zwei Jahrhunderte nach den Anfängen des Lehrbetriebs.[125] Bei manchen Gelegenheiten griffen die Päpste aber auch disziplinarisch oder schlicht eigennützig in den Studienbetrieb ein. Gregor XI. beauftragte beispielsweise 1372 den Bologneser Bischof, alle säumigen Rechtslehrer der Universität zum Gehorsam gegenüber den päpstlichen Mandaten anzuhalten, da sie sonst ihre von der Bologneser *camera* bezahlten Gehälter verlieren würden.[126] Im Jahr zuvor hatte er ausserdem bestimmt, dass inskünftig von den päpstlichen Stipendiaten bei den Lizentiatsprüfungen keine Gebühren mehr erhoben werden dürften.[127]

Die Nähe der Päpste auch als Territorialherren seit 1278 erwies sich für die Universität nicht immer als Glücksfall, zögerten doch diese in der Regel nicht lange, die scharfe Waffe des Interdikts einzusetzen, wenn in Bologna Unruhen oder offene Rebellionen gegen das Regiment der päpstlichen Legaten ausgebrochen waren. In den Jahren 1286–1289, 1306–1309, 1338–1339 und 1376–1377 litt der Lehrbetrieb stark unter den harten päpstlichen Massnahmen zur Aufrechterhaltung der öffentlichen Ordnung in Bologna.[128] Der direkte Machtzugriff Roms gab der Bologneser Universität auch keine Möglichkeit, während des grossen Schismas die rivalisierenden Päpste gegeneinander auszuspielen, wie das die Hohen Schulen jenseits der Alpen mit Erfolg praktizierten.[129]

Obwohl lange Zeit ohne direkten Einfluss darauf, bildete das Papsttum die wohl wichtigste Macht hinter dem Studium, indem es auf der theoretisch-ideologischen Ebene als Quelle des Kirchenrechts und im materiellen Bereich bei der Pfründenvergabe zum einen die Inhalte zum andern die realen Bedingungen der spätmittelalterlichen Rechtsausbildung und -praxis wesentlich mitbestimmte.

---

125 *Pearl Kibre*, Privileges (Anm. 111), S. 32.

126 M. Mollat, Grégoire XI, Nr. 673, 1372, S. 21.

127 M. Mollat, Grégoire XI, Nr. 96, 1371, S. 5.

128 *Pearl Kibre*, Privileges (Anm. 111), S. 34.

129 *Peter Moraw*, Das spätmittelalterliche Universitätssystem in Europa - sozialgeschichtlich betrachtet, in: Wissensliteratur im Mittelalter und in der frühen Neuzeit, hg. von H. Brunner und N. Richard (Wissensliteratur im Mittelalter 13), Wiesbaden 1993, S. 9–25, hier: S. 18.

3.2.3 Der Comune von Bologna

Die engsten und naturgemäss regelmässigsten Beziehungen pflegte das Studium zur Stadt Bologna und deren organisierter Bürgerschaft, dem Comune.[130] Als Korporationen eigenen Rechts innerhalb und neben der städtischen Organisation und als bedeutender Faktor des lokalen Wirtschaftslebens stellten die Studenten vor allem seit der Bildung der beiden *universitates* in den Augen der Behörden eine ständige Herausforderung dar. Die Haltung des Comune dem Studium gegenüber war in der Folge geprägt vom grundsätzlichen Bestreben, den Fremdkörper in seinen Mauern soweit unter Kontrolle zu bringen, dass er sich in die städtischen Strukturen einfügte, ohne aber dabei die Studenten so stark zu bedrängen, dass sie die Stadt in einem ihrer gefürchteten Auszüge vorübergehend verlassen und dadurch der einheimischen Wirtschaft Einbussen bescheren würden.[131]

Um ihre Interessen der Stadt gegenüber durchzusetzen, hatte die Universität nämlich schon bald ein Druckmittel entwickelt, das die spezialisierte Bologneser Ökonomie durch den Abzug einer wichtigen Konsumentengruppe empfindlich traf: Die Sezession, die Verlegung des Lehrbetriebs aus der Stadt in Nachbarorte, aus der in mehreren Fällen (Piacenza am Ende des 12. Jh., Vicenza 1204, Arezzo 1215, Padua 1222) Universitätsgründungen hervorgingen, die sich teilweise zu ernsthaften Konkurrentinnen des Bologneser Studiums entwickelten.[132] Mit vorübergehenden Auszügen aus Bologna protestierten die Studenten wiederholt auch gegen die päpstlichen Strafmassnahmen, durch die der geordnete Lehrbetrieb in der Stadt jeweils stark beeinträchtigt wurde.[133]

---

130 Zum Verhältnis zwischen dem Studium und der Stadt vgl. *Alfred Hessel*, Bologna (Anm. 112), S. 415 ff.; *Albano Sorbelli*, Storia (Anm. 11), S. 219 ff.; *Guido Rossi*, Universitas (Anm. 102); *Giovanna Morelli*, De studio (Anm. 44); Augusto Vasina, Studio (Anm. 121).

131 Zu den wirtschaftlichen Verflechtungen des Studiums mit der Stadt vgl. *Luigi Dal Pane*, Lo studio e l'economia della città, in: Atti del convegno 1963 (Anm. 113) S. 43–53; *Antonio Ivan Pini*, La presenza dello studio nell'economia di Bologna medievale, in: L'Università a Bologna (Anm. 82), S. 85–111.

132 Zu den Sezessionen vgl. allg. *Alfred Hessel*, Bologna (Anm. 112), S. 420 ff.; *Helmut G. Walther*, Die Anfänge (Anm. 107), S. 121–162, hier: S. 158 f.; zu den Tochtergründungen Bolognas vgl. im Einzelnen vgl. *Heinrich Denifle*, Entstehung (Anm. 69).

133 Zu den Verlegungen des Studiums aufgrund der Interdikte vgl. *Francesco Cavazza*, Le Scuole dell' antico Studio bolognese, Milano 1896, S. 174 ff.

Unter den längerfristig angelegten Strategien des Comune, die auswärtigen Studenten zu kontrollieren, sind insbesondere drei Wege zu betrachten: die Jurisdiktion, die Besoldung der Professoren und die das Studium betreffende Bologneser Statutengebung. Der Comune profitierte von einer strukturellen Schwäche der studentischen Verfassung, die den Rektoren nicht die nötigen Machtmittel gab (nicht geben konnte), um die ihnen anvertraute Gerichtsbarkeit in allen Fällen auszuüben.[134] Zwar war es den Rektoren möglich, Vergehen gegen die Universitätsstatuten disziplinarisch zu ahnden und als härteste Strafe sogar den Verlust der studentischen Privilegien zu verhängen. Sie besassen aber weder die Möglichkeit, die von ihnen angeordneten Verfügungen gegen den Widerstand der Betroffenen durchzusetzen, noch konnten sie weitergehende Strafen exekutieren. Aus diesem Grund waren sie faktisch gezwungen, einen Teil ihrer Gerichtskompetenzen an die Stadt abzutreten, brauchten aber formell auf die Gerichtsstandsprivilegien nicht zu verzichten. Spätestens seit etwa 1220 übte der Comune deshalb *de facto* die Gerichtsbarkeit über die Laien-Scholaren in Strafsachen aus, auf die das Studium laut der Überlieferung freiwillig verzichtet habe, und erhob 1310 auch formal den Anspruch, diese rechtens innezuhalten.[135] Seit den Statuten von 1335 erweiterte der Comune einseitig seine Kompetenz auch auf die *causae civiles*, ohne dass von Seiten der Universität ein nennenswerter Widerstand dagegen geleistet wurde.[136] Die Zuständigkeit des bischöflichen Gerichts für die Klerikerstudenten blieb zwar *de iure* unangetastet, erwies sich aber in der Praxis, wie die häufigen Beschwerdeschreiben des Generalvikars an die Curia del Podestà beweisen, als keineswegs selbstverständlich.[137] Die immer wieder als Besonderheit der mittelalterlichen Universitäten zitierte Ausnahme der Studenten von der städtischen Gerichtsbarkeit existierte in Bologna wie an den übrigen italienischen und auch an anderen Universitäten offensichtlich schon kurze Zeit nach ihrer Begründung nicht mehr.[138]

---

134 Zum Gerichtsstand der Studenten vgl. grundsätzlich *Giorgio Cencetti*, Il foro (Anm. 74); *Guido Rossi*, Universitas (Anm. 102), S. 227 ff.

135 *Alfred Hessel*, Bologna (Anm. 112), S. 428; *Giorgio Cencetti*, Il foro (Anm. 74), S. 170; *Guido Rossi*, Universitas (Anm. 102), S. 246 f.; *Giovanna Morelli*, De Studio (Anm. 44), S. 102: Statuten 1335, Rubr. 1.

136 *Giovanna Morelli*, De Studio (Anm. 44), S. 88 und 102.

137 Vgl. oben im Kapitel „Quellen" die Ausführungen zu den Carte del Corredo der Curia del Podestà.

138 Auch in Orléans, wo seit 1306 alle Angehörigen des Studiums durch eine Bulle

Einen einfachen und sicheren Weg, um die Professoren an sich zu binden, ohne die jeder Versuch, das Studium zu verlegen, scheitern musste, beschritt der Comune auch, indem er sukzessive deren Besoldung übernahm.[139] In einem über ein Jahrhundert dauernden Prozess vom ausgehenden 13. bis zur Mitte des 15. Jahrhunderts löste die Stadt das alte System der Kollekten ab durch eine von ihr garantierte, nominell festgelegte Entlohnung der Lehrer, die dadurch zu städtischen Angestellten wurden. Neben der immer stärkeren Beanspruchung der Universitätslehrer für *consilia* zugunsten der Stadt, bildete diese Entwicklung einen weiteren, bedeutenden Schritt hin zur Auflösung der alten Universitätsstrukturen. Die Professoren wurden durch den verstärkten städtischen Einfluss auf ihre Wahl existentiell eng an den Comune gebunden und damit der ganze Universitätsbetrieb säkularisiert.[140] Oberstes Ziel all dieser Bemühungen war es ja, den Lehrbetrieb nicht nur in der Stadt zu behalten, sondern durch die Sicherung der Rahmenbedingungen auch zu fördern und wenn möglich auszubauen. Der Comune erliess zu diesem Zweck seit dem Anfang des 13. Jahrhunderts eine Reihe von Statuten, wie beispielsweise den *Tractatus scolarium*, der ein ganzes Buch der Statuten von 1288 einnimmt, und in den Jahren 1335–1454 zahlreiche weitere Bestimmungen.[141] Obwohl die meisten dieser Satzungen das Leben und Lernen der Rechtsstudenten in der Stadt durchaus sichern und teilweise auch verbessern konnten, griff der Comune damit immer mehr in Bereiche ein, die bis zu diesem Zeitpunkt von der Universität noch autonom geregelt worden waren, wie bei-

---

Papst Clemens V. von der weltlichen Gerichtsbarkeit ausgenommen waren, übernahm der königliche Gouverneur bis zum Ende des 14. Jahrhunderts als „Privilegienbewahrer“ der Universität auch faktisch deren Gerichtshoheit, wofür ein in der Praxis nicht immer zuverlässiger „Königsschutz“ gewährt wurde: *Detlef Illmer*, Statuten Orléans (Anm. 88), S. 94 ff.

139 Zur Besoldung der Professoren vgl. allgemein *Albano Sorbelli*, LSIC 1 (Anm. 39), S. XLII; *Guido Rossi*, Universitas (Anm. 102), S. 239 ff.

140 *Augusto Vasina*, Studio (Anm. 121), S. 34; *Guido Rossi*, Universitas (Anm. 102), S. 245.

141 Die Statuten der Stadt Bologna von 1250–1267, hg. von *Luigi Frati*, enthalten zwar zahlreiche, aber noch nicht speziell unter dem Bezug zum Studium zusammengefasste Bestimmungen; der *Tractatus scolarium* ist publiziert bei *Augusto Gaudenzi*, Gli antichi statuti del comune di Bologna intorno allo studio, in: Bulletino dell'Istituto storico Italiano 6 (1888), S. 117–137 und im Rahmen der Edition der Statuten von 1288 (Anm. 76), Bd. 2, 95–106; die Statuen von 1335–1454 sind zusammengestellt bei *Giovanna Morelli*, De studio (Anm. 44), S. 102–165.

spielsweise die Kontrolle über Buchherstellung und -handel.[142] Die beiden *universitates* verloren durch die immer stärkere Einflussnahme des Comune im Verlaufe des 13. und des 14. Jahrhunderts zusehends ihre ursprüngliche Selbstbestimmung und das altberühmte Studium wurde zu einer „gewöhnlichen“ städtischen Universität unter der Herrschaft eines Comune, der selbst auch nicht mehr viel mehr als eine Fassade dessen war, was er sich an Rechten seit dem hohen Mittelalter aufgebaut hatte.[143] Die Historiker der Universität und teilweise auch der Stadt sehen deshalb das 14. Jahrhundert für Bologna fast einhellig als eine Zeit des Niedergangs.[144]

4. Die Studenten aus dem Reich in Bologna

4.1 Die deutsche Nation in Bologna

Die *Natio Germanica universitatis Bononie* oder *nacio dominorum Theutonicorum Bononie in utroque iure studencium,* wie sie sich selbst zu bezeichnen pflegte, bildete zwar formal nur eine unter den 16 Nationen an der Universität Bologna, stellte aber aufgrund der von ihr beanspruchten Vorrechte und allein schon durch ihr ausserordentlich grosses Einzugsgebiet einen unübersehbaren Sonderfall unter den studentischen Landsmannschaften in Bologna dar.

Bereits vor ihrer ersten Erwähnung 1265 muss die deutsche Nation unter den studentischen Korporationen ein hohes Ansehen genossen haben. In diesem Jahr konnte sie durchsetzen, dass der Rektor nicht nur alle dreizehn Jahre, wie es einem regelmässigen Turnus innerhalb der

142 *Guido Rossi*, Universitas (Anm. 102), S. 223; *Giovanna Morelli*, De Studio (Anm. 44), S. 90; *Augusto Vasina*, Studio (Anm. 121), S. 57.

143 *Marie Therese Fögen*, Modell und Mythos (Anm. 119), S. 193, bezeichnet die letzlich nicht erfolgreiche Organisationsform der Bologneser Universität - nicht unzutreffend - geradezu als Auslaufmodell.

144 *Alfred Hessel*, Bologna (Anm. 112), S. 457 ff.; *Albano Sorbelli*, Storia (Anm. 11), S. 94; *Gina Fasoli*, Storia dell'Università (Anm. 82), S. 190 f.: *È opinione comune che nel corso del XIV secolo lo Studio di Bologna andasse decadendo dal suo antico splendore: in progressiva diminuzione il numero degli scolari, sempre meno eccellenti per dottrina ed attività scientifica i dottori ...*

universitas entsprochen hätte, aus ihrer Mitte gewählt werden musste, sondern in jedem fünften Jahr ein Deutscher Rektor werden sollte.[145] Im Rat selbst war sie wie die Franzosen, Provenzalen, Spanier und Engländer mit zwei Personen vertreten, während die übrigen Nationen nur je eine Stimme besassen.[146] Seit alter Zeit genossen die adligen Mitglieder der Nation überdies das Privileg, das sie 1273 energisch verteidigten, nicht dem Rektor schwören zu müssen, der ja unter Umständen von sozial niedrigerem Stand sein konnte als sie selbst, sondern den Eid ausschliesslich vor ihrem eigenen Prokurator leisten zu können.[147] Vor diesem Hintergrund erstaunt es nicht, dass das Selbstverständnis und die Selbstdarstellung der Nation von einem ausgeprägten Sinn für Tradition und Repräsentation geprägt wurden. Auch in Krisenjahren und selbst noch als sie ihre besten Zeiten bereits hinter sich gelassen hatte, verstand sie es weiterhin, sich im öffentlichen Raum angemessen (und kostspielig) darzustellen, was nicht zuletzt die Wappenmalereien im Bologneser Archiginnasio bis heute belegen.[148] Das Ende für die Nation kam, wie für so viele mittelalterliche Institutionen, mit dem Einmarsch der Truppen Napoleons, die die völlig verschuldete Nation zusammen mit den anderen alten Institutionen 1796 auflösten.[149]

---

145 Nach einem Streit unter den Nationen der ultramontanen *universitas* legte ein Schiedsgericht fest: *de quinquennio in quinquennium habeant Teothonici rectorem*: Acta Nationis S. 347 ff.; in den Statuten von 1317 wird dieser Turnus bestätigt, *sicut ab olim fuit eis a tota [universi]tate concessum*.

146 *Walter Steffen*, Autonomie (Anm. 87), S. 95.

147 Die *universitas* hatte die Klausel „*salvo iure Teothonicorum*" mit der Ausnahmeregelung aus dem betreffenden Statut gestrichen, worauf die Nation 1273 mit einer Klage vor der versammelten Studentenschaft *nullo contradicente* die Rücknahme der Änderung erreichte: Acta Nationis S. 349.21 ff.; weitere Bekräftigung auch in den Statuten der Nation von 1345–1348, § 28: *Paolo Colliva*, Statuta Nationis (Anm. 26), S. 119 f.

148 *Albano Sorbelli*, Le iscrizioni e gli stemmi dell'Archiginnasio Bologna, Bologna 1916; zur Heraldischen Selbstdarstellung der Nation vgl. auch *Giuseppe Plessi*, Araldica ultramontana a Bologna (1393–1660) dal Fondo Malvezziano della Nazione Germanica (Acta Germanica 3), Bologna 1980.

149 *Paolo Colliva*, Statuta Nationis (Anm. 26), S. 73; *Stefan Oswald*, Natio (Anm. 25), S. 55.

Abbildung 1: Mitglieder der deutschen Nation vor dem Prokurator
(Archivio dell'Università di Bologna, Cod. n. 5: Statua Nationis Germanicae a. 1497, fol. 2r)

Wer immer aus den erwähnten Regionen nach Bologna kam, um dort ein Rechtsstudium zu beginnen, sollte nach dem Willen der Nation, unabhängig von seinem sozialen Stand, der Landsmannschaft beitreten. Diese verpflichtete ihre Mitglieder durch einen Eid, neu eingetroffene Landsleute den Prokuratoren zu melden.[150] In den meisten Fällen dürften die neu in Bologna angekommenen Deutschen zwar aus eigenem Antrieb die Aufnahme in die Nation gesucht haben, aber einzelne unter ihnen verzichteten aus nicht weiter bekannten Gründen auf den Beitritt. Ob dafür vorwiegend finanzielle Aspekte den Ausschlag gaben, wie dies Stelling-Michaud vermutete, der in den Mitgliedergebühren und sonstigen Auslagen für Zeremonien, *potationes*, etc. der Nation eine wichtige Ursache für die Nichtmitgliedschaft sah, lässt sich nicht genauer bestimmen.[151] Am Grundsatz des Rechtsstudiums als Bedingung für die Aufnahme wurde formal bis zum Ende der Nation festgehalten, wenn man auch bei besonderen Gelegenheiten bereit war, einige Prominente, die sich für kurze Zeit in Bologna aufhielten, zum höheren Ruhme der Nation auch ohne Studium aufzunehmen.[152]

An der Spitze der deutschen Nation standen zwei *procuratores*, während die meisten anderen Nationen wie erwähnt von einem einzelnen *consiliarius* präsidiert wurden.[153] Ähnlich wie die Rektoren der *universitates*, vertraten die Prokuratoren ihre Vereinigung nach aussen und übten die disziplinarische Aufsicht über sie aus.[154] Ihre wichtigste Auf-

---

150 *Ideoque statuimus, quod ex Theotonica nacione, licet alibi domicilium habeant, cuiuscumque status vel condicionis existant, eciamsi forent spectabiles, clarissimi vel illustres, in hac alma urbe Bononie studentes in iure canonico vel civili, censeatur et esse intelligatur collegium Theotonice Nacionis, quod, ut est consuetum, Theotonicorum Nacio appelletur*: SNG 1345/48, § 10: *Paolo Colliva*, Statuta Nationis (Anm. 26), S. 105.

151 *Sven Stelling-Michaud*, Université (Anm. 56), S. 43; sechs Personen sind mindestes ein Jahr vor ihrer Ersterwähnung in den Acta Nationis durch andere Quellen in Bologna belegt. Das Bestreben, die kostenpflichtige Aufnahme in die Nation zu vermeiden, ist um so einleuchtender, als diese über keine Druckmittel wie etwa den Ausschluss von Prüfungen verfügte.

152 Anlässlich des Aufenthalts Karls V. in Bologna 1530, aber auch bei früheren Gelegenheiten, wurden einzelne Personen in die Akten der Nation eingetragen, bei denen ein Studium mit Sicherheit ausgeschlossen werden kann; vgl. dazu *Gustav Knod*, Deutsche Studenten (Anm. 13), S. 699 ff.

153 SNG 1345/48, Rubr. 1–8: *Paolo Colliva*, Statuta Nationis (Anm. 26), S. 101–104; zur Darstellung vgl. *Pearl Kibre*, Nations (Anm. 12), S. 10 und 63.

154 SNG 1345–48, §§ 2–16: *Paolo Colliva*, Statuta Nationis (Anm. 26), S. 101–107; SNG 1497–1516, §§ 54–104: *ebd.*, S. 142–154; zur Darstellung vgl. *Pearl Kibre*, Nations (Anm. 12), S. 29 ff.; *Stefan Oswald*, Natio (Anm. 25), 27 ff.

gabe, die bezeichnenderweise auch die meisten Spuren hinterlassen hat, war jedoch die Verwaltung der Finanzen und des übrigen Vermögens der Nation, worüber zu Beginn jedes Jahres Rechenschaft abgelegt werden musste.

Neu in die Nation eintretende Studenten hatten innerhalb von acht Tagen nach dem Eintreffen in Bologna dem Prokurator zu schwören, Ehre, Gut und Nutzen der Nation sorgfältig zu pflegen und zu fördern sowie dafür Sorge zu tragen, dass ihnen bekannt gewordene Deutsche in diese aufgenommen würden. Weiter schwuren sie, die Statuten zu befolgen oder die darin für den Fall der Missachtung festgelegten Strafen zu bezahlen oder sich andernfalls bewusst zu sein, einen Meineid zu begehen.[155] Dieser Eid war jedes Jahr von neuem zu leisten.[156] Als Ergänzung zu den regelmässigen Eidesleistungen führte die Nation zudem ein nahezu lückenloses System von Strafgeldern ein, das, wohl nicht ohne Grund geschaffen, einen bedenklichen Eindruck des Stellenwerts vermittelt, den die Herren Juristen ihren eigenen Schwüren in der Praxis beimassen.[157]

Die Beiträge an die Nation, die *contribuciones*, mussten, bei Strafe der Verdoppelung, innerhalb von zwei Wochen nach der Eidesleistung entrichtet werden.[158] Felix Stucki aus Winterthur hatte daher seine Aufnahmegebühr von sechs Solidi 1335 um denselben Betrag aufzustocken, *pro pena quia infra debitum tempus solvere neglexit*.[159] In den Statuten von 1345 wurde zudem festgelegt, dass Neueintretende den Prokuratoren ihre genaue Einkommenssituation sowie die mutmasslichen Ausgaben pro Jahr darzulegen hätten und dass der Mark als Berechnungsgrundlage für die Beiträge ein Wert von fünf Florentiner Gulden zugrundeliegen solle. Darüber hinaus wurden die Scholaren unter Andro-

---

155 SNG 1345–48, §§ 12, 16: *Paolo Colliva*, Statuta Nationis (Anm. 26), S. 107; SNG 1497–1516, § 17: *ebd.*, S. 130 f.

156 SNG 1345–48, § 12: *Paolo Colliva*, Statuta Nationis (Anm. 26), S. 105.

157 Gebüsst wurde beispielsweise, wer den Versammlungen der Nation fernblieb (SNG 1345–48, § 15), zu spät zur Messe kam (§ 18), wer das Amt des *scrutators* verweigerte (§ 20), nicht am Begräbnis eines Mitglieds der Nation teilnahm (§ 21), usw.; 1344 sind sogar Strafgelder wegen *strepitus* an Mariae Verkündigung, Ostern und Fronleichnam in den Rechungsbüchern der Nation verzeichnet: Acta Nationis, S. 108.

158 Vgl. unten, Kapitel 5.8., zu den Studienkosten.

159 Acta Nationis, 97.22.

hung der üblichen Strafen dazu verpflichtet, jegliche Verbesserung ihrer finanziellen Verhältnisse ebenfalls innerhalb von fünfzehn Tagen zwecks weiterer Abgaben an die Nation den Prokuratoren anzuzeigen.[160]

Das gesellschaftliche Leben der Nation war in erster Linie bestimmt durch die gemeinsam gefeierten kirchlichen Feste und Zeremonien, von denen die deutschen ebenso wie die Scholaren der anderen Landsmannschaften eine ganze Reihe streng beachteten.[161] Bereits am 6. Januar, an Epiphanie, trat die Nation jeweils in der Kirche San Frediano, bis ins 16. Jahrhundert ihr übliches Versammlungslokal, zusammen, um an der Messe teilzunehmen und die Prokuratoren des kommenden Jahres zu wählen.[162] Neben den kirchlichen Hauptfesten feierte sie insbesondere den 25. November, den Tag der heiligen Katharina von Alexandria, ihrer Schutzpatronin.[163] Für die Durchführung der Gottesdienste in der kleinen Klosterkirche stiftete die Nation den Mönchen, dem gelegentlich persönlich zelebrierenden Bischof von Bologna sowie den Sängern regelmässig Wein und Konfekt und kam ausserdem für den Ersatz der kostspieligen schweren Kerzen auf. Der grösste Teil der regelmässigen Ausgaben der Nation entfiel denn auch auf Wein, Wachs und Konfekt für die erwähnten liturgischen Dienste.[164] Einen würdigen Rahmen ver-

---

160 SNG 1292: *Paolo Colliva*, Statuta Nationis (Anm. 26), S. 96; SNG 1345–48, § 13: *ebd.*, S. 106; die Deutsche Nation an der Universität Orléans verlangte demgegenüber 1382 insgesamt 22 Pariser Solidi als Eintrittsgebühr und kannte spätestens seit 1444 auch einen speziellen Adelstarif: *Detlef Illmer*, Statuten Orléans (Anm. 88), S. 39, 60 ff.

161 SNG 1345–48, § 17–18; SNG 1497–1516, § 20–25; vom zwingenden Besuch der Festgottesdienste ausgenommen waren nur Mitglieder der Nation, die zu dieser Zeit das Amt des Rektors ausübten, und selbst diese mussten mindestens an Auffahrt, Weihnachten und Epiphanie der Messe beiwohnen: SNG 1345–48; Paolo Colliva, Statuta Nationis (Anm. 26), S. 17.

162 SNG 1345–48, § 1: *Paolo Colliva*, Statuta Nationis (Anm. 26), S. 101. Die Kirche San Frediano, „*ecclesia Sancte Marie prope Bononiam extra portam sancti Mamme fratrum Sancti Fridiani de Luca, que ecclesia Saccorum vulgariter appellatur*“, heute in einem Gebäudekomplex aufgegangen, befand sich ausserhalb des spätmittelalterlichen Mauerrings jenseits der Porta S. Mamolo, an der heutigen Via S. Frediano; vgl. dazu ausführlich *Stefan Oswald*, Natio (Anm. 25), S. 59–67. Der 6. Januar wurde auch von der deutschen Nation an der Universität Orléans besonders gefeiert, allerdings mit speziellem Bezug auf Köln und den dortigen Dreikönigskult: *Detlef Illmer*, Statuten Orléans (Anm. 88), S. 38.

163 SNG 1497–1516, § 21, *Paolo Colliva*, Statuta Nationis (Anm. 26), S. 132.

164 Acta Nationis, passim; zu den verwendeten Kerzen vgl. SNG 1345–48, § 17bis;

lieh die Nation auch dem letzten Gang ihrer in Bologna verstorbenen Mitglieder. Sie übernahm die Kosten der Abdankungsfeiern, der *exequiae*, zu denen sämtliche Mitglieder zu erscheinen hatten, und sorgte für die Beisetzung, die anfänglich bei San Frediano und später im Kreuzgang des Klosters San Domenico stattfand, wo die Nation 1501 drei Gräber erworben hatte.[165]

Ausser dem von ihr regelmässig genutzten Kirchenraum von San Frediano, zu dessen Unterhalt sie oder einzelne ihrer Mitglieder in unregelmässigen Abständen Beiträge leisteten.[166] verfügte die Nation im Mittelalter über keine „eigenen" Räume in Bologna. Sie hatte aber aus dem Ertrag einer Erbschaft 1339 eine kleine Parzelle südlich der Stadtmauern erwerben können, die sie als Weinberg für vier Pfund jährlich verpachtete. Dieser scheint zwar in den folgenden Jahren durch eine Brückenreparatur 1356 und kriegsbedingte Ernteausfallkosten 1360 mehr Aufwand als Ertrag eingebracht zu haben und um 1369 sogar zeitweilig als Ackerland genutzt worden zu sein, blieb jedoch im Besitz der Nation und wurde im 16. Jahrhundert zu einem respektablen Landgut von schliesslich über zwei Hektaren Umfang erweitert.[167] Einen weiteren Teil ihres Vermögens hatten die deutschen Studenten auch in Kultgegenständen wie Pallien und Gefässen, aber auch in Büchern angelegt, über die regelmässig ausführliche Inventare erstellt wurden. Zusammen mit dem Siegel, den Statutenbüchern und dem Barvermögen der Nation wurden diese Gegenstände jeweils in Krisenzeiten in die *arcae* oder *cistae* der Nation, zwei Holzkisten mit zwei Schlössern, zu denen die beiden Prokuratoren je einen Schlüssel besassen, gepackt und im Kloster San Domenico in Sicherheit gebracht.[168]

---

wohl aus Spargründen beschloss die Nation, anstelle der bisher verwendeten, 16-pfündigen Kerzen inskünftig solche von zehn und acht Pfund Gewicht anzuschaffen, *quod habiliores et satis convenientes erunt*: Acta Nationis S. 363.35 ff.

165 Acta Nationis, S. 96.42; 97.12; 172.17; 173.7; 174.11; 174.12; zu den Begräbnisplätzen vgl. *Stefan Oswald*, Natio (Anm. 25), S. 67–70.

166 Acta Nationis S. 74.15; 109.2; 167.13; ausserdem griff die Nation 1352 dem Prior auch mit einem Kredit von 10 Solidi unter die Arme: Acta Nationis S. 121.26.

167 Acta Nationis, 124.19; 126.11; 133.6 ff.; 358 ff.; *Stefan Oswald*, Natio (Anm. 25), S. 71–74.

168 SNG 1497–1516, §§ 49–53; ausführliche Inventare 1311: Acta Nationis, S. 354 ff; 1379: Acta Nationis, S. 394 f.; 1433: Acta Nationis, S. 400 f.; 1475: Acta Nationis, S. 401 f.; weitere im 16. Jh.

4.2 Die geographische Herkunft der Studenten

4.2.1 Das Einzugsgebiet der deutschen Nation

Die deutsche Nation umfasste im späten Mittelalter ein Einzugsgebiet, das sich, von zeitweiligen Schwankungen abgesehen, vom Elsass bis in die baltischen Länder und von der friesischen Küste bis nach Böhmen erstreckte. Während die Zugehörigkeit einiger Randregionen bisweilen umstritten war, galten die vier Regionen *Franconia*, *Swevia*, *Bavaria* und *Saxonia* als die *quattuor provintie dicte nationis* und bildeten ihren Kernraum[169], den man wohl mit der nicht eindeutig lokalisierbaren, immer wieder in den Nationsakten erwähnten *Alamannia* gleichsetzen darf. Als Kriterium der Zugehörigkeit zur Nation sind 1306 die Herkunftsregion, die von späteren Wohn- oder Aufenthaltsorten deutlich unterschieden wurde *(origo non domicilium arguit cuius nacionis scolares sint*), 1497 hingegen auch die Sprache (*omnes qui nativam alemanicam habent linguam*) angeführt.[170] Neben diesen, gewissermassen „organisch" als deutsch zu betrachtenden, nahm die Nation aber bereitwillig auch Studenten aus angrenzenden Gebieten auf, sei es, dass diese keine eigenen Nationen hatten, wie die Skandinavier, oder schlicht mit dem Hinweis auf lange Gewohnheit. Die Prokuratoren des Jahres 1296 befanden, *esse de nacione nostra dominos de Lotringia, cum magis nobis sunt vicini*[171], und in den Statuten von 1497/1516 wird darauf verwiesen, dass die Böhmen, Mährer, Litauer und Dänen bereits *a priscis in nostram societatem et nacionem* aufgenommen worden seien *ideoque eos amplectimur et corpori nostro adiungimus*.[172]

So unbestritten wie die Nation dies ausdrückte, war allerdings die Eingliederung der Nachbarregionen nicht. Die Böhmen beispielsweise

---

169 SNG 1345/48, § 4: *Paolo Colliva*, Statuta Nationis (Anm. 26), S. 102.

170 Um Streitigkeiten über die Zugehörigkeit von Studenten zu vermeiden, legten der Rektor und eine Mehrheit der *universitas* der Ultramontanen 1306 fest, dass die Herkunftsregion, nicht aber das *domicilium* für die Zuweisung ausschlaggebend sein sollte; mit der Beachtung der *origo* hielt sich die Nation auch an die seit 1317, in den Universitässtatuten, Rubr. LXXIX, beachtete Praxis; die deutsche Sprache als Kriterium, ebenfalls unabhängig vom Wohnort, wurde in den Statuten von 1497, § 7, festgelegt: *Paolo Colliva*, Statuta Nationis (Anm. 26), S. 128; vgl. dazu auch die entsprechenden Regelungen in Orléans, wo im Zweifelsfall auch auf die „Nationalität" der Eltern, bzw. zumindest des Vaters abgestellt wurde: *Detlef Illmer*, Statuten Orléans (Anm. 88), S. 53 ff. und 65 f.

171 Acta Nationis, S. 46.27 f.

172 SNG 1497/1516, § 8: *Paolo Colliva*, Statuta Nationis (Anm. 26), S. 128.

mussten anscheinend das ganze 14. Jahrhundert hindurch um die Unabhängigkeit ihrer Nation kämpfen, deren Existenz 1302 erstmals belegt, 1317 in den Statuten der Universität erwähnt und offensichtlich erst anlässlich der Neuordnung der Statuten von 1432 endgültig gesichert werden konnte.[173] Die meisten der um die Wende vom 13. zum 14. Jahrhundert in Bologna anwesenden Böhmen liessen sich jedenfalls nicht in die deutsche Nation aufnehmen, und bei den wenigen, die Mitglieder der Nation wurden, fühlte sich diese anscheinend verpflichtet, festzuhalten, dass dies rechtens geschehe: *„nota hic, quod Praga est de nostra nacione"*, steht 1322 bekräftigend von anderer Hand neben dem Eintrag des Melniker Propstes Henricus de Gors aus der Diözese Prag geschrieben.[174] Neben diesem grundsätzlichen Anspruch auf die erwähnten Nachbargebiete beanspruchte die Nation auch das „Recht" auf die Eingliederung von einzelnen, zwischen verschiedenen Nationen umstrittenen Personen. Im Jahr 1312 gab sie in einem solchen Fall die stattliche Summe von 12 Bologneser Pfund für zwei Advokaten aus, die aber lediglich erreichten, dass ein gewisser Petrus *de Gare* oder *de Sare* ihr und nicht einer (nicht namentlich erwähnten) anderen Nation beitreten musste.[175]

Um dem von der Nation selbst äusserst grosszügig verstandenen Rekrutierungsraum gerecht zu werden, musste in der vorliegenden Untersuchung das ganze Gebiet zwischen Burgund und Baltikum, Norwegen und Alpen berücksichtigt werden. Es umfasst in diesem Sinn einmal einen deutschsprachigen Kernraum, der das heutige Deutschland, Österreich und die deutsche Schweiz beinhaltet, und der mit 77 Prozent den überwiegenden Anteil der lokalisierbaren Studenten stellte. An ihn schliessen sich die Nachbarregionen Böhmen, Burgund, das Elsass, die französische Schweiz, Schlesien, die Niederlande und das Ordensgebiet an.

Als Abgrenzungskriterien wurden nicht die im Einzelfall sehr problematischen politischen, sondern die wesentlich stabileren Diözesangrenzen gewählt, weil die bischöflichen Sprengel, wie oft im Mittelalter,

---

173 Mem. 103, fol. 471r; SUB 1317, Rubr. 5; SUB 1432, Rubr. 16: *Carlo Malagola*, Statuti (Anm. 44), S. 71.

174 Acta Nationis, S. 81.20 und Randbemerkung.

175 Acta Nationis S. 64.26 und 64.26 f.; mit seinem Beitrag von 4 Pfund war Petrus zwar ein sehr guter Zahler, um den es sich aus der Sicht der Nation bestimmt zu kämpfen lohnte, aber angesichts der enormen Verfahrenskosten letztendlich doch ein Verlustgeschäft.

die einzigen den Zeitgenossen bewussten geographischen Identitäten darstellten und folgerichtig von diesen auch am häufigsten genannt wurden.[176] Von Norden nach Süden wurden im Gegenuhrzeigersinn die folgenden Diözesen als „Grenz-"Bistümer des derart definierten „Reiches" noch in die Untersuchung mit einbezogen: Bremen, Münster, Utrecht, Lüttich, Trier, Verdun, Toul, Besançon, Genf, Lausanne, Sion, Chur, Brixen, Salzburg, Passau, Olmütz, Breslau, Lebus, Kammin, Schwerin, Ratzeburg und Lübeck, sowie die preussischen, baltischen und die skandinavischen Diözesen.[177] Der Einbezug der französischsprachigen Bistümer im Südwesten ergab sich zum einen aus der Tatsache, dass auch in den Acta Nationis mindestens ein nicht näher lokalisierbarer burgundischer Student erscheint und zum anderen aus der Absicht, in Anlehnung an die Arbeiten des Ehepaars Stelling-Michaud das ganze Territorium der heutigen Schweiz mit einzubeziehen, wodurch sogar noch ein einzelner Angehöriger der Diözese Mailand in die Untersuchung Eingang gefunden hat. Das geographisch erkennbare Einzugsgebiet der deutschen Nation im Mittelalter wird somit durch die Anlage der Untersuchung geringfügig überschritten.

4.2.2 Die Herkunftsorte der Studenten

Die geographische Herkunft von Studenten im Mittelalter festzustellen, bietet häufig Schwierigkeiten, da meist nur unvollständige Ortsangaben zur Verfügung stehen.[178] Wo exakte Lokalisierungen möglich

---

176 Mit der Angabe einer Diözese ist natürlich die Herkunft einer Person aus dem entsprechenden Gebiet nicht gesichert, sondern in vielen Fällen lediglich ein irgendwie gearteter institutioneller Bezug dazu gegeben, der in der Wirklichkeit gar nie zum Tragen gekommen zu sein brauchte, wenn sich jemand beispielsweise bloss um Pfründen in einem Bistum bewarb, bzw. solche als Besitz anführte. Grundsätzlich wurden aber alle Personen aufgrund einer Beziehung zu den genannten Diözesen in die Untersuchung aufgenommen, sofern sich nicht durch weitere Angaben eine andere Zuordnung ergab.

177 Selbstverständlich wurden auch diejenigen Personen aufgenommen, die zwar nicht aus dem erwähnten Raum stammten, sich aber selbst als diesem zugehörig empfanden wie beispielsweise Henricus von den Meeren aus der Diözese Cambrai, Nr. 1388, der sich als *de Mera de Alamania* in den *Liber Secretus* des Kanonistenkollegiums eintragen liess.

178 Zum Thema vgl. generell *Hilde de Ridder-Symoens*, Les origines géographique et sociale des étudiants de la nation germanique de l'ancienne université d'Orléans (1444–1546) aperçu général, in: The Universities in the Late Middle Ages, hg. von J. Ijsewijn und J. Paquet (Mediaevalia Lovaniensia 1/6), Louvain 1978, 455–474; *Rainer Chr. Schwinges*, Universitätsbesucher (Anm. 9), S. 222–229.

sind, sagen sie aber dennoch oft nichts aus über die tatsächliche geographische Herkunft der Studenten, sondern bezeichnen lediglich Stationen auf deren bisherigen Lebenswegen, meistens Pfründen. Als solche können Ortsangaben zwar für die genaue geographische Situierung von Universitätsbesuchern nur mit Vorbehalten herangezogen werden, geben dafür aber Hinweise auf die „Bedarfslandschaft", d. h. auf die Orte, in denen offensichtlich der Bedarf nach den gelehrten Rechten auftrat, und von denen aus die angehenden Juristen sich aufmachten, die gefragten Kenntnisse zu erwerben. Für die Anwendung und damit auch für die Verbreitung von Rechtskenntnissen waren letztendlich jene die entscheidenden Plätze und nicht die Burg oder Ortschaft, in der die nachmaligen Juristen geboren wurden.

Ein Ort ist nicht nur durch seine geographische Lage definiert, sondern stets auch hinsichtlich seiner Qualitäten als Wirtschaftsstandort, seiner Verkehrslage und nicht zuletzt seiner Funktion als Residenzstadt, Bischofssitz oder Gerichtsort für die Region. Die Kombination dieser Faktoren bestimmt die Attraktivität von Orten für bestimmte soziale Gruppen, die dort ein besonders günstiges Umfeld zur Pflege individueller Lebens- und Wirtschaftsformen finden. Unter Berücksichtigung dieser unterschiedlichen sozialen Qualitäten der Herkunftsorte spricht Schwinges von der sozialörtlichen Herkunft der Studenten.[179]

Der in den Quellen angegebene Herkunftsort muss zumindest damit gedanklich ersetzt werden durch einen offeneren Begriff, der den verschiedenen, nur in den seltensten Fällen erkennbaren Aspekten der Ortsangabe Rechnung trägt. Schwinges hat den jeweils genannten Ort als „Identifikationsort" bezeichnet, als einen „Stützpunkt der mentalen und sozialen Rückkoppelung an die Herkunftsfamilie oder an irgendeinen anderen Sozialpartner".[180] Er berücksichtigt damit die Tatsache, dass die Nennung von Orten nicht immer die Herkunft von Personen ausdrückte, sondern oft nur einen individuell wichtigen Bezug zwischen Personen und Orten, meistens in Form von dort gelegenen Pfründen.

Von den 3601 in Bologna erfassten deutschen Studenten nannten 582 (16.2 Prozent) keinen Herkunftsort. Unter diesen lassen sich dennoch 284 Personen anhand von Diözesen- und Regionalangaben grob geographisch einordnen, wobei Angaben wie *de Saxonia*, das allein 45 mal

---

179 *Rainer Chr. Schwinges*, Universitätsbesucher (Anm. 9), S. 260 ff.

180 Ebd., S. 228.

auftaucht, wenig hilfreich sind, liesse sich doch genausogut sagen, die Leute stammten aus Norddeutschland. Von 3019 Personen liegen uns hingegen Angaben zu ihren Herkunftsorten vor. Probleme mit der Identifikation der Orte, zum Teil sind diese mehrdeutig, zum Teil völlig unverständlich, führten dazu, dass schliesslich nur knapp zwei Drittel aller Studenten (2285 Personen) mit einiger Sicherheit lokalisiert und kartographisch dargestellt werden konnten (Tabelle 1, Karten 1–3).

Neben den mehrdeutigen Namen, die ein gutes Drittel der nicht identifizierbaren Ortsangaben ausmachen, sind vor allem sprachliche Probleme bei der Entstehung der Quellen massgeblich für die Identifikationsschwierigkeiten verantwortlich, stammen doch nicht weniger als 42 Prozent der nicht zuzuordnenden Ortsnamen aus den Memoriali. Die registerführenden Bologneser Notare schrieben offensichtlich die ihnen nicht vertrauten deutschen Namen entweder nach Gehör oder nach den Vorlagen nieder, die ihre Kollegen zuvor nach Gehör verfasst hatten. Sie bereicherten dadurch die Liste der Ortsnamen im Reich durch originelle, aber leider im gegebenen Rahmen wenig hilfreiche Wortschöpfungen wie *Curulem*, *Risiglone*, *(In)quirescensis* oder *Luobrin*.

Mit der Angabe der Diözesen verfügen wir zwar oft über eine grobe örtliche Situierung, dürfen aber wie im Fall der „Herkunftsorte“ nicht mit letzter Sicherheit davon ausgehen, dass die betreffenden Personen tatsächlich aus der damit umschriebenen Region stammten. Zumindest bei Klerikern ist die Angabe der Diözese ja im eigentlichen Sinn auch eine kirchliche Funktionsbezeichnung, weist sie doch darauf hin, dass die Betreffenden oft durch ihre Weihe mit einer Diözese verbunden waren, ohne aber unbedingt auch dort geboren worden zu sein. Die Zugehörigkeit zu bestimmten Diözesen lässt sich für 2436, gut zwei Drittel der Studenten, bestimmen, wobei nur für 318 Personen ausdrückliche Angaben vorliegen, während die Diözese für die übrigen aus den Ortsangaben erschlossen werden konnte.

Die Karten 1 bis 3 zeigen die geographische Herkunft der 2285 örtlich lokalisierbaren Bologneser Rechtsstudenten aus insgesamt 1612 verschiedenen Herkunftsorten, von denen sich 996 kartographisch darstellen lassen. Die drei Karten entsprechen im zeitlichen Umfang den oben erläuterten Phasen des Universitätsbesuchs.

Tabelle 1: Geographische Herkunft der Studenten 1265–1425

Karte	Zeitraum	Personen			Orte		
		Frequenz	lokalisierbar		Anzahl	darstellbar	
		N	N	%	N	N	%
1	1265–1288	704	409	58.1	329	153	46.5
2	1289–1355	2287	1445	63.2	1091	636	58.3
3	1356–1425	610	431	70.7	366	262	71.6
	1265–1425	3601	2285	63.5	1612	966	59.9

Quelle: Datenbank Bologna

In der ersten Phase von 1265 bis 1288 lassen sich die Herkunftsorte der Studenten weitgehend gleichsetzen mit der geistlichen Infrastruktur des Reichs, oder präziser ausgedrückt, mit den Bischofsstädten als Verwaltungs- und Gerichtssitzen sowie Orten mit Kollegiatstiften und solchen mit Lehens- oder anderen Beziehungen zu den Bischofssitzen (Karte 1). Diese Ortschaften stellten in den ersten Jahrzehnten nach 1265 und, wie mit guten Gründen vermutet werden darf, ebenso in den Jahrzehnten davor, mit weitem Abstand den grössten Anteil der deutschen Besucher Bolognas. Die Bischofsstädte boten nicht nur Beschäftigungsmöglichkeiten für Juristen, sondern in der Regel auch das materielle Auskommen in Form von Pfründen, und wenn in der Stadt selbst zuwenig Benefizien zur Verfügung standen, so fand man diese oft in der Nachbarschaft. Die starke Vertretung Zürichs, wo am Gross- und Fraumünster etliche Konstanzer Juristen bepfründet waren, und Freiburgs in diesen Jahren zeigt die Bedeutung der umliegenden Stiftslandschaft für die bischöfliche Infrastruktur.

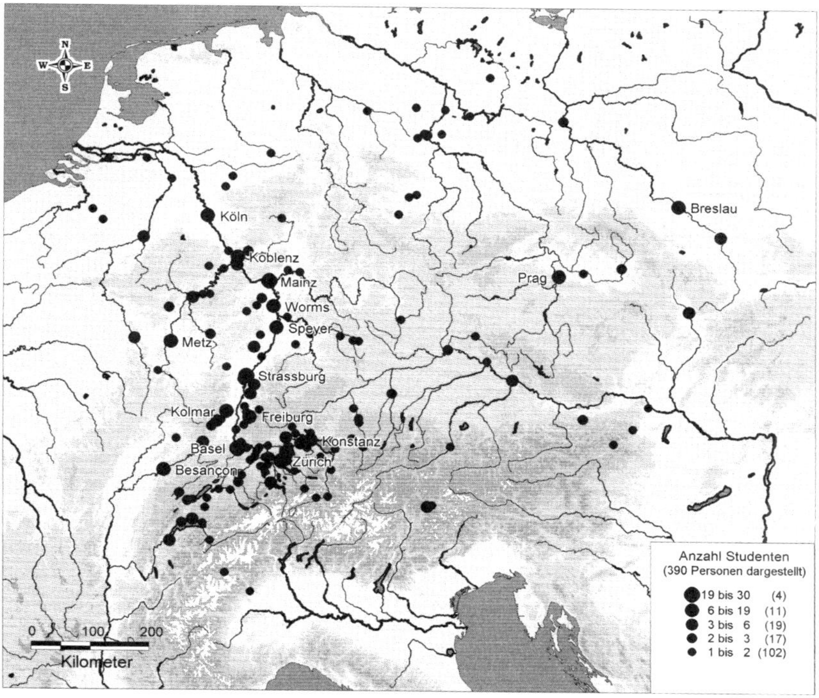

Karte 1: Herkunftsorte der Studenten 1265–1288

Obwohl die Bischofsstädte in der Regel auch verkehrsmässig nicht völlig im Abseits lagen, lässt sich die Konzentration der Herkunftsorte auf diese Städte und ihr Hinterland überwiegend, wenn nicht ausschliesslich mit deren Zentrumsfunktion als Bischofssitze erklären. Juristen brauchten einen (bischöflichen) Hof als Wirkungsstätte und Pfründen zur materiellen Versorgung, dagegen waren sie weniger auf günstige Verkehrsverhältnisse oder florierenden Handel an ihren Herkunfts- oder Wirkungsstätten angewiesen. Auch die Konzentration der Herkunfts- oder Bezugsorte von Konstanz bis Köln dem Rhein entlang ist vielmehr mit Blick auf die Bischofssitze und Pfründenorte zu betrachten als auf die wichtige Nord-Süd-Wasserstrasse, die für den Weg nach Bologna ohnehin keine Bedeutung hatte. Die Lage der wichtigsten Herkunftsorte am südlichen und westlichen Rand des Reichs betont zudem einmal mehr die Funktion des (weit gefassten) „Rheinlandes" als Übergangsraum zwischen dem älteren, bereits unter den Römern entwickelten und dem jüngeren Europa.[181] Über die Bischofssitze an der Grenze zum älteren Europa gelangten die Einrichtungen des geistlichen Gerichts, das Offizialat, und seine Hilfskräfte ins Reich und mit ihnen die gelehrten Rechte.[182]

Nicht in das einfache Bild des Entwicklungsgefälles von West nach Ost passen auf den ersten Blick die scheinbar isoliert im jüngeren Europa liegenden Herkunftsorte wie Prag, Olmütz, Breslau, Magdeburg, Ratzeburg oder Brandenburg. Die genannten Städte waren aber spätestens seit der Mitte des 12. Jahrhunderts ebenfalls Bischofssitze und bildeten dadurch ebenfalls regionale Zentren und Arbeitsmärkte, von denen aus Studenten nach Italien zogen. In Prag kam zum geistlichen Zentrum auch noch die Funktion der Residenzstadt für die Přemysliden, eine Dynastie mit einer vergleichsweise modern agierenden Kanzlei hinzu, was zusätzlichen Bedarf nach gelehrten Juristen schuf.[183]

---

181 Zum Modell unterschiedlicher Modernisierungsstufen zwischen Süd-West und Nord-Ost im mittelalterlichen Europa vgl. *Peter Moraw*, Über Entwicklungsunterschiede und Entwicklungsausgleich im deutschen und europäischen Mittelalter. Ein Versuch, in: Hochfinanz, Wirtschaftsräume, Innovationen, FS für W. von Stromer, hg. von U. Bestmann u.a., 3 Bde., Trier 1987, Bd 2, 583–622 sowie *Werner Paravicini* (Hg.), Nord und Süd in der deutschen Geschichte des Mittelalters. Akten des Kolloquiums veranstaltet zu Ehren von Karl Jordan, 1907–1984, Kiel, 15.–16. Mai 1987, Sigmaringen 1990.

182 Vgl. dazu unten, Kapitel 7.3.3., die Ausführungen zum Offizialat.

183 *Jindrich Šebánek*, und *Saša Duškova*, Das Urkundenwesen König Ottokars II. von Böhmen (2. Teil), in: AD 15 (1969), S. 251–427.

Wie aus Karte 2 ersichtlich ist, nahm bis zur Mitte des 14. Jahrhunderts die anfängliche Dominanz der geistlichen Umgebung, namentlich der Bischofssitze als Herkunftsorte, beträchtlich ab, wenngleich diese aufgrund ihrer nach wie vor bestehenden Zentrumsfunktion noch immer einen überproportionalen Anteil der Studenten stellten. Hatten aber zwischen 1265 und 1288 die 18 wichtigsten Herkunftsorte, darunter 14 Bischofssitze, zusammen noch über die Hälfte aller Personen gestellt, so finden wir zwischen 1289 und 1355 zwar sogar 15 Bischofsstädte unter den 18 wichtigsten Herkunftsorten, diese stellten aber bloss noch 14.7 Prozent der Besucher.

Im Gegensatz zur ersten Phase, während der die Studenten fast ausschliesslich aus „alteuropäischen" Regionen stammten, scheint nun in der zweiten der Bedarf nach Juristen flächendeckend ausgewiesen. Abgesehen von dünner besiedelten Gebieten im Norden und Nordosten waren alle Regionen des Reichs mehr oder weniger zahlreich in Bologna vertreten. Die über den gesamten Zeitraum zwischen 1289 und 1355 hinweg gesehen niedrige Gesamtzahl der Studenten lässt kaum weitergehende Aussagen über den Zusammenhang zwischen Ortstyp und Anzahl der dorther stammenden Studenten zu. Wenn um die Mitte des 14. Jahrhunderts die böhmische Bischofs- und Residenzstadt Prag[184] gleich viele Besucher stellte wie Signau, ein kleines Dorf mit Herrensitz im bernischen Emmental oder aus Orten wie Oberwesel, Bopfingen oder Burghausen mehr Besucher nach Bologna kamen als aus der Grossstadt Köln (nämlich drei statt zwei), dann hat das nichts mehr mit sozialörtlichen Qualifikationen zu tun. Wenn es von einer einzigen Reisegruppe von zwei oder drei Personen abhing, dass ein Ort an die Spitze eines Zehnjahresabschnitts gelangte, kann man wohl kaum mehr anders als von schierem Zufall sprechen.

---

184 Zur Erfassung der böhmischen Studenten vgl. Kapitel 2.1 über die Quellenlage und 4.2.1 über das Einzugsgebiet der deutschen Nation.

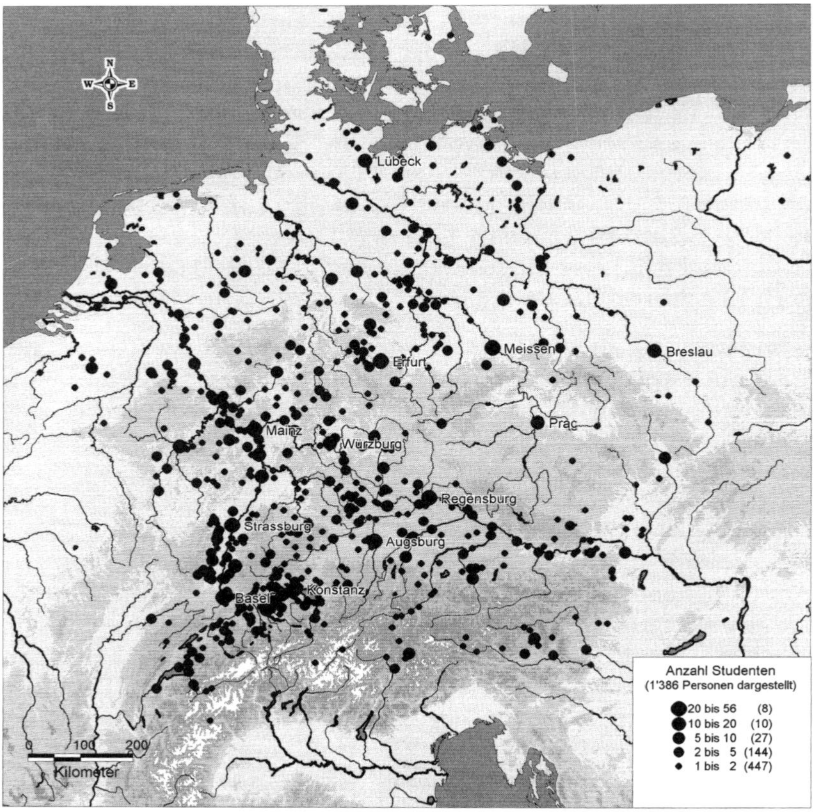

Karte 2: Herkunftsorte der Studenten 1289–1355

Das Problem der niedrigen Frequenzen besteht für den dritten Abschnitt von 1356 bis 1425 noch in verstärktem Masse (Karte 3). Das Kartenbild nimmt sich auf den ersten Blick wie eine ausgedünnte Kopie des vorangehenden aus, weist aber einige markante Schwerpunktverlagerungen auf. So ist beispielsweise ein starker Rückgang der Studenten aus den Gegenden vom Hoch- bis zum Mittelrhein feststellbar. Die Spitzenreiter der ersten Jahrzehnte, die Bischofssitze in Basel, Konstanz und Strassburg sowie die Ostschweiz, das Elsass und der Sundgau fehlen in den Jahrzehnten nach 1386 fast ganz. Innerhalb von rund zwei Generationen verschwand die dort über ein Jahrhundert hinweg gepflegte Tradition der Ausbildung in Bologna und wich einem neuen Studienverhalten, das die Bildungswilligen vor allem nach Prag, Wien und Heidelberg oder aber Richtung Westen, nach Orléans führte. Nach Wien zogen überdies wohl die meisten Studenten aus dem Alpen- und Donauraum, die seit dem letzten Viertel des 14. Jahrhunderts auf den Karten fehlen. Kurzfristige Schwankungen zeigen sich auch in den Jahren nach der Universitätsgründung in Köln, als der Besuch aus dem Ruhr- und Niederrheingebiet leicht zurückging, doch fanden sich bereits wenige Jahre später wieder annähernd gleich viele Studenten aus diesem Raum in Bologna ein.

Faktoren wie die Ortsgrösse, die vorherrschenden Wirtschaftszweige, die Verkehrslage oder die Schulsituation, die für die Beschreibung der sozialörtlichen Herkunft von Besuchern der Vierfakultätenuniversitäten bedeutsam sind[185], spielten also für die Herkunft der Rechtsstudenten nur eine geringe Rolle. Die Juristen und diejenigen, die es werden wollten, stammten überwiegend aus der (sozialen und geographischen) Umgebung der Bischofs- und später anderer Herrschaftssitze und kehrten wieder dorthin zurück. Dabei war es unerheblich, ob sie direkt aus der Residenzstadt selbst, einem wichtigen Pfründenort oder aus den umliegenden, bisweilen recht weit entfernt liegenden, Adelssitzen stammten. Entscheidend war nicht die wirtschaftlich-geographische Qualität eines Ortes, sondern fast ausschliesslich seine Funktion, die Beziehung zum Herrn.

---

185 Für Köln vgl. *Rainer Chr. Schwinges*, Universitätsbesucher (Anm. 9), S. 260 ff.; für Heidelberg vgl. *Christoph Fuchs*, Dives, pauper, nobilis, magister, frater, clericus. Sozialgeschichtliche Untersuchungen über Heidelberger Universitätsbesucher des Spätmittelalters (1386–1450) (Education and Society in the Middle Ages and Renaissance 5), Leiden-New York 1995, S. 6 ff.

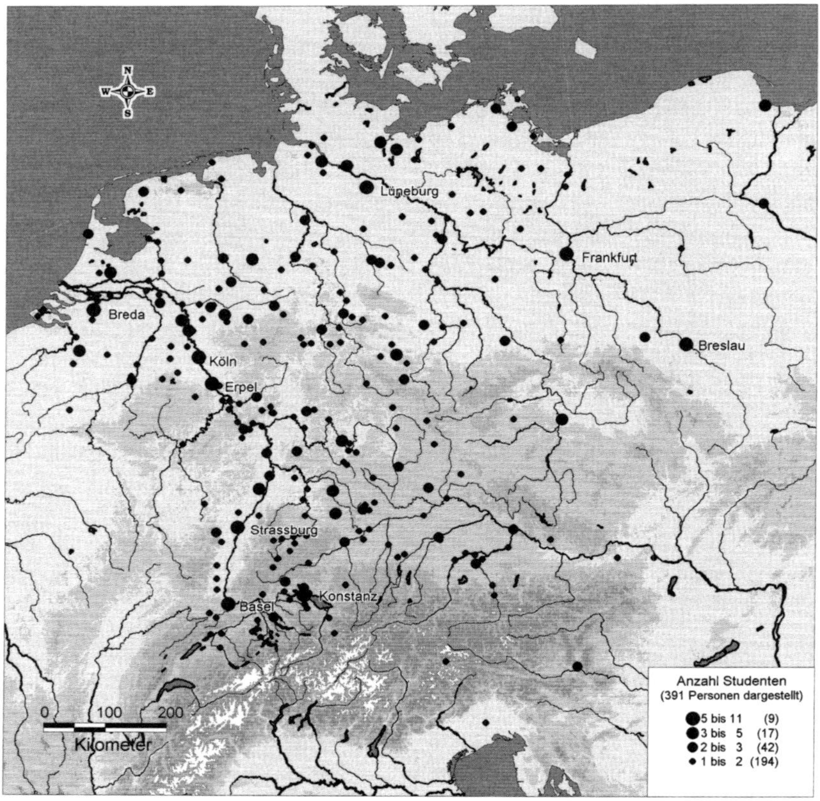

Karte 3: Herkunftsorte der Studenten 1356–1425

Der sinkende Anteil der Bischofsstädte und ihrer geistlich-funktionalen Umgebung an den Herkunftsorten dürfte für den ganzen betrachteten Zeitraum weniger auf eine nachlassende Attraktivität dieser Zentren als auf eine Aufholbewegung der übrigen Orte zurückzuführen sein. Im ausgehenden 13. Jahrhundert waren weltliche Dienstherren für Juristen noch sehr selten, während zu Beginn des 15. Jahrhunderts auch Landesherren und Städte Juristen einsetzten. Juristen wurden nun beinahe überall gebraucht und demzufolge auch von überall her rekrutiert.

4.3 Die soziale Herkunft der Studenten

Die soziale Herkunft der Universitätsbesucher und insbesondere die Frage nach der Möglichkeit, den eigenen gesellschaftlichen Status durch ein (abgeschlossenes) Studium zu verbessern, die Frage nach der sozialen Mobilität, werden in der Universitätsgeschichte immer wieder thematisiert.[186] Die vor allem mit dem Namen Herbert Grundmanns verbundene These der mittelalterlichen Universitäten als egalitären und egalisierenden Gemeinschaften, die ihren Angehörigen den Weg zu materiellem und sozialem Aufstieg öffneten, gilt heute zwar weithin als widerlegt, findet aber noch immer vereinzelt Beachtung innerhalb der europäischen Bildungsgeschichte.[187] In der vorliegenden Untersuchung soll aber nicht einfach eine weitere quantitative Falsifizierung der Grundmannschen Thesen vorgelegt werden, sondern es geht zunächst vielmehr darum, festzustellen, welche gesellschaftlichen Gruppen und Schichten im Spätmittelalter als Vermittler der gelehrten Rechte zwischen Italien und dem Reich auftraten.[188]

---

186 Vgl. dazu einleitend *Walter Rüegg*, Geschichte der Universität in Europa (Anm. 16), S. 27 ff.; speziell zum Adel, wenn auch mit Schwergewicht in der frühen Neuzeit vgl. *Rainer A. Müller*, Universität und Adel. Eine soziokulturelle Studie zur Geschichte der bayerischen Landesuniversität Ingolstadt 1472–1648 (Ludovico Maximilianea. Universität Ingolstadt-Landshut-München. Forschungen und Quellen, Forschungen 7), Berlin 1974 sowie die einschlägigen Beiträge in: Gelehrte im Reich (Anm. 6).

187 Herbert Grundmann, Vom Ursprung der Universität im Mittelalter, Berlin 1960, insbesondere S. 17 ff.; die These wird umfassend widerlegt durch die Arbeiten *Peter Moraws* zur Sozialgeschichte der mittelalterlichen Universitäten und vor allem durch *Rainer Chr. Schwinges*, Universitätsbesucher (Anm. 9), sowie neuerdings durch *Christoph Fuchs*, Dives (Anm. 185).

188 Zu den methodischen Schwierigkeiten einer sozialen Einordnung der mittelalterlichen Gelehrten vgl. Jacques Verger, Les gens de savoir en Europe à la fin du Moyen Age, Paris 1997, S. 187–205.

Die zentrale Frage für die Motivation zum Studium generell im Mittelalter war die, ob man studierte, um später eine angesehene Tätigkeit auszuüben, ob man sich auf diesem Weg Prärogativen für einträgliche Pfründen verschaffen wollte, oder ob für die gesellschaftlichen Funktionen der Position, in die man hineingeboren war, bestimmte Fachkenntnisse von Nutzen oder gar zunehmend erforderlich waren. Mit anderen Worten, ob das Studium der Verbesserung der persönlichen Stellung oder deren Erhaltung in einem sich verändernden Umfeld dienen sollte.

Die Bologneser Universität kam aus mindestens zwei Gründen nicht als Ausbildungsstätte für alle potentiellen Studierwilligen in Frage. Erstens war sie spezialisiert auf Zivil- und Kirchenrecht und zweitens war der Aufenthalt in Bologna sehr teuer. Wer etwas anderes als die beiden Rechte ernsthaft studieren wollte oder wer sich keinen kostspieligen Studienaufenthalt leisten konnte, studierte anderswo, in Paris oder Montpellier, obwohl auch in Bologna spätestens seit der Mitte des 14. Jahrhunderts alle vier klassischen Fakultäten bestanden. Die Frage nach der deutschen Besucherschaft der Bologneser Universität im Mittelalter kann also im Wesentlichen zugespitzt werden auf die beiden Punkte: „Wer interessierte sich für die Rechte?“ und „Wer konnte sich überhaupt Bologna leisten?“

Der vermutlich entscheidende Faktor für die Bestimmung potentieller Besucher der Universität Bologna waren die Kosten des Studiums. Dabei fielen weniger die Gebühren und Beiträge an die Universität und die Nation ins Gewicht als die Aufwendungen für Reise, Aufenthalt, Unterhalt und allenfalls Bücher, ganz zu schweigen von den Promotionskosten, wenn das Studium mit einem Lizentiat oder gar Doktorat abgeschlossen werden sollte. Ausgaben von 20 bis 50 Bologneser Pfund allein für Unterkunft und Nahrung, nebst anderen, vom jeweiligen Sozialstatus abhängigen Kosten für Bedienstete oder gar Pferde, stellten eine informelle, aber äusserst wirksame soziale Schranke dar. Ein Studienaufenthalt in Bologna war daher nur Personen möglich, die auf entsprechende Mittel zurückgreifen konnten. Ob diese von der eigenen Familie aufgebracht werden konnten, aus Erträgen von Pfründen stammten oder von Dritten zur Verfügung gestellt wurden, spielte dabei keine Rolle.[189] In Frage kamen deshalb von den Kosten her neben den Ange-

---

189 Der Bologneser Legist Roffredus von Benevent († 1243) stellte zu diesem Problem lapidar fest: *Necesse est scholaribus quod habeant ad studium vitae sustentationem ne egeant*; zitiert nach *Sven Stelling-Michaud*, Université (Anm. 56), S. 88; für anspruchsvollere Studenten erhöhten sich diese Kosten gewaltig: Wer wie Walter von

hörigen der gesellschaftlich führenden Familien und den Inhabern ertragreicher Pfründen zunehmend auch Abkömmlinge des wirtschaftlich erfolgreichen Stadtbürgertums, das seinerseits bis zu einem gewissen Grad in die politische Funktionselite vorstossen konnte.[190]

Die Beweggründe für die Aufnahme eines Rechtsstudiums lassen sich auf verschiedenen Ebenen suchen. Als erstes gilt es einmal das idealistische Motiv des *amor scientiae* zu betrachten, den Friedrich Barbarossa den Studenten in der Authentica '*Habita*' zubilligte und sie dafür unter seinen Schutz stellte. Weiter muss das Studium der Rechte im Hinblick auf eine praktische Verwendbarkeit der dabei erworbenen Kenntnisse als „Herrschaftstechniken" im Sinne der modernen Verwaltungs- und Verfassungsgeschichte gesehen werden, die in den gelehrten Juristen den Kern der späteren Verwaltungsträger ausgemacht hat.[191] Schliesslich darf auch der Aspekt der Rechtswissenschaften als *scientiae lucrativae*, als gewinnorientierte Tätigkeiten, jedenfalls der verbreiteten Kritik nach zu urteilen, als Motivation für Rechtsstudien nicht unterschätzt werden.[192]

Der *amor scientiae* als ausschlaggebender Beweggrund für das Studium der Rechte darf mit guten Gründen recht gering veranschlagt werden und mit ihm auch die Zahl derjenigen Personen, die sich deshalb zum Studium nach Bologna begaben – sofern sie diesen Entschluss überhaupt selbst fassten und nicht von Ordensoberen oder anderen Personen im Interesse einer geistlichen Institution dorthin geschickt wurden.[193] Die Rechtswissenschaften standen nie im Ruf, sich um die ent-

---

Braunshorn, Thesaurar in Mechelen, Nr. 3358, ein eigenes Haus oder wie Erich, der Sohn des Markgrafen von Brandenburg, Nr. 766, für sich und sein Gefolge gleich zwei Häuser mieten wollte, hatte mit Kosten von 70 bzw. 130 Pfund pro Jahr allein für die Unterkunft zu rechnen.

190 Als Beipiele dafür seien die Tübinger Grossbürgerfamilie Last, die Vener aus Schwäbisch Gmünd sowie Vater und Sohn Kirchheim genannt: vgl. dazu *Peter Moraw*, Gelehrte Juristen (Anm. 9), passim.

191 *Frank Rexroth*, Finis scientie (Anm. 93), S. 342 ff.

192 Zur Kritik an den Juristen vgl. *Michael Stolleis*, Juristenbeschimpfung, oder: Juristen, böse Christen, in: Politik - Bildung - Religion. Hans Maier zum 65. Geburtstag, hg. von Theo Stamm u.a., Paderborn 1996, S. 163–170.

193 Der Deutsche Orden, aber auch einige Klöster ordneten gelegentlich geeignete Männer zum Studium nach Bologna oder an andere Universitäten ab: *Hartmut Boockmann*, Die Rechtsstudenten (Anm. 20), S. 374 mit Anm. 451; *P. Pfotenhauer*, Schlesier (1894) (Anm. 37), S. 439.

scheidenden Fragen des menschlichen Woher, Wohin und Warum zu kümmern. Mit diesen Themen befassten sich die Philosophie, die den *amor scientiae* ja bereits im Namen trägt, und die Theologie in Paris in der Nachfolge Abaelards seit je her und viel kompetenter.[194] Eine zweckfreie Liebe zur Wissenschaft, die man allenfalls den Anhängern philosophisch-theologischer Studien zubilligen mochte, war dagegen in den auf die konkrete Ausgestaltung zwischenmenschlicher Verhaltensformen ausgerichteten Rechtswissenschaften fast schon grundsätzlich ausgeschlossen. Wenn auch Barbarossas Formulierung eher auf den Willen zum Lernen bezogen sein mochte als auf eine hineininterpretierte Zweckfreiheit, so kann doch an dieser Stelle zumindest behauptet werden, dass die Bologneser Rechtsschule eine denkbar ungeeignete Ausbildungsstätte war für Anhänger einer lauteren Gelehrsamkeit war.

Obwohl sie keine eigentliche Berufsausbildung im Sinne qualifizierter Abschlüsse anbot (mit Ausnahme des akademischen Lehrertitels), war die Bologneser Rechtsschule klar auf eine im weitesten Sinne spätere praktische Anwendung ihres Lehrstoffes hin ausgerichtet: Rechtskenntnisse ohne eine Anwendung auf die alltäglichen Verhaltensformen von Personen oder Institutionen machen keinen Sinn. Rechtskenntnisse machen ebenfalls keinen Sinn in einer Umgebung, in der die gelehrte Rechtsordnung keine materielle oder zumindest formale Akzeptanz findet. Von da her beschränkte sich der Kreis der potentiellen Interessenten der gelehrten Rechte auf diejenigen Personen, die aufgrund ihrer sozialen Stellung und ihrer Funktionen mit Fragen der Rechtswahrung und -bildung konfrontiert wurden. Dies waren die Mitglieder der (geistlichen) Gerichte, die Angehörigen der kirchlichen Verwaltung sowie alle diejenigen, die mit der letzteren in direktem Kontakt standen. Die Ausübung der Rechtssprechung und die Führung einer anerkannten Administration aber sind in jedem Bereich unabdingbare Bestandteile der Herrschaft. Wer im Spätmittelalter Herrschaft ausüben und ausbauen wollte, brauchte Personal, das den Anforderungen der gelehrten Rechtssprechung und der zunehmenden Verschriftlichung und Formalisierung der gesamten Verwaltungsabläufe gewachsen war, das somit über Herrschaftswissen oder Herrschaftstechniken verfügte.[195] Beides konnten Juristen bieten.

---

194 *H. J. Bermann*, Recht und Revolution. Die Bildung der westlichen Rechtstradition, Frankfurt/M. 1991, S. 215 f.

195 *Peter Moraw*, Wesenszüge der „Regierung“ und „Verwaltung“ des deutschen Königs im Reich (ca. 1350–1450), in: Histoire comparée de l’administration (IVe-

Mit der grundsätzlich möglichen und häufig praktizierten kommerziellen Anwendung juristischer Kenntnisse hängt auch der Vorwurf des Gewinnstrebens zusammen, der den Juristen seit der Entstehung der Universitäten anhaftet und bisher nie überzeugend widerlegt worden ist.[196] Die Möglichkeit einer materiell lohnenden Anwendung gelehrter Rechte scheint schon zu Beginn des 13. Jahrhunderts derart viele Studenten an der Pariser Universität zum Studium des Zivilrechts verleitet zu haben, dass Papst Honorius III. im Interesse eines ausreichenden Nachwuchses an Theologen 1219 in der Konstitution *Super Speculam* das Studium der Legistik in Paris untersagte.[197] Materielle Vorteile aus der Tätigkeit als Rechtskenner zu ziehen, war aber vor der Etablierung der freiberuflichen Juristen noch recht schwierig. Um an die wirklich grossen Gelder zu kommen, musste man Einsitz in ein Gremium oder eine Behörde nehmen können, die mächtig genug war, um von ihren Klienten (mit mehr oder weniger Druck) Gebühren und Bestechungsgelder einkassieren zu können. In derartige Positionen, etwa in das Amt eines Offizials oder eines Rotarichters gelangte man aber nicht durch Rechtskenntnisse allein, sondern nur in Verbindung dieser erforderlichen fachlichen Qualifikationen mit ständischen Voraussetzungen und dem richtigen Beziehungsgeflecht, wozu nicht zuletzt auch Studienbekanntschaften gehörten.

XVIIIe siècles), hg. von Werner Paravicini und Karl Ferdinand Werner, München 1980, S. 149–167, hier: 155 und 166; *ders.*: Die Entfaltung der deutschen Territorien im 14. und 15. Jahrhundert, in: Landesherrliche Kanzleien im Spätmittelalter. Referate zum VI. internationalen Kongress für Diplomatik, München 1983, hg. von G. Silagi, (Münchener Beiträge zur Mediävistik und Renaissance-Forschung 35), 2 Bde., München 1984, S. 61–108, hier: 92–95; *ders.*: Gelehrte Juristen (Anm. 9); zur Verschriftlichung der mittelalterlichen Verwaltung vgl. die begrifflichen und methodischen Überlegungen bei *Thomas Hildebrand*, Herrschaft, Schrift und Gedächtnis. Das Kloster Allerheiligen und sein Umgang mit Wissen in Wirtschaft, Recht und Archiv (11.–16. Jahrhundert), Zürich 1996, insbesondere S. 21–96 und natürlich Max Webers Definitionen der rationalen Herrschaft, in: Wirtschaft und Gesellschaft. Grundriss der verstehenden Soziologie, 5. revidierte Auflage, Studienausgabe, Tübingen 1972, S. 124 ff.

196 Die Geldgier und Käuflichkeit der Juristen bildeten bereits den mittelalterlichen Satirikern ein beliebtes Ziel. Vgl. dazu *James A. Brundage*, The Ethics of the Legal profession: Medieval Canonists and their Clients, in: The Jurist 33 (1973), 237–248; *R. H. Helmholtz*, Ethical Standards for Advocates and Proctors in Theory ans Practice, in: Proceedings of the Fourth International Congress of Medieval Canon Law (1972) (Monumenta Iuris Canonici. Series C: Subsidia 5), Città del Vaticano 1976, S. 283–299.

197 *Stephan Kuttner*, Papst Honorius III. und das Studium des Zivilrechts, FS für Martin Wolff, Tübingen 1952, S. 79–101, hier: S. 83 f.

Ein Rechtsstudium machte nach den oben geäusserten Überlegungen primär Sinn für Herrschaftsträger oder vielmehr Personen in deren Umkreis, denn im Spätmittelalter war die Zeit für das persönliche Studium der Herrschenden noch nicht gekommen.[198] Zu erwarten sind demnach unter den Besuchern der Bologneser Rechtsschule einerseits Angehörige des „regierenden“ hohen Adels, weiter Niederadlige, vornehmlich aus Ministerialenfamilien, die beim beginnenden Aufbau der zentralen und territorialen Verwaltung eine wichtige Stellung einnahmen[199], und schliesslich geistliches Personal aus der personellen Umgebung der Bischöfe, insbesondere aus den Domstiften. Nicht selten handelte es sich bei den beiden Gruppen um dieselben Personenkreise, indem der lokale Adel traditionell mit den umliegenden Dom- und Kollegiatstiften personell eng verflochten war.[200] Weniger zu erwarten sind dagegen bis zum Ende des 13. Jahrhunderts Vertreter der städtischen Oberschichten, da die gelehrten Rechte in der städtischen Bildungslandschaft vorerst neben der Berufsbildung noch wenig Raum einnahmen. Familien mit Verbindungen zum Hof des Königs wie die Last in Tübingen erkannten aber im 14. Jahrhundert rasch die Vorteile einer juristischen Ausbildung und konnten davon profitieren.[201] Für die Mitglieder solcherart „führender“ Schichten stellte ein Rechtsstudium durchaus eine standesgemässe Beschäftigung dar, die zugleich auch mehr oder weniger praktische Anwendung finden konnte. Die Besucher der Universität Bologna lassen sich zwar, wie Tabelle 2 zeigt, unterscheiden in Adlige und Nichtadlige bzw. Vertreter des Bürgertums.[202]

---

198 Zum „Sinn“ des Rechtsstudiums vgl. auch *Dietmar Willoweit*, Das juristische Studium (Anm. 9), S. 120 ff.

199 Typische Vertreter solcher Ministerialenfamilien, die im Dienste von Landesherren Karriere machten, finden sich im ostschweizerischen habsburgischen Landesadel, so etwa die Herren von Landenberg, von Klingen(berg) oder die Truchsessen von Diessenhofen. Vgl. zu ihnen *Roger Sablonier*, Adel im Wandel. Eine Untersuchung zur sozialen Situation des ostschweizerischen Adels um 1300 (Veröffentlichungen des Max-Planck-Instituts für Geschichte 66), Göttingen 1979.

200 Zur Verbindung von lokalem Adel, Herrschaft und Domkapitel vgl. *Gerhard Fouquet*, Das Speyerer Domkapitel im späten Mittelalter (ca. 1350–1540). Adlige Freundschaft, fürstliche Patronage und päpstliche Klientel (Quellen und Abhandlungen zur mittelrheinischen Kirchengeschichte 57), 2 Bde., Mainz 1987.

201 Konrad und Dietrich Last, Nrn. 502 und 3126.

202 Zu den Schwierigkeiten, namentlich den Niederadel vom Bürgertum zu unterscheiden vgl. die methodischen Überlegungen bei *Roger Sablonier*, Adel im Wandel (Anm. 199), S. 55–68.

Ob jedoch eine solche oder gar eine weiterrechende Differenzierung viel Sinn macht, ist äusserst zweifelhaft, denn die beinahe allen Besuchern Bolognas gemeinsame Zugehörigkeit zur gesellschaftlichen Oberschicht wog bestimmt schwerer als jede Binnendifferenzierung innerhalb dieses Standes.

Tabelle 2: Soziale Herkunft der Studenten

Stand	Anzahl	Anteil in Prozenten
Adel		
Hochadel	112	14.7
Niederadel unbestimmt	453	59.3
Total Adel	565	74
Bürgertum		
Total Bürgertum	198	26
Total zu bestimmen	763	100

Quelle: Datenbank Bologna

4.3.1 Der Adel

Herrschaft auszuüben d. h. Kontrolle auszuüben und Entscheide zu fällen, war grundsätzlich und in erster Linie Aufgabe des Adels. Je wichtiger die juristisch ritualisierte Austragung von Rechtsstreitigkeiten wurde, desto mehr Beachtung mussten auch die ehemaligen *bellatores* den neuen Formen von Konfliktaustragung und von zunehmend indirekt ausgeübter, verschriftlichter Verwaltung zuwenden. Die Gefahr, in diesen Bereichen von gesellschaftlich unter ihnen rangierenden, ihnen technisch aber überlegenen Dienstleuten abhängig zu werden, war nur zu real.[203] Mit dem Studium der Rechte eröffnete sich jedoch für viele Adlige die Möglichkeit, den Wissensvorsprung ihrer Berater zumindest ansatzweise wieder wettzumachen und dies in einer Studienatmosphäre, die ihnen gesellschaftlich entsprach und weitgehend von ihresgleichen geprägt war.

---

203 *Rainer A. Müller*, Universität und Adel (Anm. 186), S. 17, 150.

Der Adel stellte mit 565 von 763 Personen rund drei Viertel der Studenten, deren sozialer Stand zu bestimmen war. Dieser Anteil blieb über den betrachteten Zeitraums hinweg im Wesentlichen unverändert, so dass die Bologneser Rechtsschule, zumindest was ihre deutschen Besucher betrifft, ohne weiteres auch für das Spätmittelalter als Adelsuniversität bezeichnet werden darf.[204] Bemerkenswert hoch ist der Anteil des Hochadels, der rund einen Fünftel aller noblen Studenten stellte. So finden sich unter den Studenten je ein Sohn König Adolfs von Nassau, des Herzogs von Braunschweig, der Markgrafen von Brandenburg und von Baden, des Landgrafen von Hessen sowie uneheliche Söhne der Habsburger und eines Herzogs von Bayern-Ingolstadt.

Die Ministerial- und Ritteradligen bildeten mit 241 Vertretern innerhalb der Gruppe der nicht Hochadligen die grösste überhaupt fassbare soziale Kategorie. Auf diese kleineren Adligen treffen die oben angestellten Überlegungen zur Motivation für das Rechtsstudium ganz besonders zu. Sie hatten in der Umgebung der Herren- und Bischofssitze durch neue Qualifikationen eher etwas zu gewinnen als der Hochadel und waren auch als erste Gruppe durch soziale Aufsteiger aus dem Bürgertum in ihren Positionen gefährdet, weshalb sie diese durch ein Studium zu verteidigen suchten. Sämtliche Adligen aber, vom Königsenkel bis hin zum Ministerialen eines unbedeutenden Bischofs, gehörten, unabhängig von ihrem Studienverhalten in die Kategorie der Standesstudenten, zu den Personen, die bereits „jemand waren", wenn sie am Studienort eintrafen und dort ihrer „Herrenmentalität" entsprechend standesgemäss lebten und auftraten. Am Studienort bedeutete dies für die einen die gewohnte Entourage mit Privatlehrer, Dienerschaft und Reitpferden in einem eigenen (gemieteten) Haus, bei anderen vielleicht den Luxus, allein in einem Zimmer zu logieren und bei Bedarf einen lokalen Bediensteten heranzuziehen.

Der hohe Adelsanteil der deutschen Studenten in Bologna weist diese, verglichen mit ihren Kommilitonen aus Südfrankreich oder Italien, klar als Angehörige einer archaischeren Gesellschaft aus. Während um 1400 im sozial mobileren französichen Midi kaum fünf Prozent der Studenten dem Adel zuzurechnen waren, dominierten in den Nationen der deutschen Studenten in Italien noch immer die alten Führungsschichten.[205]

---

204 Anders *Winfried Dotzauer*, Deutsches Studium in Italien (Anm. 23), S. 102, der Bologna bis ins 17. Jahrhundert nicht als typische Adelsuniversität betrachtet.

205 *Jacques Verger*, Les gens de savoir (Anm. 188), S. 204.

4.3.2 Das Bürgertum

Nur ein gutes Viertel der Studenten mit bekanntem sozialen Stand gehörten nicht dem Adel, sondern grösstenteils dem Stadtbürgertum an. Dieses weiter differenzieren, Stadtadel, Gross- und „gewöhnliches" Bürgertum unterscheiden zu wollen, erscheint angesichts fehlender Vorarbeiten, insbesondere unscharfer und unterschiedlich verwendeter Kriterien wenig sinnvoll. Wichtiger ist vielmehr, festzuhalten, dass nicht die Söhne irgendwelcher Kleinkrämer oder Handwerker ein Rechtsstudium ergriffen, sondern oft Angehörige von Familien, die bereits Beziehungen zu weltlichen oder geistlichen Herrschern pflegten. Die bereits oben erwähnten Brüder Konrad und Dietrich Last aus Tübingen beispielsweise, deren Familie im 14. Jahrhundert zu den königsnahen Personenverbänden Schwabens gehörte, standen später als Kapläne im Dienst Karls IV.[206] Die Dortmunder Patrizier-, Bürgermeister- und Kaufmannsfamilie Sudermann, mit vier Personen in Bologna vertreten, pflegte beste Beziehungen zu den Kölner Erzbischöfen und konnte ihre Mitglieder in angesehenen Kapiteln im ganzen niederrheinischen Raum unterbringen.[207] Entscheidend für das Studium von Bürgerssöhnen war offenbar weniger die Hoffnung, durch ein Rechtsstudium nach oben zu kommen (was Familien wie die Sudermanns auch kaum nötig hatten), sondern vielmehr die Absicht, für die Position, in der sich die Familie bereits befand, eine standesgemässe Ausbildung zu erhalten.

Nichtadlige Studenten, die nicht dem Stadtbürgertum entstammten, kamen offensichtlich nicht vor. Zwei Brixener Domherren, Sebastian Stempfl, der 1399 in Bologna studierte und 1418 als Bischof von Brixen starb, und Markward, in Bologna nachgewiesen 1272, sollen aus Bauernfamilien gestammt haben.[208] Wie so oft bei mittelalterlichen „Aufsteigerkarrieren" ist aber auch bei ihnen die scheinbar niedrige Herkunft sehr kritisch zu betrachten.[209] Stempfls Familie wurde in der er-

---

206 Konrad Last, Nr. 501; Dietrich Last, Nr. 3125; zur Familie vgl. *Gerhard Fouquet*, Speyerer Domkapitel (Anm. 200), S. 628 ff.

207 Andreas, Nr. 113; Bertram, Nr. 290, Heinrich, Nr. 1501; Hildebrand, Nr. 1698.

208 Sebastian Stempfl, Nr. 2979; Marquard, Nr. 2446; zu ihrem sozialen Hintergrund vgl. *Leo Santifaller*, Das Brixner Domkapitel in seiner persönlichen Zusammensetzung im Mittelalter (Schlern-Schriften 7), Innsbruck 1924, S. 377 f. und S. 475 ff.

209 Das oft zitierte Beispiel für einen steilen sozialen Aufstieg im Mittelalter, die Karriere des Nikolaus von Kues, der es vom Sohn eines armen Moselfischers zum Kardinal gebracht haben soll, ist auch insofern klassisch, als es in dieser Hinsicht nicht stimmt. Der Vater des Cusanus war eben gerade nicht ein armer Moselfischer, son-

sten Hälfte des 15. Jahrhunderts geadelt, dürfte demnach bereits vorher wichtige Schritte auf eine Standeserhöhung hin unternommen haben, und Markwards Vater war nicht ein der Scholle verhafteter Landmann, sondern immerhin Meier in Lüsen unweit von Brixen. Bezeichnenderweise haben aber sowohl Stempfl als auch Markward den Weg nach Bologna erst angetreten, als sie bereits dem Brixener Domkapitel angehörten und damit wohl auch erst zu diesem Zeitpunkt über die dafür notwendigen finanziellen Mittel verfügten.

Auch unter den nichtadligen Studenten zeichnet sich demnach eine besondere Beziehung zum Rechtsstudium vor allem unter denjenigen Familien ab, die sich bereits im Umfeld von Herren befanden. Wer Herrschaftsnähe genoss, stammte in der Regel nicht aus sozial unbedeutenden Familien – diese hatten dort keinen Platz – sondern gehörte bereits zur Oberklasse oder arbeitete sich, wie die beiden Brixener Domherren, darauf zu.

4.3.3 Der Klerus

Der überwiegende Teil der Studenten gehörte dem geistlichen Stand an. Gerade ein einziges Prozent jener rund 1700 Personen, zu denen entsprechende Aussagen möglich sind, können als Laien betrachtet werden, alle übrigen müssen aufgrund von belegten Weihegraden oder Pfründenbesitz dem Klerus zugerechnet werden.[210] Zu präzisieren ist diese Aussage insofern, als 374 oder 22 Prozent dieser Kleriker erst nach ihrem Aufenthalt in Bologna als Angehörige des geistlichen Standes fassbar werden. Bei dieser Gruppe ist aber wohl weniger an einen erst später ausgeführten Eintritt in den Klerus zu denken als an fehlende Überlieferung, wenngleich Trusen annimmt, dass eine grössere Zahl von Laienstudenten im Hinblick auf Stellen innerhalb des geistlichen Bereichs nachträglich die Weihen nahm.[211] Diese Dominanz der Geistli-

---

dern gehörte dem „durchaus wohlhabenden“ (H. Boockmann) Stadtbürgertum an. Sicherlich hätte Nikolaus ohne seine Studien keine derartige Karriere gemacht, aber seine soziale Ausgangslage war nicht diejenige eines Menschen aus den untersten Gesellschaftsschichten. Vgl. dazu *Hartmut Boockmann*, Zur Mentalität spätmittelalterlicher gelehrter Räte, in: HZ 233 (1981), S. 303 f.

210 Zum Klerikerstand der Juristen vgl. allgemein *Erich Genzmer*, Kleriker als Berufsjuristen im späten Mittelalter, in: Etudes d’Histoire du Droit Canonique dédiées à Gabriel Le Bras, Bd. 2, Paris 1965, S. 1207–1236 und *Jacques Verger*, Les gens de savoir (Anm. 188), S. 207–210.

211 *Winfried Trusen*, Anfänge (Anm. 109), S. 104, spricht in Anlehnung an *Sven Stelling-Michaud*, Université (Anm. 56), S. 123, von einem Verhältnis zwischen Kleri-

chen unter den Besuchern der Bologneser Rechtsschule erstaunt wenig, war doch die Kirche fast als einzige Institution überhaupt in der Lage, nicht nur vielen Studenten den Aufenthalt an einer Universität zu ermöglichen, sondern bot auch noch vielen unter ihnen nach ihren Studien angemessene Stellen im Verwaltungs- und Justizdienst. Die Versorgung durch Pfründen und die Einbindung in die kirchliche Hierarchie überhaupt bildeten auch die wesentliche materielle Grundlage jener Absolventen der Bologneser Rechtsschule, die später in den Dienst weltlicher Herren traten. Eine Laisierung dieser Funktionen in grösserem Ausmass ist im betrachteten Zeitraum noch nicht feststellbar.[212]

Kleriker zu sein, bedeutete ja keineswegs, sich ausschliesslich oder überhaupt mit Seelsorge, Theologie oder der Kirche als solcher zu beschäftigen. Nicht wenige, die im Mittelalter die Weihen – meistens nur die niederen – nahmen, taten dies ohne die Absicht, sich je intensiver um die Kirche zu bemühen. Für nachgeborene Söhne aus noblen Häusern konnte eine Kirchenkarriere ein ebenso standesgemässes Leben darstellen wie für ihre herrschenden Brüder, und überdies bildeten die Kleriker ja die dynastische „Reserve“ der Familie. Bei Bedarf, das heisst, falls der Stammhalter ausfiel, liessen sich die jüngeren Brüder, sofern sie nicht die höheren Weihen genommen hatten, aus ihren geistlichen Institutionen wieder herausholen.[213] Ihr geistlicher Stand hinderte die noblen Juristen im Übrigen auch nicht daran, als Ritter in die Schlacht zu ziehen und dort standesgemäss zu fallen wie Wilhelm von Jülich oder sich gar als tapfere Krieger abbilden zu lassen wie Erzbischof Balduin von Trier, der Bruder Kaiser Heinrichs VII.[214]

Entsprechend diesem offensichtlich unter den Besuchern der Bologneser Rechtsschule weit verbreiteten Verständnis der Zugehörigkeit zum Klerikerstand, war der Anteil der Inhaber von Pfründen mit Seel-

---

kern und Laien von ungefähr 10:1, wobei er annimmt, dass eine Reihe von Studenten als Laien studierten und erst danach in den geistlichen Stand traten.

212 *Peter Moraw*, Gelehrte Juristen (Anm. 9), S. 144.

213 Zum Rücktritt Geistlicher in den Laienstand vgl. unten, 5.8.2.

214 Wilhelm von Jülich, Nr. 3489, fiel am 18. August 1304 in einem Gefecht der flandrischen Städte gegen Philippe le Bel; Balduin von Trier, an der Universität Paris ausgebildeter Kanonist und Theologe, begleitete seinen Bruder, Kaiser Heinrich VI., auf dessen Krönungszug nach Rom. Auf dem Folio 22^{r} seiner bekannten Bilderhandschrift liess er sich voll gerüstet darstellen, wie er einem Angehörigen der römischen Adelsfamilie der Orsini in der Schlacht vom 22. Mai 1312 vor den Toren Roms den Schädel spaltete.

sorgepflichten bescheiden. Kanonikate waren als Pfründen weitaus beliebter, erforderten sie doch nur die niederen Weihen und liessen sich mit dem Anspruch der Studenten auf eine standesgemässe Ungebundenheit besser vereinbaren, da ihre Inhaber keinem strengen Residenzzwang unterworfen waren.[215] Als Priester, *rectores ecclesiae* und *plebani* begegnen demgegenüber bloss 140 Studenten, von denen die meisten diese Stellung bereits während des Studiums bekleideten. Nicht alle unter ihnen, insbesondere unter den *rectores ecclesie*, dürften allerdings die höheren Weihen besessen haben, war es doch sehr wohl möglich, als Kirchherr bloss nominell einer Pfarrkirche vorzustehen und die Seelsorge von Vikaren verrichten zu lassen. Dispense dafür waren mit der Begründung eines Studiums recht einfach zu erhalten. Unter den Hochadligen finden sich im Hinblick auf die Funktion als dynastische Reserve bezeichnenderweise keine Priester.

4.3.4 Die Laien

Die Laienstudenten sind nur in Einzelfällen eindeutig als solche zu erkennen, beispielsweise, wenn sie als *cives* irgendeiner Stadt oder direkt als *laici* bezeichnet werden. Der Laienstand der übrigen ist bloss aus ihrer Bezeichnung als herrschende Adlige bei gleichzeitigem Fehlen von Pfründen zu erschliessen. Als Laien studierten drei Hochadlige, der nachmalige Herzog Ludwig von Braunschweig sowie die beiden Grafensöhne Hartmann von Buchegg und Simon von Sponheim.[216] Der letztere war möglicherweise ursprünglich sogar für eine geistliche Karriere bestimmt gewesen, was sein Studium erklären könnte. Unter den nichtadligen Laien sind drei Angehörige der städtischen Oberschichten festzustellen, der Speyerer Ratsherrensohn Konrad Netinger, Ulrich von Kühdorf aus einem Nürnberger Ratsgeschlecht und Konrad Dachs, möglicherweise später Stadtpfleger in Augsburg.[217] Ein sozial starker

---

215 Kanonikate als häufigste Pfründen der Rechtsstudenten bei gleichzeitigem Vermeiden der höheren Weihen begegnen im Spätmittelalter überall in Europa; vgl. etwa zu Salamanca *Antonio García y García*, La enseñanza del derecho en la universidad medieval, in: Manuels, programmes de cours et techniques d'enseignement dans les universités médiévales (Université de Louvain, Publications de l'Institut d'Etudes Médiévales. Textes, Etudes, Congrès 16), Louvain-la-Neuve 1994, 201–234, hier: 223; ferner die Beiträge in: *Helène Millet* und *Elisabeth Mornet* (Hgg.): I canonici (Anm. 22).

216 Ludwig von Braunschweig, Nr. 2379; Hartmann von Buchegg, Nr. 1110; Simon von Sponheim-Kreuznach, Nr. 3048.

217 Konrad Netinger, Nr. 535; Ulrich von Kühdorf, Nr. 3250; Konrad Dachs, Nr. 429.

und möglichst auch finanzkräftiger familiärer Hintergrund war offensichtlich gerade für Laienstudenten, die ihre Studienkosten nicht mit den Erträgen von Pfründen decken konnten, nahezu unabdingbar.

4.4 Die Besucherfrequenz

Als Frequenz bezeichnet man im Rahmen der Universitätsgeschichte die Anzahl der während eines bestimmten Zeitraums an einer Universität feststellbaren Studenten.[218] Diese Zahlen geben primär einmal Auskunft über den Erfolg einer Hohen Schule bzw. über ihre Beliebtheit bei den Studenten. Eine genauere Analyse von Frequenzen sowie der Vergleich von Besucherzahlen verschiedener Universitäten ermöglichen ferner Aussagen über die Umlagerung von Besucherströmen sowie über die Änderung von Herkunftsräumen bei Neugründungen oder beim Ausfall einzelner Schulen.[219] Veränderungen in der Besucherzahl dienen aber auch als Indikatoren für ökonomische, politische oder andere Einflüsse, beispielsweise Seuchenzüge, die zeitweilig den Aufenthalt in einzelnen Studienorten erschwerten oder gar unmöglich machten. Bei der Untersuchung von Besucherfrequenzen an Universitäten ist grundsätzlich zu unterscheiden zwischen der Anzahl der jährlichen Neuzugänge, d. h. der Immatrikulationsfrequenz, und der Zahl der Personen, die sich jeweils gleichzeitig dort aufhalten, d. h., der Bestandesfrequenz. Anhand der Matrikeln kann in der Regel nur die Immatrikulationsfrequenz ermittelt werden, während für die Bestandesfrequenzen

---

218 Zum Problem der Frequenzanalysen vgl. allgemein *Rainer Chr. Schwinges*, Universitätsbesucher (Anm. 9), S. 11 ff.; *ders.*: Immatrikulationsfrequenz und Einzugsbereich der Universität Giessen 1650–1800. Zur Grundlegung einer Sozialgeschichte der Giessener Studenten, in: Academia Gissensis, hg. von Peter Moraw und Volker Press (Veröffentlichungen der Historischen Kommission für Hessen 45), Marburg 1982, S. 247–295 sowie die grundlegende Studie von *Franz Eulenburg*, Die Frequenz der deutschen Universitäten von ihrer Gründung bis zur Gegenwart, Leipzig 1904.

219 Zu den Veränderungen der Herkunftsräume von Besuchern vgl. *Rainer Chr. Schwinges*, Erfurts Universitätsbesucher im 15. Jahrhundert. Frequenz und räumliche Herkunft, in: Zur Geschichte der Universität Erfurt, hg. von Horst Rudolf Abe und Jürgen Kiefer (Sonderschriften der Akademie gemeinnütziger Wissenschaften zu Erfurt 21), Erfurt 1993, S. 19–39; für die Auswirkungen des Ausfalls einer wichtigen Universität sei auf den folgenreichen Auszug der deutschen Studenten aus Prag 1409 verwiesen.

angesichts der in den meisten Fällen unbekannten Studiendauer nur Hochrechnungen angestellt werden können.[220]

4.4.1 Die Frequenz der Erstbelege

Die Quellensituation macht für die Studenten aus dem Reich an der Universität Bologna eine besondere Form der Erfassung notwendig. Da keine eigentlichen Matrikeln vorliegen, sondern mit den Notariatsregistern ab 1265, den Acta Nationis ab 1289 und den Promotionsregistern ab 1377 und weiteren Überlieferungen Quellen mit sehr unterschiedlichem Aussagewert zur Verfügung stehen, lässt sich eine Immatrikulationsfrequenz im traditionellen Sinn nicht bestimmen. An ihrer Stelle wurde die Frequenz der Erstbelege ermittelt, d. h. die Anzahl jener Personen, die pro Jahr erstmals in Bologna festgestellt werden konnten. Mit diesem Vorgehen musste zwar die formale Zugehörigkeit der Studenten zur deutschen Nation als Abgrenzungskriterium preisgegeben werden, dafür konnten hunderte von (zweifellos deutschen) Personen zusätzlich in die Untersuchung aufgenommen werden.

Zwischen 1265 und 1425 hielten sich nach dieser Erhebungsart 3601 Studenten in Bologna auf (Graphik 2). Ganze 699 unter ihnen (19.4 Prozent der Gesamtzahl) liessen sich vor dem Einsetzen der Acta Nationis im Jahre 1289 dort nachweisen, die meisten davon in den Memoriali. Die Nationsakten als wichtigste Quelle überliefern insgesamt 2370 Personen oder 65.8 Prozent der Gesamtzahl. Die Gesamtfrequenz der Erstbelege setzt sich demnach zusammen aus der Addition der Frequenzen der Memoriali, der Acta Nationis und der übrigen Quellen.

---

220 *Franz Eulenburg*, Frequenz (Anm. 218), S. 29–42, errechnete für die deutschen Universitäten einen Aufenthaltskoeffizienten, mit dem er die Immatrikulationszahlen multiplizierte, um zur Gesamtzahl der zu einem bestimmten Zeitpunkt an einer Universität studierenden Personen zu gelangen. Zur Problematik der hierdurch an den Frequenzen vorgenommenen Manipulationen vgl. *Rainer Chr. Schwinges*, Universitätsbesucher (Anm. 9), S. 21 ff. und die dort angeführte Literatur.

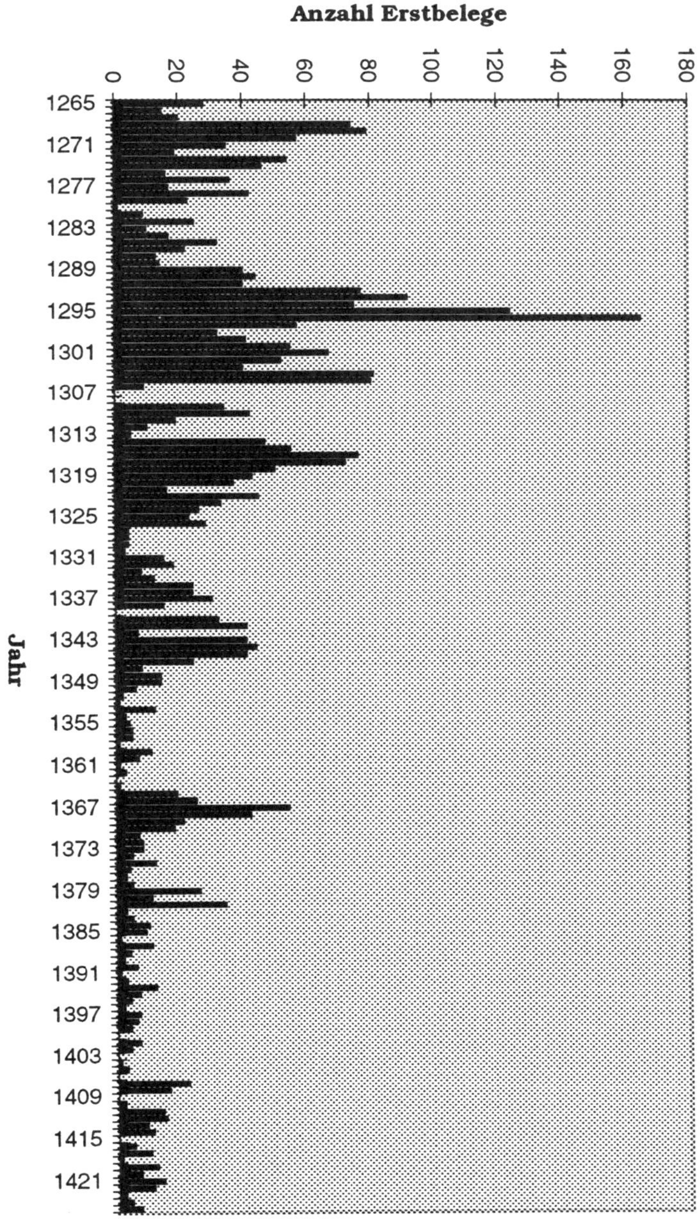

Graphik 2: Besucher der Universität Bologna 1265–1425

Die auffällige Konzentration der Erstbelege in den Jahrzehnten um 1300 – 69.6 Prozent der Studenten lassen sich allein in den ersten 61 Jahren bis 1325 nachweisen – mag auf den ersten Blick darauf zurückgeführt werden, dass für diese Zeit mehr Quellen hinzugezogen wurden als für den übrigen Untersuchungszeitraum. Die Zusammensetzung der Frequenz aus den verschiedenen Quellen zeigt jedoch, dass diese Erklärung allein zu kurz greift. Beachtet man nämlich, wieviele Personen und zu welchem Zeitpunkt sie in den verschiedenen Quellen nachweisbar sind, so ist es sehr wohl gerechtfertigt, Unterlagen wie die Notariatsregister und die Gerichtsakten nach 1325 zu vernachlässigen, ohne die Ergebnisse wesentlich zu verfälschen: Bis zum Einsetzen der Nationsakten 1289 bilden die in den Memoriali verzeichneten Personen die Frequenz beinahe allein. Nach diesem Jahr stellen sie in den folgenden anderthalb Jahrzehnten bis 1306 mit einem Spitzenanteil von 78.1 Prozent im Jahr 1298 durchschnittlich 34.5 Prozent der Frequenz. Ihr Anteil sinkt jedoch anschliessend zwischen 1309 und 1325 auf durchschnittlich 12.1 Prozent. Dies bedeutet angesichts der tendenziell ohnehin abnehmenden Frequenz im weiteren Untersuchungszeitraum ein Erfassungsdefizit von jährlich ein bis zwei Personen, was den Aufwand, die entsprechenden Bände der Memoriali bis 1425 vollständig durchzuarbeiten, nicht rechtfertigt. Zudem ist zu berücksichtigen, dass auch die Sorgfalt, mit der die Notariatsregister geführt wurden, nach der Mitte des 14. Jahrhunderts stark abnahm und entsprechend auch weniger Studenten darin zu erwarten sind.[221] Dasselbe gilt für die Gerichtsakten der Curia del Podestà. Mit guten Gründen kann daher für die Ermittlung der Frequenzzahlen ab 1325 auf die Fakultätsakten allein abgestellt werden, ergänzt durch Angaben aus den 1377 einsetzenden Promotionsregistern.

Berücksichtigt man ausserdem, dass der Anteil der nicht in den Nationsakten auftauchenden Personen überwiegend in frequenzstarken Jahren gross ist, so liegt die Erklärung nahe, dass sich die Nation bei starkem Besucherandrang weniger bemühte, sämtliche Studenten zu erfassen als in Jahren mit schwächerem Besuch. Wenn diese Vermutung zutrifft, dürften die auf den Acta Nationis allein basierenden Frequenzzahlen in späterer Zeit entsprechend noch aussagekräftiger – und die anderen Quellen um so eher entbehrlich sein. Für die steigende Repräsentanz der Acta Nationis nach den Krisenjahren 1306 bis 1308 spricht ausserdem der Befund, dass der Anteil derjenigen Personen, die ausser in den Acta Nationis auch in den Memoriali erwähnt sind, mit 10.6 Prozent zwischen 1289 und 1305 und 11.3 Prozent zwischen 1309 und

221 *Luisa Continelli*, Archivio (Anm. 50), S. XXXVI f.

1325 nahezu stabil bleibt, also keine wesentlichen Verschiebungen zwischen den einzelnen Quellen auftreten.

Lediglich zweimal, 1298 und 1321, schlug die Frequenz der in den Acta Nationis belegten Besucher deutlich gegen die Gesamtfrequenz aus und kam unter diejenige der Memoriali zu liegen. Beide Ausnahmen lassen sich jedoch durch genau bestimmbare Einzelereignisse erklären. Im Jahr 1298 wurde eine Gruppe von zehn Studenten aus dem Raum der Diözese Lüttich erfasst, ferner drei Personen aus dem westschweizerisch-burgundischen Raum sowie je zwei Personen aus Schlesien und Dänemark, die zusammen mit den weiteren in den Memoriali belegten deutschen Studenten das Gewicht dieser Quelle gegenüber den Acta Nationis ausserordentlich erhöhten. Das Auftreten von Gruppen, das sich bei nominell tiefen Frequenzen leicht in Form von deutlichen „Ausreissern“ der Frequenzkurve niederschlägt, darf nicht einfach als historischer Zufall abgetan werden. Wie unten in Kapitel 5.2 gezeigt wird, waren solche Reisegruppen genaue Abbilder sozialer Lebensbedingungen von Studenten. Verwandte reisten gemeinsam, Herren kamen in Begleitung ihrer *socii*, was immer unter dieser Bezeichung verstanden werden mochte, oder aber es handelte sich schlicht um Studenten aus derselben Gegend, die sich gegen die Fährnisse des Wegs zu einer Reisegruppe zusammengeschlossen hatten.

Im zweiten Fall einer markanten Frequenzabweichung der Acta Nationis vom Gesamttrend, 1321, war die Anziehungskraft Bolognas für Neuankömmlinge, die in die Nationsakten hätten aufgenommen werden können, sehr klein, da aufgrund eines Machtkampfs zwischen Universität und Comune der Studienbetrieb vorübergehend ruhte und kaum jemand nach Bologna kam.[222] Von den in der Stadt verbliebenen, in diesem Jahr erstmals erwähnten Personen stammten sechs aus Böhmen, einer Region, deren Zugehörigkeit zur deutschen Nation in den ersten Jahrzehnten des 14. Jahrhunderts umstritten war, so dass sich die dorther stammenden Studenten kaum ernsthaft um Aufnahme in die Nation bemüht haben dürften.[223] Schliesslich fällt auch der prozentuale Anteil der drei aus weiteren Quellen stammenden Personen bei einer Gesamtfrequenz von bloss 16 Personen stärker ins Gewicht .

---

222 Vgl. unten, Phase 2.

223 Bereits 1302 wird in den Memoriali eine *natio Boemorum* erwähnt (Mem. 103, fol. 471^{r}), aber 1322 war der Prager Domherr Volquinus Prokurator der deutschen Nation, was von anderer Hand eigens vermerkt wurde durch den Beisatz *nota Boëmos fuisse procuratores* (Acta Nationis 80.17).

Die Frequenzkurve vermittelt das Bild einer Universität im Niedergang, deren Attraktivität für ihre Besucher nach einer erfolgreichen Anfangsphase beinahe kontinuierlich nachliess. Tatsächlich umfasst der betrachtete Zeitraum vom ausgehenden 13. bis zum Beginn des 15. Jahrhunderts eine Epoche des Umbruchs in der europäischen Bildungsgeschichte, an deren Ende sich sowohl die Universitätslandschaft als auch das Publikum der Hohen Schulen erstmals grundlegend verändert, und zudem das Studium an sich wie auch einige der Bildungsstätten selbst viel von ihrer früheren Exklusivität verloren hatten. Auch die altehrwürdige Universität Bologna, Wiege und über Jahrhunderte hinweg selbstbewusster Mittelpunkt der Rechtsausbildung, musste im Verlauf des 14. Jahrhunderts einen empfindlichen Rückgang ihrer Besucherschaft hinnehmen, den sie erst in der zweiten Hälfte des 15. Jahrhunderts wieder kompensieren konnte.[224] Dieses wiederaufgeflammte Interesse für die Universität Bologna ist allerdings nicht mehr primär auf ihre wissenschaftliche Bedeutung als Rechtsschule zurückzuführen, sondern viel eher auf ihren noch immer prestigeträchtigen Namen und vor allem auf die Auffassung, dass zu einer umfassenden Bildung nunmehr auch humanistische Studien jenseits der Alpen, in Italien gehörten.[225]

Der Rückgang der Frequenz zeigt sich deutlich anhand der Zehnjahresfrequenzen, wo von 16 Intervallen neun ein negatives durchschnittliches Wachstum gegenüber der vorangehenden Periode aufweisen und vor allem am Index, der ein einziges Mal nach der Wende zum 14. Jahrhundert für den Zeitraum von 1316 bis 1325 noch die Ausgangswerte der Jahre 1266 bis 1275 erreicht (Tabelle 3).

---

224 Die von *Winfried Dotzauer* anhand der Acta Nationis erstellte Frequenzkurve zeigt zwischen 1470 und 1520 durchschnittliche Neuzugänge von 20 bis 30 Personen pro Jahr, was mindestens den Werten für das erste Viertel des 14. Jahrhunderts entspricht: Deutsches Studium (Anm. 23), S. 84–130.

225 Albano Sorbelli, Storia (Anm. 11), S. 254 ff., *Hilde de Ridder-Symoens*, La place (Anm. 11), S. 87.

Tabelle 3: Entwicklung der Frequenz in Zehnjahressummen

Jahrzeh[illegible]	Frequenz	Index (gerundet)	jährliche Wachstumsrate
1266–12		100	-
1276–12			- 6.5
1286–1			9.7
1296–1			2.2
1306–			10.5
1316–			6.7
1326-			· 11.8
1336			8.6
1346			- 10.8
135			- 4.9
136			14.2
137			- 5.8
13			- 7.4
13			- 4
1			10
1			- 1.7

(

Besucher der deut-
Werte des Bologna-
loch auf der Hand,
mit derjenigen einer
erschaft einer ganzen
tionen einigermassen
z tragen darüber hin-

nicht um eine Univer-
burg Wien, sondern um
ot, die später nur in ei-
konnte. Wir haben dem-
eselben Massen von Ju-
gendlichen zu ... ert später das Gros der deutschen Universitätsbesucher ... n Ende des 15. Jahrhunderts vielleicht schon die erste „Überfüllungskrise" an den deutschen Hohen Schulen verursachen sollten.[226]

226 *Rainer Chr. Schwinges*, Universitätsbesucher (Anm. 9), S. 33; die nach *Schwinges*, ebd., S. 36, die Frequenz massgeblich tragenden 80 bis 90 Prozent Artesscholaren fehlen natürlich in der Bologneser „Juristenfrequenz".

Beim Studium in Bologna kam in mehrfacher Hinsicht ein sozialer *numerus clausus* zum Tragen, da nicht nur das Auslandstudium an sich teuer war, sondern in Bologna auch Einrichtungen wie Kollegien oder Bursen fehlten, die anderswo minderbemittelte Studenten unterstützten.[227] Aus Standesgründen kam zudem für einen grossen Teil der deutschen Studenten die Aufnahme einer Erwerbstätigkeit, etwa das Abschreiben von Büchern oder die Beschäftigung als *famulus* eines anderen Studenten, nicht in Frage.[228]

Aus dem nördlich der Alpen gelegenen Teil des Reichs stammte nur ein kleiner Teil der gesamten Bologneser Besucherschaft. Zudem darf der Anteil der Universitätsbesucher aus dem Reich keinesfalls proportional zu dessen flächenmässigem Anteil an Europa gedacht werden. Verglichen mit Norditalien, Südfrankreich und Teilen Spaniens war ja der grösste Teil des Reiches, was die Kenntnis der gelehrten Rechte angeht, gewissermassen Entwicklungsgebiet, das wenig Einsatzmöglichkeiten für Rechtsgelehrte bot, und aus dem entsprechend wenige Studenten nach Bologna kamen.

Der betrachtete Zeitraum zeigt nicht die Gründungssituation einer Universität mit den dafür typischen grossen Eröffnungsfrequenzen[229], sondern einen durch die Quellenlage bestimmten Ausschnitt aus ihrer Entwicklung, der auch Krisenjahre einer längst etablierten Institution umfasst.

Schliesslich muss grundsätzlich bedacht werden, dass das ausgehende 13. und das 14. Jahrhundert eindeutig noch zur Frühzeit der Universi-

---

227 In Bologna bestanden verschiedene Kollegien, wie z. B. das *collegio Avignonese* für acht Studenten aus der Diözese Avignon seit ca. 1260, das *Bresciano*, seit ca. 1326, offen für Studenten verschiedener Herkunft, das *Reggiano*, seit ca. 1362, für Studenten aus der Region und Diözese von Reggio Emilia. Das berühmteste von allen Kollegien blieb aber das noch heute existierende, vom spanischen Kardinal und päpstlichen Legaten Egidio Albornoz 1364 testamentarisch gestiftete *Collegio di Spagna*, das für 30 (allerdings nicht bedürftige, sondern noble) spanische Studenten vorgesehen war: *Albano Sorbelli*, Storia (Anm. 11), S. 225 f.; zum Collegio di Spagna vgl. auch *Berthe Marie Marti*, The Spanish College (Anm. 121).

228 Ein einziger Student, Johannes de Firmitate, Nr. 1945, Kleriker der Trierer Diözese, ist als „Werkstudent" nachweisbar. Er verpflichtete sich am 25. Mai 1266, für einen anderen Studenten die Lectura Odofredos über das alte Digest für 16 Solidi pro Quatern abzuschreiben: CSB 5, S. 214.

229 *Rainer Chr. Schwinges*, Universitätsbesucher (Anm. 9), 53 ff.

tätsgeschichte gehören, in der zumindest die Besucher aus dem Reich jenseits der Alpen fast noch als Pioniere zu betrachten sind.

Aussagekräftiger als die Zerlegung in Zehnjahresschritte ist eine Gliederung der Gesamtfrequenz in einzelne Phasen, deren Begrenzung sich einerseits aus ihrem Verlauf, anderseits aus erkennbaren äusseren Einflüssen ergibt. Zu betrachten sind bei derartigen Analysen von Zeitreihen drei verschiedene Typen von Einflüssen, deren Zusammenwirken den Verlauf der Frequenzen bestimmt. Es sind dies einmal die langfristige Grundrichtung, der sogenannte Trend der Kurve, ferner die regelmässigen Schwankungen um diesen Trend, wie sie etwa durch saisonale Preisverhältnisse zustandekamen[230] und schliesslich unregelmässig auftretende Ereignisse wie Kriege, Epidemien oder politische Entwicklungen.[231] Im vorliegenden Fall scheiden regelmässige bzw. saisonale Schwankungen allerdings aus, da sie quellenbedingt nicht zu erfassen waren. Die 161 Jahre der betrachteten Zeitspanne zwischen 1265 und 1425 werden im Folgenden in drei Phasen unterteilt, aus denen die unterschiedliche Entwicklung des Besuchs der Bologneser Universität klar hervorgeht (Tabelle 4).

Tabelle 4: Phasen des Universitätsbesuchs

Nr.	Zeitraum	Dauer in Jahren	Frequenz	Wachstum	Durchschnitt (gerundet)
1	1265–1288	24	704	-	29
2	1289–1355	67	2287	1.8	34
3	1356–1425	70	610	–1.9	9
	1265–1425	161	3601	–0.9	23

Quelle: Datenbank Bologna

Ein grundsätzliches Problem bei der Betrachtung der Frequenz ergibt sich aus der Tatsache, dass diese mit einem jährlichen Durchschnitt von

230 Zur Analyse saisonal auftretender Konjunkturschwankungen, insbesondere im Agrarbereich, vgl. *Rainer Metz*, Agrarpreiszyklen und Wirtschaftskonjunktur. Spektralanalytische Untersuchungen zu Kölner Agrarpreisreihen des 19. Jahrhunderts, in: Historische Konjunkturforschung, hg. von Wilhelm Heinz Schröder und Reinhard Spree (Historisch-sozialwissenschaftliche Forschungen 11), Stuttgart 1980, S. 225–288.

231 *Robert Floud*, Einführung in quantitative Methoden für Historiker, dt. bearb. aufgrund der Übers. von Volker Henn und Ursula Irsigler, hg. von Franz Irsigler, Stuttgart 1980, S. 102 f.; ausführlich auch bei *Rainer Chr. Schwinges*, Universitätsbesucher (Anm. 9), S. 38 f.

lediglich 23 Erstbelegen über den ganzen Untersuchungszeitraum hinweg äusserst gering ist und damit sehr stark beeinflusst wird durch die Ankunft auch nur kleiner Gruppen von Personen. Eine jährliche Schwankung von wenigen Personen, im Extremfall schon die Ankunft einer einzigen grösseren Studentengruppe in Bologna, äussert sich in auffälligen Ausschlägen der Frequenzkurven. Derartige Schwankungen liegen aber im Rahmen zufälliger Ereignisse und dürfen nicht als tendenzielle Veränderung der Frequenz verstanden werden. Die Besucherfrequenz aus dem Reich an der Universität Bologna wurde offensichtlich im 14. Jahrhundert stark von äusseren Ereignissen wie politisch bedingten Unterbrechungen des Lehrbetriebs und Seuchenzügen beeinflusst. Diese schlagen sich nieder in plötzlichen, mitunter auf Null absinkenden und nach Wegfall der Ursachen rasch wieder ansteigenden Werten für die jährlichen Erstbelege. Hinter diesen punktuellen Ereignissen liegt ein längerfristiger negativer Trend seit der Wende vom 13. zum 14. Jahrhundert, der im Wesentlichen durch die seit der Mitte des 14. Jahrhunderts steigende Konkurrenz seitens der neugegründeten Universitäten im Reich verursacht wurde.[232] Die leichte tendenzielle Erholung der Frequenz seit dem Beginn des 15. Jahrhunderts ist wohl vorwiegend auf ein verändertes Studienverhalten der deutschen Studenten zurückzuführen. Ein Aufenthalt in Italien, vor allem, wenn er mit einer Graduierung abgeschlossen wurde, wurde nun als prestigeträchtige Fortsetzung und Ergänzung von bereits im Reich absolvierten Studien betrachtet, durch den man sich von den „bloss“ im Reich ausgebildeten Juristen abzuheben trachtete. Neue Attraktivität für die deutschen Studenten gewannen die italienischen Universitäten zudem durch die Einrichtung humanistischer Lehrstühle, von den oft auch die Rechtsstudenten nicht unbeeindruckt blieben. Wie sich zeigt, lassen sich für einige der markanten Einschnitte, weniger jedoch für die Höhepunkte, einleuchtende Erklärungen in Form von ausserordentlichen Ereignissen beibringen. Politische Unsicherheit, Seuchenzüge und wirtschaftliche Krisen bildeten in Bologna nicht anders als in den meisten anderen Universitätsstädten die wichtigsten Hindernisse für einen geordneten Studienbetrieb, wobei in Bologna noch speziell das nicht selten gespannte Verhältnis zum Papst als Stadtherrn mehrmals auf die Frequenz durchschlug: Die Heiligen Väter scheuten sich nicht, gegen ihre unbotmässigen Kinder mehrmals das Interdikt zu verhängen, wodurch sie den Bologneser Studienbetrieb, zumindest innerhalb der Stadtmauern, wirkungsvoll lahmzulegen vermochten.

---

232 Vgl. dazu unten, Kapitel 6.1, insbesondere Tabelle 8.

1. Phase: 1265–1288

Die kurze erste Phase ist geprägt von einer sprunghaften, aber insgesamt überdurchschnittlichen Frequenz, bei der die Hälfte der Jahreswerte über dem Durchschnitt von 23 Personen liegt. Ungeachtet der unterschiedlichen Quellenlage lässt sich der Zeitraum zwischen 1265 und 1288 wohl als „Anlaufphase" zur nachfolgenden Phase des Höhepunkts und beginnenden Niedergangs charakterisieren, da die effektive Zahl der Erstbelege in diesem Zeitraum doch deutlich höher gewesen sein wird, als sich quellenmässig anhand der Notariatsregister belegen lässt. Gemessen am erwähnten Anteil von rund einem Drittel (34.5 Prozent), den die nur in den Memoriali belegten Personen zwischen 1289 und 1305 an der Gesamtfrequenz ausmachen, müsste die Zahl der belegten Personen nämlich beinahe verdreifacht werden, um die Frequenz in diesem Zeitraum angemessen wiederzugeben. Berücksichtigt man aber die generell sinkende Tendenz des „Nur-Memoriali-Anteils" aufgrund zurückgehender Kredit- und Büchergeschäfte, dürfte dieser Anteil vor dem Einbruch 1306 höher gewesen sein als danach, weshalb der Multiplikationsfaktor kleiner gewählt werden muss. Ein Faktor zwei, mit dem die in Bologna vor dem Einsetzen der Acta Nationis erfassbaren Studenten multipliziert werden müssen, erscheint realistisch, womit die Zahl der Studenten in jenem Bereich anzusiedeln wären, den sie auch um die Jahrhundertwende erreichte.[233]

Fast der ganze Zeitraum ist geprägt von Machtkämpfen zwischen den rivalisierenden Parteien der ghibellinischen Lambertazzi und den guelfischen Geremei, die zwar eine prinzipiell innerbolognesische Angelegenheit darstellten, aber nicht ohne Auswirkungen auf die Studenten bleiben konnten, weil sie auch in deren Herkunftsstädten registriert wurden.[234] In Bologna liefen natürlich vor allem die Studenten aus dem Reich Gefahr, als echte oder vermeintliche Anhänger der deutschen Könige verfolgt oder vertrieben zu werden. Ob und in welchem Ausmass allerdings die zwei Vertreibungen der unterlegenen Lambertazzi mit Ausschreitungen und Plünderungen im Sommer 1274 und im Dezember 1279 auch deutsche Studenten zum Auszug aus Bologna bewo-

---

233 Denselben Faktor schlägt auch *Sven Stelling-Michaud*, Université (Anm. 56), S. 39, für die in den späten 1260er Jahren in den Memoriali fassbaren Personen vor, unter der Annahme, dass bloss die Hälfte der Studenten überhaupt an Geschäften beteiligt gewesen seien, die in die Memoriali Eingang finden konnten.

234 Zu den Bologneser Machtkämpfen vgl. *Alfred Hessel*, Bologna (Anm. 112), passim, v.a. S. 496 ff.; vgl. auch die *Annales Basilienses*, MGH SS 17, S. 196 (zitiert nach *Hessel*, Bologna, S. 506, Anm. 39).

gen haben mochten, lässt sich nicht belegen.[235] Möglicherweise haben aber genau diese Ereignisse den Koblenzer Kanoniker Cesarius bewogen, am 2. Oktober 1274 einen Codex nach Paris transportieren zu lassen und vielleicht bald darauf selbst nachzufolgen, denn nach dem Oktober 1274 taucht er in den Bologneser Quellen nicht mehr auf[236]. Die Tatsache, dass sich auch nach diesem Jahr noch deutsche Scholaren in Bologna aufhielten, spricht allerdings gegen gezielte Vertreibungen bestimmter Studentengruppen, die ja auch negative Folgen für die städtische Wirtschaft nach sich gezogen hätten.[237] Aus demselben Grund darf auch der leichte Einbruch der Belege im Jahr 1280, falls er nicht einfach eine natürliche Schwankung darstellt, nur bedingt als Folge der zweiten, laut Hessel schlimmeren Vertreibung der Lambertazzi und ihrer Anhänger aus Bologna am 22. Dezember 1279 gesehen werden, da ja bereits wenige Wochen später der päpstliche Stellvertreter Bertoldo Orsini die Ordnung wiederherzustellen versuchte.[238]

2. Phase: 1289–1355

Die zweite Phase stellt den Höhepunkt und eine klare Trendwende im Besuch der Bologneser Rechtsschule durch deutsche Studenten dar. Nach einer absoluten Frequenzspitze kurz vor der Wende zum 14. Jahrhundert ging die Besucherzahl gegen die Jahrhundertmitte deutlich zurück und verharrte anschliessend auf tiefem Niveau. Auf das Ganze gesehen, bleibt aber der Eindruck einer Erfolgsphase bestehen, in der jährlich durchschnittlich 34 Personen erstmals in Bologna zu belegen sind, und 29 der 67 Jahre teilweise Frequenzzahlen aufweisen, die ein Mehrfaches des Gesamtdurchschnitts betragen.

Ein kleiner Teil der Spitze vor der Jahrhundertwende mag auf Doppelnennungen, insbesondere in den Memoriali, zurückzuführen sein,

---

235 *Alfred Hessel*, Bologna (Anm. 112), S. 502 ff. und S. 518 f.; *Gina Fasoli*, Bologna (Anm. 115), spricht S. 161 f. von 12 000 Personen, knapp einem Viertel der Gesamtbevölkerung, die im Verlauf der Ereignisse von 1274 die Stadt verlassen hätten.

236 Mem. 24, fol. 221^r; vgl. dazu auch *Guido Rossi*, Universitas (Anm. 102), S. 231.

237 Bei einer erneuten Vertreibung der Ghibellinen im Jahr 1292 wurden die Scholaren und Doktoren sogar ausdrücklich vom Befehl zum Verlassen der Stadt ausgenommen: *Guido Zaccagnini*, La vita dei maestri e degli scolari nello studio di Bologna nei secoli XIII e XIV (Biblioteca dell'«Archivum Romanicum», Serie I: Storia-Letteratura-Paleografia 5), Genève 1926, S. 148.

238 *Gina Fasoli*, La pace del 1279 tra i partiti bolognesi, in: Archivio storico Italiano, Serie 7, Vol. 20 (1933), 49–75, hier: Anhang III, 72 ff.

d. h. auf Personen, deren Gleichsetzung mit anderen möglich, aber nicht gesichert ist. Allzu gross kann dieser Anteil von „virtuellen“ Personen aber nicht sein, lassen sich doch mit Hilfe von Patronymen und Pfründenbesitz in der Regel Personen recht zuverlässig auseinanderhalten. Da aber in allen Bologneser Quellen zwischen 1295 und 1305 auffallend viele Studenten auftauchen, lässt sich die beispiellose Frequenzspitze kaum einfach als Ergebnis unverantwortlicher Quellenaufbereitung deuten.

Die Gründe für diesen enormen Zustrom deutscher Studenten nach Bologna innerhalb von wenigen Jahren liegen weitgehend im Dunkeln. Ein vermehrter Zuzug von Studenten aus Paris, die mit den Reformen Philipps IV. nicht einverstanden gewesen wären und es vorgezogen hätten, ihr Studium im päpstlichen Bologna fortzusetzen, ist ebenfalls nicht auszumachen, da bloss ein einziger ehemaliger Student der Universität Paris, der Drontheimer Kanoniker Thorbergus, 1296 erstmals in Bologna fassbar wird.[239] Sein Studienverhalten entsprach demjenigen vieler skandinavischer Studenten, die zuerst in Paris und anschliessend in Bologna studierten – also auch das keine Erklärung für den plötzlichen Frequenzaufschwung.[240] In Ermangelung eindeutiger Hinweise auf einen gesteigerten Bedarf an Juristen im Reich liesse sich vielleicht noch vermuten, dass unter den „kleinen Königen“ (Peter Moraw) die Einflussmöglichkeiten namentlich kirchlicher Kreise als grösser betrachtet wurden als zu den Zeiten starker Kaiser, und man in diesen Kreisen versuchte, durch vermehrten Einsatz von Juristen die eigenen Positionen zu verbessern. Freilich können aber auch derartige Spekulationen den „Ansturm“ der deutschen Studenten auf die Bologneser Rechtsschule kurz vor 1300 nicht erklären.

Einfacher als die frequenzfördernden Momente zu erfassen, ist dagegen, das Fehlen der klassischen „Frequenzbremsen“ wie Krieg, Versorgungsengpässen und Epidemien festzustellen. Hinweise auf politische Unruhen bzw. deren Auswirkungen auf das Studium haben wir nur für die Jahre 1297/98, als dem spanischen Studenten Martinus wegen des kriegsbedingt miserablen Zustandes des Universitätsbetriebs der Miet-

---

239 Thorbergus von Drontheim, Nr. 3175: Mem. 90, fol. 334^{v}; Mem. 91, fol. 133^{v}; zum Konflikt zwischen Bonifaz VIII. und Philipp le Bel vgl. *André Tuillier*, Histoire de l'Université de Paris et de la Sorbonne, Bd. 1: Des origines à Richelieu, Paris 1994, S. 151 ff.

240 *Åke Sällström*, Bologna och Norden (Anm. 18), S. 282, betrachtet Studien zuerst in Paris und anschliessend in Bologna als eine für skandinavische Studenten seit langer Zeit bekannte und häufig gewählte Form der Ausbildung.

zins erlassen wurde.[241] Tatsächlich weisen die genannten Jahre einen markanten Einbruch auf, so dass der wieder aufgeflammte Bürgerkrieg auch den Höhenflug der deutschen Frequenz gestoppt haben könnte, denn wenn der Studienbetrieb beeinträchtigt war, betraf das nicht bloss die Studenten einzelner Länder. Von diesen Ereignissen abgesehen, scheint aber das Bologneser Umfeld in diesen Jahren dem Studium günstig gesinnt gewesen zu sein. Nicht einmal die schwere Finanzkrise in Bologna seit den letzten Jahren des 13. Jahrhunderts, verursacht durch das Auftauchen falscher venezianischer Silbersolidi, die ihren Höhepunkt im Sommer 1305 erreichte, scheint die Frequenz spürbar beeinflusst zu haben. Allerdings geht der Anteil der Wechselgeschäfte in den Memoriali, wie bereits Stelling-Michaud feststellte, in dieser Zeit deutlich zurück.[242]

Ein eigentlicher Frequenzzusammenbruch, wenn auch nur für drei Jahre, ereignete sich 1306–1308, nachdem Papst Clemens V. 1307 als Reaktion auf die Vertreibung eines seiner Legaten das Interdikt über die Stadt verhängt hatte.[243] Während dieser *privacio studii* ruhten auch die Aktivitäten der deutschen Nation. Sie brachte ihr Barvermögen, 171 Bologneser Pfund, zu den Mönchen auf dem Monte San Michele, wo es, wie die Prokuratoren notierten, getreulich aufbewahrt worden sei.[244] Noch vor dem päpstlichen Bannspruch war es 1306 zur dritten Vertreibung der Lambertazzi gekommen, die möglicherweise dafür verantwortlich war, dass die deutsche Nation ihre wertvollsten Habseligkeiten in einem Sack in Sicherheit bringen lassen musste.[245]

Nachdem sich die Frequenz in den folgenden beiden Jahren wieder erholt hatte, sank sie 1311–1313 wieder stark ab, auffälligerweise genau während des Italienzugs Kaiser Heinrichs VII. Es kann in diesem Zusammenhang nur vermutet werden, dass möglicherweise das politische

---

241 *Tilmann Schmidt*, Ein Studentenhaus in Bologna zwischen Bonifaz VIII. und den Colonna, in: QFIAB 67 (1987), S. 108–141, hier: S. 117.

242 *Sven Stelling-Michaud*, Université (Anm. 56), S. 98 f.

243 *Francesco Cavazza*, Scuole (Anm. 133), S. 176 ff.

244 Acta Nationis 59.24 ff.

245 In der Abrechung für das Jahr 1306 findet sich ein Posten von 2 *Solidi pro sacco, in quo portabantur res nacionis in discordia*: Acta Nationis 59.12; in dieselbe Zeit fiel auch eine *discordia* mit der polnischen Nation, in deren Verlauf zwar Kerzen[halter?] zu Bruch gingen und für 9 Solidi repariert werden mussten (Acta Nationis 59.16), aber dieser Streit kann kaum für den Zusammenbruch der Frequenz verantwortlich sein.

Klima im papsttreuen Bologna in diesen Jahren für deutsche Studenten weniger günstig war, oder aber, dass allenfalls die Verlegung des päpstlichen Hofes nach Avignon 1309 die besonders am Kuriendienst interessierten Studenten von Italien abgezogen hatte – wobei im letzteren Fall allerdings die Spitze von 42 Erstbelegen 1310 recht schwierig zu erklären wäre.

Der nächste Einbruch in der Frequenz hat dagegen mit Sicherheit wieder politische Hintergründe. Im März 1321 soll der spanische Student des Zivilrechts Jacobus von Valencia zusammen mit einem Haufen bewaffneter Studenten versucht haben, in das Haus des Notars Michelino de'Zagnoni einzudringen und dessen Tochter Giovanna zu entführen. Das Unternehmen schlug fehl und Jacobus wurde als Hauptschuldiger vom Gericht des Podestà zum Tode verurteilt und am 30. März enthauptet.[246] Obwohl die Obrigkeit mit ihrem Urteil nicht die studentischen Privilegien verletzte, die sich ohnehin nur auf zivilrechtliche Fälle und auf leichtere Verstösse gegen das Strafrecht erstreckten[247], führte die Massnahme zu starker Verunsicherung unter vielen auswärtigen, vor allem ultramontanen Universitätsangehörigen, und bewog diese, unmittelbar nach der Vollstreckung des Urteils nach Imola zu ziehen. Die deutsche Nation erwähnt in ihren Annalen zum Jahr 1321 die *privacio studii* und verzeichnet Ausgaben von 3 Pfund und 13 Solidi für Pferde und Reisespesen ihrer Prokuratoren, die von den Rektoren der Universität nach Imola gerufen worden seien.[248] Der Konflikt zwischen Universität und Stadt konnte nach intensiven Verhandlungen, nicht zuletzt unter dem Eindruck der Bemühungen Paduas, die vorübergehend heimatlosen Professoren und Studenten für die eigene Universität zu gewinnen, unter der Vermittlung Papst Johannes XXII. im folgenden Jahr beigelegt werden, worauf die Studenten wieder nach Bologna zurückkehrten.[249] Bereits 1338 erlitt Bologna aber ein weiteres Mal ein

---

246 Ausführliche Darstellung der Ereignisse mit beigefügten Quellen bei *Francesco Filippini*, L'esodo degli studenti da Bologna nel 1321 e il „Polifemo" Dantesco, in: SMUB 6 (1921), S. 107–185; Filippini nennt S. 107 den Jacobus *scolaro in diritto canonico*, während dieser selbst sich in seinem Testament, Dokument Nr. 1, 159, als *in studio commorans in legibus* bezeichnete. *Stefan Oswald*, Natio (Anm. 25), S. 46 f., weist darauf hin, dass mit der harten Bestrafung des Studenten wohl auch ein Exempel im Machtkampf zwischen den regierenden Guelfen und den Ghibellinen statuiert werden sollte.

247 *Giorgio Cencetti*, Il foro (Anm. 74), S. 175 f.

248 Acta Nationis S. 79.47 f.

249 Zu den Ereignissen vgl. *Francesco Filippini*, L'esodo, (Anm. 246) S. 138 ff.; die

päpstliches Interdikt, gefolgt von einer *privacio studii*, die sich im Fehlen von Neuzugängen noch bis in das folgende Jahr auswirkte.[250] Die Stabilisierung bis zur Mitte der vierziger Jahre wurde unterbrochen durch eine bisher nicht erklärbare Lücke, indem sich 1342 nur sieben statt der durchschnittlich 35 Personen in den Jahren 1341–1364 feststellen lassen. Ein längerdauernder Einbruch setzte 1347 ein, als in Bologna die Pest ausbrach, der bis 1348 rund einen Drittel der Bevölkerung zum Opfer fielen, und die den Studienbetrieb zum Erliegen brachte.[251] Es fällt dabei auf, dass einige Studenten nicht wie bei einer durch Unruhen oder einem Interdikt bedingten *privacio studii* die Stadt verliessen, sondern in Bologna blieben, sich aber in die Hügel begaben, um dort das Abflauen der Seuche abzuwarten.

In das Pestjahr 1348 fällt auch das Auftauchen eines neuen Einflussfaktors, der nur zwei Generationen später die Bedeutung der Universität Bologna für Rechtsstudenten aus dem Reich grundlegend verändern sollte: Mit der Hohen Schule in Prag wurde erstmals auf dem Boden des Reichs eine Universität eröffnet.[252] Von Konkurrenz konnte allerdings in dieser Phase noch keine Rede sein. In Bologna spürte man von der Universität Prag in den ersten Jahren nach deren Gründung gar nichts, da die Prager Schule erst nach einer Anlaufzeit von mehreren Jahren

---

Universität Padua begründete ihre noch im selben Jahr vorgenommene Statutenänderung unter anderem mit dem Versagen Bolognas beim Schutz der Studenten: *Quamquam Bononia fuerit per tempora longiora studii mater et ipsius scientiae fundamentum, quia tamen sui oblita est et universitatem scolarium eius filiam, sub ipsius protectione manentem, patiendo eamdem vexari et molestari ac inquietari indebite et iniuste, eius preces petentes iusta minime audiendo, cogit nunc presentialiter, iniurie impunite in ipsam illate, audacia perpetrate paventes animos turbatos effugere*: zitiert nach *Filippini*, a. a. O., S. 125.

250 Acta Nationis S. 101.8; zum Aufstand der Bologneser gegen das als schlecht empfundene päpstliche Regiment vgl. *Francesco Cavazza*, Scuole (Anm. 133), S. 176 ff.

251 Laut den Aufzeichungen der deutschen Nation kam es im Juni 1348 zu einem erneuten noch heftigeren Ausbruch der Pest *que in precedentis anni estate horribiliter invaluerat*: Acta Nationis S. 118.5 ff.; die Schätzung von einem Drittel der Stadtbewohner, die der Pest zum Opfer gefallen sein sollten, bei *Gina Fasoli*, Bologna (Anm. 115), S. 176. Besondere Massnahmen, um das Studium während der Pestjahre in der Stadt zu behalten, wie sie beispielsweise später aus Heidelberg bekannt sind, scheint man in Bologna nicht getroffen zu haben; vgl. dazu *Rosemarie* und *Hans Helmut Jansen*, Die Pest in Heidelberg, in: Semper Apertus (Anm. 9), S. 371–398, hier: S. 374 ff.

252 Zur Universität Prag stellvertretend für viele *Peter Moraw*, Die Juristenuniversität in Prag (Anm. 19); zu den deutschen Hohen Schulen vgl. *Georg Kaufmann*, Die Geschichte der deutschen Universitäten, 2 Bde., Stuttgart 1888–1896 (Ndr. Graz 1958).

richtig funktionierte. Die 1348 durch Kärnten, Krain und Österreich vom pestbefallenen Bologna nach Böhmen zurückkehrenden Studenten lassen sich auf jeden Fall kaum mit einer grösseren Attraktivität der Prager Universität in Verbindung bringen.[253]

Mit einer Reihe von auffallend frequenzschwachen Jahren endete die lange Phase des Höhepunkts und allmählichen Niedergangs in den Jahren nach dem grossen Pestzug. Ein ursächlicher Zusammenhang zwischen der Pest und dem beinahe zum Erliegen gekommenen Besuch deutscher Studenten in Bologna scheint aber nicht vorzuliegen. Selbst wenn man einen Rückgang der Studentenzahlen proportional zum Rückgang der europäischen Gesamtbevölkerung von rund 30 Prozent aufgrund der Pest annimmt[254], lässt sich der Frequenzrückgang in Bologna nicht erklären. Es sei denn, potentielle Studienanwärter wären unerklärlicherweise überproportional häufig der Pest erlegen. Die Schilderung des Pestjahres 1348 in den Annalen der deutschen Nation deutet aber genau auf das Gegenteil hin: Beinahe alle Studenten, soweit sie nicht überhaupt in ihre Heimatländer zurückgekehrt waren, konnten es sich anscheinend leisten, den Sommer *in montanis* zu verbringen, wo die Seuchengefahr weit geringer war als in der dichtbevölkerten Stadt. Damit gehörten sie sicher, weder in ihrer Heimat noch am Studienort, zu den am meisten gefährdeten Teilen der Bevölkerung.[255]

3. Phase: 1356–1425

Die dritte Phase des Besuchs deutscher Studenten in Bologna lässt sich gegenüber der zweiten als Periode der Stabilität auf tiefem Niveau charakterisieren. Nach einem kurzen Hochschnellen in den Jahren 1367 und 1368, in denen 54 und 42 Personen erstmals in Bologna belegt sind, entwickelte sich der Besuch der Bologneser Schule bis zum Ende des betrachteten Zeitraums mit kleineren Schwankungen und ohne eindeutig erkennbare Tendenz. Zwei Pestzüge in den Jahren 1373 und 1399–1400 und eine weitere *privacio studii* 1376/77, als das Studium einmal

---

253 Chronica Francisici (Fontes rerum Bohemorum IV, 450), zitiert nach *Emil Ott*, Das Eindringen des kanonischen Rechts, seine Lehre und wissenschaftliche Pflege in Böhmen und Mähren während des Mittelalters, in: ZRG 34, KA 3 (1913), S. 1–107, hier: S. 65.

254 *Neithard Bulst*, Art. Pest, in: LexMA 6, Sp. 1915 ff.

255 Acta Nationis, S. 118.25.

mehr als Folge eines päpstlichen Interdikts ruhte[256], vermochten die Frequenz nur unwesentlich zu beeinflussen.

Der Verlauf der Frequenz zeigt deutlich, dass die Bologneser Rechtsschule nach der Mitte des 14. Jahrhunderts für Studenten aus dem Reich stark an Attraktivität eingebüsst hatte. Bologna war für ein breiteres Publikum nicht mehr länger die erste, geschweige denn die einzige Adresse, sondern hatte sich nun gegen andere Hohe Schulen, in Italien namentlich gegen diejenige in Padua, zu behaupten.[257] Wie unten aus Tabelle 8 hervorgeht, stieg der Anteil derjenigen Personen, die neben Bologna noch mindestens eine weitere Universität besuchten, nach den sechziger Jahren des 14. Jahrhunderts deutlich an. Freilich studierten diese Personen an den anderen Universitäten nicht alle auch die Rechte, sondern betrieben oft bloss propädeutische Artes-Studien, aber der Zwang zum Auslandstudium war ein für allemal gebrochen. Noch besassen die Universität Bologna und insbesondere die dort verliehenen Grade – für 18 Prozent der in diesem Zeitraum nachgewiesenen Studenten ist in Bologna ein Examen nachweisbar – ein besonderes Ansehen; was aber das Rechtsstudium als akademisches Angebot betraf, war Bologna für die Bildung der deutschen Juristen entbehrlich geworden.

In den ersten Jahrzehnten des 15. Jahrhunderts verfestigte sich offensichtlich die neue Rolle der Universität Bologna für die Ausbildung der deutschen Juristen. Die über lange Zeit hinweg praktisch einzige und wichtigste Ausbildungsstätte für die gelehrten Rechte sank hinab auf den Status einer Station auf den einsetzenden Bildungstouren durch Italien, deren alter Namen aber noch genug Ausstrahlung besass, um einer hier erworbenen Promotion jenseits der Alpen hohen Glanz zu verleihen. Als Beispiel für diese Entwicklung sei Henricus de Piro, der nachmalige Kölner Kanonistikprofessor angeführt.[258] Henricus, Sohn eines Kölner Goldschmieds, begann seine Studien in Köln, wo er 1400 als Bakkalar des Kirchenrechts belegt ist, also den grössten Teil seines Rechtsstudiums verbracht haben dürfte. Im Jahre 1407 trat er der deutschen Nation in Bologna bei und wurde bereits zwei Jahre später, am 22. April 1409 zum Lizentiaten des Kirchenrechts in Bologna promo-

---

256 Acta Nationis, S. 136.16 ff; S. 139.41 ff.; *Gina Fasoli*, Bologna (Anm. 115), S. 180.

257 Zur Konkurrenz Bolognas durch andere Universitäten vgl. auch *Hilde de Ridder-Symoens*, La place (Anm. 11), S. 83–92.

258 Henricus de Piro, Nr. 1429.

viert.[259] Henricus blieb offenbar weitere vier Jahre in Bologna ohne das *examen publicum* abzulegen und ist dort zuletzt fassbar, als er vom päpstlichen Legaten die Erlaubnis erhielt, seine zwanzig Bücher aus der Stadt zu bringen.[260] Aus Italien in seine Heimat zurückgekehrt, betätigte sich Henricus zuerst beim Konstanzer Konzil, später als Rat der Stadt Köln sowie der Herzöge von Kleve und lehrte Kirchenrecht an der Kölner Universität.

4.4.2 Die Bestandesfrequenz

Nach den Frequenzen der Erstbelege soll nun anhand der mutmasslichen Zahl von gleichzeitig in Bologna anwesenden Studenten ein Vergleich mit der Gesamtbevölkerung der Stadt aufgestellt werden, für die zum Jahr 1294 zuverlässige Schätzungen von Pini auf der Basis der *libri matricularum societatum* ..., der Bologneser „Zunftregister" vorliegen.[261] Pini geht, indem er die in den Zunftmatrikeln nachweisbaren Personen mit dem Faktor 3.5 multipliziert, von einer Wohnbevölkerung von 46 004 Personen aus, was zusammen mit hypothetischen 2000 Studenten und 1500 Klerikern eine Einwohnerzahl der Stadt Bologna von 49 504 ergibt, also den in der Literatur verschiedentlich erwähnten Schätzungen von rund 50 000 Personen sehr nahe kommt.[262]

Um den Anteil der Studenten aus dem Reich an der Einwohnerschaft Bolognas ermessen zu können, müssen zwei Faktoren bestimmt werden. Als erstes muss die aus den verschiedenen Quellen zusammengesetzte Anzahl der Erstbelege erhöht werden, um der Tatsache Rechnung zu tragen, dass nicht alle Studenten erfasst wurden. Das bei den Einträgen in den Nationsakten und den Notariatsregistern festzustellende Erfassungsdefizit kann ungefähr ausgeglichen werden, indem die Anzahl der nur in den Notariatsregistern überlieferten Personen verdoppelt, die Zahl der sowohl in den Acta Nationis als auch in den Memoriali und weiteren Quellen belegten Personen mit dem Faktor 1.5 multipliziert wird.[263]

---

259 LSIP 1, fol. 34^{v}.

260 CSB 2, 222 f.; vgl. dazu unten, Kapitel 5.7, über die Büchergeschäfte der Studenten.

261 *Antonio Ivan Pini*, Problemi di demografia (Anm. 100).

262 Ebd., S. 215.

263 Der Faktor zwei geht auf die Berechnungen *Sven Stelling-Michauds*, Université (Anm. 56), S. 38 ff., zurück, dem sich seither die Forschung einmütig angeschlossen

In einem zweiten Schritt müssen die auf diese Weise ermittelten Zahlen für die jährlichen Erstbelege mit einem geeigneten Faktor multipliziert werden, der die mutmassliche Anwesenheit der Studenten während mehrerer Jahre in Bologna angemessen berücksichtigt. Luschin von Ebengreuth hat dafür eine originelle Formel entwickelt, indem er aus den Ausgaben der Nation für Kerzenwachs die Anzahl der daraus zu formenden Kerzen von vier Unzen Gewicht pro anwesenden Scholaren zu bestimmen versuchte, doch erscheint sein Ansatz umständlich und scheiterte zudem, wollte man ihn denn anwenden, zu oft an fehlenden Angaben.[264] Maleczek hingegen rechnet die in den Acta Nationis erwähnten Personen mal acht, wobei er davon ausgeht, dass nur die Hälfte der Studierenden tatsächlich von der Nation erfasst wurde und die durchschnittliche Verweildauer an der Universität vier Jahre betrug.[265] Bei einem Durchschnitt von 45 Einträgen in den Acta Nationis zwischen 1289 und 1300 ermittelt er somit die Zahl von 360 gleichzeitig anwesenden deutschen Studenten.

Legt man den Berechnungen die unten im Abschnitt über die Studiendauer in Bologna ermittelte durchschnittliche Aufenthaltszeit von 3.9 Jahren zugrunde[266], so lässt sich aus der Kombination der genannten Faktoren für die beiden Jahrzehnte vor dem Einsetzen der Acta Nationis ein Bestand von rund 200 gleichzeitig anwesenden deutschen Studenten ermitteln. Diese Zahl ergibt sich hochgerechnet aus den durchschnittlich 29 Erstbelegen in diesem Zeitraum mit den Faktoren zwei für die Erstbelege und vier für die Aufenthaltsdauer. Berechnet man die Bestandesfrequenz für den Zeitraum nach 1289, so ist aufgrund der verbesserten Quellenlage der genannte Faktor 1.5 für die Ermittlung der gesamten Erstbelege zu verwenden, während der Faktor vier für die Aufenthaltsdauer beibehalten werden kann. Für die Zeit kurz vor 1300 ergibt sich somit eine Maximalzahl von gegen 400 deutschen Studenten, die sich gleichzeitig in Bologna aufgehalten haben könnten.

---

hat. Der kleinere Faktor 1.5 berücksichtigt dagegen die dichtere Überlieferung durch zwei oder mehr Quellen.

264 *Arnold Luschin von Ebengreuth*, Vorläufige Mittheilungen über die Geschichte deutscher Rechtshörer in Italien, in: Sitzungsberichte der philosophisch-historischen Classe der kaiserlichen Akademie der Wissenschaften 127 (1892), S. 1–144, hier: S. 33 f.

265 *Werner Maleczek*, Deutsche Studenten (Anm. 23), S. 83.

266 Vgl. unten, Kapitel 5.3, zur Studiendauer.

5. Studium und Examina der deutschen Studenten

Wer in Bologna die Rechte studieren wollte, brauchte, wie an den mittelalterlichen Universitäten üblich, kaum formale Vorbedingungen für die Aufnahme an die Hohe Schule zu erfüllen.[267] Weder die Gesamtuniversität noch die Nation kannten in ihren Statuten ausdrückliche Beschränkungen des Zugangs, sei es mit Blick auf die soziale Herkunft der Studenten oder deren Vorbildung, einmal abgesehen von im Mittelalter für so viele Positionen selbstverständlichen Bedingungen wie männliches Geschlecht, Zugehörigkeit zum christlichen Glauben oder persönliche Freiheit.[268] Von allen Neueintretenden war daher lediglich eine relativ bescheidene, in Bologna im Gegensatz zu anderen Universitäten nicht abgestufte Gebühr zu entrichten und dem Rektor der übliche Eid zu leisten.[269] Natürlich war Lateinisch die Unterrichtssprache, die man beherrschen musste, aber niemand hätte im Ernst von einem deutschen Adligen im 13. oder 14. Jahrhundert verlangt, zusammen mit Bürgersöhnen in einer städtischen oder geistlichen Schule ein vorgeschriebenes Minimum an Lateinkenntnissen zu erwerben oder sich gar von einem der meistens sozial niedriger stehenden Magister darüber prüfen zu lassen.[270] Grundlegende Kenntnisse in einzelnen Disziplinen

---

267 Zur Zulassung an die mittelalterlichen Universitäten vgl. allgemein *Rainer Chr. Schwinges*, Die Zulassung zur Universität, in: Geschichte der Universität in Europa (Anm. 16), S. 161–180; für die Aufnahme ins Rechtsstudium vgl. *Helmut Coing*, Handbuch (Anm. 72), S. 72.

268 Frauen begegnen an den mittelalterlichen Universitäten nur als absolute Ausnahmen wie die mehrfach erwähnte Novella, eine Tochter des Kanonisten Johannes Andreae, die (der Legende nach hinter einem Vorhang, um die Hörer nicht durch ihre Schönheit abzulenken) in Vertretung ihres Vaters selbst Vorlesungen gehalten haben soll: *Christine de Pizan*, Das Buch von der Stadt der Frauen, übers. von Margarete Zimmermann, Berlin 1986, S. 184; zur mittelalterlichen Universität als Domäne der Männer vgl. auch *Bea Lundt*, Die Entstehung der Universität als Männerwelt, in: Geschichte der Mädchen- und Frauenbildung, Bd. 1: Vom Mittelalter bis zur Aufklärung, hg. von Elke Kleinau und Claudia Opitz, Frankfurt-New York 1996, S. 103–118, sowie jetzt *Andrea von Hülsen-Esch*, die das Frauenstudium im Mittelalter nicht auf die immer wieder zitierten Ausnahmen reduziert sieht: Frauen an der Universität. Überlegungen anlässlich einer Gegenüberstellung von mittelalterlichen Bildzeugnissen und Texten, in: ZHF 24/3 (1997), S. 315–346.

269 SUB 1432, Rubr. 20; *Rainer Chr. Schwinges*, Universitätsbesucher (Anm. 9), S. 424 f.

270 *Peter Moraw*, Das spätmittelalterliche Universitätssystem (Anm. 129), S. 20.

der *artes liberales* wird man allerdings bei den meisten Studenten voraussetzen dürfen.[271]

5.1 Der Unterricht

Der artistischen Bildungstradition der Spätantike und des hohen Mittelalters entstammten nicht nur die ersten Lehrer der neu entstehenden Rechtswissenschaft, sondern auch die Methoden.[272] Die Rechstexte wurden dabei nicht grundsätzlich nach ihrem historischen und soziokulturellen Entstehungs- und Geltungsumfeld hinterfragt, sondern vor allem mit jenen Mitteln und Vorgehensweisen angegangen, über die die zeitgenössiche Frühscholastik durch die logische Infragestellung von Texten verfügte. Um Beziehungen zwischen einzelnen Begriffen herzustellen, Sätze aufeinander zu beziehen und die erforderlichen Differenzierungen vorzunehmen, wie dies die Betrachtung der römischen und kanonischen Rechtsquellen erforderte, brauchte man eine gewisse logisch-formale Denkschulung, die die Artistenschulen nach einem Tiefstand im frühen Mittelalter seit dem 11. Jahrhundert in der Dialektik wieder anboten.[273]

Im Spannungsfeld zwischen der Autorität der vorliegenden Gesetzestexte einerseits und der formalen Logik seiner Bearbeiter anderseits entwickelte sich eine kritische Denkschule, die die Texte auf ihre innere Kohärenz und Übereinstimmung überprüfte und die Geltung ihrer Aussagen daran mass, ob und in welchem Masse sie jene ersteren aufwiesen. Eine wichtige, wenn nicht überhaupt die bedeutendste Fähigkeit, die die Absolventen der Bologneser Schule an ihre späteren Wirkungsstätten mitbrachten, war deshalb nicht die Kenntnis der für das tägliche Leben im Mittelalter oft irrelevanten römischen Fallstudien,

---

271 Angesichts der weitgehenden methodischen Gleichförmigkeit an den mittelalterlichen Universitäten kam den *artes liberales* eine wichtige propädeutische Funktion zu. Vgl. dazu auch *Heinrich Denifle*, Entstehung (Anm. 69), S. 97–102 und *Jacques Verger*, Grundlagen, in: Geschichte der Universität in Europa (Anm. 16), S. 49–80, hier: S. 55.

272 Zu den Unterrichtsmethoden vgl. allgemein *Gerhard Otte*, Dialektik und Jurisprudenz. Untersuchungen zur Methode der Glossatoren (Ius Commune, Sonderheft 1), Frankfurt 1971; *Peter Weimar*, Die legistische Literatur und die Methode des Rechtsunterrichts in der Glossatorenzeit, in: Ius commune 2 (1969), S. 43–83.

273 *Gerhard Otte*, Die Rechtswissenschaft, in: Die Renaissance der Wissenschaften im 12. Jahrhundert (Zürcher Hochschulforum 2), Zürich 1981, S. 123–142, hier: S. 131;

sondern die während des Studiums erworbene abstrakte Denkschulung, die weit über den Bereich der Rechtsvermittlung hinausreichte.

Die unmittelbaren Ergebnisse der Beschäftigung mit den Texten sowie den Gedanken und Bemerkungen der grossen Rechtslehrer wurden in Form von Anmerkungen zu einzelnen Wörtern, Sätzen oder Abschnitten, sogenannten Glossen, oder als Erläuterungen ganzer Texte, sogenannten Kommentaren, den Ausgangstexten beigegeben.[274] Während die Kommentare in der Regel als selbständige Schriften zu den entsprechenden Gesetzestexten erschienen, wurden die wesentlich kürzeren Glossen in den Handschriften wie ein Rahmen um die Haupttexte herumgelegt und mit diesen zusammen verbreitet, solange die entprechende Glosse allgemein Anerkennung fand.[275] Die beiden Formen der Texterklärung sind in der Rechtsgeschichte auch für die Unterscheidung der zwei frühesten Phasen der mittelalterlichen Rechtswissenschaft herangezogen worden. So werden die Bologneser Legisten des 12. und der ersten Hälfte des 13. Jh. als Glossatoren bezeichnet und ihre Nachfolger bis zum Ende des Mittelalters als Kommentatoren oder (nach den von ihnen häufig ausgestellten Gutachten) als Konsiliatoren.[276]

Der Ablauf des Rechtsunterrichts in Bologna wurde im Wesentlichen bestimmt durch die Lerninhalte, die Lehrmethode sowie die technischen und ökonomischen Voraussetzungen der Textverbreitung.[277] Die

---

274 *Manlio Bellomo*, Der Text erkärt den Text. Über die Anfänge der mittelalterlichen Jurisprudenz, in: RIDC 4 (1993), S. 51–63, nimmt das auf Hermann Fitting zurückgehende Modell einer mosaikartigen Zusammenstellung der einzelnen Erläuterungen wieder auf; ferner: *Gero Dolezalek*, Les gloses des manuscrits de droit: reflet des méthodes d'enseignement, in: Manuels, programmes de cours et techniques d'enseignement dans les universités médiévales (Université de Louvain, Publications de l'Institut d'Etudes Médiévales. Textes, Etudes, Congrès 16), Louvain-la-Neuve 1994, S. 235–255.

275 Zur Literaturgattung vgl. allgemein *Peter Weimar*, Die legistische Literatur (Anm. 272).

276 *Franz Wieacker*, Privatrechtsgeschichte (Anm. 3), S. 67 und S. 81; *Peter Weimar*, Die legistische Literatur (Anm. 272), S. 139.

277 Die Grundlage für die Rekonstruktion der Bologneser Unterrichtsformen bilden die Rubriken 43 bis 45 der Statuten von 1317; direkt darauf bezogen *Heinrich Denifle*, Die Puncta taxata oder die Ordnung der Vorlesungen an der Universität Bologna Ende des 13. und im 14. Jh., in der Einleitung zu seiner Edition der Statuten (Anm. 44), S. 238–251; ferner *Hastings Rashdall*, Universities (Anm. 92), S. 216 ff.; *Albano Sorbelli*, Storia (Anm. 11), S. 84–90; *Helmut Coing*, Die Rechtsfakultäten, in: *ders.* (Hg.), Handbuch (Anm. 72), S. 72 ff.; *Peter Weimar*, Die legistische Literatur (Anm. 272), S. 140 ff.; *Manlio Bellomo*, Saggio (Anm. 90), S. 189 ff.

Legistenschulen lehrten die Texte des spätantiken Corpus Iuris Civilis mit seinen mittelalterlichen Bearbeitungen und Ergänzungen, die kanonistischen Lehrstätten das zeitgenössische Corpus Iuris Canonici. Dazu kamen zahlreiche Glossenapparate und Kommentare zu den einzelnen Texten der beiden grossen Rechtsquellen sowie Querverweise auf das subsidiär heranzuziehende römische bzw. Kirchenrecht.[278]

Die wichtigste Unterrichtsform war die Vorlesung, in der die einzelnen Texte fortlaufend, nicht thematisch nach Sachinhalten geordnet, besprochen wurden. Um ihren Zuhörern die zu erläuternden Rechtsquellen bekannt zu machen, waren die Lehrer gezwungen, die Texte jeweils Stelle für Stelle vollständig vorzulesen, da bei weitem nicht alle Studenten über eigene Exemplare der behandelten Werke verfügten. Nach dem Verlesen des Textes hatten die Professoren den beschriebenen Fall zusammenzufassen, zu erklären und dazu bemerkenswerte Gesichtspunkte zu erörtern. Weiter waren die wichtigen Glossen, in der Legistik etwa die *Glossa ordinaria* des Accursius mit einzubeziehen. Nach Bedarf diktierten die Dozenten auch noch eigene Ergänzungen zum behandelten Stoff.[279]

Als zweite Unterrichtsform neben der Vorlesung gaben den Scholaren die Disputationen und Repetitionen Gelegenheit, sich juristische Probleme anhand von konkreten oder fiktiven Fällen ausführlich darlegen zu lassen. In diesem Rahmen konnten die Studenten auch selbst Fragen stellen und Einwände vorzubringen, was in den straff organisierten Vorlesungen der ersten vier bis fünf Jahre nahezu ausgeschlossen war.[280]

---

278 *Peter Weimar*, Die Rechtsquellen, in: Coing (Hg.), Handbuch (Anm. 72), S. 155–168.

279 Der Bologneser Legist Odofredus de Denariis († 1265) beschreibt den Aufbau seiner Rechtsvorlesungen folgendermassen (zitiert nach *Friedrich Carl von Savigny*, Geschichte des römischen Rechts im Mittelalter, 6 Bde., Heidelberg 1822, hier: Bd. 3, S. 553): *Primo enim vobis dicam summam cujusque tituli antequam accedam ad literam. Secundo ponam bene et distincte et in terminis ut melius potero casus singularium legum. Tertio legam literam corrigendi causa. Quarto verbis brevibus causam reiterabo. Quinto solvam contraria, generalia (quae vulgariter nuncupantur brocardia) et distinctiones et quaestiones subtiles et utiles cum solutionibus addendo, prout mihi divina providentia ministrabit. Et si aliqua lex repetitione digna fuerit ratione famae vel difficultatis, eam serotinae repetitioni reservabo.*; vgl. auch *Hastings Rashdall*, Universities (Anm. 92), S. 216–220 und *Helmut Coing*, Handbuch (Anm. 72), S. 71–75.

280 SUB 1317, Rubr. 45; SUB 1432, Rubr. 46: *Heinrich Denifle*, Entstehung (Anm. 69), S. 316 ff.; zur Disziplin in den Vorlesungen vgl. *Anna Laura Trombetti Budriesi*,

Ein wesentliches Ergebnis der Ausbildung in der Disputation sollte ja in der Fähigkeit der Absolventen bestehen, Rechtsfragen nicht mehr nur als das Finden einer bestehenden, aber nicht offen ersichtlichen Rechtslage zu verstehen. Vielmehr sollten die Juristen aus einem fundierten Verständnis für rechtliche Zusammenhänge heraus argumentieren sowie komplexe Probleme abstrakt begreifen und darstellen können.[281]

Der Unterricht nach der Bologneser Methode erforderte sehr viel Zeit. Allein die Vorlesung über die Digesten konnte sich über drei bis vier Jahre hinziehen und dementsprechend waren für das ganze Studium bis zum Lizentiat im römischen Recht sieben bis acht und im kanonischen Recht sechs Jahre vorgesehen.[282] Trotzdem schafften es offensichtlich immer wieder einige Professoren nicht, ihren Stoff innerhalb der vorgesehenen Zeit durchzubringen, weshalb die gebräuchlichsten Werke in einzelne Abschnitte, sogenannte *puncta*, aufgeteilt wurden, die innerhalb von jeweils rund 14 Tagen unter Androhung von Geldstrafen von den Ordinarien vollständig zu behandeln waren.[283]

Eine vollständige Ausbildung, die die Kenntnis aller Texte umfasst hätte, konnten sich, wie die durchschnittlichen Aufenthaltszeiten an der Universität zeigen,[284] nur die wenigsten Studenten leisten. Die meisten von ihnen verliessen die Rechtsschule nach wenigen Jahren ohne aber deswegen nach modernen Anschauungen als gescheitert oder als Studienabbrecher betrachtet werden zu müssen. Entscheidend war vielmehr, dass die Studenten gelernt hatten, wie man eine bestimmte Rechtslage systematisch analysierte, wo sich Argumente für eine bestimmte Position finden liessen und wie man den eigenen Standpunkt bzw. denjenigen eines zukünftigen Dienstherren, formal korrekt vertreten konnte. Mit derartigen Kenntnissen, auch wenn diese einem nicht rechtskundigen Dienstherren gegenüber nur einen bescheidenen Wissensvorsprung be-

---

L'Esame di Laurea presso lo Studio Bolognese. Laureati in Diritto Civilie nel Secolo XV, in: SMUB N.S. 7 (1988), S. 137–191, hier: S. 155; *Manlio Bellomo*, Saggio (Anm. 90), S. 214 und 232.

281 Zu den Disputationen vgl. *Gérard Fransen*, Les questions disputées dans les facultés de droit, in: Les questions disputées et les questions quodlibétiques dans les facultés de théologie, de droit et de médecine (Typologie des sources du Moyen Age occidental 44/45), Turnhout 1985, 223–277.

282 SUB 1432, Rubr. 54 und 55.

283 *Heinrich Denifle*, Die Puncta taxata (Anm. 277), S. 238–251; *Manlio Bellomo*, Saggio (Anm. 90), S. 192–196.

284 Zur Aufenthaltsdauer der Studenten in Bologna vgl. unten, Kapitel 5.4.

deuteten, wurden die Juristen rasch zu unersetzlichen Beratern und Fachleuten. Sie wurden die Techniker nicht nur des Rechts, sondern der ganzen Verwaltung und der Herrschaft überhaupt, ohne die ein Herr kaum mehr auskam.[285]

5.2 Die Studienfächer

Die Tatsache, dass die Kirche in ihren vielfältigen institutionellen Formen der weitaus wichtigste „Arbeitgeber“ für Juristen im späten Mittelalter war, legt es nahe, das Recht der Kirche als das dominierende Fach an der Bologneser Rechtsschule anzusehen. Aus dem tatsächlich nachweisbaren erheblich grösseren Interesse der Studenten an der Kanonistik darf jedoch nicht auf eine Geringschätzung des Zivilrechts geschlossen werden, weil für dieses etwa im Reich noch zu wenige konkrete Anwendungsmöglichkeiten bestanden hätten. Ebenso wäre es verfehlt, den Kanonisten (wie den Legisten) eine einseitige Ausrichtung auf ihr Fach ohne Kenntnisse der Nachbardisziplin zu unterstellen. Die beiden in Bologna neben- und miteinander entwickelten Fächer blieben einander durch den Gedanken der gegenseitigen Subsidiarität derart eng verbunden, dass zum Studium des einen selbstverständlich auch gute Kenntnisse des anderen gehörten.[286] Da sogar im *Decretum* festgehalten war, in allen nicht durch kanonische Normen geregelten Fällen sei nach dem römischen Recht zu verfahren, ergab sich die Notwendigkeit legistischer Kenntnisse für praktizierende Kanonisten von selbst.[287] Auch die Legisten zogen immer wieder Bestimmungen aus dem Kirchenrecht heran, obwohl Justinian seinerzeit sogar verboten hatte, sein Gesetzes-

---

285 *Peter Moraw*, Wesenszüge (Anm. 195), hier: 155 und 166; *ders.*, Entfaltung (Anm. 195), S. 61–108, hier: S. 92–95.; *ders.*, Von offener Verfassung zu gestalteter Verdichtung. Das Reich im späten Mittelalter 1250–1490, (Propyläen Geschichte Deutschlands 3), Frankfurt am Main/Berlin 1985; zitiert nach: Propyläen Studienausgabe, Frankfurt am Main/Berlin 1989, S. 173 f.

286 *Winfried Trusen*, Anfänge (Anm. 109), S. 106 ff.; *Peter G. Stein*, Römisches Recht und Europa. Die Geschichte einer Rechtskultur, Frankfurt 1996, S. 86 ff.; an der Universität Paris waren bereits 1341 - trotz des päpstlichen Verbots der Legistik - für den Erwerb eines Lizentiats im Kirchenrecht drei Jahre Studium im Zivilrecht vorgeschrieben, wenn auch dieses vorerst bloss als eine Art Hilfswissenschaft betrieben wurde: *Erich Meuthen*, Kölner Universitätsgeschichte, Bd. 1: Die alte Universität, Köln-Wien 1988, S. 127.

287 *Peter G. Stein*, Römisches Recht (Anm. 286), S. 87; *Erich Meuthen*, Die alte Universität (Anm. 286), S. 129.

werk auch nur zu kommentieren, da alles „kristallklar sei, wie es da stehe“.[288]

Von lediglich 405 Besuchern der Universität Bologna, gerade 11.2 Prozent aller erfassten Studenten, können Angaben über ihre Studienfächer gemacht werden. Dieser geringe Anteil rührt daher, dass weder bei den Prokuratoren der deutschen Nation noch bei den städtischen Notaren ein Anlass bestand, die Studienfächer festzuhalten, da diese sowohl für die Zugehörigkeit zur Nation als auch für den Rechtsstatus als Scholar keine Rolle spielten.[289] Die Studienfächer müssen daher einerseits aus den wenigen Nennungen des Studienfachs und anderseits aus den Büchergeschäften der Scholaren erschlossen werden, durch die sich diese notwendigen Texte für das Studium und die spätere juristische Betätigung verschafften. Man darf ja wohl davon ausgehen, dass die teuren Texte nicht nur gekauft, sondern auch zum Studium in den betreffenden Fächern benutzt wurden.

Insgesamt sind 286 Studenten der Kanonistik, 100 der Legistik und 19 beider Rechte festzustellen, was Anteile von 72 Prozent Kirchenrecht, 24 Prozent Zivilrecht und vier Prozent beider Rechte über den ganzen Zeitraum hinweg ergibt. Aus den ausdrücklichen Erwähnungen der Studenten als *scolares* der betreffenden Fächer und den entsprechenden Graduierungen in Bologna ergeben sich dabei 165 Studenten der Kanonistik, 38 der Legistik und 18 beider Rechte. Ergänzt werden diese Resultate durch die Angaben aus den getätigten Buchgeschäften und verstreuten Einzelquellen, wodurch sich weitere 121 Personen als Scholaren des Kirchenrechts, 62 als Hörer des Zivilrechts und einer als Student beider Rechte bestimmen lassen. Eine nennenswerte Verschiebung der Anteile der beiden Fächer im Laufe der Zeit ist dabei noch nicht festzustellen und müsste angesichts der geringen Ausgangszahlen ohnehin im Bereich des Zufälligen liegen.[290] Ebenso lassen sich aufgrund fehlender

---

288 *Peter G. Stein*, Römisches Recht (Anm. 286), S. 66.

289 *Frank Soetermeer*, La proportion entre civilistes et canonistes à l'université de Bologne vers 1270, in: El dret com | i Catalunya. „Ius proprium - Ius commune a Europa“ Actes del III.er Simposi Internacional Homenatge al professor André Gouron, Barcelona, 5–7 de novembre de 1992, Barcelona 1993, S. 151–166, hier: S. 154.

290 Ein signifikantes Ansteigen der legistischen Graduierungen auf Kosten der kanonistischen ist unter den gelehrten Räten im Reich erst gegen Ende des 15. Jahrhunderts festzustellen: vgl. dazu *Bettina Koch*, Räte auf deutschen Reichsversammlungen. Zur Entwicklung der politischen Funktionselite im 15. Jahrhundert (Europäische Hochschulschriften, Reihe III: Geschichte und ihre Hilfswissenschaften 832), Frankfurt am Main-Berlin-Bern-New York-Paris-Wien 1999.

Angaben keine aussagekräftigen Korrelationen zwischen sozialem Stand und Wahl des Studienfachs herstellen. Immerhin ist dazu festzuhalten, dass sich unter den 52 Studenten der Legistik 50 Kleriker (davon 40 sicher schon während des Studiums und zehn jedenfalls später) und lediglich zwei Laien befanden, was die Ansicht, die Studenten des römischen Rechts in Bologna wären normalerweise Laien gewesen, bei aller Problematik der Quellenlage, doch stark relativiert.[291]

5.3 Die Studiendauer

Über die Dauer mittelalterlicher Studien lassen sich quellenbedingt kaum verlässliche Angaben machen. Die verbreitete Praxis, Studenten nur beim Eintritt in die Universität administrativ zu erfassen, führte dazu, dass die Aufenthaltszeit an der Universität meistens nur für jene Minderheit unter den Scholaren ermittelt werden kann, die anlässlich von Prüfungen oder Abschlüssen erneut aktenkundig wurden.[292] Im Unterschied zur Quellenlage für die meisten anderen Universitäten liegt aber in Bologna mit den Memoriali eine Parallelüberlieferung vor, die es erlaubt, Studenten nicht nur bei ihrer „Immatrikulation", sondern zum Teil über viele Jahre hinweg am Studienort zu verfolgen.

Über drei Viertel der Besucher Bolognas, 2740 Personen, sind bloss ein einziges Mal während ihres Studiums in den Quellen fassbar.[293] Weitere 293 Personen, ganze acht Prozent, sind auch im folgenden Jahr noch belegt. Zwei Jahre nach dem Erstbeleg sind noch 147 und drei Jahre danach noch 132 Personen in Bologna belegt. Vier bis fünf Jahre lang hielten sich 66 Studenten in Bologna auf, fünf bis zehn Jahre lang immerhin 178 und 45 Studenten sind über zehn Jahre lang in Bologna festzustellen. Damit sind lediglich 6.2 Prozent der Studenten lange genug in Bologna nachweisbar, um die Mindeststudiendauer für ein Examen zu erreichen.[294] Nicht wenige der letztgenannten Studenten dürften allerdings ihre Studien mehr oder weniger lange unterbrochen haben, so

---

291 *Peter G. Stein,* Römisches Recht (Anm. 286), S. 98.

292 Die aus den Universitätsstatuten ersichtlichen Regelstudienzeiten für die Erlangung akademischer Grade tragen aufgrund ihres rein normativen Charakters wenig zur Ermittlung der tatsächlichen Studiendauer bei.

293 Ebenfalls dieser Kategorie zugeordnet wurden Studenten, die innerhalb des Erstbelegsjahres mehrfach erwähnt sind.

294 Vgl. unten, Kapitel 5.4, die Ausführungen zu den Examina.

dass reine Studienzeiten von gegen zehn Jahren oder sogar darüber hinaus sehr selten gewesen sein dürften.

Der Durchschnitt dieser Zahlen liegt aber mit 1.7 Aufenthaltsjahren sicher zu tief, wenn für alle diejenigen bloss ein einziges Aufenthaltsjahr angenommen wird, für die keine weiteren Belege in Bologna vorliegen. Rechnet man aber nur mit denjenigen 861 Personen, die mindestens ein zweites Jahr an der Universität belegt sind, steigt die mittlere Aufenthaltszeit bereits auf 3.9 Jahre, was sich ziemlich genau mit dem seit Malagola allgemein akzeptierten Wert von rund vier Jahren deckt.[295] Die Studienzeiten ausgewählter Gruppen liegen sogar noch höher, wie Stelling-Michaud für die mehrfach belegten, wohl überdurchschnittlich lange studierenden Schweizer Studenten zeigen konnte, bei denen sich Aufenthaltsdauern von durchschnittlich rund fünfeinhalb Jahren für die Kanonisten, sechs Jahren bei den Legisten und über sieben Jahren bei den Studenten beider Rechte ergaben.[296] Wenig überzeugend sind dagegen die Annahmen Fingers, der von den fünfjährigen Studienzeiten der justinianischen Zeit ausgeht und Steffens, der sogar acht Jahre als durchschnittliche Aufenthaltszeit angibt, was für fast alle Studenten ein vollständiges Studium bis mindestens vor das Lizentiat bedeutet hätte.[297]

Eine durchschnittliche Aufenthaltsdauer von drei bis vier Jahren dürfte nach den obenstehenden Überlegungen kaum zu hoch angesetzt sein. Zieht man zur Kontrolle auch noch die von den Bologneser Studenten in Suppliken an den Papst geäusserten Angaben über die absolvierten Studienjahre heran, so finden sich unter 14 Supplikanten einer mit neun Studienjahren, zwei mit sechs Jahren, fünf mit fünf Jahren,

---

295 *Carlo Malagola*, Monografie Storiche sullo Studio Bolognese (Athenaeum. Bibliotheca di storia della scuole e delle università 27), Bologna 1888 (= Ndr. Bologna 1979), S. 228, liefert keine Herleitung für seine Annahme von ungefähr vier Jahren Aufenthalt in Bologna, die sich zudem bloss implizit aus seiner Berechnung der gleichzeitig anwesenden Mitglieder der deutschen Nation ergibt. Ihm folgen ohne weiteren Kommentar *Luigi Simeoni*, Storia della Università die Bologna, Bd. 2, 64 (für das 16. Jahrhundert), ferner: *Sven Stelling-Michaud*, Université (Anm. 56), S. 42; *Winfried Dotzauer*, Deutsches Studium (Anm. 23), S. 101 (mit FN 48); *Werner Maleczek*, Deutsche Studenten (Anm. 23), S. 83; *Arnold Luschin von Ebengreuth* , Vorläufige Mitteilungen (Anm. 264), S. 42 ff., nimmt über einige Beispiele hinaus nicht Stellung zu der Frage.

296 *Sven Stelling-Michaud*, Université (Anm. 56), S. 68 ff.

297 *Richard Finger*, Bologna und die Deutschen im Mittelalter (Abhandlungen und Vorträge, herausgegeben von der Wittheit zu Bremen 14, Heft 2), Bremen 1941, S. 31; *Walter Steffen*, Studentische Autonomie (Anm. 87), S. 78.

zwei mit vier Jahren und die übrigen mit *pluribus*, jedenfalls mehreren Jahren Studium, die allerdings nicht alle in Bologna absolviert wurden.

Auch wenn diese Beispiele nicht überbewertet werden dürfen – es ist klar, dass ein längeres Studium in einer Supplik eher erwähnt wurde als ein Kurzaufenthalt, etwa ein Biennium – so zeigt sich doch, dass ein Studienaufenthalt von drei bis vier Jahren als Mittelwert durchaus realistisch ist und mit guten Gründen als Multiplikationsfaktor für Bestandesberechungen verwendet werden darf.

Korrelliert man die Aufenthaltsdauer in Bologna mit dem sozialen Stand, so ergibt sich beim Hochadel eine Gesamtstudiendauer von durchschnittlich 1.9 Jahren, wovon die 42 mehrfach belegten Hochadligen mit einem Durchschnitt von 3.4 Aufenthaltsjahren abweichen. Die nicht näher bestimmbaren Adligen studierten im Durchschnitt auch 1.9 Jahre, wobei 67 Personen länger, nämlich durchschnittlich 3.8 Jahre in Bologna verweilten. Bei den Angehörigen von Ministerialengeschlechtern betrug die durchschnittliche Aufenthaltszeit 2.3 Jahre, während die 101 mehr als einmal belegten Personen durchschnittlich vier Jahre lang studierten. Unter den Studenten aus dem Bürgertum finden wir bei einer durchschnittlichen Aufenthaltsdauer von 2.1 Jahren 73 Personen, die sich länger als ein Jahr, nämlich durchschnittlich vier Jahre in Bologna aufhielten. Je höher der soziale Stand der Studenten war, so lässt sich dieses Ergebnis interpretieren, desto geringer waren ihr Interesse oder der soziale Druck, lange zu studieren – ein Befund, der auch im Licht der später zu betrachtenden Karrieren keineswegs erstaunt.

5.4 Die Examina

Das einzige Examen, das an der Universität Bologna erworben werden konnte, war das Lizentiat bzw. Doktorat in einem oder in beiden Rechten. Eine andere Form des Studienabschlusses als diese theoretische Erlaubnis, überall zu lehren, die *licentia ubique docendi*, wurde das ganze Mittelalter hindurch in Bologna nicht verliehen.[298] Die nach vier Jahren Studium im kanonischen und nach fünf Jahren im römischen

---

298 Zu dem Bologneser Studienabschlüssen vgl. *Hastings Rashdall*, Universities (Anm. 92), S. 220 ff.; *Albano Sorbelli*, Einleitung zum LSIC 1 (Anm. 39), S. IX ff.; *Giorgio Cencetti*, La Laurea (Anm. 126), S. 249–273; *Walter Steffen*, Autonomie (Anm. 87), S. 198–204; *Anna Laura Trombetti Budriesi*, L'Esame (Anm. 280); *Antonio García y García*, Der Rechtsunterricht, in: Geschichte der Universität in Europa (Anm. 16), S. 351; zur allgemeinen Lehrbefugnis mit der *licentia docendi* vgl. *Jacques Verger*, Die Universitätslehrer (Anm. 94), S. 140.

Recht bestehende Möglichkeit für Scholaren, als Bakkalare bestimmte Stoffe *extraordinarie* zu lesen, war nicht wie das Bakkalariat an den Artes-Fakultäten der nordalpinen Universitäten mit einem formalen (Zwischen-)Examen verbunden, wenn auch die als Bakkalare bezeichneten Studenten gewisse Privilegien beanspruchen konnten.[299] Auch der Magistertitel, den zahlreiche ihrer Absolventen im Reich trugen, konnte an der Bologneser Rechtsschule nie erworben werden.[300]

Nach welchen Kriterien und durch welche Instanz in den Anfängen des Bologneser Rechtsunterrichts den Studenten eine entsprechende Bescheinigung erteilt wurde, ist nicht bekannt. Aus naheliegenden Gründen ist aber anzunehmen, dass nicht die Magister allein ihren Schülern, mit denen sie durch einen Lehrvertrag und gegenseitige Abhängigkeit eng verbunden waren, ein solches Zeugnis ausstellen konnten.[301] Sowohl der Comune als bloss lokale Macht als auch das Kaisertum, zu dem das Studium wenig Kontakt hatte, kamen als universale Autoritäten nicht in Frage. So blieb allein die Kirche übrig, die durch den Bologneser Archidiakon den Absolventen der Rechtsschule die Anerkennung ihrer Lehrbefugnis mit der nötigen Autorität garantieren und damit zugleich ihren Zugriff auf das Studium verstärken konnte.[302] Der offiziellen Verleihung der Titel ging selbstverständlich eine Prüfung durch eine aus Mitgliedern des entsprechenden Bologneser Doktorenkollegiums bestehende Kommission voraus, da der Vertreter der Kirche die fachliche Kompetenz der Kandidaten nicht persönlich beurteilen konnte.

Ein Student, der das Lizentiat erwerben wollte, hatte sich als erstes dem *tentamen*, einer inoffiziellen Wissens- und Moralprüfung durch seinen Magister zu unterziehen, bei der dieser im eigenen Interesse kontrollierte, ob sein Kandidat überhaupt einer Prüfungskommission vorgeführt werden konnte.[303] Um das Prüfungsverfahren einzuleiten,

---

299 SUB 1432, Rubrr. 52 ff; *Manlio Bellomo*, Saggio (Anm. 90), S. 232–236.

300 Zur Bedeutung des Magistertitels vgl. den Exkurs über den Magistertitel in diesem Kapitel.

301 Zum Problem der Verleihung akademischer Garde vgl. ausführlich *Albano Sorbelli*, Einleitung zum LSIC 1 (Anm. 39), S. IX ff.; ferner *Helmut Coing*, Handbuch (Anm. 72), S. 75 ff.

302 *Albano Sorbelli*, LSIC 1 (Anm. 39), S. XII ff.; *Giorgio Cencetti*, La Laurea (Anm. 126), S. 262; *Anna Laura Trombetti Budriesi*, L'Esame (Anm. 280), S. 140–153; *Manlio Bellomo*, Saggio (Anm. 90), S. 229 f.

303 *Manlio Bellomo*, Saggio (Anm. 90), S. 234.

musste der Kandidat daraufhin durch den *consiliarius* oder Prokurator seiner Nation dem Rektor präsentiert werden, diesem die Einhaltung der betreffenden Bestimmungen schwören und so dessen Erlaubnis zur Promotion einholen.[304] Innerhalb von acht Tagen war er daraufhin von seinem oder mehreren Doktoren dem Archidiakon zu präsentieren und hatte, wenn nötig, eine Dispensation von fehlenden Studienzeiten einzuholen.[305] Innerhalb von weiteren acht Tagen hatte der Kandidat nun die eigentliche Wissensprüfung, das *examen privatum*, auch *scrutinium* oder *chaos magnum* genannt, abzulegen.[306] Für dieses wurden dem Lizentianden am Morgen des Prüfungstags von den Examinatoren zwei an Ort und Stelle ausgewählte Gesetzesstellen genannt, über die er zu referieren hatte, worauf sich der Kandidat zur Vorbereitung nach Hause begab. Am Nachmittag desselben Tages versammelten sich die Doktoren wieder in der Kathedrale oder an einem anderen öffentlichen Ort, um die eigentliche Prüfung anzuhören. Nach einer weiteren Eidesleistung trug der Kandidat dabei seinen Vortrag mit den zugehörigen Erklärungen vor und stellte sich anschliessend den Fragen der Prüfenden. Diese stimmten mit weissen oder schwarzen Bohnen über die gezeigte Leistung ab, wobei sie laut Statuten gehalten waren, die Studenten nicht anders zu behandeln als ihre eigenen Söhne.[307] Die Prüfung hatte bestanden, wer mehr weisse (*approbatoriae*) als schwarze (*reprobatoriae*) Bohnenstimmen bekam, wobei es den Prüfenden freistand, bei knapp genügendenen Leistungen *conditionaliter* zu entscheiden und ihre Zustimmung an nachträglich noch zu erbringende Studienleistungen zu knüpfen.[308] Mit der anschliessenden Erteilung der *licentia docendi* war der fachwissenschaftliche Teil der Rechtsausbildung formal abgeschlossen.

Wer das Lizentiat erworben hatte, konnte zur feierlichen Doktorpromotion in der Bologneser Kathedrale zugelassen werden. Den Doktorgrad, so hatten die Lizentiaten zu schwören, sollten sie nur in Bolo-

---

304 *Anna Laura Trombetti Budriesi*, L'Esame (Anm. 280), S. 156–163; *Manlio Bellomo*, Saggio (Anm. 90), S. 241–246.

305 SUB 1432, Rubr. 56; *Guido Zaccagnini*, La vita (Anm. 237), S. 81.

306 SUB 1432, Rubr. 57.

307 Zum ganzen Prüfungsablauf vgl. SUB 1432, Rubrr. 53 ff.

308 Der spätere Protonotar König Ruprechts, Egenolf von Knöringen, Nr. 734, erhielt die Bestätigung seines Lizentiats im Kirchenrecht unter der *Bedingung dum modo studeret per sex menses*: LSIP 1, fol. 21^{v}.

gna und nirgendwo sonst zu erreichen suchen, was einerseits die Zahl der ausserhalb Bolognas ernannten konkurrierenden Doktoren in Grenzen halten und anderseits den Mitgliedern der Bologneser Doktorenkollegien weiterhin die ansehnlichen Prüfungsgebühren sichern sollte.[309] Nicht wenige Absolventen verzichteten allerdings auf diese höchste juristische Weihe, weil sie die ausserordentlich hohen Summen für Geschenke und Festivitäten, die von den neuen Doktoren nicht nur erwartet wurden, sondern grösstenteils sogar statutarisch festgelegt waren, nicht bezahlen konnten oder wollten.[310] Die Doktorpromotion, das *examen publicum*, stellte die offizielle Aufnahme der Lehrtätigkeit und die (theoretische) Aufnahme in den Lehrkörper dar, was mit einer Rede und einer Disputation des Doktoranden in der Kathedrale versinnbildlicht wurde. Anlässlich dieses Aktes erhielt er von seinen Lehrern auch Buch, Ring und Barett als Symbole des Doktorstandes sowie Friedenskuss und Segen.[311]

Unmittelbar vor diesem letzten Promotionsakt, *cum sedet in maiori ecclesie promovendus*, musste sich der Lizentiat noch eidlich verpflichten, weder mit Worten noch Taten jemals gegen die Universität und ihre Mitglieder vorzugehen, ausser bei der Verfolgung eines an ihm oder den Seinen verübten Unrechts. Und sollte er über die Promotion hinaus

---

309 *Albano Sorbelli*, LSIC 1 (Anm. 39), LXVII ff.; *Hastings Rashdall*, Universities (Anm. 92), S. 226 ff.; selbstverständlich konnte man sich auch von diesem Eid dispensieren lassen, wie Michael de Breda, Nr. 2503, der nach seinem Lizentiat im Zivilrecht in Bologna in einem *motu proporio* Papst Martins V. die Erlaubnis erhielt, seinen Doktorgrad in Köln zu erwerben: RG IV, 2781 ff. Ebenso selbstverständlich wehrten sich aber die Universitäten gegen diese Praxis: Winrich von Kniprode, Nr. 3536, hatte in Orléans den statutarischen Eid ablegen müssen, nicht beim Papst um eine Dispens von der Verpflichtung zu supplizieren, den Doktortitel in Orléans zu erwerben - worauf sein Onkel, der gleichnamige Deutschordensgrossmeister, beim Papst um ein *motu proprio* supplizierte, seinen Neffen von ebendiesem Eid zu lösen: H. Boockmann, Rechtsstudenten (Anm. 20), S. 361.

310 SUB 1432, Rubr. 58; *Bellomo*, Saggio (Anm. 90), S. 245; Der Kölner Student Gottfried von Harff, Nr. 1017, der nach seinem Lizentiat im Kirchenrecht 1389 das *examen publicum* auf das folgende Frühjahr verschieben wollte und dafür dem Doktorenkolleg 150 Dukaten Kaution leisten musste, zog es sogar vor, auf das Examen in Bologna überhaupt zu verzichten und den hinterlegten Betrag teilweise verfallen zu lassen: LSIP 1, foll. 17^v und 18^v.

311 *Hastings Rashdall*, Universities (Anm. 92), S. 228, mit Anm. 2 zur Symbolik der Präsente.

in Bologna bleiben wollen, so habe er den Rektoren zu gehorchen und die Statuten der Universität zu befolgen.[312]

Von der Bologneser Rechtsschule gingen, wie oben dargestellt wurde, überwiegend Studenten ab, die über kein abgeschlossenes Studium verfügten und keine vollständige Kenntnis der für ihr Recht massgebenden Grundlagen hatten. Die Frage, ob diese Fähigkeiten genügten um in späteren Tätigkeiten Erfolg zu haben, kann nur indirekt, muss aber für die Mehrzahl der Studenten zweifellos positiv beantwortet werden. Als erstes ist auf die praktische Erfahrung und Kompetenz der Bologneser Rechtslehrer zu verweisen, die als *iudices* und *causidici* durchaus mit den alltäglichen Problemen der Rechtspflege vertraut waren und diese Kenntnisse in ihren Unterricht einbrachten.[313] Einen weiteren gewichtigen Hinweis auf die praktische Anwendbarkeit der in Bologna erworbenen Kenntnisse liefert der Erfolg der Schule, d. h. die Frequenz ihrer Besucher. Die grosse Anzahl der Rechtsstudenten kann daher nicht allein mit dem *amor scientie* der betreffenden Personen erklärt werden, sondern muss vor allem mit der profanen Erkenntnis zusammenhängen, dass mit der Anwendung der in Bologna zu erwerbenden Kenntnisse und Fähigkeiten für einige, wenn auch wenige Leute sehr viel Geld zu verdienen war. Nicht von ungefähr galten die Juristen beider Rechte seit ihrem Auftauchen im Mittelalter als geldgierig und korrupt und ihre Wissenschaft als eine *scientia lucrativa*.[314] Auch die Konstitution *Super speculam* Papst Honorius' III. von 1219, in der er unter anderem das Studium des römischen Rechts an der Universität Paris verbot, zielte ja in erster Linie darauf ab, die Abwanderung von Theologen zum offensichtlich lukrativeren Zivilrecht zu unterbinden.[315]

Unter den 3601 betrachteten Studenten lassen sich insgesamt 130 Personen (3.6 Prozent aller Besucher) nachweisen, die in Bologna minde-

---

312 SUB 1432, Rubr. 54.

313 Zur Tätigkeit der Bologneser Rechtsprofessoren ausserhalb des Lehrbetriebs vgl. grundsätzlich *Johannes Fried*, Entstehung (Anm. 107), S. 24 ff.; ferner *Gerhard Otte*, Die Rechtswissenschaft (Anm. 273), S. 123 ff.

314 Als Beispiele aus der reichen Klageliteratur über die Juristen seien hier nur die beiden Gedichte Walters von Châtillon, Carmina Burana I, Nrn. 41 und 42 genannt. Dass die Jurisprudenz neben der Medizin als lukratives Gewerbe galt, *plures Ypocras vel Justinianus discipulos quam Christus habet*, räumte selbst der in Bologna ausgebildete Rudolf von Liebegg, Nr. 2923, in der Einleitung zu seinem *pastorale novellum*, Verse 10 f. ein.

315 *Stephan Kuttner*, Honorius III. (Anm. 197), S. 82 ff.

stens ein Lizentiat in einem der beiden Fächer erworben haben (Tabelle 5). Vier Fünftel der Graduierungen sind in den Promotionsregistern, den seit 1377/78 erhaltenen *Libri Secreti* der beiden Doktorenkollegien überliefert, während die übrigen entweder vor dieser Zeit erworben worden waren oder in anderen Quellen nachzuweisen sind. Der weitaus grösste Teil (82.1 Prozent) der nachweisbaren Graduierungen entfiel auf die 110 Graduierten im Kirchenrecht. Die Kanonisten wiesen aber nicht nur die Mehrzahl der Graduierungen auf, sondern auch der Anteil der Studenten, die ein Examen ablegten, war bei ihnen leicht höher als bei den Legisten.

Soweit die Promotionen sozial zuzuordnen sind, kann ein hoher, aber weiter nicht erstaunlicher Anteil der nichtadligen Studenten festgestellt werden. Unter den 38 Graduierten mit bekannter sozialer Herkunft sind nicht weniger als 15 Nichtadlige zu finden. Ein einziger unter ihnen erwarb das Doktorat in beiden Rechten, acht das Doktorat und drei das Lizentiat im Kirchenrecht und drei wurden Doktoren der Legistik, darunter der einzige Laie, Berthold Brotmeister aus Basel.[316] Von den 23 Adligen hatten 13 ein Doktorat und acht ein Lizentiat in der Kanonistik erworben, je einer war Doktor und Lizentiat in der Legistik geworden. Ein einziger Hochadliger, der Johanniterbruder Gerhard von Jülich, Doktor des Kirchenrechts, findet sich unter ihnen, während zwei Drittel dem Ministerialadel entstammten. Ein einziger Laie, der Norweger Berengerus Ludowici, taucht unter den graduierten Adligen auf. Er hatte wie Berthold Brotmeister den Doktorgrad in der Legistik erworben.

Das grössere Interesse der sozial weniger hoch stehenden Studenten an Graduierungen tritt aus diesen Ergebnissen trotz schmaler Quellenbasis klar zutage, erleichterte doch eine juristische Promotion, wenn auch der „Adel der Doktoren“ allein noch kein Auskommen bot, in vielen Fällen den Weg zu Pfründen oder zu Stellen in einer Kanzlei.[317]

316 Berthold Brotmeister, Nr. 230.

317 Zum Zusammenhang zwischen juristischer Graduierung, „Nobilität“ und Pfründenbesitz vgl. *Hermann Lange*, Vom Adel des doctor (Anm. 10).

Tabelle 5: Graduierungen in Bologna

Grad	Anzahl	Anteil in %	Abschlüsse pro Fach	Anteil in %
dr. iur utr.	3	2.3	in beiden Rechten aufsummiert	
lic. iur. utr.	1	0.7		
dr. decr.	61	47	110	82.1
lic. decr.	45	34.6		
dr. leg.	13	10	24	17.9
lic. leg.	7	5.4		
Total	130	100	134	100

Quelle: Datenbank Bologna

Examina an der Universität Bologna sind aber nicht nur anhand der quellenmässig gesicherten Lizentiats- und Doktorpromotionen nachzuweisen. Über diese hinaus gilt es insbesondere bis zur Mitte des 14. Jahrhunderts auch noch eine ganze Anzahl von mutmasslichen „Promotionen" zu berücksichtigen, jene nämlich, die sich hinter einem Magistertitel verstecken (können).

Exkurs: Bemerkungen zum Magistertitel

Unter den 3601 deutschen Besuchern der Universität Bologna werden 303 in den Quellen als Magister erwähnt, womit der Magistertitel die bei weitem häufigste Qualifikationsbezeichung darstellt. Es handelt sich aber bei diesem Titel nicht grundsätzlich um einen akademischen Grad und schon gar nicht um einen, der an der Bologneser Rechtsuniversität erworben werden konnte. So muss bei dem Auftreten des Magistertitels unterschieden werden zwischen dem *magister artium*, dem höchsten Titel in der Artistenfakultät, der zweifelllos einen akademischen Grad darstellt und einem „allgemeinen" oder unspezifizierten Magistertitel. Der letztere konnte wohl auf ein abgeschlossenes Studium hinweisen, drückte aber oft bloss eine Lehrtätigkeit, meistens in Stiftsschulen aus oder stand gar nur für eine fachlich unbestimmte, in der Regel aber artistische Bildung.[318]

---

318 Zur Problematik des Magistertitels vgl. *Johannes Fried*, Entstehung (Anm. 107), S. 9 ff.; *Rainer Maria Herkenrath*, Studien zum Magistertitel in der frühen Stauferzeit, in: MIÖG 38 (1980), S. 3–35; *Dietmar Willoweit*, Rezeption und Staatsbildung im Mittelalter, in: Akten des 26. Deutschen Rechtshistorikertages, Frankfurt am Main, 22. bis 26. September 1986 (Ius Commune, Sonderheft 30), Frankfurt am Main 1987, S. 19–44, hier: S. 43.

Die im 13. und 14. Jahrhundert auftretende unpräzise Gleichsetzung von Lehrer, *doctor* und *magister* beruhte vor allem auf einem unterschiedlichen Sprachgebrauch in Italien und den jenseits der Alpen gelegenen Gebieten. Da im Reich bis in die Mitte des 14. Jahrhunderts Universitäten fehlten und ausserhalb derselben die gebildeten Menschen in Lehrfunktionen *magistri* genannt wurden, übertrug man diese geläufige Bezeichung auch auf die Absolventen italienischer und französischer Universitäten.[319] Mit einem Magistertitel verbanden nördlich der Alpen zumindest die gebildeten Menschen eine bestimmte Vorstellung, während ein Doktor ausserhalb des sehr kleinen Kreises von Besuchern (italienischer) Universitäten mit seinem Grad auf Unverständnis stossen musste. „Magister“ ist demnach im 13. und im 14. Jahrhundert im Reich als üblicher Titel für Lehrende und Gelehrte und unter anderem auch für gelehrte Juristen – mit oder ohne Doktortitel – aufzufassen.[320]

In der Forschung ist aus der einleuchtenden Gleichsetzung der beiden Bezeichnungen oft eine Gewissheit kreiert worden, die zwar in vielen Einzelfällen zutreffen mag, als generelle Aussage aber nicht haltbar ist. Leo Ober, Roland Ganghoffer und Pierre Levresse verbanden beispielsweise den Magistertitel im Zusammenhang mit juristischen Tätigkeiten seiner Träger mit einem Auslandstudium, während Sven Stelling-Michaud, Michael Boháček und neuestens Pascal Ladner ihn gar als (sicheres) Zeugnis für eine juristische Bildung betrachteten.[321] Vorsich-

---

319 Der Bologneser Kanonist Johannes Andreae († 1348) merkte in seinem Apparat zu den Klementinen an: *et dicunt quidam, quod »doctores« in iure canonico vel civili, »magistri« dicuntur in theologia vel artibus, et hoc recipitur apud Italicos, sed ultramontani communiter vocant magistros*: Apparatus ad Clement. gl. ad verb. doctoratus vel magisterii c. 2 Clem. 5,1 (zitert nach *Emil Ott*, Beiträge (Anm. 8), S. 42); auch die Tabula des Johannes von Erfurt, eine um 1285 in erster Fassung entstandene Rechtsenzyklopädie, verweist beim Stichwort *doctor* auf *magister*: *Helmut Coing*, Römisches Recht in Deutschland (Anm. 32), S. 79 und 165 ff.

320 Noch zu Beginn des 15. Jahrhunderts finden sich Beispiele für die undifferenzierte Verwendung des Titels „Magister“ bzw. der eingedeutschten Form „Meister“: „Jeder graduierte Akademiker wird in der Kanzlei Kurfürst Ludwigs von der Pfalz als „Meister“ bezeichnet, wobei es keine Rolle spielte, ob er den akademischen Grad eines Magisters oder eines Doktors erworben hatte“: *Christian Freiherr von Brandenstein*, Urkundenwesen und Kanzlei, Rat und Regierungssystem des Pfälzer Kurfürsten Ludwig III. (1410–1436) (Veröffentlichungen des Max-Planck-Instituts für Geschichte 71), Göttingen 1983, S. 210, Anm. 6.

321 *Leo Ober*, Die Rezeption der kanonischen Zivilprozessformen und des Schriftlichkeitsprinzips im geistlichen Gericht zu Strassburg, in: Archiv für katholisches Kirchenrecht 90 (1910), S. 610: „Bereits i. J. 1212 treffen wir in Strassburg einen Domscholastikus namens Marcus als delegierten Richter des Papstes tätig, der den Magi-

tiger äusserten sich Emil Ott, der darin eine gewisse Vertrautheit mit dem Prozessrecht sah, und Johannes Fried, der eine voreilige Gleichsetzung von Magistertitel und Universitätsstudium grundsätzlich ablehnt.[322]

Um den juristischen Stellenwert der in der vorliegenden Untersuchung begegnenden Magistertitel bestimmen zu können, müssen zuerst die *magistri artium* von den übrigen Magistern geschieden werden. Anschliessend ist festzustellen, ob sich für die unspezifizierten Magister Belege für eine juristische Bildung in Form einer Graduierung beibringen lassen. Als Kriterium muss dabei ein juristisches Examen ins Auge gefasst werden, das zeitlich vor der Bezeichnung der betreffenden Personen als Magister liegt. Schliesslich ist zu überprüfen, ob für jene Magister, für die keine juristischen Grade nachgewiesen werden können, zumindest aufgrund ihrer Aufenthaltsdauer in Bologna eine mehr als formale Rechtsausbildung angenommen werden kann.

Von den 303 Magistern sind 47 als *mag. art.* belegt, von denen in vielen Fällen auch die Universität bekannt ist, an der sie den Grad erlangt hatten. Nur vier unter diesen studierten vor 1348 in Bologna, hätten demnach auch ihre artistische Bildung zwingend ausserhalb des Reichs, vor allem in Paris, erwerben müssen, während für den grössten Teil der in Bologna studierenden Artesmagister bereits die Möglichkeit zur Magisterpromotion innerhalb des Reichs bestand.

Unter den 256 Magistern, die nicht speziell als *magistri artium* belegt sind, dürften nicht wenige ebenfalls die höchste Graduierung in den Artes erreicht haben, insbesondere die Mehrzahl jener 76 Studenten, die

---

stertitel trägt, offenbar also im Ausland studiert hatte; *Sven Stelling-Michaud*, Université (Anm. 56), S. 67 f.; *Miroslav Boháček*, Einflüsse des römischen Rechts in Böhmen und Mähren (IRMAE V, 11), Milano 1975), S. 17: „Obwohl schon im 13. Jahrhundert unter den Bischöfen und delegierten Richtern mehrere Personen mit dem Titel *magister*, welcher von ihrer juristischen Bildung zeugt, zu finden sind, fehlt der Titel *magister* oder *doctor decretorum* bei den Namen von Offizialen nur ausnahmsweise ...; *Pascal Ladner*, in: Der liber ordinarius des Konrad von Mure, hg. von H. Leuppi, Zürich 1995, S. 40: „dass er [Konrad von Mure] in Bologna studiert und den Magistertitel erworben hat".

322 *Emil Ott*, Beiträge (Anm. 8), S. 42 f.: „Fern liegt es uns, zu behaupten, dass alle *magistri*, denen wir in Urkunden begegnen, magistri decretorum gewesen sein mögen, obwohl Joannis Andreae Bemerkung in seinem apparatus ad Clement. [...] uns hierbei als Stütze dienen könnte. Doch wird gewiss jenen Magistern eine Vertrautheit mit dem Processrechte nicht abgesprochen werden können, die als delegirte geistliche, insbesondere päpstliche Richter zu fungiren berufen wurden."; *Johannes Fried*, Entstehung (Anm. 107), S. 9 ff.

den Titel bereits während des Studiums in Bologna trugen. Wie undifferenziert der Magistertitel anfänglich verwendet wurde, zeigt auch die Tatsache, dass mit 132 Personen über die Hälfte der unspezifizierten Magister zwischen 1265 und 1300 in Bologna studierten, von 1301 bis 1400 nur 88 und zwischen 1401 und 1425 nur noch 14 Magister. Aus diesen Zahlen darf sicher auf ein zunehmendes Verständnis für die akademischen Grade seit dem ausgehenden 14. Jahrhundert geschlossen werden. Immer mehr Leute wussten, was einen *magister artium* auszeichnete und wie man diesen von anderen Universitätsabsolventen zu unterscheiden hatte. Anderseits muss aber die grosse Zahl von unspezifizierten Magistern am Ende des 13. Jahrhunderts so verstanden werden, dass der Begriff weit mehr umfasste als nur die Graduierten der Artistenfakultät, vor allem, wenn wir die späteren teilweise einschlägigen Karrieren einiger solcher Magister verfolgen.[323]

Eindeutig belegen lassen sich juristische Kenntnisse in Form einer juristischen Graduierung für 47 der 256 später unspezifiziert als Magister bezeichneten Personen. Drei unter ihnen waren Doktoren beider Rechte, nämlich Johannes von Finstingen, Job Vener und Nikolaus de Vordis.[324] Zwei waren Lizentiaten beider Rechte, 23 Doktoren, 8 Lizentiaten und 4 Bakkalare der Kanonistik, drei Doktoren, zwei Lizentiaten und zwei Bakkalare der Legistik.

Bei den Magistern, für die keine Graduierung belegt ist, kann höchstens geprüft werden, ob sie lange genug an der Universität weilten, um zumindest die für das Examen vorgeschriebenen fünf bzw. acht Studienjahre zu erfüllen. Von den 13 Personen, die insgesamt zehn oder mehr Jahre, wenn auch teilweise mit Unterbrechungen, in Bologna ver-

---

323 Sämtliche Offiziale der Bischöfe und der Archidiakone von Strassburg [im Spätmittelalter] trugen den Titel *magister*: *Roland Ganghoffer* und *Pierre Levresse*, Le droit Romain en Alsace du 12e au 16e siècle (IRMAE V, 4), Milano 1977, S. 17; von 13 Offizialen der Basler Bischöfe zwischen 1269 und 1387 trugen 10 den Magistertitel, wobei vier von ihnen in Bologna studiert hatten. Ein gutes Beispiel dafür, dass der Magistertitel am Ausgang des 13. Jahrhunderts die geläufige Bezeichnung auch für Juristen darstellte und später durch die nunmehr bekannteren präzisen juristischen Grade ersetzt wurde, zeigt auch die Reihe der bischöflichen Offiziale in Konstanz: bis 1335 taucht ausschliesslich der Magistertitel auf, 1340 erscheint das erste kanonistische Lizentiat und ab 1398 hatten sich die (kanonistischen) Grade vollständig durchgesetzt: Helvetia Sacra (HS), Abt. I, Bd. 2: Ezbistümer und Bistümer II: Das Bistum Konstanz. Das Erzbistum Mainz. Das Bistum St. Gallen, hg. vom Kuratorium der Helvetia Sacra, Basel 1993, S. 581 ff.

324 Johannes von Finstingen, Nr. 1943, in Bologna 1271–1272?; Job Vener, Nr. 1808, in Bologna 1393–1397, 1402; Nikolaus de Vordis, Nr. 2633, in Bologna 1394–1399.

bracht haben, sind zwei, Heinrich von Klingenberg und Nicolaus de Insula als Doktoren der Kanonistik belegt.[325] Die übrigen elf Magister dürften, ihrer Studiendauer nach zu urteilen, aber zumindest als *iurisperiti* zu betrachten sein, wenn nicht sogar als Doktoren, deren Titel nicht überliefert sind.[326] Eine fehlende Überlieferung von möglicherweise erworbenen Graduierungen ist um so wahrscheinlicher, als zehn dieser „Langzeitstudenten" ihre Studien vor 1310 zumindest angetreten haben, mithin in einer Zeit tätig wurden, in der ihre wissenschaftliche Qualifikation innerhalb des Reichs in der Regel nur mit dem Magistertitel umschrieben wurde. Weitere 28 Magister hielten sich zwischen fünf und zehn Jahre lang in Bologna auf. Je einer erreichte dort das Doktorat und das Lizentiat beider Rechte, fünf wurden Doktoren des Kirchenrechts, zwei Doktoren und einer Lizentiat des Zivilrechts. Unter den nichtgraduierten Magistern mit fünf- bis zehnjährigem Studienaufenthalt absolvierten 13 ihr Studium vor 1320, unter denen sich ebenfalls der eine oder andere *iurisperitus* oder vielleicht gar Doktor befand.[327]

Wieviele der übrigen unspezifizierten Magister die formal notwendige Studiendauer erreichten oder weitergehende Rechtskenntnisse in Bologna erwarben, ist aus den Quellen nicht zu ersehen. Über die Hälfte von ihnen ist ja nur einmal in Bologna belegt, so dass über die Aufenthaltsdauer nur spekuliert werden kann. In einem Fall beinhaltet aber diese einzige Erwähnung gerade die Promotion in Bologna, was beweist, dass auch ein kurzer oder punktueller Aufenthalt in Bologna ein Examen beinhalten konnte.[328]

---

325 Heinrich von Klingenberg, Nr. 1345, in Bologna zwischen ca. 1259 und 1282; Nikolaus de Insula, Nr. 2561, in Bologna zwischen 1383 und 1406.

326 Anders *Peter Moraw*, der für die rechtskundigen Magister bis über die Mitte des 14. Jahrhunderts hinaus zwar Studien, aber keine Examina annimmt: Stiftspfründen (Anm. 22), S. 282.

327 Rudolf von Liebegg, Nr. 2923, in Bologna belegt 1294–1301, wurde 1326 weil „von rechten geleret" zum Oberschiedsrichter in einem Streitfall zwischen Propst und Konvent von Luzern bestimmt: *Suzanne* und *Sven Stelling-Michaud*, Juristes (Anm. 18), S. 121; Heinrich von Ehnheim, Nr. 1266, in Bologna 1317–1322, wird 1329 als *iudex curie d. thesaurarii Arg.* und Mitglied einer vom Strassburger Bischof ernannten rechtsgelehrten Kommission erwähnt: *Gustav Knod*, Deutsche Studenten (Anm. 13), S. 105.

328 Johannes Borsnic, Nr. 1872, der spätere Rotarichter, Prager Domherr und Bischof von Lebus, ist einzig bei seinem *examen publicum* zum *dr. decr.* am 29. März 1389 in Bologna nachzuweisen: LSIP 1, fol. 17^{r}.

Der Magistertitel bei Besuchern der Bologneser Rechtsschule bleibt auch im Licht dieser Betrachtung problematisch. Trotz vieler positiver Belege, darf er nicht generell als Zeugnis für eine universitäre Ausbildung seiner Träger, weder für eine artistische, geschweige denn für eine juristische betrachtet werden. Die Quellen zeigen jedoch klar, dass er insbesondere im 13. und 14. Jahrhundert zur Bezeichnung offensichtlich juristisch ausgebildeter Personen gebraucht wurde. In Verbindung mit Ausdrücken wie *„iurisperitus"* oder „rechtsgeleret" darf deshalb mit hoher Wahrscheinlichkeit von einem Besuch einer (italienischen oder französischen) Universität ausgegangen werden.

5.5 Die Studententypen

Die Besucherschaft der Bologneser Rechtsschule, so vielfältig sie sich bezüglich ihrer sozialen und geographischen Herkunft zeigt, lässt sich hinsichtlich ihres Studienverhaltens nur schwer bestimmten Kategorien zuordnen.[329] Neben einer grossen Mehrheit von unauffälligen „Durchschnittsstudenten" können bestenfalls die wenigen Studienabschliesser, d. h. die Personen, von denen eine Promotion bekannt ist, die Privatlehrer und einige Zweifelsfälle als abgrenzbare Gruppen betrachtet werden.

Die weitaus grösste Gruppe der Universitätsbesucher in Bologna mit einem mutmasslichen Anteil von weit über 95 Prozent bildeten die gewöhnlichen „Durchschnittsstudenten", die nicht anders definiert werden können als durch ihre Unauffälligkeit oder eben Durchschnittlichkeit. Man muss sich dabei allerdings vor Augen halten, dass diese Klassifizierung als „Durchschnitt" zu einem guten Teil auf das Fehlen von Quellen zurückzuführen ist, die weitere Differenzierungen erlauben würden. Auf diese Gruppe von Studenten trifft, angesichts des nicht erreichten – und von den meisten unter ihnen auch nie angestrebten – Examens die Bezeichung Universitätsbesucher wörtlich zu. Diese Studenten hielten sich, soweit es ihre gesellschaftliche Position oder häufiger wohl die finanziellen Reserven ihrer Verwandten und Gönner bzw. die Erträge ihrer Pfründen zuliessen, einige Jahre in Bologna auf und kehrten ohne belegbaren akademischen Grad wieder über die Alpen zurück ins Reich, wo die meisten unter ihnen wohl als Kanoniker, Pfarrer oder *notarii* irgendwelcher Herren im Schweigen der Quellen verschwanden. Ihre mittlere Aufenthaltsdauer in Bologna betrug, soweit sich dies aus

329 Zur Typenbildung vgl. *Rainer Chr. Schwinges*, Der Student in der Universität (Anm. 16), S. 182 ff.

den Angaben über die mehrfach belegten Personen ersehen lässt, 3.6 Jahre. Dies darf wohl als obere Grenze betrachtet werden, machen doch die mindestens im Folgejahr auch noch in Bologna belegten Personen bloss ein gutes Fünftel der Nichtgraduierten aus, während ein grosser Teil der nur einmal Erwähnten nicht so lange in Bologna geweilt haben dürfte. Auch was die Beiträge zur Nation betrifft, repräsentieren die Nichtgraduierten mit einer Zahlung von durchschnittlich 19.8 Solidi in etwa das Mittelmass der Besucher.

Von der grossen Masse der Durchschnittstudenten heben sich einmal jene 130 Personen in mehrfacher Hinsicht ab, die in Bologna mindestens ein Lizentiat in einem der beiden Rechte erwarben. So lässt sich für diese Graduierten eine deutlich längere Aufenthaltsdauer von durchschnittlich 5.1 Jahren unter Berücksichtigung nur der mehrfach erwähnten Personen nachweisen. Angesichts der vorgeschriebenen Mindeststudiendauern von sechs bzw. sieben bis acht Jahren wird selbst unter der Annahme bereits geleisteter Studienanteile an anderen Universitäten klar, dass die tatsächliche Verweildauer höher gelegen haben dürfte, als dies aus den Quellen ersichtlich wird.[330] Die längere Präsenz am Universitätsort und die damit verbundene grössere Bekanntheit unter den Mitstudierenden erklärt neben den immer und überall mitwirkenden sozialen Faktoren auch, weshalb die später graduierten Studenten markant häufiger in leitenden Funktionen in der Nation und der ultramontanen Universität auftauchen.[331] Obwohl sie nur 3.6 Prozent des Bestandes ausmachten, stellten diese Studenten 61, fast einen Fünftel, der 309 nachweisbaren Prokuratoren der Nation und acht der 22 aus dem Reich stammenden Rektoren. Auch in ihren Beitragszahlungen an

330 Von den Studenten, die ihre Promotionen unmittelbar an das Studium anschlossen, sind die seit dem 15. Jahrhundert gelegentlich auftauchenden „Promotionstouristen" zu unterscheiden, Juristen, oft bereits in gehobenen Positionen, die ihre Studien teilweise Jahre zuvor absolviert hatten und spätere Aufenthalte in Italien dazu benutzten, um die Promotion nachzuholen. Vgl. dazu *Urs Martin Zahnd*, Studium und Kanzlei. Der Bildungsweg von Stadt- und Ratsschreibern in eidgenössischen Städten des ausgehenden Mittelalters, in: Rainer Chr. Schwinges (Hg.), Gelehrte im Reich (Anm. 6), S. 453–476, hier: S. 453 f.

331 Aus einer mutmasslich längeren Präsenz auf grössere Bekanntheit unter den Kommilitonen und daraus auf die vermehrte Übernahme von Funktionen zu schliessen, birgt natürlich die Gefahr eines klassischen Zirkelschlusses in sich. Selbstverständlich ist die Wahrscheinlichkeit, mehrmals erwähnt zu werden und dadurch Belege für einen längeren Universitätsaufenthalt zu hinterlassen, bei Funktionsträgern grösser als bei den Durchschnittsstudenten. Dies ändert aber nichts an der Tatsache, dass sich die betreffenden Personen lange oder eben länger als die meisten anderen in Bologna aufgehalten haben mochten.

die Nation heben sich die Studenten, die ihre Studien abschlossen, leicht vom Mittel ab, entrichteten sie doch mit 25.2 Solidi durchschnittlich fast ein Viertel mehr als die meisten ihrer Kommilitonen.

Ebenfalls eine eigene kleine Gruppe bildeten die 44 als Privatlehrer im Gefolge ihrer Herren in Bologna nachweisbaren Personen.[332] Ob und in welchem Ausmass diese Begleiter und *praeceptores* auch als Rechtsstudenten und spätere potentielle Rechtskenner zu betrachten sind, muss dahingestellt bleiben, auch wenn zumindest im Fall des bereits erwähnten Pfarrers Otto von Hayndorf mit grosser Sicherheit davon auszugehen ist, dass er sich ernsthaft um seine Rechtsbildung bemühte.[333] Eng mit ihren Herren verbunden, was sich in der Regel auch darin äusserte, dass jene die Beitragszahlungen an die Nation für beide übernahmen, traten die Privatlehrer kaum als eigene Persönlichkeiten hervor. Ein einziger unter ihnen, Gottfried, der Lehrer der Herren von Sponheim, erscheint, allerdings unter abweichendem Vornamen[334], als Prokurator des Jahres 1291. Im übrigen werden die Privatlehrer kaum eigens erwähnt, so dass sich auch keine Aufenthaltsdauer festlegen lässt. Auch in jenen sieben Fällen, in denen sie die Beiträge an die Nation selbst bezahlen mussten (was doch als Indiz für die Akzeptanz der Privatlehrer als Studenten zu betrachten ist), hoben sich die Privatlehrer kaum von den übrigen Studenten ab: Ihre Beiträge von durchschnittlich 9.1 Solidi erreichten zwar nur knapp die Hälfte des Durchschnitts, lagen aber durchaus in einem Bereich zwischen 8 und 20 Solidi, der 60.2 Prozent der Beitragszahlungen umfasste.

Ausserhalb der genannten drei Gruppen lassen sich einige wenige Personen in Bologna nachweisen, für die aufgrund ihrer kurzen Anwesenheit oder aus anderen Gründen ein Studium nicht angenommen werden kann. Einigen unter diesen hat bereits Knod die Scholarenqualität abgesprochen und sie konsequent mit eigener Zählung ausserhalb seines Hauptkatalogs aufgeführt.[335] Die meisten dieser nach Knod „nicht ordentlichen" Mitglieder" der Nation tauchen erst im Verlauf des 15. und 16. Jahrhunderts auf, so dass in diese Kategorie im betrachteten Zeitraum nur der nachmalige Bischof von Paderborn, Robert von

332 Vgl. dazu unten, Kap. 5.6, die Ausführungen über die Privatlehrer in den studentischen Kleingruppen.

333 Otto von Haynburg, Nr. 2671.

334 Acta Nationis, S. 38.21: *Gerhardus magister dominorum de Spanheim*, Nr. 1009.

335 *Gustav Knod*, Deutsche Studenten (Anm. 13), S. 699 ff.

Berg, fällt, der 1387 auf dem Weg von oder nach Rom in Bologna Zwischenstation machte und dort wohl *propter reverentiam personae* in die Nation aufgenommen wurde – eine Ehre, die ihm die Nation angesichts seiner Beitragszahlung von 12 Dukaten zum damaligen Wert von 21 Bologneser Pfund gerne erwiesen haben dürfte.[336] Andere, die in Bologna nicht eigentlich studiert, sondern bloss eine angesehene Promotion nach dem Studium an einer Universität im Reich erworben haben, sind hier mit Vorbehalt zu nennen, weil sie mit gutem Recht auch unter die Studienabschliesser gerechnet werden könnten. Dass es bei solchen Promotionsbesuchen nicht mehr um zusätzlichen Wissenserwerb, sondern bloss noch um den Bologneser Titel ging, zeigen prominente Graduierte wie Job Vener oder Johannes Naso, die, beide bereits in Ämtern und Würden, in Bologna noch ihre abschliessenden Prüfungen für den Doktortitel in beiden Rechten ablegten.[337] Vener konnte dabei immerhin auf ein wenige Jahre zuvor in Bologna absolviertes Lizentiat mit dem Prädikat *merito quia vere valens* verweisen[338], während Naso zuerst eine Dispens wegen fehlender Studienjahre einholen musste und zudem wegen der Rückweisung durch sieben der neun Prüfenden nur gnadenhalber promoviert wurde.[339]

Abgesehen von diesen wenigen Ausnahmen dürfen die im Kontext der Bologneser Universität erwähnten Personen einer der drei oben genannten Gruppen zugeordnet werden. Als Rechtslehrer an der Bologneser Universität haben sich die Juristen aus dem Reich im betrachteten Zeitraum nicht profiliert und für die klassischen Kavalierstouren ist der Untersuchungszeitraum zu früh.

5.6 Die Studentengruppen

Die wichtigste Form sozialer Beziehungen fanden die mittelalterlichen Studenten wohl weder in der abstrakten *universitas* noch in der Nation unter Landsleuten, sondern im kleinen Kreis der aus bloss wenigen Personen bestehenden, überschaubaren Gruppe vertrauter Personen.[340] Entsprechend dem Zeitpunkt ihres Zustandekommens haben

---

336 Acta Nationis, S. 149.5 ff., Nr. 2882.

337 Job Vener, Nr. 1808; Johannes Naso, Nr. 2112.

338 *Albano Sorbelli*, LSIC 1 (Anm. 39), S. 94.

339 *Albano Sorbelli*, LSIC 1 (Anm. 39), S. 149 ff.

340 Zur Gruppenbildung unter Studenten vgl. grundsätzlich *Rainer Chr. Schwinges*,

wir es an den mittelalterlichen Universitäten mit zwei Arten von studentischen Zusammenschlüssen zu tun, mit Reisegruppen und mit am Studienort selbst gebildeten „Geschäftsgruppen", deren Nachweis jeweils von der spezifischen Quellensituation abhängt. Reisegruppen können nur dort festgestellt werden, wo Matrikel oder matrikelähnliche Quellen ungefähr die Reihenfolge des Eintreffens von Studenten festhalten und somit „zusammengehörige" Studenten erkennen lassen. Geschäftsgruppen hingegen werden sichtbar, wo mehrere Personen aufgrund eines gemeinsam getätigten Rechtsakts Erwähnung finden, wie in den Bologneser Notariatsregistern. Dieselben Personen tauchen dort zum Teil mehrmals in derselben Kombination, oft aber auch zusammen mit weiteren Geschäftspartnern auf, während die Reisegruppen in den Matrikeln in der Regel einmalige Beobachtungen am selben Universitätsort bleiben.[341]

Die Bildung von Reisegruppen begann oftmals bereits lange vor dem Universitätsbesuch, bei der gemeinsamen Entscheidung zum Studium oder dem entsprechenden Entschluss eines Herrn, dem sein *paedagogus*, seine *socii* oder *servitores* zu folgen hatten. Gruppen konnten sich aber auch unterwegs bilden, was sich der unsicheren Strassen wegen ohnehin empfahl, wollte man nicht das Schicksal jener Studenten teilen, die auf dem Weg nach Bologna von Räubern überfallen, ihrer Kleider, ihrer Bücher und ihres Bargeldes beraubt und mittellos der Barmherzigkeit ansässiger Mönche oder gar einem temporären Bettlerdasein überlassen wurden.[342] Aber auch das Leben in der Universitätsstadt bot mancherlei

---

Studentische Kleingruppen im späten Mittelalter. Ein Beitrag zur Sozialgeschichte deutscher Universitäten, in: Politik, Gesellschaft, Geschichtsschreibung. Giessener Festgabe für F. Graus zum 60. Geburtstag, hg. von Herbert Ludat und Rainer Chr. Schwinges (Beihefte zum Archiv für Kulturgeschichte 18), Köln-Wien 1982, S. 319–361; *ders.*: Zur Prosopographie studentischer Reisegruppen im fünfzehnten Jahrhundert, in: Medieval Lives and the Historian (Anm. 9), 333–341.

341 *Rainer Chr. Schwinges*, Kleingruppen (Anm. 340), 323 ff., unterscheidet dagegen zwischen Reisegruppen und Universitätsgruppen (beide aus Matrikelbelegen), wobei die ersteren die Anreise zusammen unternommen, die letzteren aber erst am Universitätsort zusammengefunden hätten und sich jeweils als Gruppe, d. h. aufeinanderfolgend, in die Matrikel hätten aufnehmen lassen. Natürlich ist nicht ausgeschlossen, sondern liegt vielmehr auf der Hand, dass sich Studenten, die sich bereits von der Reise oder der Immatrikulation her kannten, später wieder in Geschäftsgruppen finden, wie z. B. Acta Nationis, S. 55.32 f. und Mem. 109, fol. 260^{v}, wo aus dem Gruppenauftritt mit hoher Wahrscheinlichkeit auf die Identität des Osnabrücker *rector scolarium* Arnold, Nr. 153, mit dem gleichnamigen *socius* des Hiltbold von Diepholz, Nr. 1691, geschlossen werden kann.

342 *Charles H. Haskins*, The Life of Medieval Students as illustrated by their Letters,

Anlass, sich unter Vertrauten zusammenzufinden, beispielsweise um gemeinsam oder untereinander die oben erwähnten Kreditgeschäfte abzuschliessen, woraus sich nicht selten über Monate oder gar Jahre hinweg zu beobachtende Geschäftsgruppen ergaben.

Für 461 Besucher der Universität Bologna lässt sich die Ankunft am Studienort in den fünf von Schwinges beobachteten Typen von Reise- bzw. Ankunftsgruppen zeigen.[343] Die Zuordnung zu einzelnen Typen kann in vielen Fällen nicht eindeutig vorgenommen werden, weil die Studenten in der Regel mehreren Typen angehörten, von denen jeweils nur einer als gruppenkonstituierend betrachtet werden durfte. Ein sozial hochstehender Student, der mit Gefolge anreiste, war beispielsweise einmal Herr, zugleich aber oft auch Verwandter eines Mitstudenten, Kanoniker in einem Stift und stammte in der Regel aus demselben Ort oder zumindest aus derselben Gegend wie seine Begleiter, womit er bereits vier verschiedenen Gruppentypen zugeordnet werden könnte.[344] Die folgende Typisierung geht deshalb davon aus, dass bestimmte Kriterien wie die Herrenqualität andere wie die gemeinsame örtliche Herkunft oder die Zugehörigkeit zu kirchlichen Institutionen überlagerten und deshalb als primäre, keinesfalls aber als in der Realität allein ausschlaggebende Faktoren der Gruppenbildung betrachtet werden dürfen.

Den grössten Anteil an den in Gruppen eingeschriebenen Personen machen mit 55.5 Prozent die Herren mit Gefolge (Pädagogen, *socii*) aus, denen 256 Personen zuzurechnen sind. Bei rund einem Viertel dieser Gruppen handelt es sich um Zweiergruppen, unter denen wiederum die Kombination Herr und Pädagoge die häufigste ist. Mit der Bezeichung als „Herren“gruppe soll allerdings nichts über die Herrenqualität der betreffenden Leitpersonen gesagt sein. Für die Einteilung in diese Kategorie war allein die Tatsache ausschlaggebend, dass eine Person offensichtlich als Kern einer Gruppe von Menschen auftrat, die nicht aufgrund eines Verwandtschaftsverhältnisses oder der gemeinsamen Mitgliedschaft in einer kirchlichen Gemeinschaft miteinander reisten. Personen, die aufgrund ihrer sozialen Position als Herren zu betrachten

---

in: American Historical Review 3 (1898), S. 203–229, hier: S. 226, zitiert nach *Sven Stelling-Michaud*, Université (Anm. 56), S. 76.

343 *Rainer Chr. Schwinges*, Kleingruppen (Anm. 340), S. 330 f.

344 Vgl. als Beispiel 1290 die Brüder von Simon und Emicho, Grafen von Sponheim, mit ihrem Lehrer Gottfried (Acta Nationis, S. 38.6 ff.), 1309 Graf Ludwig von Strassberg, Domkantor in Strassburg, mit *socius*, *magister* und Personen aus Strassburg (Acta Nationis, S. 60.2 ff.).

sind, können demnach auch unter den Gruppen von Verwandten oder als kollektive Gebührenzahler auftreten.

Der gemeinsame Herkunfts- oder Bezugsort stellte für 108 Personen oder 26.7 Prozent wohl das entscheidende Moment für die Gruppenbildung dar, wobei hier ein erhebliches Unsicherheitspotential besteht bezüglich nicht angeführter kirchlicher Gemeinschaften, die hinter einem gemeinsamen Herkunftsort stehen können. Ein Teil der Personen mit gemeinsamem Herkunfts- oder Bezugsort dürfte deshalb auch der Kategorie der Mönchs- und Kanonikergruppen zuzuordnen sein. Dieselbe räumliche Herkunft beschränkt sich aber nicht auf Orte oder kirchliche Institutionen, sondern ist, insbesondere bei Studentengruppen aus Randregionen, sicher auf eine ganze Region zu beziehen. Die grösste nachweisbare Gruppe überhaupt, sie umfasste 16 Personen, wurde von Studenten *de Frisia*, wohl aus der heutigen niederländischen Provinz Friesland, gebildet, die sich 1292 gemeinsam der Nation anschlossen.[345] Die meisten Angehörigen dieser Gruppe sind lokal nicht näher einzuordnen, dürften sich aber bereits in Friesland zu einer Reisegruppe zusammengefunden haben, denn die zufällige und nahezu gleichzeitige Ankunft so vieler Friesen in Bologna kann wohl ausgeschlossen werden. Dasselbe gilt sicher auch für Engelbert und Burkard *de Estonia*, die der Nation 1304 ohne genauere Ortsangabe beitraten.[346] Aber selbst wenn verschiedene Herkunftsorte belegt sind, kann teilweise von gemeinsamen Reisen ausgegangen werden, so etwa beim *magister* Heinrich von Lund, beim Roskilder Domherrn Johannes und dem *magister* Heinrich, Kanoniker in Kopenhagen, die sich alle drei 1293 als *de Dacia* in die Nation aufnehmen liessen.[347] Für die beiden erstgenannten ist sogar zu belegen, dass ihre persönliche Beziehung während des Studiums fortgesetzt wurde, denn Johannes fungierte im November desselben Jahres als Zeuge bei einem Wechselgeschäft seines Kollegen Heinrich von Lund.[348]

Würde dasselbe Kriterium der regionalen Nähe auch auf die Studenten aus dem Kernraum des Reiches ausgedehnt, so stiege der Anteil der

345 Acta Nationis, S. 39.29 ff.

346 Acta Nationis, S. 55.45 f.

347 Acta Nationis, S. 41.31 ff.; dieselbe Fom der regionalen Gruppenzusammensetzung findet sich beispielsweise auch bei drei Studenten aus Norwegen, Acta Nationis, S. 40.5 ff.

348 Mem. 85, fol. 311r.

gemeinsam aus bestimmten Gegenden anreisenden Universitätsbesucher wohl beträchtlich. Derart scharf, wie sich die Studentengruppen aus den Randlagen des Einzugsgebiets von den übrigen abgrenzten (bzw. von den Prokuratoren beim Eintrag abgegrenzt wurden), könnten aber die Mitglieder der zweifellos damals bestehenden Gruppen niemals von anderen Studenten aus demselben Raum unterschieden werden. Wenn aber Personen nicht nur unmittelbar nacheinander aufgeführt sind, sondern sogar die Gebühren kollektiv bezahlten, darf wohl auch bei nur relativer Nähe der Herkunfts- oder Bezugsorte auf Reisegruppen geschlossen werden. Die gemeinsame Gebührenzahlung des Heinrich Northmann de Saxonia und eines Engelbert von Schwerin[349] darf wohl ebenso als ausreichendes Indiz für die gemeinsame Herkunft betrachtet werden wie diejenige des Johannes Houpt ohne Ortsangabe zusammen mit einem Würzburger Domherrn und einem Kanoniker am Würzburger Neumünsterstift zumindest auf den Bezugsort Würzburg hinweist.[350]

Den naheliegendsten, buchstäblich angeborenen Grund für die Gruppenbildung stellte natürlich die Verwandtschaft dar, die für mindestens 67 Personen (14.5 Prozent) festgestellt werden kann, soweit diese nicht schon in anderen Gruppen berücksichtigt wurden. Abgesehen von einer Onkel-Neffe-Beziehung bei den Herren von Westerburg[351] handelte es sich bei den Verwandten wohl durchwegs um Brüder, und mit Ausnahme der vier Herren von Hohenlohe, je drei Herren von Mörs und Schönburg um Brüderpaare.[352]

Mönche (die nur mit Dispens studieren durften) und Kanoniker, die sich gleichzeitig in die Nation aufnehmen liessen, sind nur 15 erkennbar, was 3.2 Prozent aller in Gruppen Eingeschriebenen entspricht. Ihr Anteil muss aber mit Sicherheit grösser gewesen sein, wie der Vergleich der Einträge in den Acta Nationis mit denjenigen in den Memoriali zeigt. Die Prokuratoren der Nation legten offensichtlich grösseren Wert auf den Namen der Studenten als auf deren Pfründen, während die städtischen Notare (vermutlich aufgrund der Selbstbezeichung der Studenten) oft bloss deren kirchliche Funktionen vermerkten. So trat die

---

349 Nrn. 1415, 748.

350 Nrn. 1864, 1994 und 2703.

351 Nrn. 2861 und 2862.

352 Herren von Hohenlohe: Nrn. 51, 828, 1020, 2367; von Mörs: Nrn. 1396, 3135, 3345; von Schönburg: Nrn. 871, 2205, 2695.

Qualität als Inhaber geistlicher Stellen bei der Erfassung von Kriterien zur Gruppenbildung hinter Angaben der lokalen oder sozialen Herkunft wohl stärker zurück.

Der fünfte von Schwinges festgestellte Typ von Studentengruppen, der um einen Universitätslehrer formierte Personenverband, ist in Bologna nicht festzustellen. Dies erstaunt wenig, haben wir doch in Bologna zum einen keine Eröffnungsklientelen aus anderen Schulen zu erwarten und zum zweiten machten es die Bestimmungen der Bologneser Doktorenkollegien auswärtigen Magistern bzw. Rechtslehrern praktisch unmöglich, sich mit einer Gruppe von Studenten einfach in der Stadt niederzulassen und dort zu lehren. Die einzigen (späteren) Universitätslehrer, die erwiesenermassen in Begleitung die Bologneser Rechtsschule aufsuchten, waren Heinrich und Christian von Erpel, die aber nicht mit einer Klientelgruppe auftauchten, sondern als Verwandte, in Begleitung von mutmasslichen Studienkollegen aus Köln.[353]

Als Mitglieder verschiedener Geschäftsgruppen lassen sich insgesamt 1205 Personen, d. h. über ein Drittel aller erfassten Studenten, in Bologna feststellen. Die Geschäftsgruppen können einerseits unterschieden werden nach dem Grund des Zustandekommens und anderseits nach dem Status der Beteiligten. Anlass zur Bildung von Gruppen waren bei 780 Personen Kredit- und Wechselgeschäfte, weitere 452 Personen nahmen als Zeugen an Beurkundungen teil und 172 werden im Zusammenhang mit Büchergeschäften genannt.

Die personale Zusammensetzung der Geschäftsgruppen ist in der Regel nicht einheitlich, obwohl sich drei Haupttypen erkennen lassen. Als erster Typ ist die Gruppe mit gemeinsamem Herkunftsort, als zweiter die Gruppe mit derselben Herkunftsregion und schliesslich die Gruppe aus derselben Stiftslandschaft bei Kanonikergruppen zu nennen.[354] Gruppen aus demselben Herkunftsort waren in der Regel aus nicht mehr als zwei bis drei Personen zusammengesetzt, während Kanonikergruppen oder solche aus derselben Herkunftsregion häufig vier bis sechs Personen umfassten. Die Geschäftsgruppen waren in ihrer Zusammensetzung meistens nicht stabil, sondern variierten, je nach Präsenz und Geldbedarf der potentiellen Geschäftspartner. So fanden sich

---

353 Acta Nationis, S. 154.41 ff.

354 *Jürg Schmutz*, Notariatsakten (Anm. 50), S. 140 f.; zum Modell von mehr oder weniger geschlossenen, unterschiedlich entwickelten Stiftslandschaften im Reich vgl. *Peter Moraw*, Stiftspfründen (Anm. 22).

mehrere Domherren und Stiftskanoniker aus dem mittelrheinischen Raum, darunter der Speyerer Dompropst Werner von Bolanden und die beiden Kanoniker an St. Kastor in Koblenz, Heinrich von Stockheim und Tilmann von Montabaur sowie andere Studenten zwischen 1273 und 1279 über zwanzig mal in wechselnden Kombinationen zusammen, um Wechselgeschäfte zu tätigen, sich gegenseitig Bürgschaften zu leisten oder Geschäfte zu bezeugen.[355] Unter den Gruppen, deren Mitglieder aus einem gemeinsamen Herkunftsraum stammten, finden sich viele aus einem Gebiet, das vom Bodensee bis ins Unterelsass reicht und somit mindestens drei Diözesen umfasst, aber dennoch als zusammenhängender, wenn auch keineswegs abgeschlossener Raum betrachtet werden kann. Anderseits finden sich vereinzelt auch Beispiele für wahrhaft paneuropäische Geschäftsgruppen, deren Zustandekommen bisher nicht erklärt ist: Graf Hugo VI. von Montfort, der nachmalige Elekt von Chur († 1298) nahm beispielsweise am 3. und am 23. Juli 1288 zusammen mit einem Domherrn von [Santiago de] Compostela, einem Prager Kanoniker, einem polnischen Archidiakon, einem Engländer, einem Westschweizer und anderen Studenten zwei Wechsel über 140 und 70 Goldgulden *iusti ponderis* mit einer Laufzeit von zwei Monaten auf, obwohl er seine übrigen Geschäfte sonst immer zusammen mit Studenten aus dem Bodenseeraum tätigte.[356]

Die in diesem Zusammenhang interessierende Frage nach der Bedeutung derartiger Studienkontakte für die späteren Karrieren der Juristen lässt sich infolge mangelnder Angaben nur ansatzweise beantworten. Im allgemeinen wird man jedoch die Universität kaum als einen Ort der Bildung akademischer Beziehungsgeflechte, die weit über den sozialen und geographischen Herkunftshorizont der Studenten hinausreichten, betrachten dürfen. Studienbekanntschaften wie die später noch zu erwähnende zwischen Raban von Helmstadt, Eglolf von Knöringen und Job Vener, die dazu führte, dass die beiden letzteren als Protonotare in die pfälzische Kanzlei unter Raban eintraten, sind als Ausnahmen zu betrachten. Wenn ehemalige Bologneser Studenten nach ihren Studien bei der Ausübung juristischer Tätigkeiten wieder aufeinandertrafen, was im juristendichten Hochrheinraum um die Wende vom 13. zum 14.

---

355 Mem. 21, fol. 112^{v}; 23, fol. 67^{r}; 24, fol. 205^{r}, 221^{r}; 25, fol. 61^{v}, 85^{v}, 249^{r}; 26, fol. 200^{v}; 27, fol. 81^{r}; 29, fol. 9^{v}, 78^{v}, 85^{r}; 30, fol. 15^{v}, 60^{v}; 31, fol. 22^{r}, 38^{v}, 44^{r}, 48^{v}, 54^{v}, 73^{v}, 136^{v},162^{r}, 166^{r} etc.

356 Mem. 73, fol. 14^{v}–15^{r}, 168^{r}; *Suzanne* und *Sven Stelling-Michaud*, Juristes (Anm. 18), S. 231 f.

Jahrhundert nicht selten vorkam[357], dann waren es doch in der Regel die pfründengebenden geistlichen Institutionen, die sie zusammenführten und nicht die Tatsache des gemeinsamen Studiums. Selbstverständlich hatten und haben Rechtsakte (und mit ihnen die daran beteiligten Juristen) stets eine viel höhere Überlieferungschance als private Treffen ehemaliger Kommilitonen. Man kann aber dennoch festhalten, dass die vor oder nach dem Studium geknüpften Beziehungen, namentlich im Bereich der Pfründen, eine viel stärkere identitätsstiftende Wirkung besassen als das gemeinsame Studium. Dies konnte auch nicht anders sein, erlaubten es die Versorgungsverhältnisse doch kaum, andere Loyalitäten stärker als die institutionell gegebenen zu pflegen.

5.7 Die Studenten und ihre Bücher

Ausgangspunkt und wichtigstes Fundament jeder juristischen Tätigkeit bildeten die zu interpretierenden Texte, die jederzeit, in gleicher Form und authentisch zur Verfügung stehen mussten.[358] Die Bewahrung und kontrollierte Verbreitung der als verbindlich betrachteten Gesetzestexte war deshalb seit den Anfängen der Bologneser Rechtsschule ein wichtiges Anliegen sowohl der Lehrer als auch der Studenten und nicht zuletzt der Universitätsstadt selbst.[359] Durch eine strenge Kontrolle der in Umlauf gebrachten Texte sollte aber nicht nur deren Qualität garantiert, sondern auch die monopolähnliche Stellung der Bologneser Buchproduktion geschützt werden. Der Comune von Bologna untersagte deshalb 1259 den Buchhändlern den Verkauf von Büchern an auswärtige Doktoren und 1334 den Scholaren, Bücher aus der Stadt zu bringen, falls sie nicht über eine schriftliche Erlaubnis der Stadtobrig-

---

357 Vgl. dazu *Suzanne* und *Sven Stelling-Michaud*, Juristes (Anm. 18), passim.

358 *Hans Widmann*, Wer Lernen ohne Buch betriebe, in: Archiv für Geschichte des Buchwesens 3 (1960), 1611–1614.

359 Zum Buchhandel in Bologna vgl. die grundlegenden Darstellungen von *Friedrich Carl von Savigny* im dritten Buch seiner römischen Rechtsgeschichte (Anm. 279) und *Albrecht Kirchhoff*, Die Handschriftenhändler des Mittelalters, Leipzig 1853, sowie *Miroslav Boháček*, Zur Geschichte der Stationarii von Bologna, in: EOS. Commentarii Societatis Philologae Polonorum 48 (1956), Fasc. 2, Breslau 1957, S. 241–295; *Gianfranco Orlandelli*, Il libro a Bologna dal 1300 al 1330. Documenti con uno studio su il contratto di scrittura nella dottrina notarile bolognese (Studi e Ricerche di Storia e scienze Ausiliare 1), Bologna 1959; *Antonio Perez Martin*, Büchergeschäfte (Anm. 57) und *Frank Soetermeer*, Utrumque ius in peciis. Aspetti della produzione libraria a Bologna fra Due e Trecento (Orbis Academicus, Saggi e Documenti di Storia delle Università, raccolti da Domenico Maffei 7), Milano 1997.

keit verfügten.[360] Diesem strengen Exportregime, das noch zu Beginn des 15. Jahrhunderts in Kraft war, verdanken wir die Nachrichten über den Buchbesitz mehrerer Absolventen der Bologneser Rechtsschule, die ihre Bücher aus der Stadt nach Hause transportieren liessen. Der nachmalige Kölner Rechtslehrer Heinrich de Piro liess beispielsweise am 18. August 1413 nicht nur juristische Texte beider Rechte, sondern auch Tragödien und philosophische Briefe Senecas, ein Repertorium über die Mechanik des Aristoteles sowie eine *Historia Troianorum* ausführen.[361] Einem anderen Heimkehrer, Graf Hermann von Cilli, dem späteren Bischof von Freising, wurde 1412 sogar bestätigt, den grösseren Teil seiner auszuführenden Bücher bereits aus Deutschland mitgebracht zu haben.[362] Trotz all dieser Versuche, das Geschäft mit den juristischen Texten unter der eigenen Kontrolle zu behalten, konnte die Stadt Bologna nicht verhindern, dass bereits seit dem 12. Jahrhundert ausserhalb ihres Einflussbereichs ein reger Handel mit juristischen Handschriften aufblühte, und nicht wenige aus Italien gebrachte Texte in den Heimatländern der Studenten wiederum abgeschrieben wurden.[363]

Aus den beiden oben erwähnten Bewilligungen für den Export zahlreicher Werke darf nicht gefolgert werden, alle Besucher der Bologneser Rechtsschule hätten über derartige Privatbibliotheken verfügt. Sowohl Hermann aus dem Geschlecht der Grafen von Cilli als der Kölner Grossbürgersohn Heinrich de Piro sind von ihrem familiären Hintergrund her sozialen bzw. wirtschaftlichen Oberschichten zuzuordnen, für die der Kauf von Büchern eine deutlich geringere Belastung bedeutet haben dürfte als für einen grossen Teil ihrer Kommilitonen. Zudem traten die beiden erst zu Beginn des 15. Jahrhunderts auf, als der Besitz

---

360 *Friedrich Carl von Savigny*, Geschichte des römisches Rechts (Anm. 279), S. 540 und S. 562; zu den Zollformalitäten beim Export von Büchern vgl. *Luciano Gargan*, Le note «conduxit» - Libri di maestri e studenti nelle Università italiane del Tre e Quattrocento, in: Manuels, programmes de cours et techniques d'enseignement dans les universités médiévales (Université de Louvain, Publications de l'Institut d'Etu-des Médiévales. Textes, Etudes, Congrès 16), Louvain-la-Neuve 1994, S. 385–397, hier: S. 391 f.

361 CSB 2, S. 22 f.

362 CSB 2, S. 226 f.

363 Zur Verbreitung juristischer Handschriften im 12. Jahrhundert vgl. *Johannes Fried*, Rezeption (Anm. 7), S. 103–145, hier: S. 115 ff.; speziell zu den Werken des Accursius vgl. *Erich Genzmer*, Die Verbreitung der Accursischen Glosse in den einzelnen Gebieten Europas, in: Atti del convegno 1963 (Anm. 113), S. 781–798.

mehrerer Handschriften bereits weit weniger spektakulär war als hundert Jahre vorher.

Umfangreichere private Büchersammlungen waren allerdings auch in Bologna selbst im 13. und noch im 14. Jahrhundert eine Seltenheit, wie Savigny in seinen Ausführungen zum äusseren Bücherwesen gezeigt hat.[364] Wir haben daher davon auszugehen, dass die Rechtsstudenten im Normalfall ohne eigene Texte in Bologna eintrafen oder sich diese allenfalls in einer Stifts- oder Klosterbibliothek in ihrer Heimat für die Dauer der Studien ausgeliehen hatten.[365] Denjenigen Studenten, die willens und in der Lage waren, sich weitere Texte anzuschaffen, bot der Bologneser Buchmarkt ein umfassendes Angebot, über dessen Umfang und Verfügbarkeit Stadt und Universität aufmerksam wachten.

Die wichtigsten Ansprechpartner für alle Fragen der Buchbeschaffung fanden die Studenten bei den sogenannten *stationarii*, benannt nach der Bezeichung ihrer Geschäftslokalitäten der *stationes*. Die *stationarii* fungierten als Buchhändler, Buchverleiher und vor allem auch als Verleiher der autorisierten Abschreibevorlagen für handschriftliche Kopien, der *petiae* oder *peciae*.[366] Um das Abschreiben, vor der Erfindung des Buchdrucks die einzige Möglichkeit der Vervielfältigung von Texten, zu beschleunigen, wurden die zu kopierenden Werke in einzelne Stücke von zwei ineinandergefalteten Bogen, die *petiae*, aufgeteilt, was vier Folios bzw. acht Seiten ergab. Auf jede Seite wurden in der Regel zwei Kolumnen geschrieben, die im fünfzehnten Jahrhundert in Bologna auf 62 Zeilen zu 32 Buchstaben festgelegt wurden, so dass eine ganze *petia* 16 Kolumnen umfasste.[367] Auf diese Weise war es möglich, mehrere

---

364 *Friedrich Carl von Savigny*, Geschichte des römischen Rechts (Anm. 279), S. 554 ff.

365 Der einzige Besucher der Bologneser Rechtsschule, der sich nachgewiesenermassen vor seiner Abreise um Fachbücher kümmerte, war der bereits mehrfach erwähnte Otto, Kirchherr von St. Peter in Hayndorf, Nr. 2671. Er bestätigte am 27. Febr. 1323 zu Göttweig, aus der Klosterbibliothek ein Decretum, Dekretalen und Instituta entliehen zu haben „*volens me transferre ad studium iuris Bononiam*“: Archiv zu Göttweig, zitiert nach *Arnold Luschin von Ebengreuths* Zettelkästen (Anm. 17).

366 *Jean Destrez*, La Pecia dans dans les manuscrits universitaires du XIIIe et du XIVe siècle, Paris, 1935; *Karl Christ*, Petia. Ein Kapitel mittelalterlicher Buchgeschichte, in: Zentralblatt für Bibliothekswesen 55 (1938), S. 1 ff.; *Lous Bataillon et al.* (Hgg.), La production du livre universitaire au Moyen Age. Exemplar et Pecia. Actes du symposion tenu au Collegio San Bonaventura de Grottaferrata en mai 1983, Paris 1988; *Gianfranco Orlandelli*, Die handschriftlichen Texte, in: Alma Mater Librorum. Nove secoli di editoria bolognese per l'Università, Bologna, 1988, S. 33–43.

367 *Friedrich Carl von Savigny*, Geschichte des römischen Rechts (Anm. 279), S. 536 ff.

Schreiber gleichzeitig an der Abschrift desselben Texts arbeiten zu lassen, wobei jeder jeweils nur die *petia* bei sich hatte, an der er gerade arbeitete und diese anschliessend beim *stationarius* gegen die nächste eintauschte. Um eine Multiplikation von Fehlern beim Kopieren der Handschriften zu verhindern, legte die Universität fest, welche Handschriften, nachdem sie von einem *corrector* überprüft worden waren, als Vorlagen dienen durften und wer berechtigt war, diese abzuschreiben.[368]

Angesichts der Bedeutung der Texte für den Universitätsbetrieb erstaunt nicht, wie stark die Bologneser Rechtsschule die Aufnahme neuer *stationarii* und deren Geschäftsführung reglementierte.[369] Den *stationarii* wurde nicht nur vorgeschrieben, welche Texte sie vorrätig halten mussten, sondern auch deren Aufteilung in *petiae* und der Preis, zu dem sie verliehen bzw. ganze Texte verkauft werden sollten.[370] Selbstverständlich unterstanden die *stationarii* der Jurisdiktion der Rektoren der beiden Universitäten, denen sie schwören mussten, ihre Geschäfte getreu zu führen. Der finanzielle Rahmen, in dem sich ein *stationarius librorum* bewegte, zeigt sich einerseits in der Verpflichtung, jedes Jahr den neu gewählten Rektoren innerhalb von 15 Tagen Bürgen für 2000 Bologneser Pfund zu präsentieren und anderseits in der Auflage, sämtliche Texte und gebräuchlichen Glossen der im Rahmen des ordentlichen Vorlesungsstoffs behandelten Werke in beiden Rechten in Form von *petiae* vorrätig zu halten. Was die Texte zu den *extraordinarie* gelesenen Stoffen betraf, so konnten sich die einzelnen *stationes* nach Absprache mit den Rektoren spezialisieren.[371]

Einer der bekanntesten *stationarii* in der zweiten Hälfte des 13. Jahrhunderts, zu dem auch viele deutsche Studenten geschäftliche Kontakte pflegten, war ein gewisser Arditio, der neben dieser Tätigkeit auch als *bidellus generalis* der Universität fungierte.[372] Arditio nutzte diese Position an der Universität, um sich ein Privileg zu verschaffen, das ihm erlaubte, über die statutarisch festgelegten 10 Solidi Provision bei Buchgeschäften hinauszugehen. Seine *statio* muss zu dieser Zeit eine der

---

368 SUB 1317, Rubrr. 33–35.

369 SUB 1317, Rubrr. 29–37.

370 SUB 1317, Rubrr. 32 und 36.

371 SUB 1317, Rubr. 30.

372 Acta Nationis, S. 347.21 und 349.29; über ihn vgl. *Miroslav Boháček*, Stationarii (Anm. 359), S. 276–284.

wichtigsten gewesen sein, was auch in einem zeitgenössischen anonymen Gedicht zum Ausdruck kommt, das auf einen Brand in seinem Haus anspielt, bei dem viele Bücher vernichtet wurden.[373]

Während Universität und Comune durch ihre Auflagen die Qualität der Texte und ihre Verfügbarkeit in genügender Zahl und zu bezahlbaren Preisen sicherstellten, blieb die äussere Ausstattung der Bücher den Möglichkeiten und Wünschen des Kunden und den Fähigkeiten der Abschreibenden überlassen. Als Kopisten betätigten sich einheimische freischaffende Schreiber, einige wenige Schreiberinnen, aber auch Studenten, die sich durch das Kopieren von Handschriften für besser betuchte Kommilitonen Studium und Aufenthalt in Bologna finanzierten. Mit den verschärften Auflagen für Schreiber ab der Mitte des 13. Jahrhunderts verlor das Kopieren von Texten seine Attraktivität und wurden von den Einheimischen zunehmend den ohnehin rechtlich schlechter gestellten Fremden überlassen.[374] Jeder Auftrag für eine Abschrift wurde vertraglich zwischen Kunden und Schreibern festgehalten, der regelte, in welcher Schrift, auf welchem Beschreibstoff, bis wann und zu welchem Preis ein Werk abgeschrieben werden sollte.[375] Üblicherweise legte der Schreiber beim Anschluss des Kontrakts eine Schriftprobe vor, die als Muster im Vertrag erwähnt wurde, oder er verpflichtete sich, die Arbeit in derselben Qualität wie eine bereits vorliegende auszuführen.[376] Geschrieben wurde auf Pergament, das nach seiner Herkunft aus der Haut von Schafen oder Ziegen als *carta pecorina* oder *carta hedina* bezeichnet wurde. Die beliebteste Schrift war seit der Mitte des 13. Jahrhunderts die sogenannte *littera nova* (im Unterschied zur älteren Bologneser Scholastikschrift), eine kompakte Schrift mit einem dichten

373 *tristat quin multos Ardittionis // codicibus spoliata domus; sua damna scolares // Lombardi Tusci, Galli flent ac Alamanni, // Angligene, Siculi, Calabri simul Appulienses, // quos procul impulerat sitis ad mare philosophie*: zitiert nach *Francesca Bocchi*, Trasferimenti di lavoratori e studenti a Bologna nel basso Medioevo, in: Forestieri e stranieri nelle città basso-medievali. Atti del Seminario Internazionale di Studio Bagno a Ripoli (Firenze), 4–8 giugno 1984 (Quaderni di Storia urbane e rurale 9), Florenz 1988, S. 249–261, hier: S. 249.

374 Zur Rechtsstellung der Schreiber vgl. *Gianfranco Orlandelli*, Il libro (Anm. 359), S. 33–35 und *Antonio Perez Martin*, Büchergeschäfte (Anm. 57), S. 37 f.

375 Zu den Abschreibeverträgen und ihrer Ausgestaltung nach den Vorlagen der Bologneser Notariatsschulen vgl. *Gianfranco Orlandelli*, Il libro (Anm. 359), S. 24 f.

376 Mem. 25, fol. 42^{v}.

System von Abkürzungen, die zwischen Haupttext und beigeschriebenem Glossenapparat kaum mehr unterschied.[377]

Angesichts der für die Abschrift grosser Werke erforderlichen Arbeitszeit, die bei einer monatlichen Schreibleistung von etwa zwei *quaterni* oder fünf *peciae* (32 bis 40 Seiten) mehrere Monate und in Einzelfällen sogar über ein Jahr betragen konnte und der Anzahl der als Beschreibstoff benötigten Tierhäute ist klar, dass vor der Einführung des Buchdrucks die umfangreichen Gesetzestexte und Kommentare Luxusgüter darstellten, die sich nur ein kleiner Teil der Studenten und offensichtlich nicht einmal alle Professoren leisten konnten oder wollten.[378] Allerdings wurden bereits seit dem 12. Jahrhunderts auch preisgünstigere (und handlichere) Bücher hergestellt, die sogenannten *libri portativi pauperum*, die in teilweise stark abgekürzter Form die wichtigsten Inhalte der autoritativen Texte boten. Diese *libri pauperum* waren aber nicht nur für weniger begüterte Studenten gedacht, sondern wurden schon von Zeitgenossen auch als zeitsparende Kompendien für Studierende anderer Wissenschaften verstanden.[379]

In welchem Verhältnis die Ausgaben für Bücher zu den übrigen Studienkosten standen, lässt sich kaum zufriedenstellend ausdrücken. Weder Savignys Umrechnung der Buchpreise in das Konventionsgeld der 1820er Jahre noch der Vergleich mit den durchschnittlichen Lebenshaltungskosten eines deutschen Studenten in den siebziger Jahren dieses Jahrhunderts durch Perez Martin vermögen zu überzeugen.[380] Bringt man die von Perez Martin ermittelten Durchschnittspreise der Bücher

---

377 *Gianfranco Orlandelli*, Die handschriftlichen Texte (Anm. 366), S. 35 f.

378 *Friedrich Carl von Savigny* erklärt die erstaunlich kleinen Bibliotheken selbst von Bologneser Professoren nicht völlig zufriedenstellend damit, dass „der Sinn der Juristen dieser Zeit nur darauf gerichtet“ war, „das wenige was sie besaßen stets von neuem zu lesen und zu verarbeiten“: Geschichte des Römischen Rechts (Anm. 279), S. 560.

379 *Franz Josef Worstbrock*, Libri pauperum. Zu Entstehung, Struktur und Gebrauch einiger mittelalterlicher Buchformen der Wissensliteratur seit dem 12. Jahrhundert, in: Der Codex im Gebrauch (Akten des Internationalen Kolloquiums 11.–13. Juni 1992), hg. von Christel Meier, Dagmar Hüpper und Hagen Keller (Münstersche Mittelalter-Schriften 70), München 1996, S. 41–60.

380 *Friedrich Carl von Savigny*, Geschichte des Römischen Rechts (Anm. 279), S. 551 ff.; *Antonio Perez Martin*, Büchergeschäfte (Anm. 57), S. 33 f., kam bei einem durchschnittlichen Buchpreis von 30 bis 39 Bologneser Pfund am Ende des 13. Jahrhunderts auf umgerechnet ca. 10 000 bis 13 000 DM im Jahr 1978 oder knapp das Doppelte des damaligen jährlichen Stipendienansatzes.

von 30 bis 39 Pfund im ausgehenden 13. Jahrhundert in Beziehung zu den Lebenshaltungskosten, so zeigt sich, dass für die Anschaffung eines Buchs eine Summe in der Grössenordnung ungefähr eines halben studentischen Jahresbedarfs aufgebracht werden musste. Die Buchpreise erreichten nicht selten sogar das Jahresgehalt eines öffentlichen Notars, das zwischen 60 und 72 Pfund betrug, während ein Schreiber mit dem Kopieren von Handschriften etwa zwölf Pfund im Jahr verdiente.[381] Savigny bezweifelte dagegen aufgrund der grossen Anzahl erhaltener, grösstenteils nicht aufwendig verzierter Bücher und des hochentwikkelten Buchgewerbes die Kostbarkeit und Seltenheit dieser Texte.[382]

Unter den deutschen Studenten sind zwischen 1265 und 1325 in den Bologneser Notariatsregistern nicht weniger als 138 als Käufer oder Verkäufer bei Büchergeschäften nachzuweisen.[383] Die Aufstellung der von den deutschen Studenten umgesetzten Handschriften ergibt 96 kanonistische und 83 legistische Werke, unter denen das Decretum und die Dekretalen bei den kirchenrechtlichen Werken, der Codex und die Digesten bei den römischrechtlichen, also die im Studium meistbenutzten Texte beider Rechte[384], erwartungsgemäss am häufigsten gehandelt wurden (Tabelle 6). Der scheinbar überproportional (gemessen am Anteil der Legistikstudenten) häufig feststellbare Handel mit legistischen Werken kann als Hinweis darauf betrachtet werden, dass viel häufiger, als sich dies anhand der übrigen Überlieferung nachweisen lässt, beide Rechte studiert wurden. Es finden sich zudem 10 Studenten, die Werke beider Rechte umsetzten, darunter zwei Doktoren der Legistik.[385]

Die durchschnittlichen Preise dieser Bücher (jeweils auf das nächste Pfund aufgerundet) ergeben Beträge, die deutlich über den von Perez Martin ermittelten Werten liegen und jedenfalls das Budget eines nicht

---

381 *Antonio Perez Martin*, Büchergeschäfte (Anm. 57), S. 33 f.

382 *Friedrich Carl von Savigny*, Geschichte des Römischen Rechts (Anm. 279), S. 550. Die von Savigny angeführten Beispiele vermögen allerdings seine Schlüsse nicht überzeugend zu begründen.

383 Vgl. dazu allgemein *Sven Stelling-Michaud*, Université (Anm. 56), S. 100–114; *Antonio Perez Martin*, Büchergeschäfte (Anm. 57), passim.

384 Zu den einzelnen Werken vgl. *Peter Weimar*, Die legistische Literatur (Anm. 272); *Knut Nörr*, Die kanonistische Literatur, in: Coing (Hg.), Handbuch (Anm. 72), S. 365–382; *ders.*, Die Literatur zum gemeinen Zivilprozess, ebd., S. 383–397.

385 Berthold Brotmeister, Nr. 230 und Theodericus de Campugneio?, Nr. 3099.

besonders begüterten Studenten stark belastet haben mussten. Selbst wenn die Texte nur in der jeweils billigsten Ausführung gekauft worden wären (die ja inhaltlich denselben Anforderungen genügen musste wie die reicher ausgestatteten Exemplare derselben Werke), ergäben sich noch immer Kosten, die den Besitz von juristischen Handschriften zumindest nicht als Selbstverständlichkeit erscheinen lassen.

Tabelle 6: Anzahl und Preise der gehandelten Rechtstexte

Titel und Ausstattung	**Anzahl**	**DP**	**max.**	**min.**
Codex mit Apparat des Accursius	18	45 lb	76 lb	24 lb
Codex ohne Apparat	11	37 lb	60 lb	24 lb
Digest (vetus) mit Apparat des Accursius	12	44 lb	70 lb	24 lb
Digest (vetus) ohne Apparat	14	41 lb	85 lb	24 lb
Digest (novum) mit Apparat des Accursius	7	49 lb	75 lb	22 lb
Digest (novum) ohne Apparat	4	33 lb	44 lb	25 lb
Decretum mit Apparat des Johannes	15	81 lb	145 lb	32 lb
Decretum mit diversen Apparaten	8	57 lb	134 lb	32 lb
Decretum ohne Apparat	20	64 lb	160 lb	26 lb
Dekretalen mit dem Apparat Bernhards	21	59 lb	112 lb	24 lb
Dekretalen ohne Apparat	20	46 lb	112 lb	25 lb
Dekretalenapparat	6	40 lb	84 lb	20 lb
Infortiatum mit Apparat des Accursius	1	38 lb	38 lb	38 lb
Infortiatum ohne Apparat	2	-	-	-
Infortiatum und Trespartes	3	47 lb	82 lb	25 lb
Liber Sextus	1	-	-	-
Speculum Guilliemi Durantis	1	30 lb	30 lb	30 lb
Summa Azonis	5	37 lb	44 lb	30 lb
Summa Hostiensis bzw. Archiepiscopi	3	47 lb	70 lb	27 lb
Summa Huguccionis	1	-	-	-
Volumen mit Apparat des Accursius	6	53 lb	70 lb	45 lb

Quelle: Memoriali; DP = Durchschnittspreis der Bücher

Angesichts der oben ersichtlichen Kosten stellten Bücherkäufe, wie sie sich für Magister Heinrich, Kanoniker am Strassburger Thomasstift nachweisen lassen, sicherlich nicht den Regelfall dar. Heinrich kaufte zwischen 1268 und 1270 für mehrere hundert Pfund acht Texte beider Rechte und eine Bibel bzw. liess sich diese abschreiben und verkaufte einen Codex, von dem er offensichtlich zwei Exemplare besass.[386]

Büchergeschäfte dieses Ausmasses sind grosse Ausnahmen, hinter denen entweder finanziell sehr gut gestellte Personen oder möglicherweise

386 Heinrich von Strassburg, Nr. 1496.

auch Institutionen wie Stifts- oder Klosterbibliotheken vermutet werden können, die sich auf diesem Weg mit Literatur eindeckten. Das Beispiel Heinrichs zeigt aber auch, dass längst nicht alle in Bologna gekauften Bücher nach dem Studium in die Heimat zurückgebracht wurden. Den 127 nachgewiesenen Käufern von Handschriften standen 56 Verkäufer gegenüber, von denen sich die meisten wohl aus Geldmangel von ihren Texten getrennt haben dürften. Es handelte sich ja bei den Rechtstexten nicht einfach um Studienliteratur, die nach Abschluss eines Kurses nicht mehr benötigt wurde, sondern in der Regel um wichtige Grundlagenwerke für die spätere Ausübung einer juristischen Tätigkeit, die man kaum ohne Not verkauft haben dürfte, sondern nur dann, wenn man den Erlös für die Anschaffung neuer Texte benötigte. Nichtsdestoweniger verkauften einige Studenten ihre Bücher teilweise schon kurze Zeit nach dem Kauf wieder für gutes Geld: Stephan von Baulmes erhielt für sein auf Ziegenleder geschriebenes Volumen mit dem Apparat des Accursius, das er im Herbst 1278 für 50 Pfund gekauft hatte, im darauffolgenden April 53 Pfund, löste also noch Gewinn aus diesem Handel, während der Prager Kanoniker Nikolaus für sein *Decretum* mit dem Apparat des Johannes [Teutonicus] im Dezember 1277, nach eineinhalb Jahren nur noch 100 Pfund anstelle des Neupreises von 103 Pfund erhielt.[387] Wieviele der von den Studenten am Studienort erworbenen Handschriften schliesslich mit ihren Besitzern über die Alpen gelangten, lässt sich aus den Bologneser Quellen natürlich nicht erschliessen. Einige wenige Handänderungen unter Studienkollegen dürften wohl auch ausserhalb der Bologneser Beurkundungsorgane vor sich gegangen und gelegentlich auch Werke an andere Universitäten gebracht worden sein.[388] Von einigen Studenten ist aber bekannt, zumeist aus ihren Nachlässen, dass sie teilweise respektable Bibliotheken besassen, wozu sie vielleicht den Grundstock in der Universitätsstadt selbst gelegt hatten.[389] Werner Marquart von Wollishofen († 1324), in Bologna

---

387 Mem. 37bis, fol. 41^{r}; 41, fol. 31^{v} (der zweite Eintrag fehlt bei *Stelling-Michaud*); Mem. 28, fol. 93^{r}; 34, fol 383^{v}.

388 Am 5. Oktober 1274 liess beispielsweise der Koblenzer Kanoniker Çesarius einen Codex nach Paris bringen: Mem. 24, fol. 221^{r}; zum Export von Manuskripten vgl. auch *Sven Stelling-Michaud*, Le transport international des manuscrits juridiques bolonais entre 1265 et 1320, in: Mélanges d'Histoire économique et sociale en hommage au professeur Antony Babel, Genève 1963, S. 95–127 und *Frank Soetermeer*, La proportion (Anm. 289).

389 Vgl. dazu die Reihen der Mittelalterlichen Bibliothekskataloge Deutschlands, der Schweiz und Österreichs; für die Schweiz speziell *Sven Stelling-Michaud*, Inventai-

nachgewiesen 1274 und 1285, später Kanoniker in Beromünster, Konstanz, Embrach und Zürich, hinterliess beispielsweise 34 juristische Texte, sechs Summen und Formularbücher dazu zahlreiche theologische und andere Werke.[390] Wir kennen seine verlorene oder zerstreute Bibliothek aus einer Liste, die Werner selbst, zwei Jahre vor seinem Tod, auf die letzte Textseite einer Handschrift des Decretum geschrieben hatte, das dem Benediktinerkloster Einsiedeln gehörte und später aus seinem Nachlass wieder dorthin zurückkehrte.[391]

---

re sommaire des manuscrites juridiques (droit canon et droit romain) du XIIIe et du XIVe siècles conservés en Suisse (Contenant la description de 174 ouvrages), Genève 1954.

390 Werner Marquart von Wollishofen, Nr. 3429; zu seinem Bücherverzeichnis vgl. *Gall Morell*, Taxen eines Juristen zu Anfang des 14. Jahrhunderts, in: Anzeiger für Kunde der deutschen Vorzeit, N.F. 12 (1865), Sp. 466–468 (Edition) und *Sven Stelling-Michaud*, Université (Anm. 56), S. 267–269 (Identifikation).

391 Stiftsbibliothek der Bendiktinierabtei Einsiedeln, Cod. 193(66).

Abbildung 2: Aufstellung des Magisters Werner von Wollishofen über den Verkauf seiner Bücher von 1322.
(Stiftsbibliothek Einsiedeln, Codex Nr. 193 (66), fol. 217v)

5.8 Studienkosten und Studienfinanzierung

5.8.1 Die Studienkosten

Das Studium in Bologna war eine kostspielige Angelegenheit. Abgesehen von den enormen Auslagen für die Promotion waren es jedoch weniger die Aufwendungen für das Studium selbst, als diejenigen für den standesgemässen Lebensunterhalt, die den Aufenthalt in Bologna so teuer machten. Von der Seite der Universität her war lediglich eine Immatrikulationsgebühr von 12 Solidi zu entrichten, die angesichts der übrigen Kosten kaum ins Gewicht fiel.[392] Wesentlich höher als diese einheitlich fixierten Immatrikulationsgebühren waren oft die Beitragszahlungen an die verschiedenen Nationen. Das starke Interesse, möglichst sämtliche Studenten aus einer bestimmten Region unter ihrer Führung zu versammeln, das die deutsche Nation wohl mit allen anderen landsmannschaftlichen Organisationen in Bologna geteilt haben dürfte, beruhte sicher zu einem guten Teil auf der Erwartung (und der Notwendigkeit), von den Neumitgliedern Beiträge an die Kosten der Nationsaktivitäten zu erhalten. Im Unterschied zu den später an anderen Universitäten geltenden Regelungen, kannte die deutsche Nation weder nach sozialen Kriterien abgestufte Gebühren, beispielsweise „Adelstarife", noch überhaupt in irgendeiner Weise fixierte Beitragsleistungen.[393] Verlangt wurde von den Neumitgliedern lediglich die Zahlung eines Bologneser Groschen oder Solidus pro Mark ihres jährlichen Einkommens oder ihrer Unterstützungsbeiträge. Aus der Bezeichung *reditus* für die studentischen Finanzquellen darf wohl geschlossen werden, dass dabei primär an regelmässige Einkommen, sicherlich aus Pfründen, gedacht wurde und weniger an Kapitalvermögen. Mit den erwähnten *reditus* kam allerdings doch ein sozial differenzierendes Element für die Berechnung der Beiträge zum Tragen, denn Ertrag und Anzahl der Pfründen hingen ja sehr wohl vom sozialen Status der Inhaber ab. Die Beitragszahlungen waren einmalig beim Eintritt in die Nation zu leisten, wobei erwartet und statutarisch festgehalten wurde, dass bei einer Erhöhung der Einküfte eine Nachzahlung *pro augmentacione reddituum* zu leisten war.[394] Mit dem Einkassieren der Beiträge nahmen es die Prokuratoren offenbar sehr genau, vermerkten sie doch, dass

---

392 SUB 1432, Rubr. 20.

393 Zur sozialen Abstufung der Beiträge vgl. *Rainer Chr. Schwinges*, Universitätsbesucher (Anm. 9), S. 348 ff.

394 SNG 1292: *Paolo Colliva*, Statuta Nationis (Anm. 26), S. 96.

Heinrich und Arnold von Luckau, die 1321 während der *privatio studii* in Bologna ankamen, ihre Gebühren nicht bzw. noch nicht entrichtet hätten.[395] Felix Stucki von Winterthur, der seinen Beitrag 1335 nicht innerhalb der vorgeschriebenen 15 Tage bezahlte, wurde mit der statutarisch festgelegten Verdoppelung seines Beitrags von sechs Solidi gebüsst.[396]

So auffällig individualistisch und modern die Gebührenordnung der deutschen Nation im Vergleich mit den starren Tarifen anderer Unversitäten anmutet, so wenig sagen die darauf basierenden Beiträge der Studenten etwas über deren materiellen Hintergrund aus. Wie hoch sich die jährlichen Auslagen für den Eigenbedarf beliefen, war natürlich genauso individuell wie die verschiedenen Lebensweisen und sozialen Ausdrucks- und Aufwandformen der einzelnen Studenten, so dass die entrichteten Beiträge nur bedingt Rückschlüsse auf die Einkommens- oder Vermögenslage der Universitätsbesucher erlauben. Anhand einer relativen Verteilung der Beitragssummen kann aber zumindest deutlich gemacht werden, in welchen Grössenordnungen sich die Beitragszahlungen bewegten. Für diesen Vergleich konnten 1905 in Solidi umrechenbare Zahlungen von einzeln für sich selbst bezahlenden Personen herangezogen werden. Nicht berücksichtigt wurden 184 (meist überdurchschnittliche) Kollektivzahlungen von Personengruppen sowie einige unklare Beträge, bei denen es sich um Nachzahlungen, Bussgelder oder ähnliches handeln dürfte.

Über drei Viertel, nämlich 76.3 Prozent der Besucher Bolognas entrichteten Gebühren zwischen einem und 20 Solidi, wobei eine klare Präferenz für runde Summen ersichtlich wird, die sich über das ganze Spektrum der Beitragszahlungen hinwegzieht. Als „Standardbeiträge“ gingen Zahlungen von zehn, zwölf oder zwanzig Solidi ein, was darauf schliessen lässt, dass nicht exakt im Verhältnis zu den persönlichen *redditus* bezahlt, sondern in der Regel gerundet wurde. Der Durchschnitt sämtlicher Beiträge belief sich auf 20.2 Solidi und lag damit, durch einzelne weit darüber liegende Zahlungen beeinflusst, leicht höher als die tatsächliche „durchschnittliche“ Zahlung, die ungefähr 15 Solidi betragen haben dürfte. Extrem hohe Beiträge waren äusserst selten. Nur 24 Personen, 1.3 Prozent der Zahler, liessen sich ihr Sozialprestige über 100 Solidi bzw. fünf Pfund kosten, an ihrer Spitze bezeichnenderweise Hochadlige wie der oben erwähnte Robert von Berg, Otto von Braun-

395 Acta Nationis S. 79.40 ff., Nrn. 146 und 1373.

396 Acta Nationis S. 97.20 ff., Nr. 785.

schweig und Johannes von Moosburg, ein illegitimer Sohn des Herzogs Stephan III. von Bayern-Ingolstadt.[397] Diese Spitzenzahler gehörten fast ausnahmslos in die Kategorie derjenigen Studenten, die nach Schwinges „schon jemand waren“ und keine Leistungsausweise aus Bologna für ihre weitere Karriere brauchten.[398] Die Ausnahmen unter den Spitzenzahlern stammten typischerweise aus Ministerialenfamilien, Heinrich Truchsess von Diessenhofen 1316 und Rudmar von Stockerau 1318 und mit Hermann Dwerg 1401 sogar aus einer Bürgerfamilie – und alle drei hatten sie, als einzige unter den besten Zahlern in Bologna, den Doktortitel erworben.[399] Beachtenswert ist dabei auch die Tatsache, dass die beiden Ministerialensöhne zu Beginn des 14. Jahrhunderts jahrelang in Bologna studierten um anschliessend Karriere zu machen, während Dwerg als Sohn aus einer wohlhabenden Herforder Bürgerfamilie zu Beginn des 15. Jahrhunderts einfach zur Promotion nach Bologna reiste. Dwergs Zeit in Bologna 1401 bis 1402 kann man ja nur als einen „Promotionsaufenthalt“ bezeichnen vor seiner steilen Karriere an der Kurie, die ihn zu einem der reichsten Männer seiner Zeit in Rom werden liess.[400] Die Herkunft und das Studienverhalten Dwergs stehen aber auch für ein neues Zeitalter, in dem die Finanzkraft des Bürgertums allmählich die allein ständisch legitimierte gesellschaftliche Führung durch den Adel in Frage stellte.

Auf der entgegengesetzten Seite der materiellen Skala finden wir 17 Studenten für die ausdrücklich vermerkt ist, dass sie keine Beiträge an die Nation leisteten. Es handelt sich dabei selbstverständlich nicht um Personen, die in Kollektivzahlungen anderer eingeschlossen wurden, sondern um solche, die für sich allein nichts bezahlen wollten oder konnten. Die meisten unter diesen sind bloss als „Nichtzahler ohne Begründung“ fassbar, während ein einziger, der Lehrer des Grafen Dietrich von Rheineck, im Jahr 1294 als mittellos, *„nichil habet“*, in die Nationsakten eingetragen wurde und offensichtlich auch nichts be-

---

397 Robert von Berg, Nr. 2882, Otto von Braunschweig, Nr. 2660, Johannes von Moosburg, Nr. 2103.

398 *Rainer Chr. Schwinges*, Universitätsbesucher (Anm. 9), S. 352.

399 Heinrich Truchsess von Diessenhofen, Nr. 1516, Rudmar von Stockerau, Nr. 2891, Hermann Dwerg, Nr. 1595.

400 Zu ihm ausführlich *Christiane Schuchard*, Die Deutschen an der päpstlichen Kurie im späten Mittelalter (1378–1447). (Bibliothek des Deutschen Historischen Instituts in Rom 65), Tübingen 1987, S. 302 und passim.

zahlte.[401] Ein weiterer Student, Eberhard Parvi aus der Schweriner Diözese, bezahlte ebenfalls 1381 nichts, erhielt aber für die Ausfertigung eines Notarsinstruments im Vorjahr von der Nation 12 Solidi ausbezahlt. Dabei ist wohl an eine von der Nation einem materiell nicht besonders gut gestellten Mitglied zugehaltene Gelegenheitsarbeit zu denken, was möglicherweise auch im Fall des öffentlichen Notars Matthias Spiegel aus der Diözese Ratzeburg zutrifft, der das Instrument im folgenden Jahr erstellte.[402]

Es stellt sich die Frage, ob wir es in solchen Fällen mit eigentlichen *pauperes* unter den Bologneser Universitätsbesuchern zu tun haben, da offensichtlich eigene Mittel nicht oder nur in sehr beschränktem Umfang zur Verfügung standen und sich einige Studenten für Schreibarbeiten im Auftrag der Nation bezahlen liessen.[403] Zunächst muss dazu festgehalten werden, dass die Statuten der deutschen Nation keine *pauperes* erwähnen und entsprechend auch keine Ermässigungen bestimmter Gebühren für eine solche Gruppe kennen, wie sie aus anderen Universitäten überliefert sind.[404] Völlige Mittellosigkeit von Studenten ist sicher im besonderen Umfeld der Bologneser Rechtsschule noch viel eher auszuschliessen als später in den Universitäten nördlich der Alpen, wo der Grossteil der *pauperes* im Wesentlichen aufgetaucht zu sein scheint.[405] Fernab vom engeren familiären Rückhalt waren die Studenten in Bologna noch viel mehr auf eine gesicherte Finanzierung ihres Aufenthalts angewiesen als ihre Kollegen später in den deutschen Lan-

---

401 Acta Nationis, S. 42.23; Nr. 3565.

402 Acta Nationis, S. 144.20: Eberhard Parvi, Nr. 696; 145.45 ff.: Matthias Spiegel, Nr. 2490.

403 Zu den *pauperes* als sozialer Gruppe an Universitäten vgl. *Jacques Paquet*, Recherches sur l'universitaire „pauvre" au moyen âge, in: RBPH 56 (1978), S. 301–353; *ders.*: L'Universitaire pauvre au moyen âge: Problèmes, documentation, questions de méthode, in: Jozef Ijsewijn und Jacques Paquet (Hgg.), The Universities, 399–425; *Rainer Chr. Schwinges*, Universitätsbesucher (Anm. 9), S. 441–465; *ders.*: Pauperes an deutschen Universitäten des 15. Jahrhunderts, in: ZHF 8 (1981), S. 285–309; *Christoph Fuchs*, Dives (Anm. 185), passim.

404 *Christoph Fuchs*, Dives (Anm. 185), S. 56 ff.; *Rainer A. Müller*, Universität und Adel (Anm. 186), S. 94 ff.; die in diesem Zusammenhang interessierende Bemerkung *Magnus Ditsches*, wonach in Padua und Bologna jedes Jahr ein *pauper* gratis - *amore dei* - geprüft und promoviert werden sollte, konnte leider mangels Quellenangabe nicht überprüft werden: Zur Studienförderung im Mittelalter, in: RhVJBll. 41 (1977), S. 53–62, hier: S. 60.

405 *Jacques Paquet*, L'Universitaire (Anm. 403), S. 401 f.

desuniversitäten und konnten sich aufgrund ihrer starken sozialen Verankerung im grossen und ganzen auch auf diese verlassen. Die Summen, die die Studenten zur Überbrückung kurzfristiger Engpässe bei den ortsansässigen Geldverleihern aufnahmen, deuten jedenfalls auf einen im allgemeinen gehobenen Lebensstandard der Studenten hin.

Die Mehrzahl der Studenten, so lässt sich zusammenfassen, bewegte sich mit ihren Beitragzahlungen an die deutsche Nation zwischen Beträgen von zehn und 20 Solidi, was auf ein jährliches Einkommen in der Höhe von ebensovielen Silbermark schliessen lässt. Mit einem Umrechnungskurs von sechs bis sieben Bologneser Pfund pro Mark erhält man auf diese Weise eine sehr grobe Vorstellung von einem verfügbaren Einkommen der Studenten, das zwischen 60 und 140 Pfund im Jahr lag.[406] Dieser Betrag korrespondiert genau mit der bekannten Angabe des Bologneser Rechtslehrers Odofredo de Denariis († 1265), wonach ein Student aus gehobeneren Schichten ungefähr 100 Pfund pro Jahr benötige.[407] Die deutschen Studenten in Bologna gehörten also in ihrer Mehrzahl nicht nur einer sozialen Schicht an, die mit vergleichsweise hohen Pfründenerträgen rechnen konnte, sie fügte sich zudem auch genau in das von Odofredo formulierte Selbstverständnis der Bologneser Rechtsschule ein.

Standesgemässes Leben am Universitätsort erforderte eine beträchtliche Summe an Bargeld, das zudem regelmässig aus der Heimat eintreffen musste, wollte man sich als Student nicht bei einem der zahlreichen *campsores* oder bei einem Professor, der sich nebenbei als Geldverleiher betätigte, in Schulden stürzen.[408] Die Auswahl an möglichen Geldgebern für ein Studium war allerdings sehr beschränkt. In Frage kamen gerade Pfründen, Studienstiftungen und Stipendien sowie die Mittel der eigenen Familie.

---

406 Der Umrechungskurs ergibt sich aus den Angaben in den Memoriali aus den Jahren 1274, wo für eine Silbermark inklusive Zins gut acht Bologneser Pfund verrechnet wurden (Mem. 25, foll. 24^r, 39^v, 61^v) und aus Angaben aus dem Jahr 1305, als die Mark inklusive Zins gut sieben Pfund galt. Abzüglich eines Zinses von 10 bis 20 Prozent (*Sven Stelling-Michaud*, Université (Anm. 56), S. 95), dürfte der reine Gegenwert der Silbermark in dieser Zeit rund sechs bis sieben Bologneser Pfund betragen haben.

407 Odofredo, C IV, 28.5, zitiert nach *Sven Stelling-Michaud*, Université (Anm. 56), S. 88.

408 *Guido Zaccagnini*, La vita (Anm. 237), S. 37 f.

5.8.2 Die Pfründenversorgung

Die klassische und bei weitem wichtigste Form der Studienfinanzierung im Mittelalter bestand in Bologna wie an allen anderen Universitäten darin, sich die Erträge von kirchlichen Pfründen an den Studienort senden zu lassen.[409] Aus diesem engen, beinahe schon als symbiotisch zu bezeichnenden Zusammenhang zwischen Studium und Pfründenversorgung ergibt sich fast von selbst die Frage, ob man im Mittelalter mit oder für Pfründen studierte, d. h., ob man dank der Pfründenerträge studieren konnte oder ob man studierte, um durch eine akademische Qualifikation attraktive Pfründen zu erhalten. Zu klären sind demnach als erstes die allgemeinen Bedingungen zur Nutzung von Pfründen, zweitens der Pfründenbesitz vor Antritt der Studien, drittens die Vorteile, die ein (Rechts-)Studium und insbesondere die entsprechenden Examina für den Erwerb (weiterer) Pfründen boten, viertens die Einschränkungen bei der Nutzung von Pfründen und schliesslich die Frage, inwieweit sich ein Studium in Form von zusätzlichen Pfründen niederschlug bzw. niederschlagen konnte.

Die Zugehörigkeit zum geistlichen Stand eröffnete zunächst einmal allen Klerikern die grundsätzliche Möglichkeit des Zugriffs auf den „Pfründen-pool", wie Andreas Meyer es ausdrückte.[410] der Kirche. Dieser Aspekt darf wohl *sine ira et studio* als ausschlaggebendes Moment für die meisten Eintritte in den Klerikerstand betrachtet werden, bildete aber oft auch die einzige Gemeinsamkeit klerikaler Existenz im Mittelalter. Für die nachgeborenen Söhne weltlicher Herren konnte ein Klerikerdasein in Spitzenfunktionen der geistlichen Hierarchie durchaus ein standesgemässes Leben in herrschaftlicher oder herrschaftsähnlicher Positionen bedeuten, während daneben ein Vikar vom Anteil der Pfründenerträge, die ihm ein abwesender Stelleninhaber überliess, oft kaum leben konnte.[411] Die Kirche kannte und beachtete ja sehr wohl soziale

---

409 Anstelle vieler vgl. *Peter Moraw*, Stiftspfründen (Anm. 22), hier besonders S. 283 ff.; *Hélène Millet* und *Elisabeth Mornet* (Hgg.): I canonici (Anm. 22).

410 *Andreas Meyer*, Der deutsche Pfründenmarkt im Spätmittelalter, in: QFIAB 71 (1991), S. 266–279, hier: S. 271.

411 Vgl. dazu *Dietrich Kurze*, Der niedere Klerus in der sozialen Welt des späteren Mittelalters, in: Beiträge zur Wirtschafts- und Sozialgeschichte des Mittelalters. FS für Herbert Helbig zum 65. Geburtstag, hg. von Knut Schulz, Köln 1976, S. 273–305, hier: S. 290 ff., wo ein allgemein sinkendes Einkommen des niederen Klerus gegen das Ende des Mittelalters hin festgestellt wird, das vermutlich die Vikare härter getroffen haben dürfte als Inhaber höherer Stellen.

Unterschiede genauso wie die Gesellschaft, in der sie verankert war. Für einen Hochadligen aus einer in der regionalen Pfründenlandschaft verwurzelten Familie stellte es daher kaum mehr als eine Selbstverständlichkeit dar, über Patronat und ordentliche Kollatur in den umliegenden Stiften Kanonikate zu erwerben, während umgekehrt das Erreichen einer Pfarrstelle für einen Bürgerssohn bereits einen sozialen Aufstieg bedeuten konnte.[412]

Mit der Inanspruchnahme der Versorgung durch die Kirche waren freilich auch bestimmte Pflichten verbunden, allen voran die Annahme der Weihen und die Residenzpflicht. Beides konnte Probleme bieten, war doch zumindest mit den höheren Weihen der Zölibat und mit der Residenz eine empfindliche Einschränkung der örtlichen Mobilität verbunden. Beide Probleme konnten aber durch eine pragmatische Dispens- und Privilegienpolitik der Päpste entschärft werden.[413] In einer Reihe von immer wieder erneuerten Privilegien sicherten die Päpste seit dem 14. Jahrhundert den Studenten der Universität Bologna den ungehinderten Pfründengenuss über einen Zeitraum von fünf bis sieben Jahren zu, für den auch die Pflicht zur Residenz ausgesetzt wurde.[414] Die Verpflichtung zur Aufschiebung oder zum Erlass der höheren Weihen war dagegen aufwendiger und erforderte persönliche Initiative in Form von Suppliken an den Papst.[415] Mindestens drei Studenten supplizierten um eine derartige Dispens und fünf anderen wurde sie, teilweise sogar auf zehn Jahre, erteilt. Die Versuche, die Weihen hinauszuschieben, kamen nicht von ungefähr, verliessen doch immerhin ein Dutzend Studenten nach dem Studium den Klerikerstand, um zu heiraten und die Familie weiterzuführen.[416]

---

412 Zum Patronat vgl. *Peter Landau*, Ius patronatus. Studien zur Entwicklung des Patronats im Dekretalenrecht und der Kanonistik des 12. und 13. Jahrhunderts, Köln-Wien 1975; zur ordentlichen Kollatur vgl. z. B. *Andreas Meyer*, Zürich und Rom (Anm. 120), S. 115 ff.

413 Zum Dispenswesen vgl. allgemein *Ludwig Schmugge*, *et al.* (Hgg.). Die Supplikenregister der päpstlichen Pönitentiarie aus der Zeit Pius' II. (1448–1464). (Bibliothek des Deutschen Historischen Institus in Rom 84), Tübingen 1996, S. 8 ff.

414 Zu den päpstlichen Privilegien für Studenten vgl. grundsätzlich *Heinrich Denifle*, Entstehung (Anm. 69), S. 209 ff; speziell für die Universität Bologna vgl. *Pearl Kibre*, Privileges (Anm. 111), S. 18–53.

415 Vgl. auch *Ludwig Schmugge*, Schleichwege zu Pfründe und Altar. Päpstliche Dispense vom Geburtsmakel, in: HZ 257, Heft 3 (1993), S. 615–645, hier: S. 619 ff.

416 Das von *Aloys Schulte*, Der Adel und die deutsche Kirche im Mittelalter, Stuttgart

Nicht weniger als 1157 Besucher der Bologneser Rechtsschule sind bereits zum Zeitpunkt ihres Aufenthalts in Bologna als Inhaber mindestens einer Pfründe belegt (Tabelle 7).[417] Die finanzielle Basis für ihr Studium bildeten überwiegend Kanonikate an Dom- und Kollegiatstiften sowie Pfarrerstellen, jedoch weniger Dignitäten in Stiften, die in der Mehrzahl erst nach den Studien erworben wurden. Die meisten dieser Pfründen dürften auf dem traditionellen Weg, d. h. durch ordentliche Kollatur, Patronats- und Klientelwirtschaft in die Hände der Studenten gelangt sein. Es handelte sich ja, wie aus der sozialen Herkunft der Studenten hervorgeht, meistens um Angehörige genau jener gesellschaftlich führenden Gruppen, in deren Händen die ordentliche Kollatur ohnehin lag. Der Anteil jener Studenten, die bereits während ihres Aufenthalts in Bologna bepfründet waren, dürfte allerdings höher gewesen sein als das nachweisbare knappe Drittel dies vermuten lässt. Hinter manchem mutmasslichen Herkunftsort verbarg sich ein Pfründenort, und oft genug dürften Pfründen, namentlich wenn es sich um solche von geringerem Ansehen handelte, schlicht verschwiegen worden sein, weil sich deren Inhaber stärker mit ihren Familien oder ihren tatsächlichen Herkunftsorten identifizierten als mit nebenbei gehaltenen Pfründen.[418] Beachtenswert ist allerdings die Tatsache, dass dieser Anteil während des ganzen betrachteten Zeitraums mehr oder weniger konstant bleibt. Er bewegt sich, mit Ausnahme einiger kurzer Ausreisser innerhalb einer Bandbreite von ungefähr 20 bis 30 Prozent, da sich die Veränderungen,

---

1922, S. 261 ff., festgestellte Phänomen des Austritts von Klerikern aus dem geistlichen Stand um ihre Familie fortzusetzen, dürfte bei einigen dieser Fälle eine Rolle gespielt haben.

417 Aus verarbeitungstechnischen Gründen wurde für jede Person jeweils nur eine Pfründe pro Kategorie und Zeitraum berücksichtigt, da es weniger darum ging, die Kumulationen von Pfründen aufzuzeigen, als vielmehr, die individuellen Möglichkeiten der einzelnen Personen zur Erlangung von (ersten) Pfründen zu erfassen.

418 Der spätere Protonotar und Kanzler König Albrechts von Habsburg, Johannes von Zürich, Nr. 2323, erscheint 1290 in den Acta Nationis als *Johannes de Gibistorfe* (Gebenstorf, Kt. Aargau) und lässt sich erst aufgrund weiterer Angaben in den Memoriali mit *Johannes de Turego, rector ecclesie in Ghebestorf* identifizieren; Rudmar von Hader, Nr. 2890, nachmals Kanzler des Salzburger Erzbischofs und Bischof von Seckau, nannte sich 1318 in den Acta Nationis nach der ihm zwei Jahre vorher übertragenen Pfarrkirche Stockerau in der Diözese Passau *de Stokerowe*; Heinrich von Lörrach, Nr. 1371, Pfarrer in Wallstadt, Diözese Mainz, gab seine Pfarrei in den Acta Nationis nie und in den Memoriali nur bei fünf von 25 Einträgen an; Konrad von Schellenberg, Nr. 565, gab seine Pfarrei in Lindau am Bodensee in den Acta Nationis (drei Einträge) nie und in den Memoriali nur bei fünf von zehn Einträgen an.

die das Benefizialrecht später aufgrund der Reformkonzilien erfahren sollte, noch nicht auf den Pfründenbesitz auswirkten.[419]

Tabelle 7: Zeitpunkt des Pfründenbesitzes

Pfründe bzw. Pfründenort	Pfründenbesitz vor oder während dem Studium	Pfündenbesitz nach Studium	Pfründenbesitz nur nach dem Studium
Pröpste	**86**	**116**	**69**
Domstift	15	41	21
Kollegiatstift	69	79	48
unbekannt	2	-	-
Dekane	**8**	**41**	**37**
Domstift	2	26	14
Kollegiatstift	6	15	23
Stiftsämter	**46**	**81**	**41**
Domstift	25	46	20
Kollegiatstift	21	35	21
Kanoniker	**660**	**213**	**270**
Domstift	384	151	171
Kollegiatstift	281	107	124
Pfarrer	**345**	**113**	**108**
Äbte	**5**	**5**	**8**
Mönche	**36**	-	**4**
Ritterbrüder	**13**	**3**	**2**
andere	**32**	**21**	**19**
Anzahl Bepfründete	**1157**	**388**	**391**

Quelle: Datenbank Bologna

Die Gründe für diese (quantitativ betrachtet) kontinuierlich verlaufene Bepfründung dürften im Einzelnen unterschiedlicher Natur gewesen sein, gehörte doch ein grosser Teil der Studentenschaft zu jener Schicht, die traditionell über die ordentliche Kollatur zu ihren Pfründen kam, während umgekehrt gerade Studenten aus Nieder- und Nichtadelsfamilien vor den Reformen des 15. Jahrhunderts von den verschiedenen

419 Zur Entwicklung des Benefizialrechts im Spätmittelalter vgl. vor allem die Arbeiten von *Andreas Meyer*, Zürich und Rom (Anm. 120), S. 25–114; *ders.*: Das Wiener Konkordat von 1448 - eine erfolgreiche Reform des Spätmittelalters, in: QFIAB 66 (1986), S. 108–152; *ders.*: Spätmittelalterliches Benefizialrecht im Spannungsfeld zwischen päpstlicher Kurie und ordentlicher Kollatur. Forschungsansätze und offene Fragen, in: Proceedings of the Eighth International Congress of Medieval Canon Law 1988, Città del Vaticano 1992, S. 247–262.

päpstlichen Privilegien für die Pfründenvergabe profitiert haben dürften.[420]

Der geringe Anteil von nicht einmal einem Drittel Bepfründeten unter den Studenten erstaunt allerdings, hatte doch kaum eine Gruppe in der spätmittelalterlichen Gesellschaft, nicht einmal die Theologen, derart gute Aussichten und rechtliche Grundlagen zum Besitz von (auch mehreren) Pfründen wie die Absolventen und Studenten der Rechtsfakultäten.[421] Bereits während des Studiums profitierten die Juristen vom Ansehen ihrer Fächer, indem sie bereits als Bakkalaren zusammen mit den Theologen stets zu den am meisten privilegierten Gruppen gehörten, was den Zugang zu Pfründen betraf.[422] Einmal graduiert, konnten die Juristen erst recht von den zahlreichen Privilegien und Dispensen profitieren, die ihnen zusammen mit den *nobiles* und den Inhabern der höchsten Abschlüsse in der Theologie reichlich verliehen wurden. Je nach Graduierung waren sie berechtigt, bezüglich Wert und Anzahl gleichzeitig mehr Pfründen innezuhalten als die meisten anderen.[423] Wer alle diese Möglichkeiten auszunutzen wusste und zudem noch über gute persönliche Verbindungen zur Kurie verfügte, konnte auf diesem Weg einen ansehnlichen Pfründenbesitz aufbauen. Johannes Windinck, als Neffe des bereits erwähnten einflussreichen Kurialen und ehemaligen Bologneser Studenten Hermann Dwerg mit besten familiären Verbindungen gesegnet, bietet ein anschauliches Beispiel für die Nutzung des päpstlichen Supplikenwesens zur Studienförderung. In seinem

---

420 Als Beispiele für die rege Inanspruchnahme päpstlicher Rechtstitel durch bürgerliche Studenten vgl. Felix Hemmerli, Nr. 784, oder Felix Stucki, Nr. 785, beide von Zürich, vgl. zu ihnen *Andreas Meyer*, Zürich und Rom (Anm. 120), S. 247 ff.

421 *Jürgen Miethke*, Karrierechancen eines Theologiestudiums im späteren Mittelalter, in: Gelehrte im Reich (Anm. 6), S. 181–209.; zu den rechtlichen Grundlagen vgl. *Emil von Ottenthal*, Regulae Cancellariae Apostolicae. Die päpstlichen Kanzleiregeln von Johannes XXII. bis Nikolaus V., Innsbruck 1888 (Ndr. Aalen 1968), passim, sowie die Darstellung bei *Christian Hesse*, St. Mauritius in Zofingen. Verfassungs- und sozialgeschichtliche Aspekte eines mittelalterlichen Chorherrenstiftes (Veröffentlichungen zur Zofinger Geschichte 2), Zofingen 1993, S. 177 ff.

422 *Emil von Ottenthal*, Regulae Cancellarie (Anm. 421), S. 95: Kanzleiregeln Clemens VII., Regeln 19 ff.; *Christian Hesse*, Artisten im Stift. Die Chancen, in schweizerischen Stiften des Spätmittelalters eine Pfründe zu erhalten, in: Gelehrte im Reich (Anm. 6), S. 85–112, hier: S. 88 ff.

423 *Christian Hesse*, St. Mauritius (Anm. 421), S. 182 ff.; insbesondere war ihnen seit Martin V. (1417–1431) erlaubt, zwei inkompatible Pfründen fünf Jahre oder gar ihr Leben lang besitzen zu dürfen.

vierten Studienjahr in Bologna, 1419, supplizierte er in den Fussstapfen seines Onkels um ein Breslauer Archidiakonat, eine Domherrenstelle, verschiedene Kanonikate und Pfarrkirchen in den Diözesen Breslau, Köln und Lüttich. Nach über fünf Studienjahren supplizierte er um die Pfarrkirche in Wansen (Diözese Breslau), verzichtete dafür gegen eine Pension für sein Studium auf die Pfarrkirche in Zwolle. Zwei Jahre später supplizierte er um den Besitz der Pfarrkirche Wansen ohne die dafür erforderlichen Weihen nehmen zu müssen sowie um die Erlaubnis, Zivilrecht zu studieren. Im selben Jahr noch, 1421, verzichtete er auch auf die Pfarrkirche in Wansen, die daraufhin dem Nikolausstift in Breslau inkorporiert wurde, nachdem sich Windinck für seine Resignation eine Pension von nicht weniger als 130 Silbermark auf Lebenszeit ausbedungen hatte.[424]

Zur Bevorzugung durch die Päpste trat diejenige durch die Universitäten, vor allem wenn es darum ging, in einem Rotulus um die Gewährung von Anwartschaften auf freiwerdende Pfründen für Lehrer und Studenten zu bitten. Auch ohne die in den päpstlichen Registern erhaltenen Einträge über Supplikenrotuli der Universität Bologna im Einzelnen heranzuziehen, darf in Analogie etwa zum *ordo rotuli* der Heidelberger Universität, den deutschen und den französischen Beispielen davon ausgegangen werden, dass auch hier eine juristische Graduierung einem Bewerber einen Platz in den vordersten, am meisten Erfolg versprechenden Rängen einer derartigen Bittschrift verschaffte – wenn dies auch noch lange keine Garantie für die Inbesitznahme einer Pfründe war.[425] Derartige Supplikenrotuli wurden nicht nur im Namen der Universität selbst, sondern von allen Personen ausgestellt, die sich von der Autorität ihres Namens oder Ranges besondere Wirkung bei den Päpsten versprachen. Nicht selten supplizierten auf diesem Weg auch Gruppen von Landsleuten von einer Universität aus um die Gewährung päpstlicher Gnaden.[426] Der Kontakt mit Kommilitonen an der

---

424 Johannes Windink, Nr. 2305: RG IV, passim; *P. Pfotenhauer*, Schlesier (Anm. 37), S. 445; *Christiane Schuchard*, Die Deutschen (Anm. 400), S. 61.

425 Zum Erfolg von Supplikenrotuli vgl. allgemein *Jürg Schmutz*, Erfolg oder Misserfolg? Die Supplikenrotuli der Universitäten Heidelberg und Köln 1389–1425 als Instrumente der Studienfinanzierung, in: ZHF 23/2 (1996), S. 145–167; speziell zum Heidelberger Rotulus von 1401 vgl. *Christoph Berger*, Der Heidelberger Rotulus vom Oktober 1401. Ein Beitrag zur Sozialgeschichte der Universität Heidelberg, in: Ruperto-Carola 44, Heft 86 (1992), S. 51–63.

426 *Hermann Diener*, Die Hohen Schulen, ihre Lehrer und Schüler in den Registern der päpstlichen Verwaltung des 14. und 15. Jahrhunderts, in: Schulen und Studium (Anm. 19), S. 351–374, hier: S. 359.

Universität bot zudem nicht selten Gelegenheit, aus erster Hand informiert zu werden über freigewordene oder widerrechtlich innegehaltene Pfründen. Als Juristen fiel es ihnen wesentlich leichter als anderen Bewerbern, mit der Unterstützung von Kollegen formal korrekte Suppliken zu formulieren um damit die Mechanismen der ordentlichen Kollatur zu umgehen. Nicht zuletzt müsste daher die besondere Qualifikation für die Prozessführung mit ein Grund sein für eine erfolgreiche Behauptung der Juristen auf dem spätmittelalterlichen Pfründenmarkt. Allein schon ein Blick in das Repertorium Germanicum ergibt ja hunderte von umstrittenen Pfründen, darunter einige, bei denen in Bologna ausgebildete Juristen als Streitpartei beteiligt waren.[427] Es wäre daher auch zu untersuchen, ob Juristen sich als besonders prozessfreudig erwiesen haben, ob sie (was anzunehmen ist) überdurchschnittlich oft als Sieger aus derartigen Prozessen hervorgegangen sind oder welche Rolle die *veritas precum*, die Wahrheit der vorgebrachten Argumente neben dem Zitatenschatz der gelehrten Juristen gespielt hat.[428] Sicher ist, dass Juristen besser als alle Konkurrenten in der Lage waren, Situationen zu erkennen, aus denen sich für die eigenen Pfründenkarriere Vorteile schlagen liessen. *Inhabilitas* und *irregularitas* – Sachverhalte, die den betroffenen Pfründeninhabern teilweise gar nicht bewusst waren – wurden oft genug von den sachkundigen Juristen für eigene Suppliken um diese Stellen ausgenutzt.

Zu dieser offensichtlich äusserst günstigen Ausgangslage der Juristen für den Erwerb von Pfründen sind allerdings zwei Einschränkungen zu machen. Zum einen mussten die Pfründen erst einmal realisiert, d. h. tatsächlich juristisch und praktisch in Besitz genommen werden und zum zweiten bedeutete auch der unangefochtene Besitz einer Pfründe noch nicht, dass man diese sofort für die Finanzierung des Studiums nutzbar machen konnte. Bis es von der Initiative eines Bewerbers um ein Benefiz zur regelmässigen Auszahlung von Pfründenerträgen kam, vergingen nicht selten mehrere Jahre. Prozesse verschiedener Petenten um dieselbe Stelle, die oftmals mit viel Ausdauer und noch mehr Geld an der Kurie abgewickelt werden mussten, brauchten ihre Zeit, und aus ihnen ging vorerst nichts weiter als ein Rechtstitel hervor, der dann erst

---

427 Berthold Bill, Nr. 226: RG 4, Sp. 227 f.; Heinrich von Reichenau, Nr. 1440: RG 4, Sp. 281; Johannes Abetzier, Nr. 1823: RG 3, Sp. 289 und viele weitere.

428 Zur *veritas precum* vgl. *Andreas Meyer*, Zürich und Rom (Anm. 120), S. 78, sowie die dort angegebene Literatur.

noch in der betroffenen kirchlichen Institution, in der Regel gegen die Interessen der ordentlichen Kollatoren, durchgesetzt werden musste.[429]

Der zweite unsichere Punkt ist der tatsächlich nutzbare Ertrag dieser Pfründen, der nur ausnahmsweise festzustellen ist.[430] Für die Studenten in Bologna war ja entscheidend, wieviel Geld schliesslich bei ihnen ankam, nachdem von den Erträgen ihrer Stellen einmal alle Sachleistungen, Präsenzgelder, Annatenzahlungen, Entschädigungen für Stellvertreter und sonstigen Leistungen, nicht zu vergessen die Provisionen der Bankiers, abgezogen worden waren.[431] Schliesslich gilt es zu bedenken, dass sich die Studenten zwar manchmal als Inhaber der betreffenden Stellen bezeichneten, in Wirklichkeit aber lediglich Anwärter darauf waren, und als solche keine oder zunächst nur geringe Erträge aus diesen Pfründen bezogen.[432] Durch all diese Unwägbarkeiten wird es praktisch unmöglich, die konkrete finanzielle Bedeutung der Pfründenerträge für die Studenten zu ermitteln. Man muss sich deshalb wohl mit der banalen und unbefriedigenden Annahme begnügen, dass aus Pfründenerträgen genügend Mittel flossen um einem grossen Teil der Studenten ihren Aufenthalt in Bologna zu ermöglichen. Immerhin ist festzuhalten, dass es sich dabei nicht um irgendwelche Pfründen handelte, sondern oft um höhere Kategorien von Pfründen, so dass auch in dieser Hinsicht eine sozialörtliche Bestimmung von Personen möglich wird.

Erst nach ihrem Studium sind 391 Besucher der Bologneser Rechtsschule als Inhaber von Pfründen belegt. Ob sie während ihres Aufenthalts in Bologna tatsächlich nicht bepfründet waren oder ob Überlieferungslücken vorliegen, kann nicht ermittelt werden. Entscheidend ist jedoch die Tatsache, dass sie überhaupt zu ihren Pfründen gelangten. Nachdem ihre sozialen Qualifikationen anscheinend nicht ausgereicht hatten, um ihnen über die ordentliche Kollatur Benefizien zu verschaffen, wirkten sich möglicherweise die neuen bildungsmässigen Qualifikationen positiv auf ihre Chancen zur Bepfründung aus. Immerhin wa-

429 Ebd. 78 ff.

430 Vgl. dazu die Beispiele bei *Sven Stelling-Michaud*, Université (Anm. 56), S. 89 ff.

431 Zu den Abzügen vom Pfründenertrag vgl. allgemein *Guy P. Marchal*, Die Dom- und Kollegiatstifte in der Schweiz, in: Helvetia Sacra, Abt. II, Bd. 2: Die weltlichen Kollegiatstifte der deutsch- und französischsprachigen Schweiz, hg. von Albert Bruckner, Bern 1977, S. 27–102, hier: S. 54 f. sowie die individuellen Bestimmungen der Stifte.

432 *Andreas Meyer*, Zürich und Rom (Anm. 120), S. 118 f.

ren die erst nach dem Studium als Pfründeninhaber nachweisbaren Studenten, gemessen an ihren akademischen Graden, leicht erfolgreicher als ihre bepfründeten Kommilitonen. Ganze 51 Personen (13 Prozent) unter ihnen hatten ein Examen abgelegt, davon 33 in Bologna. Von den bereits während des Studiums Bepfründeten schlossen hingegen nur 104 Personen (neun Prozent) ihr Studium mit einem Doktorat oder Lizentiat ab, darunter 68 in Bologna.

Nach ihrem Aufenthalt in Bologna sind 388 der bereits mit Pfründen ausgestatteten Juristen als Inhaber zusätzlicher Pfründen belegt. Bei diesen Klerikern, die ohne die Qualifikation des Bologneser Studiums bereits zu Pfründen gekommen waren, lässt sich nach dem Studium eine Tendenz zum Erwerb höherer Pfründen beobachten. Während Kanonikate und Pfarreien offensichtlich der Studienfinanzierung gedient hatten, erschienen nun zunehmend Propsteien und andere Dignitäten im Besitz der Juristen. Dies kann darauf zurückzuführen sein, dass Kanonikate als Sinekuren bequemere Studienpfründen waren, während nun nach dem Studium der eine oder andere Jurist bereit war, zuhause auch ein hochrangiges Kuratbenefiz mit Residenzpflicht anzutreten.

Die klare Bevorzugung der Stellen an Dom- vor solchen an Kollegiatstiften deutet überdies darauf hin, dass die Juristen mit Vorliebe nach prestigeträchtigen Pfründen Ausschau hielten. Nachdem vor dem Studium nur 15 Personen als Pröpste an Domstiften nachgewiesen werden konnten, vervierfachte sich diese Zahl nach dem Studium, während die Zahl der Pröpste an Kollegiatstiften sich nicht einmal ganz verdoppelte. Auch die Zahl der Dekane an den Domstiften stieg stärker an als diejenige an den Kollegiatstiften. Ein grosser Teil dieser Besetzungen wären zwar wohl auch ohne den Aufenthalt in Bologna möglich gewesen. Sie entsprachen schlicht und einfach dem gesellschaftlichen Status ihrer Inhaber. Anderseits zeigen sich hier bei der Kumulation von Pfründen doch deutlich die Privilegien der Juristen, denn gerade Propsteien waren oft mit der *cura animarum* verbunden, was Dispense unerlässlich machte, wenn man sie kumulieren wollte.[433]

Als Sonderformen der Studienfinanzierung durch Pfründen sind schliesslich private Stiftungen zu erwähnen. Die Dortmunder Ratsfamilie Sudermann, von der bereits 1326/27 zwei Söhne in Bologna studiert hatten, dotierte beispielsweise 1349 den Stephansaltar in der Dortmunder St. Reinoldskirche. Dessen Inhaber sollte bis zu seinem 26 Altersjahr die Erträge der Pfründe für sein Studium verwenden können,

---

433 *Christian Hesse*, St. Mauritius (Anm. 421), S. 178.

sich dann allerdings zum Priester weihen lassen und in Dortmund residieren.[434]

5.8.3 Stipendien und Studienstiftungen

Belege für die Finanzierung eines Studiums in Bologna ohne Pfründen sind sehr selten und beschränken sich im Wesentlichen auf Stipendien, Stiftungen und private Mittel. Die Kostenträger, egal ob Städte, der deutsche Orden oder später auch Landesherren, übernahmen dabei die Kosten für das Studium vielversprechender junger Leute, die später in ihre Dienste treten oder in anderer Form für sie tätig werden sollten.

Der deutsche Orden unterstützte seine (zukünftigen) Mitglieder einerseits durch die Vergabe von Pfründen, anderseits aber auch durch direkte Zuschüsse, die wohl zweckgebunden für Posten wie allgemeine Lebenshaltungskosten, Auslagen für Bücher, Kleidung und Reisen oder Pflegeaufwendungen angewiesen wurden.[435] Von vier Studenten, die nachweisbar dem Ritterorden angehörten, haben mit Sicherheit zwei auf dessen Kosten in Bologna studiert und für die beiden anderen und weitere ist dies anzunehmen. Johannes von Wallenrode, ein Neffe des bekannten Hochmeisters Konrad von Wallenrode, soll "mit eyme meister und kostlichim gesinde vil jar" auf Kosten des Ordens in Bologna Kanonistik studiert haben, ist aber dort nur durch seine Beitragszahlung 1392 und seine Prokuratur 1393 belegt und wurde bereits im Herbst desselben Jahres zum Erzbischof von Riga erwählt.[436] Ebenfalls vom Orden finanziert war das Kanonistikstudium Arnold Stapels, des nachmaligen Bischofs von Kulm, der sich 1392–1397 in Bologna aufhielt.[437] Bei Winrich von Kniprode[438] und Jodocus Quedenau[439], die beide auch dem Deutschen Orden angehörten, sind vergleichbare Studienbedingungen anzunehmen.

---

434 *Klaus Wriedt*, Bürgertum und Studium in Norddeutschland während des Spätmittelalters, in: Schulen und Studium (Anm. 19), S. 487–525, hier: S. 491 f. Dem Pfründeninhaber wurde aber gestattet, sich am Altar vertreten zu lassen, falls er aus berechtigten Gründen sein Studium fortsetzen wollte: ebd.

435 *Hartmut Boockmann*, Rechtsstudenten (Anm. 20), S. 367.

436 Johannes von Wallenrode, Nr. 2287.

437 Arnold Stapil, Nr. 161.

438 Winrich von Kniprode, Nr. 3536.

439 Jodocus Quedenau, Nr. 1809.

Einer der wenigen als Empfänger städtischer Studienförderung nachweisbaren Studenten war der Dortmunder Bürgerssohn Gerwin Hövel, der nach einem Artesstudium in Erfurt von 1407 bis 1412 in Bologna nachweisbar ist.[440] Hövel studierte in Bologna als Stipendiat der Stadt Köln, die offensichtlich genau über die ordnungsgemässe Verwendung der zu diesem Zweck ausgeschütteten Mittel wachte. Der Vater des Studenten reichte jedenfalls, um das Stipendium ausbezahlt zu bekommen, der Stadt ein Zeugnis ein, in dem der Pfarrer von S. Barbaciani in Bologna im Dezember 1410 den Aufenthalt Gerwins in seiner Pfarre bestätigte.[441]

---

440 Gerwinus Hövel, Nr. 983.

441 *Gustav Knod*, Deutsche Studenten (Anm. 13), S. 218.

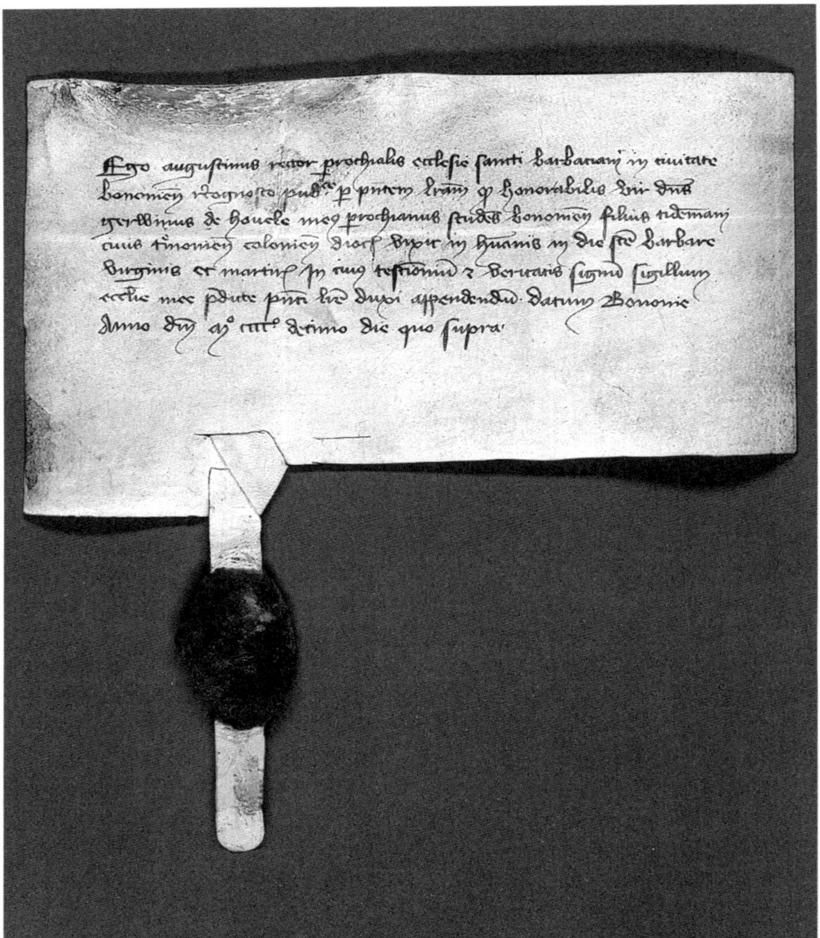

Abbildung 3: Studienbestätigung der Pfarrers von San Barbaciani in Bologna für den Studenten Gerwinus Hövel , 1410.
(Historisches Archiv der Stadt Köln, HUA 1/7955)

Auch der Rat der Stadt Braunschweig unterhielt 1417 ein Stipendium für einen Studienplatz an der Universität Bologna, wobei sich der dadurch Geförderte verpflichten musste, später in den Dienst der Stadt zu treten.[442] Stiftungen für Stipendien wurden aber auch von vermögenden Privatpersonen errichtet. Der bereits mehrfach erwähnte ehemalige Bologneser Student und Doktor des Kirchenrechts Hermann Dwerg († 1430), als apostolischer Protonotar, Rotarichter und Besitzer eines ausgedehnten Pfründenimperiums in Breslau, Köln und Lüttich zu Vermögen gekommen, stiftete der Stadt Lübeck in seinem Testament zwei Studienplätze sowie ein Kollegium in Köln (die Kronenburse) und eines in seiner Heimatstadt Herford (die Nanische Fundation).[443]

5.8.4 Eigene Mittel

Für den grössten Teil der Studenten ohne nachweisbare Pfründenversorgung muss von einer Unterstützung durch die eigene Familie oder durch Verwandte ausgegangen werden, die oft genug Anlass zu dringenden Schreiben der Studenten in ihre Heimat (und nicht selten ernüchternden Antworten der Angesprochenen) gab, wenn die erwarteten Beträge geringer ausfielen als erwartet oder sich ihre Ankunft verzögerte.[444] Angesichts der hohen Kosten eines mehrjährigen Aufenthalts eines oder gar mehrerer Söhne in Italien erstaunt es nicht, dass die materiellen Ressourcen von Familien trotz Bezügen aus Pfründen des Studenten oft nicht für vollständige Studiengänge oder für die abschliessenden Promotionen ausreichten[445] oder gar an die Substanz gingen. Johannes Thia, immerhin Kanoniker am Zürcher Grossmünster, musste

---

442 *Klaus Wriedt*, Das gelehrte Personal in der Verwaltung und Diplomatie der Hansestädte, in: Hansische Geschichtsblätter 96 (1978), S. 15–37, hier: S. 27.

443 *Klaus Wriedt*, Personal (Anm. 442), S. 27; zu Dwergs Testament vgl. *Christiane Schuchard*, Die Deutschen (Anm. 400), S. 302 ff.

444 Zum Briefverkehr der Studenten vgl. *Hartmut Boockmann*, Rechtsstudenten (Anm. 20), S. 316 ff.; Beispiele (teilweise aus Formelbüchern) bei *Guido Zaccagnini*, La vita (Anm. 237), S. 206, 209 ff., 220 ff.; *Boncompagno da Signa*, Testi riguardanti la vita degli studenti a Bologna nel secolo XIII, hg. von Virgilio Pini, Bologna 1968, S. 40 ff.

445 Ludolf von Werle, Nr. 2373, wies in einer Supplik 1363 darauf hin, dass er (als Pfarrer) über sechs Jahre in Bologna studiert habe und nur wegen fehlender Mittel nicht Lizentiat oder Doktor geworden sei.

in den 1310er Jahren sogar Grundstücke verkaufen, um seine Studien in Montpellier und Bologna zu finanzieren.[446]

5.8.5 Die Geldgeschäfte der Studenten

Wo auch immer die Studenten Geld auftreiben konnten, es nützte ihnen nichts, solange es ihnen nicht in Bologna zur Verfügung stand. Da es nicht ratsam war, sich Geldsummen aus der Heimat bar überbringen zu lassen, und gelegentlich auch finanzielle Engpässe überbrückt werden mussten, griffen die Studenten oft auf die seit dem 13. Jahrhundert entstehende Infrastruktur der norditalienischen Bankiers zurück.[447] Nach den Statuten der Stadt Bologna von 1288 war es den Studenten erlaubt, bei vier auswärtigen *mercatores seu feneratores*, die dem Podestà namentlich zu bezeichnen waren, ihre Kredit- und Wechselgeschäfte zu tätigen. Diese „Bankiers" hatten *de parte ecclesie seu guelfi* zu sein, und waren von militärischen Dienstleistungen und Wachtpflichten in der Stadt befreit.[448] Sie konzentrierten ihre Wechseltische im Bezirk um die Porta Ravegnana, im sogenannten „*cambio*", in dem keine anderen Fremden als Wechsler tätig werden durften.[449]

Durch ein Netz von *socii* in wichtigen Handels- oder Messestädten wie Paris, Toul, Mainz oder Basel waren diese Bankiers in der Lage, bargeldlose Überweisungen quer durch Europa vorzunehmen und den Studenten gegen Vorlage des Wechselbriefs, den sie oder ihre Beauftragten bei der Einzahlung von diesen Gesellschaftern erhalten hatten, wieder Bargeld auszuzahlen. Als *socius* eines Florentiner Bankhauses amtierte um 1296 in Mainz beispielsweise ein gewisser Raynerius Johannis, der für Gottfried von Ziegenhain mehrere Überweisungen tätigte. Gottfried bestätigte in Bologna am 24. Januar, am 6. Juni und am 7. Juli 1296 den Empfang von insgesamt 150 Goldgulden und 20 Touronenser Groschen, die Raynerius *in terra Magancie* entweder von

---

446 Johannes Thia, Nr. 2255; *Andreas Meyer*, Zürich und Rom (Anm. 120), S. 354.

447 Zu den Geldgeschäften der Studenten in Bologna und zum Bologneser „Bankwesen" vgl. grundsätzlich *Sven Stelling-Michaud*, Université (Anm. 56), S. 88–99; speziell zum Bankwesen vgl. *Antonio Ivan Pini*, L'arte del cambio (Anm. 56), sowie *Rudolf Hiestand*, Bologna als Vermittlerin (Anm. 54), S. 332–349.

448 Statuten Bologna 1288 (Anm. 76), Bd. 2, S. 100: Lib. VIII, Rubr. 8.

449 *Antonio Ivan Pini*, L'arte del cambio (Anm. 56), S. 73 f.; die Bezeichung *in cambio* findet sich zu Hunderten als Ortsangabe in den Notariatsakten, scheint sich demnach als topographischer Name in Bologna etabliert zu haben.

Gottfried selbst oder von einem seiner Angehörigen erhalten und ihm dafür Wechselbriefe ausgestellt hatte.[450]

Weitaus wichtiger als diese nur für 14 Studenten nachweisbaren Überweisungen waren aber die *mutua*, die Wechsel- oder besser Kreditgeschäfte am Studienort selbst. Es handelte sich dabei der Form nach um solidarische Schuldanerkennungen, bei denen sich eine Gruppe von Kontraktanten verpflichtete, einem Geldgeber bis zu einem bestimmten Termin eine (meistens runde) Summe zurückzubezahlen, die sie zuvor von ihm erhalten hatte.[451] Die Laufzeiten für derartige Geschäfte betrugen üblicherweise zwischen einem und sechs Monaten, in seltenen Fällen bis zu einem Jahr, dies bei Kreditsummen zwischen 30 bis 100 Bologneser Pfund, wobei in Einzelfällen mehrere hundert Pfund aufgenommen wurden. Um den gewerbsmässigen Geldverleih betreiben zu können, ohne die Todsünde des Wuchers zu begehen[452], hatten die Bankiers Formulierungen entwickelt, die dem verbotenen Zins einen anderen Namen gaben. So bezahlten die Kreditnehmer einfach keine sündhaften *usurae*, sondern verpflichteten sich, den geschuldeten Betrag *cum omni suo damno et interesse* zurückzuerstatten, wobei der Zins als erlaubte Risikoprämie des Kreditors deklariert wurde.[453]

Die Kreditgeschäfte wurden im Prinzip als Solidarbürgschaften abgeschlossen, wobei mehrere Beteiligte *in sollidum promiserunt*, die vereinbarte Summe zu bezahlen und demzufolge auch einzeln für die ganze Summe haftbar gemacht werden konnten. Nicht selten entbanden aber einzelne Schuldner, in der Regel die in den Dokumenten zuerst genannten, ihre Mithaftenden mit dem Zusatz „*N. N. promisit alios indempnes conservare*" von ihren Verpflichtungen, womit sie rechtlich zu Alleinschuldnern wurden und ein Geldgeber im Falle einer Nichtzahlung den übrigen Kontraktanten gegenüber keinerlei Ansprüche mehr geltend machen konnte. Aus der Solidarbürgschaft wurde somit im Alltag eine Leerformel.

---

450 Gottfried von Ziegenhain, Nr. 1048: Mem. 90, fol. 16^{r}, 75^{v}; 91, fol. 144^{r}.

451 Zur Entwicklung der Wechselgeschäfte vgl. *Markus A. Denzel*, „La Practica della Cambiatura". Europäischer Zahlungsverkehr vom 14. bis zum 17. Jahrhundert (Beiträge zur Wirtschafts- und Sozialgeschichte 58), Stuttgart 1994, S. 79–185.

452 Thomas von Aquin, De malo, q. 13, a. 4, c: *Dare pecuniam mutuo ad usuram est peccatum mortale.*

453 *Sven Stelling-Michaud*, Université (Anm. 56), S. 94 ff.

In den Memoriali finden sich 122 Studenten aus dem Reich als derartige *principales debitores*, Allein- oder Hauptschuldner, die entweder bei einem Geschäft von Anfang an als solche auftraten, oder später die Verpflichtung eines Mitstudenten übernahmen, der seine Schulden wegen seiner bevorstehenden Abreise oder aus anderen Gründen nicht mehr selbst begleichen konnte. Die Übernahme von fremden Zahlungsverpflichtungen, die in der Regel innerhalb der Gruppe zustande kam, in der das Geschäft abgeschlossen worden war, begegnet häufig. Nicht weniger als 111 Studenten übernahmen nach der Formel *„N. N. precibus et mandato domini X. X. constituit se principalem debitorem et pagatorem loco domini Y. Y. in debito et obligatione .. lb Bon. penes Z. Z."* die Verpflichtungen ihrer Kollegen. Diese Substitution der Schuldner war notwendig, damit die Scholaren von ihrem Eid entbunden werden konnten, Stadt und Distrikt Bologna nicht ohne die Erlaubnis der Geldgeber zu verlassen, bevor ihre Schulden vollumfänglich beglichen worden waren.[454] Nachdem die Haftung für Schulden von Landsleuten in der Authentica 'Habita' verboten worden war, bildete dieser Eid eine wichtige, wenn auch nicht immer ausreichende Grundlage für die Kreditgeschäfte an Studenten. Nicht zuletzt um der Flucht von Schuldnern vorzubeugen, liessen sich manche Kreditgeber zusätzlich noch Pfänder in Form von Büchern oder Pferden überschreiben, wobei diese in der Regel von den Schuldnern weiter genutzt werden konnten.[455]

Die Studenten verschafften sich aber nicht nur durch Kredite mit Bankiers kurzfristig Kapital, sondern auch durch Wechselgeschäfte mit ihren Professoren und sogar untereinander, wobei sie auch unter ihresgleichen nicht immer Einigkeit erzielten über die Abrechung der Summen. Der Augsburger Domherr Konrad von Ehrenfels wurde 1321 sogar vom Bologneser Generalvikar exkommuniziert, weil er angeblich dem Nikolaus, Propst von Ilmmünster, ein Darlehen von 40 Bologneser Pfund nicht zurückbezahlt habe.[456]

Die meisten Kreditgeschäfte der Studenten wurden aber mit Kommilitonen, sondern mit den ansässigen, meist aus den grossen Finanzzentren wie Florenz oder Siena stammenden *campsores* abgeschlossen. Das durch die Studenten erbrachte Kreditvolumen liess Bologna zwar nie zu

---

454 Der Wortlaut des Eides z. B. Mem. 56, fol. 360^{v}; 90, fol. 180^{r}; 125, fol. 268^{v}; 139, fol. 525^{v}; gedruckt bei *Sven Stelling-Michaud*, Université (Anm. 56), S. 97.

455 Mem. 71, fol. 361^{v}; 93, fol 261^{r}; 102, fol. 264^{v}; 113, fol. 202^{r}.

456 CSB 4, 13 ff.; Konrad von Ehrenfels, Nr. 434; Nikolaus, Propst von Ilmmünster, Nr. 2560.

einer wichtigen Bankenstadt werden, stellte aber doch einen wichtigen Faktor in der städtischen Ökonomie dar, der das wirtschaftliche Wohlergehen der Stadt einmal mehr vom Gedeihen der Universität abhängen liess.[457]

6. Die übrige Ausbildung der Studenten

6.1 Der Besuch weiterer Universitäten

Bologna, die *Alma Mater* der europäischen (Rechts-)Universitäten (unabhängig davon, ob man diese „Mutterschaft" genetisch oder allegorisch versteht), konnte sich ihrer Töchter nicht lange erfreuen. Kaum selbständig, machten sich diese nämlich respektlos und zum Teil sogar planmässig daran, der Mutter zuerst die Studenten und später auch den Ruf als führende Rechtsschule streitig zu machen. Bereits in den achziger Jahren des 12. Jahrhunderts verliessen Lehrer wie Placentinus und Pillius Bologna, um in Montpellier und Piacenza zu unterrichten.[458] In den darauffolgenden Jahrzehnten führte die ungeschickte Politik des Bologneser Comune und der Päpste gegenüber den Scholaren und Professoren zu Auszügen ganzer Schulen und zur Gründung neuer Universitäten, die sich organisatorisch und mit Blick auf die Statuten zwar eng an das Bologneser Vorbild anlehnten, diesem aber durchweg als Konkurrentinnen entgegentraten.[459] Privilegien, „Lebenswelten" (Peter Moraw), Inhalte und vor allem auch Stoffprogramme und Lehrformen nach dem Vorbild des *studium Bononiense* prägten noch bis weit ins 15. Jahrhundert hinein sogar die im Reich gegründeten Hohen Schulen, wenn sich auch dort der reine Bologneser Typ gegen die im Wesentli-

---

457 *Rudolf Hiestand*, Bologna als Vermittlerin (Anm. 54), S. 47; *Sven Stelling-Michaud*, Université (Anm. 56), S. 91.

458 *Heinrich Denifle*, Entstehung (Anm. 69), S. 277 ff.; *Jacques Verger*, Grundlagen (Anm. 273), S. 56 ff.; *Manlio Bellomo*, Saggio (Anm. 90), S. 26 ff.; zur (wesentlich früheren) Datierung des Placentinus in Montpellier vgl. *André Gouron*, Montpellier - eine Universität zwischen Paris und Bologna, in: Die Universität in Alteuropa, hg. von Alexander Patschovsky und Horst Rabe, Konstanz 1994, S. 29–41, hier: S. 32 f.

459 Vgl. dazu insbesondere *Heinrich Denifle*, Statuten (Anm. 44), passim.

chen aus Paris stammenden Magisterstrukturen nicht durchsetzen konnte.[460]

Stadt und Universität Bologna waren aber ungeachtet ihrer Vorbildrolle schon nach dem Ende des 13. Jahrhunderts nicht mehr unersetzlich, weder grundsätzlich als Studienort noch als führende Stätte der Rechtspflege.[461] Der Entscheid, in Bologna oder an einer anderen Universität die Rechte zu studieren, musste spätestens seit dem Beginn des 14. Jahrhunderts nicht mehr allein aufgrund von objektiven Kriterien wie Studienangebot oder fachlicher Kompetenz der Lehrkräfte gefällt werden. Subjektive Gründe wie regionale Bildungstraditionen, Prestigedenken oder gegebenenfalls sogar persönliche Vorlieben sowie die individuelle Mobilität und diejenige ganzer Gruppen kamen nun als weitere Motive für die Wahl einer Universität ebenfalls zum Tragen.[462] Eine Analyse der europäischen Bildungslandschaft nach 1300 wird daher nicht nur nach der Ausformung von Alternativen zum Besuch der Universität Bologna zu fragen haben, sondern auch, weshalb so lange und so zahlreich in Bologna studiert wurde, obwohl andere Rechtsschulen billiger waren und die Universität Padua im Reich bereits zu den Studienzeiten Nikolaus von Kues als die beste Europas galt.[463] Es geht damit, um es mit dem Titel eines Aufsatzes von Hilde de Ridder-Symoens aus-

---

460 *Peter Moraw*, Die Juristenuniversität in Prag (Anm. 19), S. 444 f.; *Franz Gall*, Die Gründung der Wiener Universität, in: Les Universités européennes du XIVe au XVIIIe siècle. Aspects et problèmes, Genève 1967, 48–55, hier: 51; *Frank Rexroth*, Finis sicientie (Anm. 93), S. 325 ff.; im Zusammenhang mit der Konfrontation der beiden Typen von Universität sei an das harte aber grundsätzlich zutreffende Wort *Marie Therese Fögens* vom Bologneser Studium als einem „Auslaufmodell" erinnert: Modell und Mythos (Anm. 119), S. 193.

461 *Franz Wieacker*, Privatrechtsgeschichte (Anm. 3), S. 63 ff.; *Helmut Coing*, Wissenschaft, in: *ders.* (Hg.), Handbuch (Anm. 72), S. 49 f.; *Jacques Verger*, Grundlagen (Anm. 273), S. 64 f.; Johannes von Finstingen, Nr. 1943, unterrichtete 1306 in Orléans römisches Recht und Adolf von Mark, Nr. 6, studierte dort 1310 Legistik, nachdem er die kanonistischen Studien in Bologna beendet hatte.

462 Vgl. hierzu grundsätzlich *Jürgen Miethke*, Die Studenten, in: Unterwegssein im Spätmittelalter (Beihefte der ZHF 1), 1985, S. 49–70; *Jacques Verger*, Géographie universitaire et mobilité étudiante au moyen âge, in: Ecoles et vie intellectuelle à Lausanne au moyen âge, hg. von Agostino Paravicini Bagliani, Lausanne 1987, S. 9–24; *Hilde de Ridder-Symoens*, Mobilität, in: Geschichte der Universität in Europa (Anm. 16), S. 255–275.

463 *Brigide Schwarz*, Über Patronage und Klientel in der spätmittelalterlichen Kirche am Beispiel des Nikolaus von Kues, in: QFIAB 68 (1988), S. 284–310, hier: S. 284 f.

zudrücken, um den Platz der Universität Bologna in der Mobilität der europäischen Studenten.[464]

Im ganzen betrachteten Zeitraum findet sich bloss ein einziges Jahrzehnt, 1276–1285, in dem sich kein einziger deutscher Besucher der Universität Bologna zusätzlich zu seinen dortigen Studien auch noch an einer anderen Universität aufhielt. Von 257 oder 7.1 Prozent aller Studenten ist vor oder nach ihren Studien in Bologna auch ein Aufenthalt an einer anderen Hohen Schule bekannt. Bei diesen Aufenthalten handelte es sich überwiegend um Studienteile, doch wirkten auch 23 in Bologna ausgebildete Juristen an anderen Rechtsfakultäten als Lehrer.

Neben der Bologneser Schule besuchten die deutschen Rechtsstudenten noch 17 weitere Universitäten in Italien, Frankreich, England und seit dem Ende des 14. Jahrhunderts vor allem auch im Reich selbst (Tabelle 8).[465] Der Anteil dieser 17 Lehrstätten an der Ausbildung der deutschen Juristen war dabei äusserst unterschiedlich. Nicht weniger als vier Universitäten, nämlich Ferrara, Parma, Perugia und Oxford fanden nur ein einziges Mal Berücksichtigung als Ausbildungsstätten und brauchen demzufolge für die juristische Ausbildung der deutschen Studenten in dieser Zeit nicht weiter beachtet zu werden.

Bei den häufiger besuchten Lehrstätten ist einmal zu unterscheiden zwischen denjenigen französischen und italienischen Hohen Schulen, die lange vor den ersten Universitäten im Reich bereits zur europäischen Bildungslandschaft gehörten und den später entstandenen Lehrstätten. Der Unterschied ist nicht nur chronologisch zu sehen, sondern verweist auch auf ein breites Spektrum unter den einzelnen Schulen bezüglich regionaler Abstützung, fachlichem Angebot und der Attraktivität für bestimmte soziale Gruppen.[466] Der unterschiedliche Stellenwert von Universitäten lässt sich z. B. daran ermessen, ob sie nur deshalb Besucher fanden, weil sie die einzigen oder nächstgelegenen waren, oder ob sie sich durch ihr Lehrangebot oder weitere inhaltliche Kriteri-

---

464 *Hilde de Ridder-Symoens*, La place (Anm. 11), S. 83–92.

465 Zum Auslandstudium der Deutschen vgl. *Winfried Dotzauer*, Deutsche in den westeuropäischen Hochschul- und Handelsstädten; *ders.*, Deutsches Studium (Anm. 23); *Agostino Sottili*, Ehemalige Studenten italienischer Renaissance-Universitäten: ihre Karrieren und ihre soziale Rolle, in: Gelehrte im Reich (Anm. 6), S. 41–74; *Jacques Verger*, Etudiants et gradués allemands dans les universités françaises du XIVe au XVIe siècle, ebd., 23–40.

466 Zum System einer europäischen Bildungslandschaft vgl. *Peter Moraw*, Das spätmittelalterliche Universitätssystem (Anm. 129).

en gegenüber anderen Lehrstätten durchsetzen konnten. Weiter muss beim zusätzlichen Besuch anderer Hoher Schulen beachtet werden, ob ein vorbereitendes Studium, in der Regel der Artes, vorliegt, dem gewissermassen ein Haupt- oder Fachstudium in Bologna folgte, oder ob nach dem Aufenthalt in Bologna noch eine oder sogar mehrere Universitäten aufgesucht wurden, und jemand dort womöglich noch Abschlüsse erwarb.

Tabelle 8: Universitätsbesuch ausserhalb Bolognas*

Jahre	Pa	M	Pd	Or	A	Pr	W	E	H	K	Le	Lö	?
1266–1275													
1276–1285	2												
1286–1295	2		2										
1296–1305	1												
1306–1315			1	1									
1316–1325		1			1								
1326–1335	1												
1336–1345	5				1								
1346–1355	3	1											
1356–1365	9	2	2	2									
1366–1375	1	1	1		1	8							
1376–1385	4		5	4		18	16						1
1386–1395	2					9	7	14	15	13			
1396–1405	3		8			8	6	9	15	8			
1406–1415	1		3			6	6	5	5	2	9		1
1416–1425	1					-	7	9	9	6	2		1
später			1					1	2	3	1	4	
unbekannt			14										
Total	35	5	37	7	3	49	42	38	46	32	12	4	3

Quelle: Datenbank Bologna

A = Avignon, E = Erfurt, H = Heidelberg, K = Köln, Le = Leipzig, Lö = Löwen, M = Montpellier, Or = Orléans, Pd = Padua, Pa = Paris, Pr = Prag, W = Wien, ? = unbekannter Studienort

* In die Tabelle aufgenommen wurden nur jene Universitäten, an denen mindestens drei Besucher Bolognas nachzuweisen sind.

Unter den alten, vor dem Ende des 14. Jahrhunderts funktionierenden Universitäten, die als ernsthafte Alternativen zu Bologna bestanden, waren Padua und Paris bei weitem die beiden wichtigsten. Erst mit grossem Abstand folgten ihnen Avignon, Montpellier, Orléans und Rom. Die Universitäten Padua, wo beide Rechte gelehrt wurden, und Paris, die Hochburg von Kanonistik, Theologie und Dialektik, brauchten mit ihrem Angebot keinen Vergleich mit Bologna zu scheuen.[467]

Allein in Padua finden sich 37 der in Bologna nachweisbaren Studenten, unter denen wohl mindestens zwei vor ihrem Aufenthalt in Bologna in Padua studiert hatten. Aus Padua brachten Johannes Naso und Konrad Hossel bereits Abschlüsse im kanonischen Recht mit nach Bologna, wobei Naso hier seine akademischen Qualifikationen noch zum Doktor beider Rechte vervollständigte, während Hossel bald nach seinem Auftauchen in Bologna eine Karriere an der Kurie begann, aber früh starb.[468] Weitere vier ehemalige Bologneser Studenten erwarben ein kanonistisches Doktorat und einer ein Lizentiat in Padua und einer wurde sogar Doktor der Medizin, allerdings ohne sich zuvor in Bologna nachweisbar mit dem Recht beschäftigt zu haben.[469] Die Bedeutung Paduas als Zweituniversität für die deutschen Bologna-Studenten ging allerdings nach einem Höhepunkt in der Mitte des 14. Jahrhunderts stark zurück, sank nach der Wende zum 15. Jahrhundert auf unter zehn Prozent und fiel im letzten Jahrzehnt vorübergehend sogar auf null.

An der Universität Paris sind mindestens 35 Besucher der Bologneser Rechtsschule nachweisbar, darunter 29 sicher vor ihrem Aufenthalt in Bologna, von denen wiederum 24 einen artistischen Grad, in der Regel den Magistertitel, erworben hatten.[470] Sowohl Zeitpunkt als auch Fach und Abschluss des Universitätsbesuchs in Paris dürfen wohl unter diesem Gesichtspunkt als übliche und anspruchsvolle Vorbereitung auf ein Rechtsstudium in Bologna verstanden werden[471], die noch zu Beginn

---

467 *Jacques Verger*, Etudiants et gradués (Anm. 465), 24; *André Tuillier*, Histoire de l'Université de Paris (Anm. 239); *Mario Ascheri*, Giuristi, umanisti e istituzioni del Tre-Quattrocento: qualche problema, in: Annali dell'Istituto Storico Italo-Germanico in Trento 3 (1977), 43–73.

468 Johannes Naso, Nr. 2112; Konrad Hossel, Nr. 475.

469 Johannes Kyritz, Nr. 2038, liess sich, nachdem er bereits 1411 in Padua das Lizentiat in Medizin erworben hatte, im folgenden Jahr als Magdeburger Domherr und Artesmagister in Bologna in die deutsche Nation aufnehmen, begegnet aber bereits 1414 wieder in Padua, wo er zum *dr. med.* promoviert wurde.

470 Zu den Studien und Examen der Deutschen an der Universität Paris vgl. *Mineo Tanaka*, La nation anglo-allemande de l'université de Paris à la fin du Moyen Age, Paris 1990; *Jacques Verger*, Etudiants et gradués (Anm. 465).

471 Für das ausgehende 13. Jahrhundert nimmt *Åke Sällström*, Bologna och Norden (Anm. 18), S. 282, den Weg über Paris nach Bologna als übliche Form der Universitätsausbildung für die skandinavischen Rechtsstudenten an.

des 15. Jahrhunderts in dieser Form absolviert wurde. Freilich nahm auch der Stellenwert des Pariser Artesstudiums mit dem Aufkommen der Universitäten auf Reichsboden ab, wenn dieses den jungen deutschen Hochschulen gegenüber auch noch im 15. Jahrhundert eine gewisse Exklusivität zu wahren vermochte.[472] Unter den Besuchern der Bologneser Rechtsschule finden sich nach der Jahrhundertwende gerade noch vier, die ebenfalls in Paris studiert hatten, wobei zwei von ihnen ihr Artesstudium bereits im Reich, in Wien und Erfurt begonnen hatten.

Den dritten Rang unter den alten Universitäten nimmt diejenige von Orléans ein, berühmt für die Lehre der Grammatik, des *dictamen* und natürlich der Rechte, die von acht Studenten besucht wurde.[473] Ein einziger von ihnen, Johannes von Finstingen, der 1271 in Bologna nachzuweisen ist, wirkte dort 1306 als Lehrer für römisches Recht, die übrigen waren Studenten.[474] Vier Besucher der französischen Universität hatten ihr Studium offenbar dort begonnen und waren erst zur Promotion nach Bologna gekommen[475], während drei nach Studien in Bologna an die Hohe Schule von Orléans wechselten, wobei nur für Winrich von Kniprode dort ein Examen, das Lizentiat in der Legistik, belegt ist. Winrich ist auch eine der wenigen Personen, bei denen die Gründe für den (zweifachen) Wechsel der Universität einigermassen klar nachvollzogen werden können: Nach seinem Eintritt in die deutsche Nation in Bologna 1368 amtierte er (vermutlich nach einer Studienunterbrechung) 1374 als deren Prokurator, verliess aber die Stadt wohl infolge des päpstlichen Interdikts von 1376 und zog nach Orléans, wo er das Lizentiat im römischen Recht erwarb. Dort führte er Ende Oktober 1378 noch den Vorsitz der statutengebenden Versammlung der deutschen

---

472 *Jacques Verger*, Etudiants et gradués (Anm. 465), 29.

473 Zum Studium der Deutschen in Orléans vgl. *Detlef Illmer*, Die deutsche Nation an der alten Universität Orléans und ihre Mitglieder im 14., 15. und 16. Jahrhundert. Ein Beitrag zum Rechtsstudium der Deutschen in Frankreich, zugleich eine Vorarbeit zur Herausgabe eines Chartularium Nationis Germanicae Universitatis Aurelianensis, 2 Bde., 1976 (Ms. im Max-Planck-Institut für europäische Rechtsgeschichte, Frankfurt/M.); *ders.*, Statuten Orléans (Anm. 88); *ders.*: Die Rechtsschule von Orléans und ihre deutschen Studenten im späten Mittelalter, in: Schulen und Studium (Anm. 19), S. 407–438.

474 Johannes von Finstingen, Nr. 1943.

475 Theodericus Rost, Nr. 3147, *dr. leg.* 1392; Nikolaus von Offenburg, Nr. 2575, *lic. decr.* 1414. Der Bezug aller unter den Namen Nikolaus Lindenstumpf bzw. Sonnenschein von Offenburg überlieferten Belege auf eine einzige Personen ist unsicher.

Nation, scheint aber bald darauf Orléans wieder verlassen zu haben, nachdem sich die Universität auf die Seite des in Avignon regierenden Papstes Clemens VII. stellte. Noch vor dem Jahresende ist er wieder in Bologna, diesmal als Student des Kirchenrechts, nachzuweisen. Sein Onkel, der gleichnamige Hochmeister des deutschen Ordens, setzte sich nun bei Papst Urban VI. dafür ein, dass Winrich von seinem in Orléans geleisteten Eid, nach dem Lizentiat auch das Doktorat dort zu absolvieren, entbunden wurde. Ein *examen publicum* Winrichs ist allerdings in Bologna nicht belegt.[476]

Die geschilderte Abwanderung von Studenten nach Orléans scheint aber kein Einzelfall gewesen zu sein. Bereits zu Beginn des Jahrhunderts dürfte die Verlegung des päpstlichen Hofs nach Avignon dazu geführt haben, dass die Juristen aus Skandinavien und mit ihnen wohl noch viele andere, Bologna auf ihrem Weg an die Kurie buchstäblich links liegenliessen und stattdessen in Orléans studierten.[477] Es dürfte nach diesen Überlegungen auch kaum mehr als Zufall erscheinen, dass mit Ausnahme Johanns von Finstingen sämtliche Besucher der Universität Orléans sich zwischen der Verlegung des päpstlichen Hofs 1309 nach Avignon und dem Ausbruch des grossen Schismas 1378 dorthin begeben hatten.

Die Nähe (im wörtlichen und im übertragenen Sinn) zum päpstlichen Hof bestimmte im Wesentlichen die Attraktivität der Universität in Avignon.[478] Von den fünf oder möglicherweise sechs Studenten in Avignon studierten alle während der Zeit der „Babylonischen Gefangenschaft" der Kirche und einer brachte es 1353 sogar zum Diener und Notar Papst Innozenz' VI.[479] Mit einer Ausnahme hatten sie zuerst in Bologna studiert und ihre kanonistischen Studien in Avignon fortgesetzt, einer sogar als Lehrer für Kirchenrecht. Nach der Spaltung des papstchristlichen Europa verlor die klementistische Universität in

---

476 Winrich von Kniprode, Nr. 3536; zu ihm vgl. *Detlef Illmer*, Statuten Orléans (Anm. 88), S. 19 f.; *Hartmut Boockmann*, Rechtsstudenten (Anm. 20), S. 361; *Michael Hollmann*, Das Mainzer Domkapitel im späten Mittelalter (1306–1476) (Quellen und Abhandlungen zur mittelrheinischen Kirchengeschichte 64), Mainz 1990, S. 398.

477 *Åke Sällström*, Bologna och Norden (Anm. 18), S. 281; *Hilde de Ridder-Symoens*, La place (Anm. 11), S. 85.

478 *Hilde de Ridder-Symoens*, Mobilität (Anm. 462), S. 262; *dies.*: La place (Anm. 11), S. 86.

479 Werner von Rinach, Nr. 3438.

Avignon aber rasch ihre Attraktivität für deutsche Studenten und wurde, zumindest von den Besuchern Bolognas, kaum mehr beachtet.[480] Praktisch dieselbe Ausgangslage – und dasselbe Schicksal war der Universität Montpellier beschieden, die von sechs deutschen Studenten, darunter einem Mediziner, besucht wurde. Von diesen sechs Scholaren ging keiner vor der Ankunft der Päpste nach Südfrankreich und keiner nach dem Ausbruch des Schismas. Das Ende des (universalen) Papsttums in Avignon entzog den umliegenden Universitäten einen grossen Teil der für ihre Besucher notwendigen Versorgungs- und Karrieremöglichkeiten und damit auch ihre Anziehungskraft.[481]

Mit der Gründung, oder besser gesagt, dem Funktionieren der Universität Prag, das rund zwanzig Jahre später anzusetzen ist[482], oder gar erst mit der organisatorischen Trennung der Juristen von den übrigen Fakultäten 1372, setzte eine langsame, aber folgenreiche Umwälzung in der europäischen Universitätslandschaft ein. Zum ersten Mal wurde damit nördlich der Alpen und ausserhalb des älteren Europa ein qualifizierter Rechtsunterricht mit Promotionsbefugnis im Kirchenrecht angeboten. Der lange, beschwerliche Weg und vor allem der teure Aufenthalt in Italien oder Frankreich waren nicht mehr zwingend.[483] Mindestens 58 Besucher der Universität Bologna nahmen dieses Angebot an und verbrachten als Studenten oder Lehrer einige Zeit an der neugegründeten Hochschule in Prag[484], bevor diese durch die Auswirkungen der Hussitenwirren 1419 ihre überregionale Bedeutung vollständig einbüsste. Die ersten Besucher der Bologneser Schule, die ab 1370 als Rechtsscholaren in Prag auftauchten, hatten ihr Studium in der Regel einige Jahre zuvor in Italien begonnen und mindestens sieben unter ih-

---

480 *Jacques Verger*, L'Université d'Avignon au temps de Clement VII, in: Genèse et débuts du Grand Schisme d'Occident, Paris 1978, S. 4 f.; *Hilde de Ridder-Symoens*, Mobilität (Anm. 11), S. 262.

481 *André Gouron*, Montpellier (Anm. 458), S. 40.

482 Zur Frühzeit der Universität Prag vgl. *Peter Moraw*, Die Universität Prag im Mittelalter, in: Die Universität zu Prag (Schriften der süddeutschen Akademie der Wissenschaften und Künste 7), München 1986, 9–134; *ders.*, Die Juristenuniversität in Prag (Anm. 19).

483 *Peter Moraw*, Entwicklungsunterschiede (Anm. 181); zu den ersten Lehrern und Promotionsmöglichkeiten vgl. *ders.*, Improvisation und Ausgleich. Der deutsche Professor tritt ans Licht, in: Gelehrte im Reich (Anm. 6), S. 309–326, hier: S. 313 ff.

484 Die Besucherzahlen an den übrigen Universitäten sind generell als Minima zu betrachten, weil in mehreren Fällen die Identität der dort Immatrikulierten mit den Besuchern der Universität Bologna nicht feststeht.

nen setzten es an der *Carolina* fort. Andere, die bereits Abschlüsse erworben hatten, nahmen dort eine Lehrtätigkeit als Kanonisten auf wie die beiden in Bologna zum *dr. decr.* promovierten Hermann de Insula (von Werder) und Matthias von Muttersdorf, Wilhelm (von) Horborch, der seinen Doktortitel im Kirchenrecht in Padua erworben hatte, sowie der Lizentiat und spätere *dr. decr.* Wildericus de Mitra.[485]

Bereits seit dem Ende der siebziger Jahre wandelte sich allerdings das Studienverhalten. Über zwei Drittel der „Prager" Bologna-Besucher hielten sich vor ihrem Italienbesuch in Prag auf, einige davon sogar mit Studienerfahrung aus Paris, Wien oder Erfurt. Rund die Hälfte dieser Besucher Prags stammten aus dem Norden und Nordosten des Reichs bis hin zu den preussischen Gebieten. Für sie lag die neue Universität gewissermassen auf dem Weg nach Italien, ideal für vorbereitende Studien, bis der Weg zu den wirklich standesgemässen Universitäten in Italien doch noch in Angriff genommen wurde. Weitere Studenten stammten aus dem „natürlichen" Hinterland Prags, einige wenige aber auch aus dem Rheinraum, für die das Argument der räumlichen Nähe nicht stichhaltig ist. In der Regel widmeten sich die Studenten bereits in Prag dem Kirchenrecht. Für einige unter ihnen ist auch eine Lehrtätigkeit in den Artes anzunehmen, sind doch mindestens fünf von ihnen, teilweise neben der Intitulation als Rechtsscholaren, als Magister und ebensoviele als Bakkalare der Artes belegt. In Bologna erwarben 16 ehemalige Prager Studenten einen akademischen Grad, der für zwei Drittel unter ihnen der höchste bleiben sollte. Einer wurde Doktor beider Rechte, sechs Doktoren und sieben Lizentiaten des Kirchenrechts und je einer Doktor und Lizentiat des Zivilrechts.

Am Besuch der Universität Prag durch Studenten der Bologneser Rechtsschule ist exemplarisch ein Verlaufsmuster zu erkennen, das sich in mehr oder weniger deutlicher Ausprägung bei allen frühen Universitätsgründungen im Reich zeigt: Zunächst zogen jeweils einige Professoren und eine erste Generation von Studenten nach einem in Italien abgeschlossenen oder zumindest begonnenen Studium in die nähere oder weitere Heimat zurück, um dort günstiger oder näher an ihren Pfründenorten lehren bzw. weiterstudieren zu können. Auf diese „Gründungsmannschaften" folgten bald die Studenten aus dem „natürlichen" Einzugsgebiet der Universität, die ihr Studium dort begannen und erst später bei Bedarf noch einen Italienaufenthalt absolvierten. Mit der

485 Hermann von Werder, Nr. 1621; Matthias von Muttersdorf, Nr. 2480; Wilhelm Horborch, Nr. 3493; Wildericus de Mitra, Nr. 3470.

Zweiteilung der Besucherschaft in spätere Bologna-Besucher und solche, die sich mit der „regionalen“ Universität begnügten, zeichnete sich auch innerhalb der an sich schon elitären Gruppe von Rechtsstudenten eine Differenzierung ab, die kaum mit unterschiedlichen wissenschaftlichen Ansprüchen erklärt werden kann. Wer angesichts der Möglichkeit, in der Heimat nahezu gleich gut studieren zu können, trotzdem noch nach Italien zog, tat dies entweder aufgrund seines ausgeprägten Standesbewusstseins oder mag gehofft haben, der klingende Name der dortigen Hochschulen würde der späteren Karriere eine zusätzliche Dynamik verleihen. Unter diesem Gesichtspunkt ist auch die Wahl der weiteren Ausbildungsstätten derjenigen Rechtsstudenten zu betrachten, die Prag 1409 verliessen. Die einen begnügten sich mit dem bestehenden Universitätsangebot im Reich während andere wie Andreas Gytland und Andreas Pfaffendorf nach Aufenthalten in Leipzig bzw. Wien zur Promotion nach Bologna zogen.[486]

Wien als zweitälteste Universität im Reich taucht im Curriculum von 47 Bologna-Besuchern auf.[487] Bis in die achziger Jahre des 14. Jahrhunderts hinein finden sich dort, wie zu erwarten war, überwiegend Studenten, die ihre Ausbildung an der italienischen Rechtsschule begonnen hatten, während seit der Mitte dieses Jahrzehnts der Besuch der Wiener Schule in der Regel zeitlich vor das Studium in Bologna zu liegen kam. Von den 31 Studenten, deren Wiener Studien vor denjenigen in Bologna lagen, hatten immerhin 19 ihr Studium an der Donau begonnen, fünf waren aus Prag nach Wien gekommen und vier hatten zuvor in Heidelberg studiert. Ebenfalls aus Prag war der in Bologna zum Doktor des Kirchenrechts promovierte Hermann de Insula (von Werder) nach Wien gekommen um dort kurz zu lehren, bevor er als Auditor an die Rota wechselte. Zwei weitere Lehrer an der Wiener Rechtsfakultät, Leonhard Schauer und Johannes Gwerlich hatten beide ihr Studium bereits in Wien begonnen und später in Bologna ein Examen abgelegt, Schauer das Lizentiat und Gwerlich den Doktortitel im Kirchenrecht.[488]

---

486 Andreas Gytland, *dr. decr.*, Nr. 102; Andreas Pfaffendorf, *dr. decr.*, Nr. 109.

487 Zu den Besuchern der Wiener Universität an weiteren Hohen Schulen vgl. *Paul Uiblein*, Die Beziehungen der Wiener Universität zu anderen Universitäten im Mittelalter, in: The Universities in the late Middle Ages (Anm. 180), S. 168–189; speziell zu den Wiener Juristen vgl. *Beat Immenhauser*, Wiener Juristen, Zur Sozialgeschichte der juristischen Besucherschaft der Universität Wien von 1402 bis 1519, in: Mitteilungen der Österreichischen Gesellschaft für Wissenschaftsgeschichte 17 (1997), S. 61–102.

488 Leonhard Schauer, Nr. 2350; Johannes Gwerlich, Nr. 1986.

Das Rechtsstudium in Wien konnte offensichtlich im ausgehenden 14. Jahrhundert höheren Ansprüchen an die Lehrqualität oder an die Reputation als Universität noch nicht genügen und bildete häufig nur eine Durchzugsstation auf dem Weg nach Italien.[489]

An der Universität Heidelberg finden sich 45 Besucher der Bologneser Rechtsschule als Studenten oder Lehrer wieder. Bereits aus Anlass der Gründung der Hohen Schule berief Pfalzgraf Ruprecht den in Paris und Bologna ausgebildeten Theologen und Doktoren des Kirchenrechts Konrad von Gelnhausen an den Neckar, wo dieser theologische und juristische Vorlesungen hielt und als erster Kanzler der Universität fungierte. Konrad von Gelnhausen gehörte jener Generation deutscher Lehrer an, die nach dem Ausbruch des grossen abendländischen Schismas 1378 aus dem klementistischen Frankreich zurück in das romtreue Reich kamen und dort wesentlich zum Funktionieren der neu eröffneten Hohen Schulen beitrugen.[490] Neben ihm war lediglich ein zweiter ehemaliger Bologneser Student in Heidelberg als Lehrer tätig, nämlich Johannes Kirchen oder von Kirchheim, sofern die Identifikation zutrifft, der Sohn des gleichnamigen Hofgerichtsnotars König Ruprechts.[491] Am Beispiel Johannes Kirchens wird ersichtlich, wie sozialer Aufstieg zustandekommen konnte und wie man ihn zu sichern suchte: Kirchens Vater hatte in Wien studiert, war unter den Königen Wenzel und Ruprecht als Hofgerichtsnotar tätig gewesen und liess nun seinen Sohn an der berühmten Bologneser Universität studieren. Der Grund für das Italienstudium war offensichtlich zu Beginn des 15. Jahrhunderts nicht mehr der Mangel an anderen Ausbildungsstätten (Kirchen senior hatte ja mit seiner Wiener Ausbildung durchaus Karriere gemacht), sondern die Absicht, den Spross eines Hofgerichtsnotars nur an der angesehensten Universität, derjenigen in Bologna, studieren zu lassen.

---

489 *Paul Uiblein*, Beziehungen (Anm. 487), S. 175.

490 *Jacques Verger*, Géographie (Anm. 462), S. 11 f.

491 Johannes Kirchen junior, Nr. 2025. Die Identität des Bologneser Studenten mit dem 1424 belegten „Lehrer in geistlichen Rechten“ ist nicht ganz sicher; zu beiden vgl. *Peter Moraw*, Heidelberg: Heidelberg: Universität, Hof und Stadt im ausgehenden Mittelalter, in: Studien zum städtischen Bildungswesen des späten Mittelalters und der frühen Neuzeit, hg. von B. Moeller u. a. (Abhandlungen der Akademie der Wissenschaften Göttingen, Phil.-hist. Klasse 3, Folge Nr. 137), S. 524–552, hier: S. 535 f.

Mindestens 25 der Besucher Heidelbergs begannen ihre Studien dort und 13 begnügten sich mit den beiden Universitäten Heidelberg und Bologna, von denen einer, Johannes Figuli von Breda, dort 1426 das Lizentiat im Kirchenrecht erwarb.[492] Drei Besucher beider Universitäten gelangten von Erfurt über Heidelberg nach Bologna, während in Köln und Wien nur je einer seine Studien begann, um von dort an den Nekkar und schliesslich über die Alpen zu ziehen.

Einen Sonderfall unter den Universitäten im Reich stellt Köln dar.[493] Zwar hatten nicht besonders viele Studenten neben der Bologneser Rechtsschule auch diejenige am Niederrhein besucht, doch waren an der Universität Köln allein waren fast ebensoviele in Bologna ausgebildete Lehrer tätig wie an den übrigen Universitäten zusammen. Von den 34 „Kölnern" in Bologna finden sich später nicht weniger als 15 als Lehrer an der Kölner juristischen Fakultät wieder, wovon 12 in Bologna promoviert worden waren.[494] Auch was die Lehrfächer betrifft, stehen die Kölner mit einem Anteil von drei Fünfteln Legisten unter den in Bologna ausgebildeten Lehrern reichsweit als Sonderfall da. Im Unterschied zu allen anderen deutschen Universitäten hatte es die Kölner Schule verstanden, sich neben der Stiftungsbulle Papst Urbans VI., die nur das kanonische Recht anführt, bereits 1394 von Bonifaz IX. auch ein Privileg zur Einrichtung einer „*Legum facultas*" erteilen zu lassen und dieses Recht dann auch in der Praxis umzusetzen.[495] Die geographische und vor allem kulturelle Nähe der im älteren Europa verwurzelten Stadt Köln zu Frankreich und dessen viel stärker legistisch ausgeprägter Rechtskultur zeigt sich hier in aller Deutlichkeit. Nicht zuletzt dürften aber auch die hinter der Universitätsgründung stehenden Kräfte eine wichtige Rolle für die Einrichtung einer legistischen Abteilung gespielt haben. Während in Köln die Universität von der Stadt getragen wurde, waren Prag, Wien und Heidelberg Gründungen der drei Grossdynastien Luxemburg, Habsburg und Wittelsbach, die an der Kanonistik als eigentlicher „politischer Wissenschaft" offensichtlich grösseres Interesse hatten als an der Legistik.[496]

---

492 Johannes Figuli, Nr. 1942.

493 Zur juristischen Fakultät der Universität Köln vgl. *Erich Meuthen*, Die alte Universität (Anm. 286), S. 126–140.

494 Vgl. dazu unten, Kapitel 7.4, die Ausführungen über die Rechtslehrer.

495 *Erich Meuthen*, Die alte Universität (Anm. 286), S. 128.

496 *Peter Moraw*, Heidelberg (Anm. 491), S. 531 ff.; *ders.*: Entwicklungsunterschiede (Anm. 181), S. 606; *ders.*: Von offener Verfassung (Anm. 287), S. 152.

Auch was die Reihenfolge der besuchten Universitäten betrifft, weichen die Besucher der Kölner Universität vom allgemeinen Muster ab. Bloss ein Drittel von ihnen hatten das Studium dort begonnen, während dieser Anteil bei den übrigen Universitäten durchwegs über die Hälfte ausmacht. Hingegen bildete die Universität am Niederrhein für fast die Hälfte der Besucher Bolognas die letzte, gewissermassen die „Zieluniversität“, wogegen beispielsweise die Heidelberger Hohe Schule nur gerade für sechs ihrer Besucher die letzte Station auf ihrem universitären Bildungsweg darstellte.

Die 36 in Bologna studierenden Besucher der Universität Erfurt zeigen nach dem Kölner Sonderweg wiederum ein typisches Studienverhalten. Nach einer kleinen Gruppe von Juristen, die ihr Studium in Bologna begonnen hatten und später an die Erfurter Schule wechselten, begannen im 15. Jahrhundert die meisten Studenten ihre Ausbildung in Erfurt und suchten Bologna erst später auf. Unter den ersten Besuchern befand sich Heinrich Breitenbach, der in Bologna ein kanonistisches Lizentiat erworben hatte und ab 1392 an der Erfurter Universität als zweiter Dozent der juristischen Fakultät wirkte.[497] Neben ihm sind noch zwei weitere Absolventen der Universität Bologna als Rechtslehrer festzustellen, nämlich der Kanonist Heinrich der Oven und der Legist Christian Vorntzin von Mühlhausen.[498] Heinrich hatte Studien in Prag und Bologna absolviert und erscheint bereits als Doktor des Kirchenrechts, während Christian Vorntzin ein Erfurter Student der ersten Stunde war. Er hatte sich 1392/93 dort immatrikulieren lassen, schloss 1398 in Prag sein Artesstudium ab, wurde als Magister in Erfurt rezipiert und amtierte im selben Jahr erstmals als Rektor. Nach seinem Aufenthalt in Bologna 1407/08, von wo er als Lizentiat im Zivilrecht zurückkehrte, amtierte er noch drei weitere Male als Rektor seiner Universität und ist bis 1425 als Ordinarius der Legistik nachweisbar.

Für drei Viertel der Erfurter Bologna-Besucher war die italienische Universität die letzte Station auf ihrem Bildungsweg, den immerhin 16 mit einer Graduierung, sieben mit einem Doktorat, sechs mit einem Lizentiat im Kirchenrecht sowie zwei mit einem Doktorat und einer mit

---

[497] Heinrich Breitenbach, Nr. 1230. Zur Erfurter juristischen Fakultät vgl. *Erich Kleineidam*, Universitas Studii Erffordensis I, Leipzig ²1985, S. 22 f.

[498] Heinrich der Oven (oder Derouen), Nr. 1425; Christian Vorntzin, Nr. 634. Auch Christian Vorntzin wird als *dr. decr.* erwähnt, scheint aber in Erfurt nur als Legist tätig gewesen zu sein.

einem Lizentiat im Zivilrecht abschlossen. Ein einziger von ihnen, der bereits erwähnte Christian Vorntzin, fand nach dem Beginn seiner Studien an der Erfurter Schule und dem anschliessenden Italienaufenthalt wieder dorthin zurück, während die übrigen wohl attraktivere berufliche Möglichkeiten vor sich sahen.

An der Universität Leipzig finden sich in den ersten Lehrer- und Studentengenerationen 13 Besucher der Bologneser Rechtsschule. Zur Gründungsmannschaft gehörte 1409 Johannes von Schleinitz, der seine Ausbildung in Prag begonnen, in Erfurt und Bologna fortgesetzt hatte und schliesslich in Leipzig als Doktor im Kirchenrecht auftrat, bevor er 1422 Bischof von Naumburg wurde. Als zweiter Lehrer mit Bologneser Erfahrung begegnet Georg Nebeltau, der nach seinem Leipziger Studienbeginn als Scholar des Kirchenrechts in Bologna auftaucht und 1423 mit dem Titel eines Doktors im Kirchenrecht, den er wohl nicht in Bologna erlangt hatte, in Leipzig als Rektor belegt ist.[499]

In Löwen schliesslich, der letzten unter diesem Gesichtspunkt betrachteten Universität, finden sich nur sechs Lehrer wieder, die vor 1425 in Bologna studiert hatten. Bereits bei der Aufnahme des Lehrbetriebs 1426 waren Johannes Krusbeck und Heinrich von den Meeren anwesend. Krusbeck hatte mindestens acht Jahre in Bologna Legistik studiert und dort 1420/21 auch gelehrt, während von den Meeren der Rektorwahl am 6. September 1426 noch als Lizentiat des Kirchenrechts beiwohnte und den Doktorgrad erst im November desselben Jahres ebenfalls in Bologna erlangte.[500] Des Weiteren in den Lehrkörper aufgenommen wurden 1428 der bereits in Köln lehrende Heinrich de Piro, im Jahr darauf Arnold von Reysendal (in Bologna 1413), der wohl sein Studium in Löwen abschloss, 1439 Egidius von Wissenkerke, der in Bologna zum Doktor des Kirchenrechts promoviert wurde und wohl auch Petrus de Molendino, der 1424 in Bologna den Doktortitel im Zivilrecht erworben hatte.[501] Arnold von Reysendal hatte nach seinem Aufenthalt in Bologna auch noch in Köln, Peter de Molendino vor seinen Studien in Italien sogar in Paris und Köln studiert.

Die Verschiebung der Besucherströme von den französischen und italienischen Universitäten hin zu den neu entstehenden Hohen Schulen

---

499 Johannes von Schleinitz, Nr. 2202; Georg Nebeltau, Nr. 911.

500 Johannes Krusbeck, Nr. 2037; Heinrich von den Meeren, Nr. 1388.

501 Arnold von Reysendal, Nr. 154; Egidius von Wissenkerke, Nr. 732; Petrus de Molendino, Nr. 2777.

im Reich ist als Teil eines gesamteuropäischen Ausgleichsprozesses zu verstehen, in dessen Verlauf das jüngere Europa einen Teil seines kulturellen Entwicklungsrückstandes gegenüber dem weiter entwickelten Süden und Westen Europas aufholte und einen neuen Typus der Hohen Schule, die Vier-Fakultäten-Universität schuf.[502] Freilich vermochten die neuen Schulen in ihren teilweise mehr als krisenhaft verlaufenden Anfangsphasen lange Zeit hindurch keinen vollwertigen Ersatz für die alten Lehrstätten darzustellen, insbesondere wenn diese, wie namentlich Bologna, fast zu Synonymen für hochangesehene Rechtsausbildung geworden waren. Wer auf einen klangvollen Titel Wert legte, wandte sich deshalb ungeachtet nähergelegener Hoher Schulen weiterhin nach Bologna. Als Folge der nunmehr bestehenden Wahlmöglichkeit zwischen den italienischen Universitäten und denjenigen im Reich bildete sich nun aber auch eine Regionalisierung der europäischen Universitätslandschaft und zugleich die Etablierung eines „zweistöckigen" europäischen Universitätssystems heraus.[503] Die alteingeführten Hohen Schulen Italiens und Frankreichs vermochten darin ihre Positionen als mehr oder weniger exklusive Oberklasse zu halten, während den Neugründungen im Reich vorerst nur die Rolle der weniger angesehenen Schulen für die „Massen" blieb. Die neuen Universitäten trugen zwar zunehmend die Hauptlast bei der Ausbildung der deutschen Juristen, konnten jedoch prestigemässig mit den älteren über Generationen hinweg noch nicht mithalten.

Die Mehrzahl der Rechtsstudenten begnügte sich aus ökonomischen Gründen seit dem Beginn des 15. Jahrhunderts mit einem Studium an den nahegelegenen Hohen Schulen. Nach Italien oder Orléans zog nur noch, wer von einem Studium oder einem akademischen Grad mehr erwartete, als der durchschnittliche Student, und bereit war, dafür mehr zu bezahlen, als man mittlerweile für ein Rechtsstudium im Reich auslegen musste.[504] Mit dem bewussten Entscheid für den aufwendigeren Studiengang in Italien war aber seit dem ausgehenden 14. Jahrhundert offensichtlich auch eine verstärkte Neigung zur Graduierung verbunden. Nicht weniger als 53 Prozent der Besucher mehrerer Universitäten

---

502 *Peter Moraw*, Entwicklungsunterschiede (Anm. 181), S. 608.

503 *Peter Moraw*, Improvisation und Ausgleich (Anm. 483), S. 326.

504 *Erich Meuthen*, Die alte Universität (Anm. 286), S. 133, stellt fest, dass gerade für die Kölner Rechtslehrer ohne Doktorgrad nur selten Italienaufenthalte belegt sind, was darauf hindeutet, dass, wer sich den Doktortitel nicht leisten konnte, wohl erst recht auch kein Geld für einen Italienaufenthalt hatte.

hatten seit 1377 mindestens ein Lizentiat in einem der beiden Rechte erworben und 42 Prozent hatten diese Examina allein in Bologna abgelegt.

6.2 Die ausseruniversitäre Ausbildung

Um an einer mittelalterlichen Universität dem Unterricht folgen und sich mit den Kommilitonen aus den unterschiedlichsten Teilen Europas verständigen zu können, musste man Latein beherrschen.[505] Ebenso selbstverständlich wie die Kenntnisse dieser „Welt- und Wissenschaftssprache“ (der auf das papstchristliche Europa beschränkten Welt) war die Fähigkeit, lesen und schreiben zu können. Diese Voraussetzungen sind um so mehr zu betonen, als dass bis zum Beginn des 14. Jahrhunderts, als bereits hunderte von Studenten aus dem Reich die Bologneser Rechtsschule besucht hatten, der deutsche Königsthron noch immer von Männern innegehalten wurde, die höchstwahrscheinlich Analphabeten waren.[506]

Ausbildungsmöglichkeiten für den Erwerb der notwendigen Kenntnisse im artistischen Trivium bestanden zunächst in den geistlichen Dom- und Stiftsschulen, seit dem 14. Jahrhundert zunehmend auch in den städtischen bürgerlichen Lateinschulen.[507] Zu denken ist auch an die als Institutionen nicht fassbaren Privatlehrer, die vor allem im Umkreis von Adelsfamilien, wohl als Ausdruck gesellschaftlicher Distanzierung vom Bürgertum, tätig waren.

Auf welchen Wegen die Besucher der Bologneser Rechtsschule zu ihren Grundkenntnissen im Latein und der Schriftlichkeit gelangt sind, ist so gut wie unbekannt. Hinweise auf voruniversitäre Ausbildung, obwohl eine solche stattgefunden haben muss, sind äusserst selten. Zwei

---

505 *Jacques Verger*, Grundlagen (Anm. 273), S. 55.

506 *Alfred Wendehorst*, Wer konnte im Mittelalter lesen und schreiben?, in: Schulen und Studium (Anm. 19), S. 9–33.

507 Zu den geistlichen und städtischen Schulen vgl. allgemein *Bernd Moeller*, *Hans Patzke*, *Karl Stackmann* (Hgg.), Studien zum städtischen Bildungswesen des späten Mittelalters und der frühen Neuzeit (Abhandlungen der Akademie der Wissenschaften Göttingen, Phil.-hist. Klasse 3, Folge Nr. 137), Göttingen 1983; *Johannes Fried* (Hg.), Schulen und Studium (Anm. 19); *Martin Kintzinger*, *Sönke Lorenz*, *Michael Walter* (Hgg.): Schule und Schüler im Mittelalter. Beiträge zur europäischen Bildungsgeschichte des 9. bis 15. Jahrhunderts (Beihefte zum Archiv für Kulturgeschichte 42), Köln-Weimar-Wien 1996.

Studenten, der Konstanzer Bürgersohn Walter von Schaffhausen 1263 und der Solothurner Ministerialensohn Hartmann von Kienberg 1272 sind mehrere Jahre vor ihrem Studium in Bologna als *scolares* belegt.[508] Bei Walter von Schaffhausen ist vielleicht an die Konstanzer Domschule als Ausbildungsstätte zu denken, während Hartmann von Kienberg die seit dem ersten Viertel des 13. Jahrhunderts bezeugte Schule des Rheinfeldener St. Martinsstifts besucht hat.[509] Ein weiterer Absolvent geistlicher Schulen war der Lübecker Domherr Heinrich Clutz, der vor 1300 zwölf Jahre lang die Lübecker Domschule besuchte und das Latein offenbar so gut beherrschte, dass er 1306 an der Kurie als Dolmetscher in einem Prozess von Bischof und Domkapitel gegen die Stadt Lübeck vereidigt wurde.[510]

Für einen grossen Teil jener rund 800 Studenten, die bereits zum Zeitpunkt ihres Aufenthalts in Bologna einem Dom- bzw. Kollegiatkapitel oder einem Kloster angehörten, darf sicher in Analogie zu den genannten Beispielen eine artistische Grundausbildung in einer Stifts- oder Klosterschule angenommen werden. Um die hundert weitere Studenten werden zudem durch die *paedagogi* und *magistri*, die mit ihnen nach Bologna reisten, bestimmt auch in den Grundlagen der lateinischen Sprache unterrichtet worden sein.

Für nicht weniger als drei Viertel der gesamten Besucherschaft lassen sich somit keine Angaben über ihre Elementarausbildung machen. Allenfalls kann auf eine vermutlich hohe Dunkelziffer hinsichtlich des Besuchs geistlicher und später auch bürgerlicher Lateinschulen verwiesen werden, stehen wir doch bei diesen nicht matrikelführenden Institutionen vor einem grossen Quellenproblem. Freilich wird auch eine beträchtliche Anzahl von Kanonikatsanwärtern vor dem Auslandstudium in den heimischen Stiftsschulen ausgebildet worden sein, und es werden auch Privatlehrer gewirkt haben, die anschliessend nicht mit nach Bologna gezogen und dort aktenkundig geworden sind. Andere Möglichkeiten der Vorbereitung auf die Universität dürften dagegen selten gewesen sein. Der eine oder andere Notar mochte nach seiner rechtsprak-

---

508 Walter von Schaffhausen, Nr. 3378, Hartmann von Kienberg, Nr. 1115.

509 *Suzanne* und *Sven Stelling-Michaud*, Juristes (Anm. 18), S. 104, 144; Helvetia Sacra II/2 (Anm. 433), S. 400.

510 *Adolf Friederici*, Das Lübecker Domkapitel im Mittelalter 1160–1400. Verfassungsrechtliche und personenstandliche Untersuchungen (Quellen und Forschungen zur Geschichte Schleswig-Holsteins 91), Neumünster 1988, S. 198 f.

tischen Ausbildung noch ein Studium aufgenommen haben, doch stellte diese Reihenfolge sicher eine Ausnahme dar.[511]

Auch die Ausbildung Adliger an anderen Höfen, die durchaus als eine Art Diplomatenschule betrachtet werden kann, ist eher als Alternative zu einem Rechtsstudium denn als Vorbereitung darauf aufzufassen.[512]

7. Praktische Tätigkeit und Wirkungsfelder der Juristen

Bei der Erfassung der praktischen Tätigkeit von Rechtsgelehrten im späten Mittelalter ist davon auszugehen, dass bis weit in das 15. Jahrhundert hinein im Reich ausserhalb des geistlichen Gerichts nur wenige feste Arbeitsplätze für qualifizierte Juristen existierten. Im Gegensatz zur älteren und weit höher entwickelten italienischen und südfranzösischen Rechtskultur konnte sich daher ausserhalb der geistlichen Gerichtsbarkeit kein zahlenmässig bedeutender Berufsstand von professionellen Rechtsgelehrten in einem klar umrissenen Betätigungsfeld herausbilden.[513] Um den vielzitierten, den gelehrten Juristen zugeschriebe-

---

511 Eberhard von Zimmern, Nr. 714, Student in Bologna 1348, ist zwischen 1323 und 1355 mehrfach als kaiserlicher Notar und *tabellio* der Würzburger Kirche bezeugt: *Peter-Johannes Schuler*, Geschichte des südwestdeutschen Notariats von den Anfängen bis zur Reichsnotariatsordnung von 1512, Bühl 1976, S. 33.

512 Zum Hofdienst der Söhne regierungsfähiger Geschlechter an französischen Höfen vgl. *Urs M. Zahnd*, Die Bildungsverhältnisse in den bernischen Ratsgeschlechtern im ausgehenden Mittelalter. Verbreitung, Charakter und Funktion der Bildung in der politischen Führungsschicht einer spätmittelalterlichen Stadt, Bern 1979, S. 93–105; *Neithard Bulst*, Studium und Karriere im königlichen Dienst in Frankreich, in: Schulen und Studium (Anm. 19), S. 375–405, hier: S. 388.

513 *Fritz Kern*, Recht und Verfassung im Mittelalter, in: HZ 120 (1919), S. 1–79, zitiert nach der Ausgabe Tübingen 1952, S. 16; *Peter Moraw*, Kanzlei und Kanzleipersonal König Ruprechts, in AD 15 (1969), S. 428–521, hier: S. 507; *Helmut Coing*, Römisches Recht in Deutschland (Anm. 32), S. 45, und *Norbert Horn*, Soziale Stellung und Funktion der Berufsjuristen in der Frühzeit der europäischen Rechtswissenschaft, in: Sozialwissenschaften im Studium des Rechts, Bd. 4: Rechtsgeschichte, S. 125–144, hier: S. 129, setzen die Bildung eines deutschen Juristenstandes bereits ab dem 12. bis 14. Jh. an. Von welcher Juristendichte an man von einem eigentlichen „Stand" sprechen will, bleibt also letztlich eine Frage des Ermessens. Ganz anders präsentierte sich die Situation in Italien, wo bereits ab dem 12. Jahrhundert Juristen als *iudices* in verschiedensten Funktionen das kommunale Leben

nen Strukturwandel des Gerichts- und Verwaltungswesens im Reich des späten Mittelalters zu erfassen, werden im Folgenden zunächst die Arbeits- und Denkweise der Juristen anhand des römisch-kanonischen Zivilverfahrens thematisiert, sodann das Verhältnis der Juristen zu ihren Dienstherren geklärt und schliesslich die einzelnen Tätigkeitsfelder analysiert.

Der unter dem Einfluss der gelehrten Juristen in verschiedener Hinsicht feststellbare Strukturwandel im spätmittelalterlichen Gerichts- und Verwaltungswesen wird in der Forschung gemeinhin als „Professionalisierung" und „Verwissenschaftlichung" der erwähnten Tätigkeitsfelder zusammengefasst.[514] Die beiden Begriffe umschreiben ohne Zweifel wichtige Auswirkungen des juristischen Einflusses, müssen aber daraufhin überprüft und gegebenenfalls dahingehend präzisiert werden, ob und inwieweit sie den genannten Prozessen vollumfänglich gerecht werden. Zu bedenken ist einmal, dass die Rechtsstudenten, wie zum Teil heute noch, nicht einen Beruf im Sinn einer Lebensstellung oder eines umgrenzten Arbeitsgebietes nach dem Verständnis Max Webers[515] erlernten und in der Regel in ihren späteren Tätigkeitsfeldern auch noch nicht in professionelle Strukturen hineingelangten, sondern diese vielerorts erst selbst schaffen mussten. Weiter ist die Offenheit der Herrschaftsstrukturen im 13. und noch im 14. Jahrhundert zu berücksichtigen, die nur schwer mit der Vorstellung einer berufsmässigen Spezialisierung auf bestimmte Zuständigkeiten vereinbar ist. Von einer Professionalisierung kann daher höchstens insofern gesprochen werden, als man begann, für die Rekrutierung bestimmter Funktionsträger nicht mehr nur bestimmte soziale Voraussetzungen, sondern auch, aber noch längst nicht überwiegend, durch Bildung erworbene Kenntnisse mitzuberücksichtigen.[516]

Auch die postulierte „Verwissenschaftlichung" von Gerichtswesen oder Administration muss daraufhin hinterfragt werden, ob und in wel-

---

entscheidend mitgestalteten und in Form von Statuten der *societas iudicum* bereits auch über eine Standesordnung verfügten. Vgl. zu diesen *Johannes Fried*, Entstehung (Anm. 107), S. 158 ff.

514 *Peter Moraw*, Gelehrte Juristen (Anm. 9), 79.

515 *Max Weber*, Die protestantische Ethik und der Geist des Kapitalismus, hg. von Johannes Winckelmann, 8. Aufl. 1991, S. 66.

516 Vgl. dazu *Hilde de Ridder-Symoens*, Training and Professionalization, in: Power Elites and State Building. The Origins of the Modern State in Europe, 13th–18th Centuries, hg. von Wolfgang Reinhart, Oxford 1996, S. 149–172, hier: S. 149.

cher Hinsicht diese Begriffe überhaupt miteinander verbunden werden können, schliessen doch die genau festgelegten Verfahrensformen an Gerichten und Kanzleien die vom wissenschaftlichen Geist geforderte Kreativität und ständige Hinterfragung des Bestehenden *per definitionem* aus. Wenig wahrscheinlich ist zudem die stillschweigende Annahme, die in Bologna ausgebildeten Juristen, von denen die meisten nur wenige Jahre studiert und kein Examen abgelegt hatten, wären überhaupt in der Lage und willens gewesen, ihre Tätigkeit zu „verwissenschaftlichen", d. h. juristische Wissenschaft zu betreiben. Die besagte „Verwissenschaftlichung" ist demnach nur unter der von Franz Wieakker formulierten einschränkenden Definition als „intellek-tuelle Rationalisierung des gesamten öffentlichen Lebens" zu verstehen, wonach politische und private Konflikte „nicht mehr durch Gewalt, Emotionen oder unreflektierte Lebenstraditionen, sondern durch Erörterung der autonomen juristischen Sachproblematik und durch Entscheidung nach einer daraus gewonnenen rationalen Regel" ausgetragen werden.[517] Die erwähnte Rationalisierung muss also dahingehend verstanden werden, dass die Verfahren und Verwaltungsvorgänge strukturiert, systematisiert und für Personen mit entsprechender Vorbildung nachvollziehbar gemacht wurden.

In auffallendem Gegensatz zu der bedeutenden Rolle, die den gelehrten Juristen in der Bildungs- und Elitengeschichte des Mittelalters zuerkannt wird, steht das geringe Interesse, das ausserhalb der Rechtsgeschichte der Darstellung ihrer konkreten Tätigkeit entgegengebracht wird. Obwohl hunderte von gelehrten Juristen im Dienst von weltlichen und geistlichen Herren bekannt sind, beschränkt sich ihr Niederschlag in der Literatur nicht selten auf die Tatsache des Dienstverhältnisses und die Aufzählung diplomatischer Missionen. Damit sind aber weder der besondere Wert dieser Juristen für ihre Dienstherren noch ihr unaufhaltsamer Aufstieg erklärt.

Die gelehrten Juristen hoben sich von ihren Konkurrenten aus anderen Wissensgebieten nicht zuletzt durch ihre Erfahrung mit dem römisch-kanonischen Prozessrecht ab.[518] Die wesentlichen Elemente die-

---

517 *Franz Wieacker*, Privatrechtsgeschichte (Anm. 3), S. 131.

518 Zum Prozessrecht vgl. *Achim Steins*, Der ordentliche Zivilprozess nach den Offizialatsstatuten. Ein Beitrag zur Geschichte des gelehrten Prozesses in Deutschland im Spätmittelalter, in: ZRG, KA 59 (1973), S. 191–262 und *Hans Jörg Budischin*, Der gelehrte Zivilprozess in der Praxis geistlicher Gerichte des 13. und 14. Jahrhunderts im deutschen Raum (Bonner rechtswissenschaftliche Abhandlungen 103), Bonn 1974; eine differenziertere Bewertung der Effizienz formaler Gerichtsverfah-

ses Verfahrens wie sein rational geregelter Ablauf, die Aktenführung, das Setzen von Fristen und nicht zuletzt die Festlegung von Zuständigkeiten auch für die Exekution der Urteile, machen die Überlegenheit dieses Vorgehens den traditionellen Institutionen gegenüber deutlich.[519] Speziell geschult darin, Verfahrensformen und Teilprobleme zu analysieren, verstanden es die gelehrten Juristen wie niemand sonst, einzelne Schritte und Vorgehensweisen aus dem römisch-kanonischen Prozesses auf andere Tätigkeitsbereiche, insbesondere in der Administration zu übertragen. Auf diese Weise gelang es ihnen, obschon sie nicht speziell als Verwaltungsfachleute ausgebildet waren, auch die in ihren Anfängen steckende Administration nach ihren Vorstellungen zu formen und zu kontrollieren.

7.1 Juristen und Dienstherren

Zentrum und nicht selten auch Ziel nahezu der gesamten juristischen Tätigkeit blieb das ganze Mittelalter hindurch die Nähe zum geistlichen oder weltlichen Herrn.[520] Nur dieser konnte im Rahmen seiner herrschaftlichen Aufgaben und Rechte überhaupt Juristen im Gerichts- und Verwaltungsdienst einsetzen und angemessen entlöhnen.[521] Der Einflussbereich dieser Dienstherren, wie der Kreis von Herren und Institutionen mit herrschaftlichen Funktionen im Folgenden bezeichnet werden soll, erstreckten sich auf einen noch wenig differenzierten Bereich moralisch-politischer Normensetzung, in dem das Verständnis der Amtsträger für kirchliche und ständische Interessen und Verhaltens-

---

ren bei *Karin Nehlsen-von Stryk*, Der römisch-kanonische Zivilprozess in der gesellschaftlichen Realität des 13. Jahrhunderts, in: Die Bedeutung der Wörter. Studien zur europäischen Rechtsgeschichte. FS für Sten Gagnér zum 70. Geburtstag, hg. von Michael Stolleis u.a., München 1991.

519 Zum Aufbau der geistlichen Gerichtsbarkeit vgl. auch *Charles Lefebvre*, Juges et savants en Europe (13e–16e s.). L'apport des juristes savants au développement de l'organisation judiciare, in: Ephemerides Iuris Canonici 12, Nrn. 1–4, (1966) S. 76–202 und 13, Nrn. 1–4, (1967) S. 9–61, hier: S. 85–106 und S. 191–202.

520 Zum Herrscher und seinem Hof als Zentrum jeder Form von mittelalterlicher Herrschaftsauffassung vgl. die grundsätzlich auch für die einzelnen Territorien gültigen Ausführungen von *Peter Moraw* in: Wesenszüge (Anm. 195).

521 Die von *Wolfgang Reinhard*, Die Kirche in der Verwaltungsgeschichte, in: DVG, Bd. 1, S. 144, speziell auf die Kirche bezogene Bezeichung der Verwaltung als der Alltagsform von Herrschaft trifft auf sämtliche anderen Formen von Herrschaft bzw. Verwaltung ebenso zu.

formen ebenso wichtig war wie die korrekte Anwendung der gelehrten Rechte. Wer am Hofe eines Herrn eine wichtigere Position bekleidete, setzte seine sozialen, moralischen und intellektuellen Kapazitäten gleichermassen für die Belange der Herrschaft ein, ohne dass dieser Einsatz immer in institutionalisierte Form gekleidet sein musste und infolgedessen im Nachhinein schwer nachweisbar ist. Besonders gut wird dieser informelle Einfluss im Rat erkennbar, an dessen Sitzungen sowohl die ständigen Mitarbeiter des Hofs als auch vorübergehend anwesende Personen teilnehmen konnten.[522] Die Formulierung „im Dienst von" – so unscharf sie anmutet – vermag deshalb durch ihre Offenheit am besten das weite Feld von persönlichen und funktionalen Beziehungen zwischen den Dienstherren und ihrer persönlichen Umgebung auszudrükken, in dem sich so manche Juristenkarriere bewegte.

Zwei wichtige Eigenheiten der juristischen Praxis im Mittelalter sind die gleichzeitige Tätigkeit in mehreren Funktionen für verschiedene Dienstherren sowie die häufige Trennung von Arbeitgeber und materieller Versorgung. Das Fehlen von detaillierten Dienstordnungen für die ohnehin sehr offen gestalteten höheren Positionen gab vielen Stelleninhabern Gelegenheit, neben ihren Haupttätigkeiten in Kanzlei, Universität oder Gericht als Gutachter, Testamentsvollstrecker, Schiedsrichter oder Verfasser von Traktaten zu verschiedenen aktuellen Problemen aktiv zu werden. Nicht selten nahmen die Juristen in diesem Rahmen die Interessen jener kirchlichen Institutionen wahr, die ihnen dafür in Form von wenig persönlichen Aufwand erfordernden Pfründen einen grossen Teil ihres Lebensunterhalts sicherten. Geradlinig verlaufende Karrieren, bei denen ein Jurist nach seinen Studien im Dienste eines einzigen Dienstherren stand, finden sich daher bis zum Ausgang des Mittelalters selten. Ein Grund dafür kann wohl darin gesehen werden, dass für wirklich hochqualifizierte Personen möglicherweise bei einem Arbeitgeber nicht immer genug interessante Aufgaben anstanden, anderseits aber bestimmte Geschäfte aus formalen oder fachtechnischen Gründen nur von Spitzenleuten übernommen werden sollten[523], die da-

522 *Peter Moraw*, Wesenszüge (Anm. 195), S. 153 f.

523 An der Karriere Job Veners, in den ersten Jahren des 15. Jahrhunders einer der wenigen Doktoren beider Rechte im Reich, kann exemplarisch gezeigt werden, dass er, obwohl nominell ein Protonotar unter anderen, kaum mit eigentlicher Kanzleiarbeit beschäftigt war, sondern, vor allem seit seiner Promotion 1402, als hochrangiger Diplomat König Ruprechts eingesetzt wurde: *Peter Moraw*, Kanzlei (Anm. 513), S. 481; *Hermann Heimpel*, Die Vener von Gmünd und Strassburg 1162–1447. Studien und Texte zur Geschichte einer Familie sowie des gelehrten Beamtentums in der Zeit der abendländischen Kirchenspaltung und der Konzilien von Pisa, Kon-

zu vorübergehend auch in den Dienst anderer Herren traten. Sicher ebenfalls mitbestimmend für die mitunter von vielen Brüchen gekennzeichneten späteren Lebenswege der gelehrten Juristen war die noch bis weit ins 15. Jahrhundert hinein vielerorts nicht befriedigend gelöste Frage der Entlohnung, wodurch die Juristen immer wieder, direkt oder aufgrund der Fürsprache ihrer Dienstherren, ihre Versorgung durch Pfründen sicherstellen mussten.[524] Der „Staats"dienst von Bischöfen, Äbten und vor allem Kanonikern an Dom- und Kollegiatstiften liess sich ja aus dem in seinen Grundzügen noch immer funktionierenden „Reichskirchensystem" ohne weiteres erklären und stellte für die betreffenden Personen eine durchaus standesgemässe Beschäftigung dar.[525]

Die Dienstherren als „Arbeitgeber", Versorger und eigentliche *raison d'être* der gelehrten Juristen haben in den letzten Jahren den Hintergrund für mehrere einschlägige Untersuchungen gebildet. Zu nennen sind beispielsweise die von Gabriel Silagi herausgegebenen Studien zu den Landesherrlichen Kanzleien[526], die Arbeiten von Peter Moraw und seinen Schülerinnen Ingrid Männl und Bettina Koch[527] sowie die von Hélène Millet und Elisabeth Mornet herausgegebenen Untersuchungen über Domherren im „Staatsdienst"[528], die in den letzten Jahren wichtige methodische Orientierungspunkte gesetzt haben.[529] In Anlehnung an diese Modelle wird im Folgenden der Versuch unternommen, nach der „Angebotsseite", den Studenten in Bologna, auch die „Nachfrageseite" zu beleuchten, indem die wichtigsten von den Studenten später ausgeübten Funktionen im Dienste verschiedener Herren erfasst werden.

---

stanz und Basel (Veröffentlichungen des Max-Planck-Instituts für Geschichte 52), 3 Bde., Göttingen 1982, hier. Bd. 1, S. 165, 179 ff. und 195 f.

524 Zur Versorgung der „Beamten" vgl. allgemein *Dietmar Willoweit*, Vergütungssysteme, in: DVG 1, S. 142 f. und 354 ff. sowie *Bettina Koch*, Räte auf deutschen Reichsversammlungen (Anm. 290), S. 134 ff.

525 *Johannes Neumann*, Art. Bischof I, in: TRE 6, S. 661.; zum „Staats"dienst der Kanoniker vgl. auch *Hélène Millet* und *Elisabeth Mornet* (Hgg.): I canonici (Anm. 22).

526 Landesherrliche Kanzleien (Anm. 197).

527 *Peter Moraw*, Gelehrte Juristen (Anm. 9); *Ingrid Männl*, Die gelehrten Juristen (Anm. 21); *Bettina Koch*, Räte auf deutschen Reichsversammlungen (Anm. 290).

528 *Hélène Millet* und *Elisabeth Mornet*, Jalons pour une histoire des chanoines au service de l'Etat: Résultats de l'exploitation de la base de données commune, in: *dies.* (Hgg.): I canonici (Anm. 22), S. 255–290.

529 Für die älteren einschlägigen Arbeiten sei an dieser Stelle auf die bei *Peter Moraw*, Gelehrte Juristen (Anm. 9), S. 77, Anm. 1, zitierte Literatur verwiesen.

Die institutionell erfassbaren Funktionen wurden der Übersichtlichkeit halber zu einzelnen Kategorien oder Bereichen zusammengefasst, über deren Abgrenzung, insbesondere dort, wo sich geistliche und weltliche Verwaltung überschneiden, Diskussionen wohl kaum zu vermeiden sind.[530] Dass jede derartige Klassifizierung eine künstliche sein muss und aus den Karrieren der untersuchten Personen nicht in dieser Form abgeleitet werden kann, zeigen die zahlreichen Beispiele der erwähnten Paralleltätigkeiten. Die Orientierung der einzelnen Kategorien an den jeweiligen Dienstherren kann aber dazu beitragen, die unterschiedlichen sozialen und bildungsmässigen Voraussetzungen zur Bekleidung der einzelnen Funktionen zu verdeutlichen.

Kaum bestritten dürfte die Bildung eines Bereichs „Kanzlei und Rat" sein (womit der von Millet/Mornet häufig verwendete problematische Begriff „Staat" bzw. „Etat" umgangen werden soll), der die adminstrativen, diplomatischen und beratenden Spitzenpositionen im Bereich der weltlichen Herrschaft beinhaltet. Diesem Bereich angehängt sind die Städte als weitere Träger weltlicher Herrschaft. Ein zweiter Teil umfasst die geistliche Führung und Verwaltung sowie die Seelsorge. Ein dritter Abschnitt ist der Lehrtätigkeit der Bologneser Absolventen an anderen Universitäten gewidmet und ein letzter Bereich fasst schliesslich die Notare, Prokuratoren und ein nicht näher spezifiziertes Sammelsurium von möglichen weiteren Tätigkeiten zusammen.

Die einzelnen Funktionen werden eingeleitet durch einen kurzen Abriss der gesellschaftlichen Position ihrer Inhaber und ihrer konkreten Tätigkeit. Dabei interessiert insbesondere, welche Bildung für die entsprechenden Funktionen als notwendig oder wünschbar erachtet wurde, wobei selbstverständlich der Aspekt der Anwendung juristischer Kenntnisse besonderes Augenmerk findet. Eine Übersicht über die in den entsprechenden Stellen nachweisbaren Juristen soll einerseits den Karrierehorizont von Absolventen der berühmten Bologneser Rechtsschule aufzeigen und anderseits dazu beitragen, den Stellenwert dieses Studiums im Rahmen der übrigen sozialen und bildungsmässigen Qualifikationen dieser Personen einzuordnen.[531]

---

530 Vgl. dazu die ausführlichere und sehr offen gehaltene Einteilung der Funktionen und Dienstherren bei *Hélène Millet* und *Elisabeth Mornet*, Jalons (Anm. 22), S. 265 f.

531 Um den Text von Anmerkungen zu einzelnen Personen so weit als möglich zu entlasten, wird in der ersten Spalte der Personenlisten die Laufnummer der betreffenden Personen im Katalog vermerkt, wo alle Angaben nachgewiesen werden.

7.2 Kanzlei und Rat

Unter dem Titel Kanzlei und Rat werden jene Tätigkeitsfelder zusammengefasst, die als Vorläufer der modernen weltlichen Verwaltungs- und Behördeninstitutionen im Verlauf eines mehrere Jahrhunderte dauernden Prozesses entscheidend dazu beigetragen haben, jene Strukturen zu entwickeln, die wir heute unter dem Titel „Staatlichkeit" zusammenfassen und erforschen. Die hierbei angestellten Überlegungen treffen in ihren allgemeinen Zügen zwar gleichermassen auf die weltliche wie auf die geistliche Herrschaft zu, werden aber hier nur unter dem weltlichen Bereich aufgeführt. Als wichtigste Funktionen kommen in diesem Rahmen diejenige des Kanzlers, des Protonotars, der Räte und der Gesandten zur Sprache.

7.2.1. Die Kanzler

Mit der Herauslösung der landesherrlichen Kanzlei aus der alten Hofkapelle heraus und der Bildung einer eigenständigen „Behörde" zur Erledigung des herrschaftlichen Schriftverkehrs wandelte sich auch die Funktion des Kanzlers vom Schreiber zum Leiter des administrativen Zentrums einer Herrschaft.[532] Obwohl nominell Vorsteher der Kanzlei, war der Kanzler in der täglichen Arbeit kaum mit der Ausstellung oder Kontrolle von Urkunden beschäftigt, sondern fungierte zumeist als Vertrauensperson, Rat und vor allem Diplomat seines Dienstherrn, den er bei wichtigen Gelegenheiten repräsentierte. In Kontakt zur Kanzlei kam er am ehesten noch als Relator, d. h. als diejenige Person, welche Beschlüsse aus dem Rat oder des Herrschers selbst an die Kanzlei weitergab und deren Ausführung in die Wege leitete.[533]

Die besondere Bedeutung des Kanzlers für das Funktionieren der Kanzlei ergab sich im späten Mittelalter aus seiner besonderen Fähigkeit, eine derartige „Behörde" überhaupt personell aufzubauen und für ihre materielle Ausstattung aufzukommen. Diese spezielle Fähigkeit hing mit einem entscheidenden Wandel in der Rekrutierung der Kanzler

---

532 Zu Aufbau und Funktion der Kanzlei vgl. grundsätzlich *Harry Bresslau*, Urkundenlehre (Anm. 65), Bd. 1, S. 352 ff., insbesondere S. 512 ff. und *Peter Moraw*, Königliche Verwaltung, in DVG, Bd. 1, S. 38 ff.

533 Vgl. zum Geschäftsgang der königlichen Kanzlei (Wenzels IV.) ausführlich *Ivan Hlavácek*, Das Urkunden- und Kanzleiwesen des böhmischen und römischen Königs Wenzel (IV.) 1376–1419. Ein Beitrag zur spätmittelalterlichen Diplomatik (Schriften der MGH 23), Stuttgart 1970, S. 224–268; zur Tätigkeit des Kanzlers vgl. speziell *Peter Moraw*, Kanzlei (Anm. 513), S. 464 ff.

seit Ludwig dem Bayern zusammen, seit dem nicht mehr verdiente Kanzler später zu Bischöfen erhoben, sondern gezielt amtierende Bischöfe mit dem Aufbau der herrschaftlichen Kanzlei beauftragt wurden. Nur der „Kanzlerbischof" (Peter Moraw) war in der Lage, innerhalb kurzer Zeit genügend gebildete Kleriker zur Führung einer Kanzlei rekrutieren und auch unterhalten zu können.[534] In diesem Zusammenhang kann durchaus von einem „Unternehmertum" des Kanzlers gesprochen werden, der Arbeitskräfte und Infrastrukur der Kanzlei persönlich organisierte und dem Herrscher damit „das wichtigste und dauerhafteste Zentrum der Jurisprudenz am Hof" zur Verfügung stellte.[535]

Auch wenn allein von der Regierungszeit Rudolfs von Habsburg bis zu derjenigen Ruprechts von der Pfalz zehn Kanzler der deutschen Könige in Bologna studiert haben, darf ein Rechtsstudium keinesfalls als unabdingbare Voraussetzung für die Leitung einer (königlichen) Kanzlei angenommen werden. Als mindestens ebenso wichtig erscheint angesichts der konkret von einem Kanzler erwarteten Aufgaben seine standesgemässe Herkunft und entsprechende Verankerung: Die Position des Kanzlers im späten Mittelalter ist deshalb insgesamt als eine „klassischtraditionale" zu betrachten, indem Personen weniger aufgrund hervorragender persönlicher Fähigkeiten oder Kenntnisse zum Kanzler berufen wurden, als wegen ihrer Stellung in der gesellschaftlich-kirchlichen Hierarchie, die es ihnen ermöglichte, ihren Herrn sowohl als Gesandte zu vertreten als auch ihm das benötigte Personal zuzuführen.[536]

Mindestens 27 Bologneser Studenten haben im Verlaufe ihrer Karriere das Amt eines Kanzlers bekleidet, davon allein zehn bei deutschen Königen, zwei beim norwegischen König Magnus Eriksson bzw. während dessen Minderjährigkeit, sieben im Dienst von Territorialherren und acht bei Erzbischöfen und Bischöfen (Tabelle 9). Der niedrige Anteil von Vorstehern der Kanzleien geistlicher Herren unter den Absolventen der Bologneser Rechtsschule mag erstaunen, waren doch die bischöflichen Kurien im allgemeinen die „natürlichen" Arbeitgeber für gelehrte Juristen, doch kann gerade die permanente Verfügbarkeit vieler gelehrter Kräfte und bereits bestehender behördenartiger Strukturen an

---

534 *Peter Moraw*, Kanzlei (Anm. 513), S. 454 und 466.

535 *Peter Moraw*, Königliche Verwaltung (Anm. 532), S. 39.; *ders.*: Gelehrte Juristen (Anm. 9), S. 144.

536 *Peter Moraw*, Wesenszüge (Anm. 195), S. 155.

den Bischofssitzen die Herausbildung eines eigentlichen Kanzleramts verzögert haben.

Tabelle 9: Die Kanzler und ihre Dienstherren

Nr.	Name	Fach, Examina	Dienstherr
2661	Otto von Bruchsal		Rudolf von Habsburg
1345	Heinrich v. Klingenberg	*dr. decr.*	Rudolf von Habsburg
2323	Johannes von Zürich		Hzz. von Habsburg
1620	Hermann v. Lichtenberg		Ludwig der Bayer
1467	Heinrich von Schöneck		Ludwig der Bayer
2425	Lutold von Schauenberg		Ludwig der Bayer
2827	Prezlaus von Pogarell		Karl IV.
2606	Nikolaus von Riesenburg		Karl IV.
2014	Johannes von Jenzenstein	*b. decr.*	Wenzel
2831	Raban von Helmstadt		Ruprecht
196	Berengerus Ludowici	*dr. leg. B*	Magnus Eriksson
208	Bernhardus de Norwegia		Magnus Eriksson
3137	Dietrich Morner		Mgf. von Brandenburg
720	Eckhard von Eldingen		Hz. von Braunschweig
2666	Otto von Donyn		Hz. von Breslau
1507	Heinrich von Tetin		Ldgf. von Mähren
1454	Heinrich Sachs von Enns	Magister	Hz. von Österreich
391	Konrad von Alzey		Pfalzgraf von Rhein
911	Georg Nebeltau	*dr. decr.*	Hz. von Sachsen
822	Friedrich von Göttweig	*dr. decr.*	EB. von Salzburg
2891	Rudmar von Stockerau		EB. von Salzburg
2712	Paul Khölner von Passau		EB. von Salzburg
2140	Johannes v. Pfarrkirchen	Magister	EB. von Salzburg
3470	Wildericus de Mitra	*dr. decr.*	EB. von Salzburg
96	Andreas von Breslau	*dr. decr.*	B. von Breslau
889	Friedemann von Profen	*dr. decr.*	B. von Breslau
1312	Heinrich von Grandson		B. von Lausanne

Betrachtet man allein die Kanzler der deutschen Herrscher von Rudolf von Habsburg bis Ruprecht von der Pfalz, so stellt die Universität Bologna mit zehn Besuchern klar die meistfrequentierte Ausbildungsstätte dar. Ein Studium an anderen Universitäten ist für weitere sechs Studenten belegt: Albrecht von Hohenberg wurde nach einem Studium in Paris Kanzler Ludwigs des Bayern, Georg von Hohenlohe und Kaspar Schlick standen nach Studien in Prag bzw. Leipzig im Dienste Siegmunds.[537] Von Johannes von Jenzenstein und Nikolaus von Rie-

537 *Peter Moraw*, Gelehrte Juristen (Anm. 9), S. 88 und 112.

senburg kennt man neben dem Aufenthalt in Bologna auch solche in Prag und Padua, und Raban von Helmstadt studierte vor seinem Aufenthalt in Bologna auch in Heidelberg und Wien. Für weitere acht Kanzler konnte bisher kein Studium nachgewiesen werden, obwohl in den meisten Fällen eines anzunehmen ist.[538] Aus diesen Zahlenverhältnissen darf nun aber nicht auf eine absolut überlegene Stellung der Bologneser Universität als Eliteschule für Spitzenbeamte oder gar auf besonders gute Chancen der Bologneser Absolventen auf das Kanzleramt geschlossen werden, zumal es mit den juristischen Kenntnissen der späteren Kanzler auch nicht sehr weit her sein musste. Ein einziger Kanzler der deutschen Könige, Heinrich von Klingenberg, hat in Bologna einen juristischen Grad, den Doktor im Kirchenrecht, erworben, und bei einem zweiten, Johannes von Jenzenstein, ist der Erwerbsort seines Bakkalariats im Kirchenrecht nicht bekannt. Die übrigen königlichen Kanzler sind in Bologna nicht lange genug nachgewiesen, als dass sie einen vollen Studiengang hätten absolvieren können, hingegen hatte Albrecht von Hohenberg ein Lizentiat im Kirchenrecht an der Universität Paris erworben.

Sucht man nach den Gründen für die Bevorzugung Bolognas vor anderen Universitäten, so sind diese wohl nicht in erster Linie in der wissenschaftlichen Qualität der italienischen Schule zu suchen, sondern ebensosehr in ihrem Prestige, das sie zum bevorzugten Studienort für Männer machte, die aufgrund ihres sozialen Hintergrunds für das Amt eines Kanzlers überhaupt in Frage kamen. Weiter ist auch eine gewisse Tradition des Studiums in Bologna zu beachten, wie sie zweifellos in den Jahrzehnten um 1300 unter den Bildungswilligen im Umfeld der Breslauer, Konstanzer und in der ersten Hälfte des 14. Jahrhunderts der Salzburger Diözesankurie bestand.

Einen zwingenden Grund, in Bologna zu studieren, gab es nicht, wie umgekehrt sogar während des grossen Schismas das urbantreue Bologna den klementistischen Studenten keineswegs völlig verschlossen war.[539] Wäre es also allein um das Studium oder das Studienfach Kanonistik gegangen, hätte man ohne weiteres in Paris studieren können, wie das Bei-

---

538 So beispielsweise bei Lamprecht von Brunn, Kanzler König Wenzels, der Bakkalar des Kirchenrechts ohne Angabe der Universität war: *Peter Moraw*, Gelehrte Juristen (Anm. 9), S. 97.

539 Unter den Konstanzer Offizialen avignonesischer Obödienz hat mindestens Franz Murer, Nr. 789, nach dem Ausbruch des Schismas in Bologna studiert, und auch von der klementistischen Familie Vener studierten drei Mitglieder in Bologna, allerdings nur Job während des Schismas.

spiel Alberts von Hohenberg zeigt. Andere Hochadlige zogen jedoch den klingenderen Namen Bolognas vor, wohl wissend, dass ein fehlender Grad oder ein bloss formaler Aufenthalt ihnen auf ihrem weiteren Lebensweg nicht schaden würde. Für eine andere Gruppe von späteren Kanzlern mag die traditionelle Verbundenheit ihrer Bildungslandschaft mit Bologna ein wichtiger Grund für den Besuch gerade dieser Rechtsschule gewesen sein. Rechtsstudenten wie Heinrich von Klingenberg und Johannes von Zürich, beide aus habsburgernahen Kreisen im Umfeld der Konstanzer Kurie, folgten wie die meisten studierenden Kleriker aus diesem Konstanzer Beziehungs- und Pfründennetz der Tradition, in Bologna zu studieren und anschliessend für die Karriere in die ostschweizerisch-schwäbische Pfründenlandschaft zurückzukehren. Dort trafen sie nicht selten als Mitglieder von Schiedsrichtergremien, Delegationen oder als Kanoniker an denselben Stiften wieder auf ihre ehemaligen Studienkollegen.[540]

Mit der Ausnahme des norwegischen Laien Bjarne Lodinsson, der den Doktortitel im Zivilrecht erwarb (und dies offenbar gezielt im Hinblick auf eine Auseinandersetzung mit den norwegischen Baronen)[541], widmeten sich sämtliche Kanzler, deren Studienfach bekannt ist, dem Kirchenrecht. Dies mag für diejenigen unter ihnen, die später eine reine Kirchenkarriere absolvierten, natürlich erscheinen, erstaunt aber zunächst bezüglich der „weltlichen“ Kanzler. Aus dieser scheinbaren Konzentration auf das Kirchenrecht ergeben sich zwei wichtige Erkenntnisse. Einmal wird deutlich, dass die Studenten, bis auf die beiden Norweger Bjarne Lodinsson und Bjarne Audunsson, vermutlich alle Kleriker, in erster Linie das studierten, was ihnen für ihre spätere, mutmasslich geistliche Laufbahn am sinnvollsten erschien – Kirchenrecht eben, da wohl kaum einer von ihnen gezielt auf die Leitung einer Kanzlei hin studiert haben dürfte. Zweitens ist zu bemerken, dass Kenntnisse in Kirchenrecht offensichtlich auch im Bereich einer weltlichen Kanzlei zumindest keine Fehlqualifikation waren, und im Verkehr mit geistlichen Institutionen (der sicherlich einen nicht geringen Teil des Schriftvolumens einnahm) ohnehin eine Notwendigkeit darstellten. Eine gewisse Vertrautheit mit dem Zivilrecht wird man daher diesen Stu-

---

540 Vgl. dazu die vielfältigen Kreuzungspunkte von Juristenkarrieren im ostschweizerisch-Bodenseeischen Raum bei *Suzanne* und *Sven Stelling-Michaud*, Juristes (Anm. 18), dort Nrn. 31, 32, 69, 106, 114, 115, 167, 128, 204, 210, 216, 218, 220, 221.

541 *Ole Fenger*, L'influence du droit romain dans la Scandinavie médiévale (IRMAE V. 14), Milano 1981, S. 40.

denten angesichts des engen Zusammenhangs der beiden Rechte sicherlich attestieren dürfen.

Um Kanzler zu werden, so kann zusammenfassend festgehalten werden, musste man nicht in Bologna studiert, geschweige denn überhaupt ein Rechtsstudium abgeschlossen haben. Die Bildung, die für die „Vorstufen" des Kanzleramts, also Domherrenstellen oder gar Prälaturen erworben wurde, genügte in der Regel auch für jenes. Kanzler wurde man im Mittelalter grundsätzlich aus einer adlig-standesgemässen, meist geistlichen Position heraus, nicht aber weil man in Bologna studiert hatte.

7.2.2 Die Protonotare

Als „erste Schreiber" waren die Protonotare nach den Kanzlern, die sich praktisch nicht um die Tagesgeschäfte der Verwaltung kümmerten, die eigentlichen Leiter der herrschaftlichen Kanzleien seit der Mitte des 12. Jahrhunderts.[542] Entgegen der durch ihre Bezeichnung ausgedrückten Einmaligkeit waren oft mehrere „erste" Notare nebeneinander in derselben Kanzlei tätig, wobei einer von ihnen in herausgehobener Position, manchmal mit dem Titel eines Vizekanzlers, als Leiter fungierte.[543] Die gleichzeitige Tätigkeit mehrerer Notare erlaubte einerseits in einigen grossen Kanzleien die Ausbildung von fachlichen Zuständigkeiten unter den einzelnen Mitarbeitern, in denen Peter Moraw frühe Formen von „Ressorts" erkennt, und ermöglichte anderseits die Freistellung der Protonotare für Tätigkeiten ausserhalb des engeren Kanzleibereichs.[544]

Die eigentliche und wichtigste Aufgabe der Protonotare war die Aus- bzw. Unterfertigung der vom Hof abgehenden, von Unterschreibern erstellten Urkunden. Durch das Anbringen ihres persönlichen Ver-

---

542 *Harry Bresslau*, Urkundenlehre (Anm. 65), Bd. 1, S. 536 ff.; *Erich Döhring*, Art. Protonotar, in: HRG III, 2044 ff.; *Th. Schadow*, Art. Protonotarius Apostolicus, in: HRG IV, 1–2; *Peter Moraw*, Königliche Verwaltung (Anm. 532), S. 39; *ders.*, Kanzlei (Anm. 515), S. 469 ff.; für die ganze Breite der möglichen Tätigkeiten vgl. auch die Darstellung der Tätigkeit Job Veners bei *Hermann Heimpel*, Die Vener (Anm. 523), Bd. 1, passim, wobei die ausserordentliche Karriere Jobs natürlich als Ausnahmefall begriffen werden muss.

543 *Erich Döhring*, Protonotar (Anm. 542), S. 2045; in der Hofkanzlei der deutschen Könige gab es bis 1354 immer nur einen Protonotar: *Peter Moraw*, Gelehrte Juristen (Anm. 9), S. 83.

544 *Peter Moraw*, Kanzlei (Anm. 513), passim.

merks bestätigten sie die inhaltliche und formale Richtigkeit der Schriftstücke, deren Inhalt und gegebenenfalls Argumentation sie in der Regel zuvor schon durch entsprechende Konzepte vorgegeben hatten.[545] Für die Anfertigung dieser Konzepte waren mit Ausnahme von Routineangelegenheiten juristische Kenntnisse von Nutzen, ging es doch nicht selten um die Bestätigung von Rechtstiteln oder um anspruchsvollen Schriftverkehr mit der Kurie oder anderen Höfen. Für alltägliche Geschäfte konnte aber in der Regel auf Formularsammlungen zurückgegriffen werden.[546]

Dieselbe Fachkompetenz, die die Protonotare befähigte, den Schriftverkehr ihrer Dienstherren abzuwickeln, machte sie auch zu natürlichen Ansprechpartnern für alle Belange ihrer Spezialgebiete oder von Kanzleiangelegenheiten allgemein.[547] Viele Protonotare wurden deshalb in den Rat ihrer Dienstherren aufgenommen und vertraten diese als Gesandte an anderen Höfen und auf Konzilien.[548] Welches Gewicht ihrer Meinung zumindest am Pfälzer Hof zukam, zeigt sich daran, dass nach dem Tod König Ruprechts 1410 drei seiner Protonotare, Johannes Winheim, Job Vener und Johannes Kirchen an der Beratung der engsten Mitarbeiter des Verstorbenen teilnahmen.[549]

Aus den Anforderungen ihrer vielseitigen und hochqualifizierten Tätigkeiten geht klar hervor, dass die Protonotare zu den am besten ausgebildeten Personen in der Umgebung eines spätmittelalterlichen Grossen gehören mussten. Die Ausfertigung von Schriftstücken, die den höchsten Ansprüchen jener Zeit, denjenigen der päpstlichen Kurie, genügen konnten, und die Leitung von diplomatischen Missionen, in deren Verlauf man mit den fähigsten Köpfen der Gegenseite zu verhandeln hatte, erforderten mehr als nur elementare Kenntnisse der formalen Kanzleisprache. Bereits Rudolf von Habsburg und sein Gegenspieler Ottokar II. von Böhmen hatten daher Doktoren des Kirchenrechts unbekannter Universitäten als Protonotare in ihren Diensten (was aber die

---

545 *Hermann Heimpel*, Die Vener (Anm. 523), Bd. 1, S. 176 ff. mit Anm. 68.

546 *Ivan Hlavácek*, Kanzleiwesen (Anm. 533), S. 229.

547 *Peter Moraw*, Kanzlei (Anm. 513), 471, 475 und passim.

548 Der Einsatz der Protonotare für Gesandtschaften ist seit der Zeit Rudolfs von Habsburg bei den deutschen Königen zu beobachten: *Peter Moraw*, Gelehrte Juristen (Anm. 9), passim; zur Gesandtentätigkeit der königlichen und landesherrlichen Räte vgl. *Bettina Koch*, Räte auf deutschen Reichsversammlungen (Anm. 290).

549 *Peter Moraw*, Kanzlei (Anm. 513), S. 475, 482 und 497.

beiden Könige bekanntlich nicht daran hinderte, ihre fundamentalen Rechtsstreitigkeiten 1278 doch auf dem Schlachtfeld auszutragen).[550] Auch für die Kanzleivorsteher ihrer Nachfolger und vieler Territorialherren ist in der Regel ein Universitätsstudium nachweisbar oder zumindest mit guten Gründen zu vermuten.[551]

Ergänzend zu Universitätsstudien ist bei mehreren Personen eine mehr oder weniger ausgedehnte praktische Tätigkeit als Schreiber oder Hofgerichtsnotar zu beobachten, bevor sie als Protonotare belegt sind.[552] Eine zwingende Notwendigkeit zum Erwerb praktischer Erfahrung im Ablauf der Kanzleitätigkeiten bestand aber für den Eintritt in das Protonotariat offensichtlich nicht. Die Rekrutierung neuer Führungskräfte für die Kanzlei spielte sich offensichtlich über den traditionellen Weg der persönlichen Bekanntschaft ab, indem Studienkollegen, Mitkanoniker oder Familienmitglieder gezielt in die Kanzlei nachgezogen wurden, wie dies sehr schön am Ausbau der Pfälzer Kanzlei König Ruprechts durch seinen Kanzler Raban von Helmstadt beobachtet werden kann, der zwei seiner Kollegen, aus der Bologneser Studienzeit, Job Vener und Eglolf von Knöringen, als Protonotare nach Heidelberg holte.[553]

550 Protonotare der Hofkanzlei König Rudolfs waren 1273–1275 der Deutschordensbruder Heinrich und von 1279–1291 der in Bologna ausgebildete Heinrich von Klingenberg, Nr. 1345, auch er Doktor des Kirchenrechts: *Peter Moraw*, Gelehrte Juristen (Anm. 9), S. 83; die Kanzlei Ottokars II. leitete 1274–1278 ebenfalls ein Protonotar Heinrich: *Jindrich Šebánek* und *Sa'a Duškova*, Urkundenwesen (Anm. 183), S. 368 ff.

551 Zu den Protonotaren von der Zeit Rudolfs von Habsburg bis Friedrich III. vgl. *Peter Moraw*, Gelehrte Juristen (Anm. 9); speziell für die Zeit König Ruprechts *ders.*: Kanzlei (Anm. 515); zu einzelnen Territorien: *P. Alfons Sprinkart* (OFMCap), Kanzlei, Rat und Urkundenwesen der Pfalzgrafen bei Rhein und Herzöge von Bayern 1294 bis 1314 (1317). Forschungen zum Regierungssystem Rudolfs I. und Ludwigs IV. (Forschungen zur Kaiser- und Papstgeschichte des Mittelalters. Beihefte zu J. F. Böhmer, Regesta Imperii 4), Köln-Wien 1986; *Ivan Hlavácek*, Kanzleiwesen (Anm. 533); *Jindrich Šebánek und Sa'a Duškova*, Urkundenwesen (Anm. 183); *Christian Frhr. von Brandenstein*, Urkundenwesen und Kanzlei (Anm. 320).

552 *Peter Moraw*, Kanzlei (Anm. 513), passim.

553 *Peter Moraw*, Kanzlei (Anm. 513), S. 453 ff., insbesondere 458.

Tabelle 10: Die Protonotare und ihre Dienstherren

Nr.	Name	Fach, Examina	Dienstherr
1345	Heinrich von Klingenberg	*dr. decr.*	Rudolf von Habsburg
2323	Johannes von Zürich		Albrecht I.
2606	Nikolaus von Riesenburg		Karl IV.
734	Eglolf von Knöringen	*lic. decr. B*	Ruprecht
1808	Job Vener	*dr. iur. utr. B*	Ruprecht
2025	Johannes Kirchen	*dr. leg.*	Siegmund
2188	Johannes von Sadska	Magister	Wenzel II. v. Böhmen
3320	Volislaus de Greç	Magister	Wenzel II. v. Böhmen
1632	Hermann von Luckau		Mgf. v. Brandenburg
3137	Dietrich Morner		Mgf. v. Brandenburg
723	Eckhard von Lübeck	*s. decr.*	Hz. v. Braunschweig
486	Eckhard von Lübeck		Mgf. von Meissen
287	Konrad von Kirchberg	Magister	Hz. von Österreich
1526	Heinrich Visler von Rott	Magister	Hz. von Österreich
1454	Heinrich von Enns	*lic. decr.*	Hz. von Österreich
1640	Hermann von München	Magister	Hz. von Österreich
866	Friedrich Schaffeler	*b. decr.*	Hz. von Österreich
808	Friedrich von Buntensee		Hz. von Schlesien
2666	Otto von Donyn		Hz. von Schlesien
1017	Gottfried von Harff	*lic. decr. B*	Papst
1268	Heinrich von Ehrenfels	*lic. leg.*	Papst; EB von Mainz
1595	Hermann Dwerg	*dr. decr. B*	Papst
117	Anshelm Fabri von Breda	*dr. decr.*	Papst
233	Berthold von Wildungen	*dr. decr.*	Konstanzer Konzil
1448	Heinrich von Rüdesheim	*dr. decr.*	EB von Mainz
643	Kuno von Sterzelnheim	*b. iur. utr.*	EB von Mainz
2269	Johannes Unterschopf		EB von Mainz
2084	Johannes von Marburg	Magister	EB von Magdeburg
822	Friedrich von Göttweig	*dr. decr.*	EB von Salzburg
2712	Paul Khölner von Passau	*dr. decr.*	EB von Salzburg
2597	Nikolaus von Posen		B. von Breslau
2111	Johannes Namslau	*b. decr.*	B. von Breslau
2548	Nikolaus von Friesach		B. von Freising
2132	Johannes Paduanus	*dr. [decr.]*	B. von Olmütz
3172	Thomas Blasii von Prag	Magister	B. von Prag
3438	Werner von Reinach	*iurisperitus*	B. von Strassburg
2170	Johannes Reuter	*dr. decr. B*	B. von Trient
2505	Michael de Leone	*iurisperitus*	B. von Würzburg

Nicht berücksichtigt wurden Protonotare „nicht regierender" Personen wie Arnold Minnenpeck (Nr. 150, P. der Königin) oder Rudmar von Scherding (Nr. 2891, P. eines Kardinals).

Als Protonotare haben 38 Bologneser Studenten im Dienste verschiedener Herren gestanden (Tabelle 10). Sechs von ihnen dienten den deutschen Königen, vier weitere verschiedenen Päpsten, zwei König Wenzel II. von Böhmen. Weitere 14 Absolventen wirkten in den Kanzleien von Erzbischöfen und Bischöfen, elf andere dienten Teritorialherren und einer, Berthold von Wildungen, ist als Protonotar des Konstanzer Konzils belegt.

Der augenfälligste Unterschied zwischen den Protonotaren und den Kanzlern liegt bestimmt in der weitaus häufigeren, wenn auch nicht immer in Bologna erworbenen Graduierung der Protonotare. Ein Doktor beider Rechte, neun Doktoren und drei Lizentiaten des Kirchen- sowie ein Doktor und ein Lizentiat des Zivilrechts, dazu einige Magister und Bakkalare, lassen die Protonotare deutlich besser ausgebildet erscheinen als ihre Vorgesetzten. Angesichts der häufig identischen Tätigkeit von Kanzlern und Protonotaren als Räte oder Gesandte ihrer Dienstherren lässt sich die bessere Ausbildung der Protonotare jedoch kaum mit ihrer Funktion als eigentliche Leiter der Kanzleien erklären. Es stellt sich daher weniger die Frage, ob Protonotare besser ausgebildet sein mussten, als vielmehr, ob für Kanzler geringere Kenntnisse genügten. Viele Inhaber des Protonotariats erreichten anscheinend mit dieser Funktion bereits das Ende ihrer persönlichen Karriereleiter, während „kanzlerfähige“ Personen das ihrige erst eine Stufe höher, vielleicht als Kanzlerbischof fanden. So betrachtet, liesse sich sagen, die Protonotare hätten ihren sozialen Horizont eher aufgrund ihrer guten Rechtskenntnisse erreicht, während die Kanzler weiter hinauf gelangten, da sie nicht primär aufgrund akademisch-technischer Qualifikationen ernannt wurden, sondern eher im Hinblick auf ihre besondere Stellung als Organisatoren und „Versorger“ des Kanzleiapparats. In der Praxis lassen sich die beiden Personengruppen allerdings nicht klar trennen, was sich schon daran zeigt, dass mindestens acht der Protonotare zu einem anderen Zeitpunkt ebenfalls als Kanzler im Dienste derselben Herren belegt sind. Die Tatsache, dass sechs dieser acht Personen vor der Mitte des 14. Jahrhunderts tätig waren, lässt sich aber doch dahingehend deuten, dass sich seit der Mitte dieses Jahrhunderts womöglich eine Differenzierung zwischen den beiden Funktionen herausbildete. Die Protonotare bildeten dabei eher die fachtechnische, die Kanzler hingegen eher die repräsentative Seite der herrschaftlichen Verwaltung.

Wie bei den Kanzlern sind auch bei den Protonotaren Studienabschlüsse oder zumindest Kenntnisse im Kirchenrecht weitaus häufiger belegt als solche im Zivilrecht. Doch ist erneut darauf hinzuweisen, dass die im Kirchenrecht erworbenen Qualifikationen meistens auch eine gewisse Vertrautheit mit dem Zivilrecht implizieren, genauso wie der Lizentiat des Zivilrechts Heinrich von Ehrenfels als päpstlicher Protonotar mit Sicherheit über gute kanonistische Kenntnisse verfügen musste.

Auch für die Funktion eines Protonotars war ein Studium in Bologna keineswegs zwingend erforderlich. Ein oberster Schreiber musste, wie die Graduierungen und Studienbelege zeigen, gut ausgebildet, in der Regel auch rechtskundig sein, aber hierfür kam die Bologneser Universität keineswegs als einzige Ausbildungsstätte in Frage. Entsprechend dem Erfahrungs- und Bildungshorizont der jeweiligen Dienstherren konnten auch anderswo ausgebildete Fachleute das Protonotariat bekleiden. Kaiser Heinrich VII. nahm, was in den niederrheinischen Territorien im 14. Jahrhundert durchaus üblich war, zwei wahrscheinlich in Frankreich ausgebildete Legisten als Protonotare in seinen Dienst, verpflichtete aber auch den ehemaligen Bologneser Studenten und *dr. iur. utr.* Johannes von Finstingen als Richter.[554] Der Protonotar Ludwigs des Bayern, Ulrich Hofmeier aus Augsburg, hatte seine Ausbildung in Paris erhalten, und von den Protonotaren König Wenzels IV. oder solchen in den einzelnen Territorien kann die Ausbildung (in Prag) oft nur vermutet werden.[555] Wie das Beispiel Heinrichs VII. zeigt, griffen die Herrscher auf alle Ressourcen an gelehrten Juristen zurück, die ihnen im Rahmen traditioneller oder neu erschlossener personaler Beziehungen zugänglich waren – und die bereits ihren Nachfolgern bisweilen wieder verschlossen sein konnten.[556] Da es zumindest den weltlichen Dienstherren in der Regel nicht möglich war, persönlich die Kompetenz von Juristen zu beurteilen, waren sie in hohem Mass auf die Selbstrekrutierung der Mitglieder ihrer Kanzleien und ihrer übrigen Hofjuristen angewiesen, so dass den Netzwerken von Beziehungen aus vergangenen Universitätstagen eine grosse Bedeutung zukam.[557] Der berühmte Na-

---

554 *Peter Moraw*, Gelehrte Juristen (Anm. 9), S. 85 f.

555 *Peter Moraw*, Gelehrte Juristen (Anm. 9), S. 88f; *Ivan Hlavácek*, Kanzleiwesen (Anm. 533), S. 193 ff.; *P. Alfons Sprinkart*, Kanzlei (Anm. 551), S. 47 ff.

556 Zum gescheiterten Versuch Ludwigs des Bayern, die führenden Juristen seines Vorgängers in seinen Dienst zu übernehmen, vgl. *Peter Moraw*, Gelehrte Juristen (Anm. 9), S. 87 f.

557 Neben dem bekannten Beispiel des „Kanzleiunternehmers" Raban von Helmstadt, der für die Kanzlei König Ruprechts zwei seiner Mitstudenten aus Bologna nach Heidelberg holte, ist auch auf Gruppen von „Bologneser" Juristen an den Höfen Ludwigs des Bayern und Karls IV. zu verweisen, ferner, unter gewandelten Ver-

me der Universität Bologna dürfte bei derartigen Rekrutierungsmustern weniger den Ausschlag gegeben haben als die individuellen und kollektiven Studienerfahrungen der Beteiligten.

7.2.3 Die Räte

Der königliche Rat (gemeint ist der kleinere, tägliche Hofrat, nicht der aus sämtlichen Vasallen gebildete Rat, der sich nur an Reichs- oder Hoftagen versammelte)[558] ist definitionsmässig kaum zu erfassen, obwohl er das wichtigste Organ der königlichen und landesherrlichen Regierung darstellte.[559] Er lässt sich höchstens beschreiben als Versammlung all derjenigen Personen, die mehr oder weniger regelmässig zusammen mit dem König die anfallenden Geschäfte berieten.[560] Da das einzige objektive Kriterium für die Ratszugehörigkeit eine persönliche Beziehung zum Herrscher war, und es weder eine zahlenmässige Beschränkung der jeweils Zugelassenen noch spezielle Ressorts gab, lassen sich auch nicht bestimmte Eigenschaften oder Voraussetzungen für die Teilnahme an den Sitzungen herauskristallisieren. Während die Inhaber der höheren Hofämter wie Kanzler und Protonotar in der Regel bei den Sitzungen anwesend, also „tägliche" Räte waren, trugen andere Personen den Ratstitel lediglich ehrenhalber, und wieder andere wohnten den Tagungen bei, ohne als Räte bezeichnet zu werden.[561] Der Rat hatte weder selbständige Entscheidungsbefugnis noch das Recht, überhaupt vom Herrscher angehört zu werden, dessen Wille nach altständischer Manier für die Entscheidungsfindung allein ausschlaggebend war.[562] So verschieden wie die Herkunft der Räte und der Grund ihrer Anwesenheit bei den Sitzungen waren auch ihre persönlichen Qualitäten und

---

hältnissen, auf die Bedeutung des Wiener Studiums für die Juristen Friedrichs III.: *Peter Moraw*, Gelehrte Juristen (Anm. 9), passim.

558 *Peter Moraw*, Räte und Kanzlei, in: Karl IV. Staatsmann und Mäzen, hg. von Ferdinand Seibt, München 1978, 285–292, hier: S. 287; *ders.*: Wesenszüge (Anm. 195), S. 153 f.

559 Zur Definition, insbesondere der gelehrten Räte, vgl. auch *Hartmut Boockmann*, Mentalität (Anm. 209), S. 295 ff.

560 *Peter Moraw*, Räte und Kanzlei (Anm. 558), S. 287.

561 *Hartmut Boockmann*, Mentalität (Anm. 209), S. 296 f., unterscheidet zwischen den ständig anwesenden „täglichen" Räten und den bloss fallweise beigezogenen Räten „von Hause aus".

562 *Peter Moraw*, Räte und Kanzlei (Anm. 558), S. 287.

entsprechend auch ihre Fähigkeit, den Herrscher beispielsweise auf Tagen zu vertreten oder für ihn Aufgaben in der täglichen Verwaltung wahrzunehmen.[563] Wer aber beispielsweise nur deshalb Rat geworden war, weil dem Herrscher eine persönliche Beziehung zu seiner Heimatstadt gerade opportun war, brauchte für die Ausübung dieser Rolle keine weitere Bildung. Ebenso dürfte niemand studiert haben, um Rat zu werden, sondern man wurde vielmehr Rat, weil man eine besondere Beziehung zum Herrscher hatte, für die eine höhere Bildung nur eine Voraussetzung unter vielen anderen sein konnte.[564]

Tabelle 11: Die Räte und ihre Dienstherren

Nr.	Name	Fach, Examina	Dienstherr
3511	Wilhelm v. Schaffhausen		Adolf von Nassau
1345	Heinrich von Klingenberg	*dr. decr.*	Albrecht I.
2323	Johannes von Zürich	*iurisperitus*	Albrecht I.
2411	Lupold von Bebenburg	*dr. decr.*	Ludwig der Bayer
2455	Markward von Randegg	*lic. decr.*	Ludwig der Bayer
3366	Walter von Hochschlitz		Karl IV.
778	Ernst von Pardubitz	*lic. decr.*	Karl IV.
2808	Peter Jelito	*lic. decr.*	Karl IV.
2014	Johannes von Jenzenstein		Karl IV.
3103	Dietrich Damerow	*b. iur. utr.*	Karl IV.
1690	Hieronymus Seidenberg	*lic. decr. B*	Wenzel
2112	Johannes Naso	*dr. decr. B*	Wenzel
2831	Raban von Helmstadt		Ruprecht
734	Eglolf von Knöringen	*lic. decr. B*	Ruprecht
233	Berthold von Wildungen	*dr. decr.*	Siegmund
2200	Johannes Scheel	*dr. decr. B*	Siegmund
2349	Leonhard von Laiming	*dr. decr.*	Albrecht II.
856	Friedrich von Parsberg	*lic. decr. B*	Albrecht II.
2792	Peter von Schaumberg		Albrecht, Friedrich
1986	Johannes Gwerlich	*dr. decr. B*	Friedrich III.
1425	Heinrich der Oven	*dr. decr.*	Kfs. v. Brandenburg
2025	Johannes Kirchen	*dr. leg.*	Kfs. von der Pfalz
855	Friedrich von Öttingen		Hz. von Bayern
2103	Johannes von Moosburg		Hz. von Bayern
653	Degenhard Salchinger		Hz. von Bayern-M.

563 Zur Vertretung durch gelehrte Juristen auf Reichsversammlungen vgl. *Bettina Koch*, Räte auf deutschen Reichsversammlungen (Anm. 290).

564 Zum Selbstverständnis der adligen Räte vgl. *Hartmut Boockmann*, Mentalität (Anm. 209), S. 300 ff.

Nr.	Name	Fach, Examina	Dienstherr
3029	Siger de Novo Lapide		Hz. von Brabant
1857	Johannes Bau	*dr. leg. B*	Hz. von Jülich-Berg
1429	Heinrich de Piro	*lic. decr. B*	Hz. v. Kleve-Mark
2503	Michael von Breda	*lic. leg. B*	Hz. v. Kleve-Mark
1435	Heinrich von Randeck		Hz. von Österreich
2918	Rudolf von Hewen		Hz. von Österreich
1889	Johannes von Buch		Mgf. v. Brandenburg
2524	Nikolaus von Billens	*dr. leg.*	Gf. von Savoyen
945	Gerhard von Oron		Gf. von Savoyen
1255	Heinrich Degen	*dr. decr. B*	Gf. v. Württemberg
2622	Nikolaus von Grünberg		EB von Mainz
51	Albert von Hohenlohe		EB von Mainz
310	Bruno von Scharfenstein	*b. decr.*	EB von Mainz
1268	Heinrich von Ehrenfels	*lic. leg.*	EB von Mainz
2652	Ortolf von Offenstätten		EB von Salzburg
1488	Heinrich von St. Gallen		B. von Konstanz
803	Friedrich von Bicken		B. von Münster
494	Konrad von Königstein	*b. decr.*	B. von Speyer
691	Eberhard Lackepren	*dr. decr.*	B. von Utrecht
2486	Matthias Reich		B. von Basel
181	Balthasar Ungerade	*dr. decr.*	B. von Breslau
2120	Johannes de Novo Lapide	*dr. leg. B*	Stadt Köln
3250	Ulrich von Kühdorf		Stadt Nürnberg

Unter den Besuchern der Bologneser Rechtsschule finden wir 48 später als Räte im Dienst eines weltlichen oder geistlichen Herrn, wobei mit grosser Sicherheit gesagt werden kann, dass diese Zahl aus überlieferungstechnischen Gründen zu niedrig ist (Tabelle 11). Anders als Kanzler und Protonotare, deren Funktion wesentlich grössere Chancen hatte, schriftlich dokumentiert zu werden, wurden viele Räte, auch juristisch gebildete oder sonstwie schriftgeübte, lediglich sporadisch für mündliche Erläuterungen zu bestimmten Sachfragen beigezogen, wodurch sie keine Spuren ihrer beratenden Tätigkeit hinterliessen. Die personale Beziehung, durch die eine Ratstätigkeit konstituiert wurde, erforderte keinesfalls eine derart gute Ausbildung, wie dies die Aufstellung der Graduierungen und Studienfächer glauben lässt. Die hohe Graduiertenquote unter den Räten hängt vielmehr damit zusammen, dass die Ratsfunktion eine klassische Nebenbeschäftigung auf Abruf war, die vorzugsweise von Universitätsprofessoren ausgeübt wurde. Die Dienstherren profitierten von derartigen Beschäftigungsverhältnissen insofern, dass die hochqualifizierten Fachkräfte nicht ständig am Hofe unterhalten werden mussten, sondern ihrer Lehrtätigkeit an der Universität, im Idealfall noch durch eine Universitätspfründe versorgt, nachgingen und dennoch jederzeit in Anspruch genommen werden konnten.[565] Universitätslehrer unter den genannten Räten waren Johannes de Novo Lapide, Johannes Bau, Heinrich de Piro und Michael von Breda (Köln), Johannes Gwerlich (Wien), Johannes Kirchen (Heidelberg) und Heinrich der Oven (Erfurt). Eine Lehrtätigkeit in Lyon, wenn auch nicht an einer anerkannten Universität, ist auch für Nikolaus von Billens, Rat der Herzöge von Savoyen, anzunehmen.[566]

Die Wege in den Rat eines geistlichen oder weltlichen Grossen konnten offensichtlich sehr vielfältig sein. Eine der Möglichkeiten, um auf diese Weise in die Nähe eines Herrschers zu kommen, bestand darin, sich als Rechtskenner an einer Universität oder im Rahmen eines geistlichen Amts zu profilieren und damit für besondere Aufgaben zu qualifizieren. Ein renommierter Titel aus Bologna mochte hierbei sowohl für die Aufnahme in den Dienst als auch für den Auftritt bei Gesandtschaften von Vorteil sein.

7.2.4 Die Gesandten

Fast noch schwieriger zu definieren als die schon sehr vielfältige Gruppe der Räte sind die als Vertreter ihrer Herren bei verschiedensten Adressaten feststellbaren Gesandten. Sowohl mit Blick auf ihre Bezeichnung als auch auf ihre Aufträge, ihren jeweiligen Kompetenzbereich oder die Kriterien für ihre Auswahl, lassen sich kaum allgemeingültige Aussagen machen. Die Gesandten begegnen in den Quellen als *nuntii, ambassadores, legati, procuratores* und unter weiteren Bezeichnungen, meistens im Auftrag von Herren bzw. Institutionen mit ho-

---

565 Am Beispiel Heidelbergs dargestellt von *Peter Moraw*, Heidelberg (Anm. 491); übermässige Beanspruchung der Universitätslehrer durch den Herrendienst wirkte sich zum Schaden der Universitäten aus. Diese liefen Gefahr, zur Sinekure ehrgeiziger Räte im Fürstendienst zu werden: *Frank Rexroth*, Karriere bei Hof oder Karriere an der Universität? Der Freiburger Gründungsrektor Mätthäus Hummel zwischen Selbst- und Fremdbestimmung, in: ZGO 141, N. F. 102, (1993), S. 155–183, hier: S. 166.

566 Nikolaus erhielt 1292 von Erzbischof und Kapitel von Lyon die *licentia legendi et docendi in civitate Lugdunensi quotiens et quamdiu legere et docere voluit in civitate predicta*. Das Inventar seines Nachlasses beweist einmal mehr die von den Juristen selbst als selbstverständlich begriffene Subsidiarität der beiden Rechte: Nikolaus, der in den Quellen stets als *doctor* oder *professor legum* erscheint, hinterliess neben den beiden Digesten, Infortiatum, Codex und Volumen auch ein Decretum und Dekretalen, auf die er auch als Legist offensichtlich nicht verzichten konnte.

heitlichen Aufgaben, aber auch als Vertreter kirchlicher Institutionen im Verkehr mit übergeordneten Stellen.[567] Charakteristisch für die Gesandtentätigkeit ist allerdings, dass sie bloss fallweise und in der Regel von Personen ausgeübt wurde, die sich bereits als führende Kanzleiangehörige oder Räte in der Umgebung der Dienstherren aufhielten.[568] Angesichts ihres Einsatzes sowohl bei weltlichen als auch bei geistlichen Dienstherren können jedoch die Gesandten nicht eindeutig einem der beiden Bereiche zugeordnet werden. Dass sie unter den Funktionsträgern der Landes- und Territorialherrschaft aufgeführt werden, ergibt sich hier lediglich aus dem Übergewicht der weltlichen Auftraggeber, wobei damit nichts gesagt werden soll über die Anzahl der tatsächlich zustandegekommenen Gesandtschaften, die ja auch durch nicht juristisch gebildete Personen unternommen werden konnten. Vor allem im ausgehenden 13. und zu Beginn des 14. Jahrhunderts wurden noch verschiedentlich theologisch und artistisch ausgebildete Personen mit Gesandtschaften betraut, während seit dem 15. Jahrhundert zunehmend Juristen diese Funktionen ausübten.[569]

Auf der Ebene grösserer regionalpolitischer Zusammenhänge lassen sich die Aktivitäten der Gesandten wohl mit Recht als Diplomatie bezeichnen[570], während sie auf der unteren Ebene wohl den Rahmen der üblichen Kommunikation zwischen einzelnen Institutionen kaum überschritten haben dürften. Entsprechend den unterschiedlichen Aufgaben sind auch die jeweils als notwendig betrachteten sozialen und fachlichen Qualifikationen der Gesandten einzuordnen, da ja Verhandlungen zwischen König und Papst sicher anders befähigte Unterhändler erforderten als die Anbahnung einer dynastischen Heirat oder der Empfang eines Palliums für einen neugewählten Bischof.[571]

---

567 Werner von Siegberg, Nr. 3442, gehörte beispielsweise 1311 einer Delegation des Churer Domstifts an, die vom Bischof die Einwilligung zum Verkauf einer Alp erwirken sollte: *Suzanne* und *Sven Stelling-Michaud*, Juristes (Anm. 18), S. 153.

568 Zur Tätigkeit speziell der Räte als Gesandte vgl. *Bettina Koch*, Räte auf deutschen Reichsversammlungen (Anm. 290).

569 *Bettina Koch*, Räte auf deutschen Reichsversammlungen (Anm. 290), passim.

570 *Ingrid Männl*, Territorialherren (Anm. 21), S. 269–290, hier: S. 275, fasst das primäre Wirkungsfeld der Juristen im Dienste der norddeutschen Fürsten unter dem Stichwort „aussenpolitische Diplomatie“ zusammen; zu gelehrten Juristen als Diplomaten vgl. auch *Hartmut Boockmann*, Mentalität (Anm. 209), S. 305 und *Peter Moraw*, Gelehrte Juristen (Anm. 9), passim.

571 *Ingrid Männl*, Territorialherren (Anm. 21), S. 275 und 277, betont die Beachtung

Von den in Bologna ausgebildeten Juristen sind mindestens 56 im Verlauf ihrer späteren Karriere ein- oder mehrmals als Gesandte nachweisbar, wobei wohl auch hier die Quellen längst nicht alle derartigen Missionen überliefert haben. Der weitaus grösste Teil dieser Delegationen ist für die Ebene König-Kurie-Fürsten dokumentiert, was einerseits mit der Bedeutung und den Auswirkungen der behandelten Geschäfte, anderseits aber auch viel mit der Quellenüberlieferung und Forschungslage zu tun hat, insbesondere mit der offenen Frage, wann eine Delegation als Gesandtschaft zu betrachten ist. Wie bei den Räten und den Angehörigen des Kanzleibereichs, aus denen sich die meisten Gesandten rekrutierten, spielt der Faktor der sozialen Herkunft bei den diplomatischen Vertretern eine gewichtige Rolle, ging es doch bei ihnen nicht nur um die Bildung eines Beratergremiums für die Herren, sondern darüber hinaus auch um die angemessene und fachlich kompetente Vertretung gegenüber gleich- oder gar höherrangigen Adressaten, was die feststellbare starke Vertretung des Hochadels und später auch graduierter Gesandter erklärt.[572]

7.2.5 Zusammenfassung: Kanzlei und Rat

Besucher der Universität Bologna scheinen nicht in auffallender Weise bessere Aussichten auf den Eintritt in den Herrschaftsdienst gehabt zu haben als anderswo ausgebildete Juristen. Weder dem Studienort noch dem formal belegten Studienfach kamen offensichtlich bei der Rekrutierung der gelehrten Diener ausschlaggebende Bedeutung zu, da die benötigten Kenntnisse genausogut an anderen Universitäten erworben werden konnten und sich kaum auf die zumeist ausgewiesenen Kanonistikstudien beschränkt haben dürften. Die erwähnten Positionen an der Spitze der mittelalterlichen Verwaltung wurden zudem noch nicht so sehr nach der fachlichen Kompetenz der Kandidaten besetzt, sondern vielmehr noch nach sozialen Regeln, die fast ausnahmslos höher gewichtet wurden als theoretische Kenntnisse.[573] Dabei kann klar festgehalten werden, dass der vielzitierte „Adel der Doktoren" neben den

---

angemessener Vertretung der norddeutschen Herren am Papsthof und bei Konzilien, wo man sich durch in Italien ausgebildete Juristen vertreten liess, während Offiziale und juristische Kanzleimitarbeiter oft bloss an den Universitäten im Reich studiert hatten.

572 *Klaus Wriedt*, Gelehrte in Gesellschaft, Kirche und Verwaltung norddeutscher Städte, in: Gelehrte im Reich (Anm. 6), S. 437–452, hier: S. 448.

573 *Peter Moraw*, Wesenszüge (Anm. 195), S. 152 ff.

durch Geburt erlangten Standesvorteilen oder persönlichen und familiären Verbindungen als alleinige „soziale" Qualifikation bis zur Mitte des 15. Jahrhunderts weitgehend zu vernachlässigen ist.[574] Wer nicht zusätzlich zu seinen erworbenen Kenntnissen bei der Fortsetzung seiner Karriere auf bewährte altständische Mechanismen zurückgreifen konnte, blieb auch als Jurist ein Techniker, ein unersetzlicher und angesehener zwar, aber letztlich doch in untergeordneter Position.

Der Bereich der weltlichen Herrschaft soll nicht ohne kurze Bemerkung zum Studium der Herren selbst abgeschlossen werden. Unter den Besuchern der Bologneser Rechtsschule finden sich ganze dreizehn Personen, die später als „regierende" Herren in ihren Grafschaften oder sonstigen Gebieten nachzuweisen sind.[575] Die Hälfte von ihnen war aber offensichtlich gar nicht für die Herrschaft, sondern ursprünglich für eine geistliche Karriere vorgesehen. Erst nach dem Tod ihrer zumeist älteren Brüder rückten sie in deren Positionen nach, resignierten ihre Pfründen, und zumindest drei von ihnen versuchten, durch eine Heirat das Geschlecht fortzuführen. Ein Studium war für einen Herrn zu dieser Zeit (neun von ihnen studierten vor 1335) schlicht unnötig und eher etwas für den jüngeren Bruder, der sich auf eine Karriere in einem der Familie nahestehenden Domstift vorbereitete. Einer derartigen Karriereplanung entsprechend, sind zwei Drittel der Herren bloss ein einziges und die übrigen höchstens noch ein zweites Jahr in Bologna belegt. Zum Herren war man im Mittelalter einfach geboren. Nicht standesgemässe Geburt konnte auch durch den später immer wieder beanspruchten Adel der Doktoren allein nicht kompensiert werden.

---

574 Die Gleichsetzung von Graduierten mit Adligen mag für die Aufstellung von universitätsinternen Rang- und Sitzlozierungen und dabei vor allem für das Selbstverständnis der Gelehrten von einiger Bedeutung gewesen sein, darf aber für die Karrierechancen vor allem im weltlichen Bereich, kaum so hoch eingeschätzt werden, wie z. B. *Winfried Dotzauer*, Studium in Italien (Anm. 23), S. 107 f. angibt. Wesentlich wichtiger als das Prestige der Adelsgleichheit war die planmässig betriebene Förderung und Bevorzugung ihrer Angehörigen durch die Kirche, die den Graduierten handfeste materielle Vorteile, z. B. in Form von Prärogativen, zukommen liess. Zum Phänomen der Gleichsetzung von Graduierung und Adel vgl. *Laetitia Boehm*, Die Verleihung akademischer Grade (Anm. 23); *Jacques Verger*, Les gens de savoir, (Anm. 188), S. 212–213 sowie die in Anm. 9 genannte Literatur.

575 Bernhard von Ravensberg, Nr. 209; Konrad Schenk von Erbach, Nr. 566; Donat von Vatz, Nr. 669; Eberhard von Kiburg, Nr. 688; Friedrich Schenk von Limpurg, Nr. 869; Gerlach von Nassau, Nr. 974; Heinrich von Gleichen, Nr. 1302; Johannes von Falkenberg, Nr. 1941; Ludwig von Öttingen, Nr. 2392; Reinhard von Hanau, Nr. 2858; Simon von Sponheim-Kreuznach, Nr. 3048; Dietrich von Runkel, Nr. 3148; Ulrich von Montfort, Nr. 3261.

7.2.6 Die städtische Verwaltung

Als vergleichsweise junge rechtliche Gebilde, deren innere Normensetzung sich grösstenteils in einer Zeit entwickelte, in der modernes juristisches Denken aus Italien und Frankreich längst bekannt sein konnte, und deren Führungsschichten oft zu den dynamischsten im Reich gehörten, könnten die Städte – dies wäre zumindest zu erwarten – recht früh auch einen starken Bedarf an ausgebildeten Juristen entwickelt haben. In der Tat unternahm die Stadt Lübeck bereits um 1250 einen Versuch, in Italien einen *homo peritus in iure civili et canonico* anzuwerben, und auf der Versammlung der wendischen Hansestädte beriet man 1265 über die Anstellung eines Legisten.[576] Bemühungen wie die geschilderten, die jederzeitige Verfügbarkeit juristischer Fachkräfte sicherzustellen, finden sich aber längst nicht in allen Städten. Im Gegensatz zu den Handelsstädten am nördlichen Rand des hier betrachteten Gebiets verzichtete beispielsweise Bern, immerhin seit dem 14. Jahrhundert Verfechterin einer expansiven Territorialpolitik und schliesslich der grösste Stadtstaat nördlich der Alpen, bis weit ins 15. Jahrhundert hinein auf universitätsgebildete Juristen. Das aristokratisch gesinnte Berner Patriziat zog es stattdessen vor, die zur Staatsführung bestimmten Söhne an den Höfen im angrenzenden Burgund und in Frankreich ausbilden zu lassen, wo sie dem nach Westen orientierten Schwergewicht der bernischen Politik entsprechend auch gleich ihre späteren Kontaktpersonen kennenlernten.[577] Ein allzu grosser Bedarf an eigenen Juristen scheint auch in zahlreichen anderen Schweizer Städten bis zum Ausgang des Mittelalters nicht bestanden zu haben, wenn man die wenigen Juristen betrachtet, die sich in deren Diensten nachweisen lassen.[578]

In Bologna ausgebildet wurde ein einziger Bürgermeister, der aus einer Basler Ritterfamilie stammende Matthias Reich, der seiner Heimatstadt als Rat sowie in den Jahren 1285 und 1309 als Bürgermeister diente.[579] Im Breslauer Rat sass 1427–1438 Balthasar Ungerade, der in

---

576 *Klaus Wriedt*, Personal (Anm. 442), S. 17, Anm. 6; *ders.*: Gelehrte in Gesellschaft (Anm. 572), S. 440.

577 *Urs M. Zahnd*, Bildungsverhältnisse (Anm. 512), S. 112 ff.

578 In der Position des Stadtschreibers, wo juristische Gelehrsamkeit noch am ehesten zu erwarten wäre, hat *Urs Martin Zahnd* für die Kanzleien der eidgenössischen Stadtorte bis zum Ausgang des Mittelalters von 120 namentlich bekannten Stadtschreibern nur 22 überhaupt als Besucher einer Universität nachgewiesen, darunter nur sechs Juristen: Studium und Kanzlei (Anm. 330), S. 463.

579 Matthias Reich, Nr. 2486.

Bologna den Doktortitel im Kirchenrecht erworben hatte.[580] In der Stellung eines Syndicus, eines rechtsgelehrten Ratgebers, in der Juristen an sich zu suchen wären, findet sich nur Heinrich von Lauban, der als Syndicus des Liegnitzer Rats 1365 belegt ist, allerdings über fünfzig Jahre nach seinem Studium, so dass Pfotenhauers und Knods Gleichsetzung mit dem Bologneser Studenten zumindest als zweifelhaft zu betrachten ist.[581] Zwei weitere Besucher Bolognas sind als Stadtschreiber in Schweizer Städten zu finden, nämlich Johannes Kottmann 1318 in Luzern und Ulrich von Bern oder Freiburg um 1317 in Bern.[582] In städtischen Diensten begegnen ausserdem 1343 als Augsburger Stadtpfleger ein Konrad Dachs, in Köln 1347 Hilgerus (de Campo), 1403 Johannes de Novo Lapide und 1429 Christian von Erpel, sowie 1417 in Düren Segebold Berswort.[583]

Die letztgenannten drei Juristen waren alle auch als Rechtsprofessoren an der Kölner Universität tätig, so dass sie von den städtischen Behörden bei Bedarf zu Rate gezogen werden konnten, da sie für ihre Vorlesungen ohnehin im Sold der Stadt standen.[584] Nimmt man nun neben den Universitäten auch die zahlreichen, in jeder grösseren Stadt vorhandenen kirchlichen Institutionen als „Reservoir“ für juristische Fachkräfte an, so lässt sich leicht erklären, weshalb sich viele Städte beim kostspieligen Ausbau ihrer Kanzleien zurückhielten: Solange sie punktuell auf die Dienste von gelehrten Ratgebern zurückgreifen konnten, die anderweitig bereits versorgt waren, konnten sie sich individuell abgefasste Dienstverträge mit den teuren Fachkräften grösstenteils sparen.[585] Es ist demnach davon auszugehen, dass viele Städte ihren Bedarf

---

580 Balthasar Ungerade, Nr. 181.

581 Heinrich von Lauban, Nr. 1362.

582 Johannes Kottman, Nr. 2035; Ulrich von Bern, Nr. 3215; zu ihnen vgl. *Urs M. Zahnd*, Studium und Kanzlei (Anm. 330), S. 462.

583 Konrad Dachs, Nr. 429. Auch bei ihm ist möglicherweise an einen Vertreter der nächsten Generation zu denken, da der gleichnamige Student sich bereits 1304 in Bologna aufhielt; Hilgerus de Campo von Köln, Nr. 1701; Johannes de Novo Lapide, Nr. 2120; Christian von Erpel, Nr. 623; Segebold Berswort, Nr. 2981.

584 Christian von Erpel war sicher 1431 als Professor von der Stadt Köln bezahlt, während für Johannes de Novo Lapide Dienstverträge mit der Stadt Köln vor und nach 1419 bekannt sind.

585 *Urs M. Zahnd*, Studium und Kanzlei (Anm. 330), S. 456 und mehrfach, weist auf den langsamen Ablösungsprozess der städtischen Kanzleien von den älteren kirchlichen Beurkundungsstellen im Verlauf des 14. und 15. Jahrhunderts hin.

an Rechtskennern vorerst ausschliesslich bei den ansässigen rechtsgelehrten Klerikern oder „halbgelehrten“ Stadtschreibern deckten, bis endlich im Verlauf des 15. Jahrhunderts beinahe jede Stadt auch auf rechtsgelehrte Stadtschreiber, Syndici oder sogar auf universitätsgebildete Ratsmitglieder zurückgreifen konnte.[586]

7.3 Geistliche Führung, Verwaltung und Gerichtsbarkeit und Seelsorge

Durch ihren grundsätzlichen Anspruch auf die moralische Beurteilung und gegebenenfalls auch disziplinarische Ahndung der Lebensweise ihrer Angehörigen, erwuchs der Kirche die Notwendigkeit, für diesen nahezu unbegrenzten Bereich jurisdiktioneller Zuständigkeit auch die entsprechenden rechtlichen Grundlagen aufzustellen und bekanntzumachen. Die zentralistische Struktur der papstchristlichen Kirche liess wenig Raum für partikuläre Rechtsgewohnheiten, erleichterte aber gerade dadurch die Durchsetzung der päpstlichen Anordnungen. Eine unabdingbare Voraussetzung für das Funktionieren dieser Strukturen über ganz Europa hinweg war, dass zumindest an jedem Bischofssitz Leute verfügbar waren, die nicht nur Lesen und Schreiben, sondern auch mit juristischem Schriftgut umgehen konnten. Aufgrund ihrer Tätigkeitsbereiche, die in unterschiedlichem Ausmass juristische Kenntnisse erforderten, werden im Folgenden die Bischöfe, die Generalvikare, die Offiziale, die Schiedsrichter, die delegierten Richter, die Rotarichter, die Archidiakone, die Kapitelsämter, die Äbte und Prioren, die Pfarrer und die Kollektoren erfasst.

7.3.1 Die Bischöfe

In ihrer Doppelfunktion als geistliche Oberhäupter ihrer Diözesen und als Territorialherren fügten sich die Bischöfe gleichsam organisch in

---

586 Zu den Stadtschreibern vgl. allg. *Gerhart Burger*, Die südwestdeutschen Stadtschreiber im Mittelalter (Beiträge zur schwäbischen Geschichte, Heft 1–5), Böblingen 1960; *Ulrich Meier*, Ad incrementum rectae gubernationis. Zur Rolle der Kanzler und Stadtschreiber in der politischen Kultur von Augsburg und Florenz in Spätmittelalter und Früher Neuzeit, in: Gelehrte im Reich (Anm. 6), S. 477–503; zu den Syndici und Ratsmitgliedern die zitierten Werke von *Klaus Wriedt* und *Urs M. Zahnd*.

das umgebende Herrschaftsgefüge ein, denn im Aufbau und Verständnis des ottonisch-salischen Reichskirchensystems bildeten Gottesdienst, Verwaltung und Reichsdienst bloss verschiedene Ausdrucksformen einund derselben Aufgabe unter dem gleichen religiös-politischen Zweck.[587]

Als Inhaber der ordentlichen Weihe-, Lehr- und Jurisdiktionsgewalt im Bereich ihrer geistlichen Herrschaft hatten Bischöfe vor allem die Aufsichts- und Kontrollfunktion über Lebenswandel und Glaubenszucht ihrer Gemeinde auszuüben – eine Aufgabe, die sie persönlich nur ansatzweise in Form gelegentlicher Visitationen auszuüben vermochten. Den grössten Teil ihrer Aufgaben konnten die Bischöfe an einen sich dauernd weiterentwickelnden Kreis von spezialisierten ständigen Stellvertretern und Untergebenen wie Archidiakonen, Offizialen, Weihbischöfen oder Generalvikaren delegieren, oder im Bedarfsfall rechtskundige Männer als *iudices delegati* mit der Lösung eines Falls beauftragen, der nicht vor dem ordentlichen Gericht verhandelt werden sollte.[588] Unter diesen Umständen scheint die Frage nach der für die Ausübung des Bischofsamts notwendigen (juristischen) Bildung nebensächlich zu sein. In der Tat wogen die sozialen und politischen Kriterien bei einer anstehenden Bischofswahl nicht selten schwerer als die Frage nach der Kenntnis der beiden Testamente oder gar kanonistischer Rechtssätze.[589] Der Weg zum Bischofsamt konnte zwar durchaus über Stationen führen, die überdurchschnittliche (wenn auch kaum theologische) Kenntnisse verlangten, wie die Tätigkeiten eines Kanzlers oder Protonotars

---

587 *Johannes Neumann*, Art. Bischof I, in: TRE, Bd. 6, S. 661.

588 Für die beiden unrkundlich sehr gut belegten Konstanzer Bischöfe Rudolf von Habsburg-Laufenburg (Nr. 2915), 1274–1293 und Heinrich von Klingenberg (Nr. 1345), 1293–1306 sind beispielsweise nur zwölf bzw. sieben Fälle bekannt, in denen der Bischof selbst als Richter oder Schiedsrichter auftrat: *Ludger Beckmann*, Konstanzer Bischöfe vom 13. zum 14. Jahrhundert. Diss. Freiburg/Br. 1996, S. 85–97 und 214–217.

589 Zu den bildungsmässigen Voraussetzungen für die Bischöfe vgl. *Friedrich Wilhelm Oediger*, Über die Bildung der Geistlichen im späten Mittelalter (Studien und Texte zur Geistesgeschichte des Mittelalters 2), Leiden-Köln 1953, S. 46 ff. Das Problem der theologischen Kenntnisse der Bischöfe scheint aber immerhin häufig genug aufgetreten zu sein, um die Frage aufzuwerfen, ob ein zum Bischof Erwählter eine Todsünde begehe, wenn er zu unrecht behauptete, die beiden Testamente zu kennen: ebd.: 48 mit Anm. 1.

bei einem einflussreichen Herrn, doch hing der Erwerb eines Bistums letztlich nicht vom Bildungsstand des Kandidaten ab.[590]

Dass sich unter den Besuchern der Bologneser Rechtsschule viele spätere Erzbischöfe und Bischöfe finden, kann nicht erstaunen, gehörten doch die nachweisbaren 96 Personen in dieser Funktion nicht nur zu den Menschen mit den besten Überlieferungschancen im Mittelalter, sondern haben auch sonst stets grosses Interesse in der Forschung gefunden (Tabelle 12).[591]

Tabelle 12: Erzbischöfe und Bischöfe

Nr.	Name	Fach, Examina	Dienstdiözese
2455	Markward von Randegg	*lic. decr.*	Aquileja ←
876	Friedrich Spet	*s. decr.*	Augsburg
1467	Heinrich von Schöneck		Augsburg
2455	Markward von Randegg	*lic. decr.*	Augsburg →
3366	Walter von Hochschlitz		Augsburg
2792	Peter von Schaumberg	*s. decr.*	Augsburg
3278	Ulrich von Schlüsselberg ?		Bamberg
2411	Lupold von Bebenburg	*dr. decr. B*	Bamberg
2786	Peter Reich		Basel
2213	Johannes Senn		Basel
179	Balduin von Wenden	*dr. decr. B*	Bremen
2827	Prezlaus von Pogarell		Breslau
39	Albert von Enns		Brixen
2979	Sebastian Stempfl		Brixen
2184	Johannes Rotel von Hallein	*dr. decr. B*	Brixen
505	Konrad v. Lichtenstein		Chiemsee
1723	Hugo von Montfort		Chur (Elekt)
2926	Rudolf von Montfort		Chur →
2141	Johannes Pfefferhard	*dr. decr.*	Chur
2808	Peter Jelito	*dr. iur. utr*	Chur →
2112	Johannes Naso		Chur
3103	Dietrich Damerow		Dorpat
3145	Dietrich Reseler	*dr. decr. B*	Dorpat
189	Bartholomäus Saviger	*lic. decr. B*	Dorpat
2323	Johannes von Zürich	*iurisperitus*	Eichstätt →

590 *Aloys Schulte*, Adel und Kirche (Anm. 416), S. 61 ff.

591 Eine (zu ergänzende) Liste mit deutschen Bischöfen, die im 14. bis 16. Jahrhundert in Bologna studiert hatten, bietet *Winfried Dotzauer*, Studium in Italien (Anm. 23), 126–130.

Nr.	Name	Fach, Examina	Dienstdiözese
2448	Markward von Hageln		Eichstätt
899	Gebhard von Graisbach		Eichstätt
2833	Raban von Wilburgstetten		Eichstätt
855	Friedrich von Öttingen		Eichstätt
1823	Johannes Abzieher	*dr. decr. B*	Ermland
1593	Hermann von Cilli		Freising →
978	Gerold von Friesach		Gurk
775	Ernst von Hohnstein		Halberstadt
354	Burkard von Werberg	*s. decr.*	Halberstadt
811	Friedrich von Eickstedt		Kammin
863	Friedrich von Saarwerden		Köln
3135	Dietrich von Moers		Köln
2915	Rudolf von Habsburg		Konstanz
1345	Heinrich von Klingenberg	*dr. decr.*	Konstanz
2926	Rudolf von Montfort		Konstanz ←
2546	Nikolaus von Frauenfeld		Konstanz
2399	Ludwig von Strassberg		Konstanz
3265	Ulrich Pfefferhard		Konstanz
331	Burkard von Hewen		Konstanz
2606	Nikolaus von Riesenburg		Konstanz
2110	Johannes Muskata		Krakau
161	Arnold Stapel von Danzig		Kulm
2259	Johannes Tiergart von Danzig	*Magister*	Kurland
2763	Peter Kröll von Brixen		Lavant
1195	Heinrich von Banz		Lebus
1872	Johannes von Borsnic	*dr. decr. B*	Lebus
2286	Johannes von Waldow	*lic. decr. B*	Lebus
2808	Peter Jelito	*dr. iur. utr.*	Leitomischl →
674	Eberhard von Attendorn	*lic. decr.*	Lübeck
2610	Nikolaus Sachowe	*b. decr.*	Lübeck
2200	Johannes Scheel	*dr. decr. B*	Lübeck
9	Adolf von Waldeck	*mag.*	Lüttich
6	Adolf von Mark		Lüttich
1841	Johannes von Arkel		Lüttich ←
2287	Johannes von Wallenrode	*s. decr.*	Lüttich ←
766	Erich von Brandenburg		Magdeburg
1185	Heinrich von Anhalt		Magdeburg
2808	Peter Jelito	*dr. iur. utr.*	Magdeburg ←
67	Albert von Querfurt	*b. decr.*	Magdeburg
1083	Günther v. Schwarzburg		Magdeburg
975	Gerlach von Nassau		Mainz
8	Adolf von Nassau		Mainz
486	Konrad von Wallhausen		Meissen
1396	Heinrich von Moers		Münster →

Nr.	Name	Fach, Examina	Dienstdiözese
3345	Walram von Moers		Münster ←
2202	Johannes von Schleinitz	*dr. decr.*	Naumburg
2793	Peter von Schleinitz	*dr. decr. B*	Naumburg
3536	Winrich von Kniprode	*lic. decr.*	Oesel
1143	Henmann von Dubba		Olmütz
2808	Peter Jelito	*dr. iur. utr*	Olmütz ←
1396	Heinrich von Moers		Osnabrück ←
768	Erich von Hoya		Osnabrück
2882	Robert von Berg		Paderborn
904	Gebhard von Wallsee		Passau (Elekt)
1045	Gottfried v. Weisseneck		Passau
81	Albert von Winkel		Passau
2349	Leonhard von Laiming		Passau
2100	Johannes Mönch von Elbing		Pomesanien
778	Ernst von Pardubitz	*lic. decr.*	Prag
2014	Johannes von Jenzenstein	*b. decr.*	Prag
1492	Heinrich von Stein		Regensburg
2103	Johannes von Moosburg		Regensburg
856	Friedrich von Parsberg	*lic. decr. B*	Regensburg
2287	Johannes von Wallenrode	*s. decr.*	Riga →
2653	Ortolf von Weisseneck		Salzburg
1241	Heinrich von Burghausen	*dr. decr.*	Seckau
2891	Rudmar von Stockerau	*dr. decr.*	Seckau
2987	Sibotus von Lichtenberg		Speyer
2831	Raban von Helmstadt		Speyer →
2323	Johannes von Zürich	*s. decr.*	Strassburg ←
115	Andreas von Uppsala		Strengnäs
1593	Hermann von Cilli		Trient (Elekt)
2831	Raban von Helmstadt		Trier ←
2630	Nikolaus von Uppsala		Uppsala
874	Friedrich von Sierck		Utrecht
1841	Johannes von Arkel		Utrecht →
3345	Walram von Moers		Utrecht →
2566	Nikolaus Ketelhot		Verden
2934	Rudolf Ruhle	*s. decr.*	Verden
1312	Heinrich von Grandson		Verdun
1107	Hartlieb von Uppsala		Westeräs
1620	Hermann von Lichtenberg		Würzburg
3550	Wolfram von Grumbach		Würzburg

→ später (Erz-)Bischof in einer weiteren Diözese
← vorher (Erz-)Bischof in einer weiteren Diözese

Die bei W. Dotzauer, Studium in Italien, S. 126–130, publizierte Liste der Bischöfe ist entsprechend zu ergänzen.

Die gute Forschungslage bei den Bischöfen erlaubt es, den Zusammenhang zwischen Studium und späterem Bischofsamt deutlicher zu relativieren als bei anderen Personengruppen. Nicht weniger als fünf Sechstel der 72 standesmässig bestimmbaren Bischöfe kamen nämlich aus Adelsgeschlechtern und waren dementsprechend nicht auf Studienabschlüsse, weder in Bologna noch sonstwo, angewiesen. So vereinten die 60 adligen Bischöfe ganze 13 juristische Graduierungen auf sich, während von dem Dutzend Bischöfen bürgerlich-patrizischer Herkunft die Hälfte ein Rechtsstudium abgeschlossen hatte. Zudem ist zu beobachten, dass Graduierungen vor den letzten Jahrzehnten des 14. Jahrhunderts noch recht selten waren. Die Bischöfe nahmen also, was die Bildung betraf, in ihren Kurien keinesweges Vorbildfunktionen wahr, sondern schlossen sich lediglich der gegen Ende des 14. Jahrhunderts einsetzenden Tendenz zur Graduierung an.[592]

Berücksichtigt man ausserdem, dass den Bischöfen seit der Wende vom 13. zum 14. Jahrhundert gelehrte Juristen in der Person des Offizials und des Generalvikars zur Seite standen, so scheint ein persönliches Studium der Diözesanvorsteher um so eher entbehrlich gewesen zu sein. Gerade gegenüber diesen beiden Tätigkeiten zeigt sich zudem eine auffällige Karriereschranke, brachten es doch nur sieben Offiziale und sechs Generalvikare (von denen drei beide Funktionen ausübten) später zum Bischof, obwohl gerade sie von der Kenntnis der Verwaltungstätigkeit wie auch von der Ausbildung her doch beste Voraussetzungen dafür gehabt hätten.

Ein Studium in Bologna spielte offensichtlich für den Aufstieg in das Bischofsamt nur eine unbedeutende Rolle. Wer Bischof wurde, bestimmten im Wesentlichen ständische und politische Faktoren, auch wenn das Bischofsamt mehr als einmal einem gelehrten Rat, Kanzler oder Protonotar auf Fürsprache seines Dienstherren als Belohnung für treue Dienste verliehen wurde.[593]

---

592 Die Tatsache, dass die Bologneser Promotionsregister für das Kirchenrecht erst mit dem Jahr 1377 einsetzen, dürfte bei der allgemein guten Überlieferungslage der Bischöfe weit weniger ins Gewicht fallen als bei anderen Personengruppen.

593 So vielleicht bei Johannes von Zürich, Nr. 2323, und Hermann Hummel von Lichtenberg, Nr. 1620.

7.3.2 Die Generalvikare

Nach altem römischem Muster organisierten die Bischöfe ihre Stellvertretung bei Ortsabwesenheit durch die Einsetzung von *procuratores, vicarii oder vicegerentes*, die spätestens im 14. Jahrhundert auch während der Anwesenheit der Ordinarien im Amt blieben und als *vicarii generales in spiritualibus* diese in ihren geistlichen Pflichten entlasteten.[594] In einigen Diözesen übernahm der Generalvikar gleichzeitig auch die alten bischöflichen Aufgaben des geistlichen Richters, des Offizials, weshalb lange Zeit angenommen wurde, die Funktion des Generalvikars habe sich von derjenigen des Offizials abgespalten.[595] Gemeinsam ist beiden Ämtern allerdings die enge Beziehung zum Bischof und die funktionsbedingte Verwaltungs- und Rechtskenntnis, die eine Vereinigung der beiden Aufgaben in einer Person nahegelegt haben mag. Beide verfügen im Rahmen ihrer Zuständigkeit auch über die ungeteilte Jurisdiktion des Bischofs, als dessen *alter ego* sie jeweils auftreten.[596]

Sowohl mit Blick auf den Zuständigkeitsbereich als auch auf das Ansehen der beiden Ämter bestehen jedoch grosse Unterschiede. So verfügt der Generalvikar grundsätzlich über die bischöfliche Vollgewalt in allen geistlichen Angelegenheiten und kann in dieser Hinsicht auch der Vorgesetzte des Offizials sein, während jener ausschliesslich für Gerichtsbelange zuständig ist. Die Stellung des Generalvikars lässt sich demnach mit der derjenigen eines Regenten vergleichen, während die Position des Offizials bloss die eines Ministers mit genau definiertem Kompetenzbereich darstellt.[597] Eine allzu hierarchische Unterscheidung zwischen den jeweiligen Amtsbefugnissen wird jedoch stark differen-

---

594 *Hans Erich Feine*, Kirchliche Rechtsgeschichte, Bd. 1: Die katholische Kirche, 4., neubearbeitete und erweiterte Auflage, Köln-Graz 1964, S. 328; *Franz Gescher*, Offizial und Generalvikar (Besprechung zu Ed. Fournier), in: ZRG KA 17 (1928), S. 611–635, hier: S. 627 ff.; *Erwin Kienitz*, Generalvikar und Offizial auf Grund des Codex Iuris Canonici, Freiburg 1931, S. 22 ff.; von den *vicarii in spiritualibus* sind die Stellvertreter der Bischöfe in weltlichen Angelegenheiten zu unterscheiden: So liessen sich der Papst in seiner Eigenschaft als Herrscher des Kirchenstaates und deutsche Bischöfe als Landesherrn im Bedarfsfall von einem *vicarius in temporalibus* vertreten: *Erwin Kienitz*, Generalvikar (Anm. 594), S. 25.

595 Zur Entstehung des Generalvikariats vgl. *Edouard Fornier*, Les Origines du vicaire général, Paris 1922; und *ders.*: L'origine du vicaire général et des autres membres de la curie diocésaine, Paris 1940; zu den Bistümern Salzburg, Passau, Chur und Bamberg vgl. die zum Offizialat angeführte Literatur.

596 *Franz Gescher*, Offizial und Generalvikar (Anm. 594), S. 634.

597 Ebd., 633.

ziert durch die Tatsache, dass auch in den deutschen Diözesen, in denen die beiden Ämter meistens getrennt waren, dieselben Personen entweder nacheinander oder sogar gleichzeitig beide Funktionen ausübten. Die häufige Personalunion von Offizial und Generalvikar muss deshalb auch als Hinweis auf eine allgemeine Verwaltungskompetenz der Rechtsgebildeten verstanden werden und zeigt einmal mehr, dass die meisten juristisch Gebildeten im Spätmittelalter nicht nur als Rechtskenner, sondern mangels Trennung von legislativer, exekutiver und judikativer Gewalt als Magistrate schlechthin zum Einsatz kamen.

Von den bildungsmässigen Voraussetzungen her, müsste von einem Generalvikar konsequenterweise dasselbe erwartet werden, wie vom Amtsinhaber, dem Bischof, selbst. Ein Generalvikar brauchte als *vicarius in spiritualibus* demnach theoretisch ebensoviele (und in der Praxis ebensowenige) theologische Kenntnisse aufzuweisen wie sein Vorgesetzter, und war wie dieser wohl besser beraten, sich dafür in Rechtsfragen einigermassen auszukennen.

Tabelle 13: Examina und Dienstdiözesen der Generalvikare

Nr.	Name	Fach, Examina	Diözese
2175	Johannes Riedrer		Augsburg
2124	Johannes von Ochsenfurt	*dr. decr.*	Augsburg
1986	Johannes Gwerlich	*dr. decr. B*	Bamberg*
2792	Peter von Schaumberg	*s. decr.*	Bamberg*
1943	Johannes von Finstingen	*dr. iur. utr.*	Basel
1754	Jakob von Wattweiler		Basel
563	Konrad Schaler		Basel
1779	Jakob Mönch von Brixen	*iurisperitus*	Brixen
2184	Johannes Rotel	*dr. decr. B*	Brixen
2035	Johannes Kottmann	*Magister*	Chur*
2926	Rudolf von Montfort		Chur*
2762	Peter Kottmann	*s. decr.*	Chur*
576	Konrad von Stauf		Eichstätt
137	Arnold Dattel		Ermland
3512	Wilhelm Schilwatz	*dr. decr. B*	Freising
2627	Nikolaus von Strassburg	*iurisperitus*	Gurk*
2862	Reinhard von Westerburg		Köln
1276	Heinrich von Erpel	*dr. leg. B*	Köln*
543	Konrad Pfefferhard	Magister	Konstanz
3378	Walter von Schaffhausen	Magister	Konstanz*
1199	Heinrich von Basel	Magister	Konstanz*
413	Konrad von Landsberg		Konstanz
2256	Johannes von Thorberg		Konstanz

Nr.	Name	Fach, Examina	Diözese
898	Gebhard von Freiburg		Konstanz
26	Albert von Castell		Konstanz*
657	Diethelm von Steinegg		Konstanz
1334	Heinrich von Homburg		Konstanz
2693	Otto von Rheinegg		Konstanz*
785	Felix Stucki		Konstanz*
2042	Johannes von Tunsel	*dr. decr.*	Konstanz*
1354	Heinrich von Krenkingen		Konstanz
2207	Johannes Schürpfer		Konstanz*
1109	Hartmann von Bubenberg	*s. decr.*	Konstanz*
2614	Nikolaus Schnell	*dr. decr. B*	Konstanz
789	Franz Murer	*s. decr.*	Konstanz*
1753	Jakob von Aosta		Lausanne
3496	Wilhelm von Lutry		Lausanne*
1306	Heinrich Goldoghe	*dr. decr.*	Lübeck
2610	Nikolaus Sachowe	*b. decr.*	Lübeck
2168	Johannes Reppener		Magdeburg*
1983	Johannes Gruwel	*dr. decr. B*	Mainz
309	Bruno von Idstein	*lic. decr. B*	Mainz
1695	Hildebrand Selgending	Magister	Mainz/Thür.
2338	Lambert Wacker	*dr. decr. B*	Meissen
2132	Johannes Paduanus	*dr.*	Olmütz*
2112	Johannes Naso	*dr. decr. B*	Olmütz*
1066	Gundakar von Passau		Passau
2987	Sibotus von Lichtenberg		Speyer
2040	Johannes von Lampertheim	*lic. decr.*	Strassburg*
732	Egidius von Wissenkerke	*dr. leg.*	Utrecht
2393	Ludwig Pfutzinger	*bac. iur. utr.*	Würzburg

* gleichzeitig oder zu einem anderen Zeitpunkt auch als Offizial in derselben Diözese tätig

Im Verlauf ihrer Karriere erreichten mindestens 51 Bologneser Studenten die Position des Stellvertreters ihrer geistlichen Dienstherren (Tabelle 13). Ein Viertel von ihnen hatten ein Kanonistikstudium abgeschlossen, ein zweites Viertel sind als Magister, *iurisperiti* oder Studenten ebenfalls als mehr oder weniger rechtsgebildet anzusehen und mindestens ein Generalvikar, Egidius von Wissenkerke, wies sogar den Doktortitel in beiden Rechten auf.

Bei der regionalen Verteilung ist eine auffällige Konzentration der Generalvikare auf die Diözese Konstanz zu beobachten, in der mit 17 über ein Drittel aller Generalvikare tätig waren. Das besondere Interesse der späteren Konstanzer Generalvikare an der Universität Bologna kann keinesfalls allein mit der ausgezeichneten Bearbeitungslage erklärt werden[598], sondern deutet klar auf eine spätestens seit der Mitte des 13. Jahrhunderts im Umkreis der Konstanzer Kurie bestehende Tradition des Studiums in Bologna hin.[599] Aufgrund dieser Tradition bildete sich im ostschweizerisch-schwäbischen Raum ein Reservoir von Juristen, auf das die Konstanzer Bischöfe, aber auch die Habsburger und andere Herren zur Deckung ihrer Rechtsbedürfnisse gerne zurückgriffen. Die Bologneser Rechtsschule bildete somit bis über die Mitte des 14. Jahrhunderts hinaus die standesgemässe „Hausuniversität“ für diese Region, die zu besuchen wohl so selbstverständlich war, dass kaum nach Alternativen gesucht wurde.

Die ständische Verteilung zeigt bei 29 bestimmbaren Personen 12 bürgerlich-patrizischer Herkunft und 17 adlige, mehrheitlich minderen Ranges, was den sozialen Rang des „Berufsbildes“ Generalvikar recht deutlich einordnet. Für drei sozial herausragende Studenten war das Generalvikariat nicht mehr als eine Stufe in ihrer Karriereleiter, die Rudolf von Montfort auf den Churer Bischofssitz, Gebhard von Freiburg in die Strassburger Dompropstei und immerhin zu einer Minderheitswahl als dortiger Bischof und Reinhard von Westerburg als päpstlichen und kaiserlichen Kaplan zu Domkanonikaten in Köln, Mainz und Trier führte. Einen akademischen Grad erlangte – und benötigte – keiner von ihnen.

7.3.3 Die Offiziale

Der Offizial als neuer Typus des geistlichen Richters tauchte gegen Ende des 12. Jahrhunderts zuerst in Frankreich und kurze Zeit später auch in den westlichen deutschen Bistümern auf, von wo er sich, zeitlich verzögert mit einem West-Ost und einem noch ausgeprägteren Süd-Nord-Gefälle, über die deutschen Bistümer ausbreitete.[600] Als

---

598 Helvetia Sacra I/2: Das Bistum Konstanz (Anm. 323).

599 Neben Diethelm von Liebegg, aus einer Ministerialenfamilie der Kiburger, der seit 1255 in Bologna belegt ist, lässt auch die Zahl der ab 1265 nachweisbaren Studenten aus dem Konstanzer Umkreis auf eine längere Tradition des Bolognabesuchs schliessen: vgl. dazu *Sven Stelling-Michaud*, Université (Anm. 56), S. 115 f.

600 Grundlegend *Paul Fournier*, Les officialités au moyen âge. Étude sur l'organisation, la compétence et la procédure des tribunaux ecclésiastiques ordinaires en France, de 1180 à 1328, Paris 1880; *Franz Gescher*, Offizial und Generalvikar (Anm. 594); zusammenfassend *Winfried Trusen*, Die Gelehrte Gerichtsbarkeit der Kirche, in: Coing (Hg.) Handbuch (Anm. 72), S. 467–504; für die einzelnen Offizialate vgl. *Andrea Boockmann*, Geistliche und weltliche Gerichtsbarkeit im mittelalterlichen Bistum Schleswig (Quellen und Forschungen zur Geschichte Schleswig-Holsteins

nicht bepfründeter reiner Amtsträger mit richterlicher Funktion war er vom Bischof abhängig, konnte von diesem jederzeit ein- oder abgesetzt werden und verlor sein Amt auf jeden Fall mit dem Tod oder der Resignation des Dienstherren.[601] Sein Beamtenstatus wird deutlich in der Bezeichung *officialis*, die ursprünglich und in Deutschland teilweise noch bis in das 14. Jahrhundert hinein verschiedene Beauftragte und

---

52), Neumünster 1967; *Emile Brouette* und *Paulette Pieyns-Rigo*, Regestes des officiaux des évêques de Liège (1214–1300), in: Bulletin de la Société d'Art et d'Histoire du diocèse de Liège 46 (1966), S. 1–139; *Ingeborg Buchholz-Johanek*, Geistliche Richter (Anm. 21); *Louis Carlen*, Zum Offizialat von Sitten im Mittelalter, in: ZRG 77, KA 46 (1960), S. 221–238; *Otto Clavadetscher*, Die geistlichen Richter des Bistums Chur (Ius Romanum in Helvetia 1), Basel 1964; *Franz Gescher*, Das Offizialat der Erzbischöfe von Köln im 13. Jahrhundert, in: Annalen des Historischen Vereins für den Niederrhein insbesondere das alte Erzbistum Köln 115 (1929), S. 136–166; *Theodor Gottlob*, Die Offiziale des Bistums Konstanz im Mittelalter, Limburg/Lahn 1951; *ders.*, Die Offiziale des Bistums Basel im Mittelalter, in: ZRG 69, KA 38 (1952), S. 113–157; *Othmar Hageneder*, Die Geistliche Gerichtsbarkeit in Ober- und Niederösterreich von den Anfängen bis zum Beginn des 15. Jahrhunderts (Forschungen zur Geschichte Oberösterreichs 10), Linz 1967; *Nikolaus Hilling*, Die Offiziale der Bischöfe von Halberstadt im Mittelalter (Kirchenrechtliche Abhandlungen 72), Stuttgart 1911; *F. Ketner*, Het officialaat in het bisdom Utrecht, in: Tijdschrift voor Geschiedenis 60 (1947), 66–74; *Julius Krieg*, Der Kampf der Bischöfe gegen die Archidiakone im Bistum Würzburg (Kirchenrechtliche Abhandlungen 82), Stuttgart 1914; *Hans-Jürgen Krüger*, Zu den Anfängen des Offizialats in Trier, in: Archiv für mittelrheinische Kirchengeschichte 29 (1977), S. 39–74; *Pierre Levresse*, L'officialité épiscopale de Strasbourg depuis ses origines à son transfert à Molsheim (1248–1597), Thèse, Ms., 1972 (Université de Strasbourg, Institut de droit canonique); *Georg May*, Die Geistliche Gerichtsbarkeit des Erzbischofs von Mainz im Thüringen des späten Mittelalters (Erfurter Theologische Studien 2), Leipzig 1956; *Jörg Müller-Volbehr*, Die geistlichen Gerichte in den Braunschweig-Wolfenbüttelschen Landen (Göttinger Studien zu Rechtsgeschichte 3), Göttingen-Zürich-Frankfurt 1973; *Heinrich Mussinghoff*, Das bischöfliche Offizialat Münster. Anmerkungen zu seiner Geschichte, in: Iustus Iudex. Festgabe für P. Wesemann zum 75. Geburtstag von seinen Freunden und Schülern, hg. von K. Lüdicke, H. Mussinghoff u.a., Essen 1990, S. 143–182; *Hans Paarhammer*, Rechtssprechung und Verwaltung des Salzburger Offizialates (1300–1569). (Dissertationen der Universität Salzburg 8), Wien 1977; *Nikolaus Reininger*, Die Archidiacone, Offiziale und Generalvicare des Bisthums Würzburg. Ein Beitrag zur Diözesangeschichte, in: Archiv des Historischen Vereins von Unterfranken und Aschaffenburg 28 (1885), 1–265; *Otto Riedner*, Speierer Offizialatsgericht (Anm. 8); *Gerhard Schrader*, Die bischöflichen Offiziale Hildesheims und ihre Urkunden im späten Mittelalter (1300–1600), in: Archiv für Urkundenforschung 13 (1935), S. 91–176; *Sven Stelling-Michaud*, Université (Anm. 56), S. 203–230; ferner die einschlägigen Beiträge in den Bänden der Helvetia Sacra.

601 *Theodor Gottlob*, Konstanz (Anm. 600), S. 18; das Offizialat war als Amt nicht mit einem Benefizium versehen, aber viele Amtsinhaber waren entweder im jeweiligen Domstift oder anderweitig bepfründet.

Bevollmächtigte meistens geistlicher Dienstherren bezeichnete und keineswegs speziell auf Gerichtsfunktionen beschränkt war.[602] In Frankreich verengte sich der Inhalt der Bezeichnung bereits im Verlauf des 13. Jahrhunderts auf den geistlichen Richter, während dieser in den deutschen Diözesen noch längere Zeit vielerorts als *iudex* bezeichnet wurde.[603] Aus dem isolierten Auftreten des Begriffs *officialis* darf daher bis in die ersten Jahrzehnte des 13. Jahrhunderts genausowenig auf die Existenz der Institution Offizialat geschlossen werden, wie diese auszuschliessen ist, wenn vorerst lediglich *iudices* oder „richter" belegt sind.[604] Allerdings beweist nicht einmal das Auftreten von *officiales* in eindeutig richterlicher Funktion die Existenz eines bischöflichen Zentralgerichts, da in jedem Fall zu prüfen ist, ob es sich dabei um die eigentlichen Offiziale des Bischofs bzw. seiner Kurie oder im weiteren Sinn um Gerichtsbeamte der Archidiakone handelt, die ihre eigene, häufig mit derjenigen des Bischofs konkurrierende Gerichtsbarkeit ausübten.[605] Die Gründe für die Einführung des bischöflichen Offizialats dürften jedoch weniger in einem Kampf der Bischöfe gegen die Archidiakone um die Gerichtshoheit in den Diözesen zu suchen sein[606], als

---

602 Als *officiales* werden am Ende des 12. Jh. vom Trierer Erzbischof *scolteti*, *forestarii*, *bubulci et alii ad cottidianum servicium nostrum specialiter deputati*, also eindeutig Amtleute bezeichnet: *Hans-Jürgen Krüger*, Trier (Anm. 600), S. 42 f.; im 14. Jh. bezeichnet der Begriff in Münster und Hildesheim Schulzen, bzw. Meier als Inhaber bischöflicher Fronhöfe: *Klaus Scholz*, Das Stift Alter Dom St. Pauli in Münster (GS NF 33, Bistum Münster 6), Berlin-New York 1995, S. 164; *Jörg Müller-Volbehr*, Braunschweig (Anm. 600), S. 138 f.

603 Philippe le Bel unterschied um 1288 in einem Brief an den Papst die Täger geistlicher und weltlicher Gerichtsbarkeit: «*Ecce officialium episcopum nomina sunt distincta, ut illi, que presunt jurisdictioni seculari ballivi, illi qui presunt jurisdictioni ecclesiastice officiales communiter nuncupantur.*»: *Paul Fournier*, Officialités (Anm. 600), S. 3.

604 *Franz Gescher*, Offizial und Generalvikar (Anm. 594), S. 625; in Chur und Eichstätt sind ordentliche bischöfliche Richter seit 1273 bzw. 1281 nachweisbar, ohne dass der Titel Offizial von Anfang an oder ständig belegt ist: vgl. *Otto Clavadetscher*, Geistliche Richter Chur (Anm. 600), S. 49 und *Ingeborg Buchholz-Johanek*, Geistliche Richter (Anm. 21), S. 30 ff.

605 Vgl. dazu die grundsätzlichen Überlegungen und Beispiele aus den sächsischen Bistümern bei *Nikolaus Hilling*, Halberstadt (Anm. 600), S. 20 ff.

606 Die von *Paul Fournier*, Officialités (Anm. 600), S. 8, grundsätzlich, und *Julius Krieg*, Der Kampf der Bischöfe (Anm. 600), S. 47 ff., am Beispiel Würzburgs vertretene Ansicht über die Einführung des Offizialats als Kampfmassnahme der Bischöfe gegen die übermächtigen Archidiakone gilt heute als überholt (*Hans Erich Feine*, Kirchliche Rechtsgeschichte (Anm. 594), S. 327) und kann, z. B. für Erfurt,

vor allem in der Verbreitung des römisch-kanonischen Prozesses seit dem 12. Jahrhundert, der ohne rechtsgelehrte Fachleute nicht zu führen war.[607]

Papst Alexander III. (1159–81) hatte die Kompetenzen der Bischöfe erweitert, indem er ihnen erlaubt hatte, auch ihrerseits Fälle zu delegieren und eigene *iudices delegati* einzusetzen. Anfänglich bloss fallweise herangezogen, wurden diese delegierten Richter mit der Zeit zu ständigen Organen in den Bistümern, waren allerdings noch klar vom Bischof abhängig, d. h. dieser blieb Appellationsinstanz gegen ihre Urteile. Einen entscheidenden Schritt für die Institution des bischöflichen Gerichts bedeutete dann die Konstitution *Romana ecclesia* Papst Innozenz' IV. von 1246, die durch ihre Aufnahme in den *Liber Sextus* von 1298 für die ganze katholische Kirche verbindlich wurde. Die Konstitution legte fest, dass der geistliche Richter die ihm vom Bischof per Mandat übertragene Gerichtsbarkeit als *iudex ordinarius* an dessen Stelle, als dessen *alter ego* ausübte. Er bildete so zusammen mit dem Bischof *unum et idem consistorium*, von dem aus nicht mehr an den Bischof, sondern nur noch an den Metropoliten bzw. an die römische Kurie appelliert werden konnte.[608]

Das Amt des Offizials als eines ordentlichen geistlichen Richters wuchs also einerseits aus einer organisatorisch bedingten Arbeitsteilung heraus und anderseits aus der Notwendigkeit, die Gerichtsbarkeit einem Rechtskundigen anzuvertrauen, der nun nicht mehr wie ehemals der Bischof nach germanischem Brauch den Vorsitz führte, sondern als Einzelrichter nach dem Vorbild der römischem delegierten Richter selbständig Streitigkeiten entschied.[609]

---

vgl. *Georg May*, Gerichtsbarkeit (Anm. 600), S. 46, klar widerlegt werden; anders *Andrea Boockmann*, Schleswig (Anm. 600), S. 40 f.

607 Das zeitlich eindeutig vor dem Entstehen des Offizialats zu beobachtende Auftreten von päpstlichen, nach kanonischem Recht urteilenden *iudices delegati*, legt nahe, dass nicht wie *Otto Riedner*, Speierer Offizialatsgericht (Anm. 8), S. 21, meint, „das neue Amt das neue Recht" brachte, sondern umgekehrt, der Bedarf nach Rechtskundigen zur Einführung eines neuen Amtes führte; vgl. auch *Erwin Kienitz*, Generalvikar (Anm. 594), S. 35; *Winfried Trusen*, Gelehrte Gerichtsbarkeit (Anm. 600), S. 472.

608 *Ingeborg Buchholz-Johanek*, Geistliche Richter (Anm. 21), S. 24.

609 Das vom Mainzer Erzbischof in Erfurt eingesetzte Generalgericht, das die Funktionen des Offizials für Thüringen wahrnahm, war von Anfang an mit mehreren Richtern besetzt, die aber kein Kollegialgericht bildeten, sondern sich in der Ausübung ihres Amtes abwechselten: *Georg May*, Gerichtsbarkeit (Anm. 600), S. 47;

Ein Offizial sollte, während delegierte Richter jünger sein durften, mindestens 25 Jahre zählen, die volle Geschäftsfähigkeit besitzen und nach dem Speyerer *ordo iudiciarius* weder taub, stumm noch aufbrausend (*furiosus*), nicht exkommuniziert, unehelich geboren, Häretiker oder Heide sein. Er durfte selbstverständlich auch keine Frau sein, denn *„mores prohibent mulierem esse iudicem"*. Ferner sollte er dem Klerikerstand angehören und ein unbescholtenes Leben führen.[610]

Von den Offizialen als Einzelrichtern verlangte man eine der Aufgabe entsprechende juristische Ausbildung, die nach den Beschlüssen der Synode von Tours ein fünfjähriges Studium umfassen sollte. Diese Norm war freilich nicht immer durchsetzbar, so dass man sich in der Praxis mit der nicht näher umschriebenen Kompetenz *„per causarum exercitium iudicandi officio sint merito approbati"* zur Erledigung der anfallenden Pflichten begnügen musste.[611] Auf jeden Fall darf man seit der Einführung des Amts fast immer Kenntnisse zumindest des kanonischen Rechts unter den deutschen Offizialen voraussetzen. Im 13. und 14. Jahrhundert dominiert noch der Magistertitel, während seit dem Beginn des 15. Jahrhundert die geistlichen Richter meistens als Lizentiaten oder Doktoren im kanonischen oder gar in beiden Rechten erscheinen.[612]

Die Tätigkeitsfelder der Offiziale können in einen richterlichen im engeren Sinn und einen eher administrativen Bereich gegliedert werden, wobei beim zweiten mehr die hoheitliche Gewalt des Offizialats im Vordergrund steht.[613] Eine der wichtigsten Tätigkeiten der Offiziale war die sogenannte freiwillige Gerichtsbarkeit, die Beurkundung nichtstrittiger Rechtsverhältnisse. Um die Beweiskraft von Urkunden auch über den Tod der darin aufgeführten Zeugen hinaus sicherzustellen, musste man sie von einem Notar oder durch ein als authentisch anerkanntes Siegel beglaubigen lassen. Volle Beweiskraft wurde nur den

---

zum Einzelrichter trotz fortdauernden Pluralnennungen vgl. auch *Ingeborg Buchholz-Johanek*, Geistliche Richter (Anm. 21), S. 26 ff.

610 *Winfried Trusen*, Gelehrte Gerichtsbarkeit (Anm. 600), S. 474; *Erwin Kienitz*, Generalvikar (Anm. 594), S. 11.

611 *Winfried Trusen*, Gelehrte Gerichtsbarkeit (Anm. 600), S. 474.

612 Datenbasis bilden die erwähnten Spezialuntersuchungen über 20 Offizialate, wobei grosse Differenzen bezüglich Vollständigkeit, Bearbeitungsgrad und Gewichtung der Ausbildung durch die Bearbeitenden weitergehende Vergleiche kaum zulassen.

613 *Hans Paarhammer*, Gerichtsbarkeit (Anm. 600), S. 161 ff.

Siegeln weniger Institutionen wie demjenigen des Papstes, des Königs, der Fürsten, der Bischöfe, einiger Äbte und auch den Siegeln der bischöflichen Offizialate zugemessen.[614] Vor dem Aufkommen der öffentlichen Notare im 13. und 14. Jahrhundert bildeten die Offizialate die wichtigste öffentliche Beurkundungsstelle im Reich, und dies nicht nur durch ihr *sigillum authenticum*, sondern auch durch die weitgehende Anerkennung des Offizials selbst als *publica et authentica persona*, wodurch seine Unterschrift auch ohne Siegel praktisch dieselbe Beweiskraft besass wie diejenige eines öffentlichen Notars und sogar vor dem weltlichen Gericht den Zeugenbeweis überflüssig machte.[615] Zur Bevorzugung des Offizialats als öffentlicher Beurkundungsstelle trug auch die Tatsache bei, dass die Kontraktanten den Offizial im Bedarfsfall auch als Schiedsrichter oder schlimmstenfalls sogar als Richter über den beurkundeten Tatbestand anrufen konnten und wussten, dass er seinen Entscheidungen mit stärksten geistlichen Zwangsmassnahmen Nachdruck verleihen konnte.[616]

Auch die Bologneser Studenten nahmen das Offizialat als Beurkundungsstelle in Anspruch, wenn sie sich Wechselbriefe über grössere Summen ausstellen liessen. Mehrere skandinavische Studenten liessen sich beispielsweise derartige Transaktionen vom Pariser Offizial durch eine *littera* bestätigen und teilweise sogar besiegeln.[617]

Als eine flächendeckend vorhandene, allgemein bekannte und über wirkungsvollere Druckmittel als Städte und Notare verfügende Institution, vermochte das Offizialat der Konkurrenz durch jene beiden öffentlichen Beurkundungsstellen lange erfolgreich zu widerstehen. Indem nicht nur bereits fertig erstellte Urkunden durch das Anhängen des Offizialatssiegels zusätzlich beglaubigt, sondern auch Tausende von Urkunden im Auftrag der Kontraktanten von Angestellten des Offizialats erst verfasst wurden, trug das Offizialat wesentlich zur Verbreitung romanistischer und kanonistischer Terminologie in Deutschland bei.[618]

---

614 *Winfried Trusen*, Anfänge (Anm. 109), S. 63 ff.

615 *Sven Stelling-Michaud*, Université (Anm. 56), S. 206.

616 *Sven Stelling-Michaud*, Université (Anm. 56), S. 207.

617 Mem. 86, fol. 461^{v}; Mem. 91, fol. 133^{v}; Mem. 99, fol. 163^{v}, abgedruckt bei *Åke Sällström*, Bologna och Norden (Anm. 18), S. 164, 168 und 176.

618 *Winfried Trusen*, Anfänge (Anm. 109), S. 66 ff.

Eine Sonderform der Beglaubigung von Urkunden stellte die Transsumierung dar, die Anfertigung beglaubigter Abschriften von wichtigen oder durch häufigen Gebrauch erhöhtem Verschleiss ausgesetzten Dokumenten.[619] Das „*Vidimus*“, die Beglaubigungsformel, enthielt Aussagen über die Echtheit des vorgelegten Originals, oft mit einer genauen Beschreibung desselben verbunden, und die Bestätigung der buchstabengetreuen Übertragung in das Transsumpt.[620] Ähnlich wie mit der Verleihung ihres authentischen Siegels für fremde Urkunden traten die Offiziale auch in diesen Beurkundungsgeschäften grundsätzlich in Konkurrenz zu den (vielerorts noch wenig verbreiteten) öffentlichen Notaren.

Nachdem sich das Offizialat als selbständig funktionierende geistliche Behörde durchgesetzt hatte, wurde seine Autorität oft auch in Bereichen genutzt, die mit den ursprünglichen richterlichen Funktionen kaum mehr zu tun hatten. Ob man die Offiziale (in der Funktion von Generalvikaren) mit der Einweisung von Geistlichen in andere Pfründen beauftragte wie in Sitten[621], ihnen die Aufsicht über die Leprösen übertrug wie in Salzburg[622] oder schlicht die Kapazitäten ihrer Schreibstuben beanspruchte, das Offizialat war als eine der ersten geistlichen Zentralbehörden kaum mehr aus der Tätigkeit der bischöflichen Kurien wegzudenken.[623]

Dass eine Behörde wie das Offizialat, mit einem ausgedehnten Zuständigkeitsbereich, hoher Autorität und wirkungsvollsten Zwangsmitteln ausgestattet, nicht überall auf ungeteilte Zustimmung, vor allem nicht unter den von ihren Sprüchen Betroffenen rechnen konnte, versteht sich von selbst. Insbesondere die Tatsache, dass die Offiziale vom

---

619 Zur Transsumierung von Urkunden durch die Offiziale vgl. *Hans Paarhammer*, Gerichtsbarkeit (Anm. 600), S. 164 ff.

620 Die Echtheit von Dokumenten konnte in Ausnahmefällen sogar durch formale Prozesse festgestellt werden, in denen das Nichterscheinen von Personen, die die Echtheit der Urkunde bestritten hätten, festgestellt und daraufhin ein Kontumazurteil gefällt wurde: *Ingeborg Buchholz-Johanek*, Geistliche Richter (Anm. 21), S. 86.

621 *Louis Carlen*, Offizialat Sitten (Anm. 600), S. 235.

622 *Hans Paarhammer*, Gerichtsbarkeit (Anm. 600), S. 178.

623 *Bernd Ottnand* vermutet sogar, die auffallend späte (1458) erstmalige Erwähnung eines Kanzlers im Bistum Konstanz könnte mit der Ausbildung des dortigen Offizialats und Generalvikariats zusammenhängen, die lange Zeit die Einrichtung einer speziellen Kanzlei praktisch überflüssig gemacht hätten: Kanzleramt und Kanzler der Fürstbischöfe von Konstanz, in: FDA 105 (1985), S. 249–281, hier: S. 255.

Einzug der Vermögen Verurteilter profitierten, führte zum wohl nicht immer unberechtigten Vorwurf der persönlichen Bereicherung.[624] Auch die Aktivitäten der Offiziale als Aufsichtsorgane über die Disziplin des Pfarrklerus stiessen auf wenig Begeisterung. Ein anonymes Schreiben unter dem Titel *„epistola de miseria curatorum seu plebanorum"*, das im 15. Jahrhundert auch ins Deutsche übersetzt weite Verbreitung gefunden zu haben scheint, bezeichnet den Offizial geradezu als *sextus diabolus*, als sechsten unter den neun verschiedenen Teufeln, die die armen Dorfpfarrer heimsuchten.[625] In diesem Brief wird der Offizial als habgierig (*solum lucrum querit*), parteiisch (*citat pauperes manifeste ad libitum suum et punit, honorat nobiles nec plectit*) und bestechlich (*tollit munera et destruit iura*) beschrieben, und der Autor, wohl selbst Pfarrer, schliesst seine Anklage mit den resignierenden Worten: *tanta in curatores est ipsius officialis tribulatio, si ecclesiam non haberem, nullam utique susciperem.*

Missstände in der Amtsführung der Offiziale, beispielsweise die zahlreichen Missbräuche der delegierten Exkommunikationsgewalt, die nicht unbedingt der Institution des Offizialats als solchem anzulasten sind, führten auch zu scharfer Kritik der Reformatoren am geistlichen Gericht.[626] Demgegenüber sind aber auch die Vorteile einer festgeschriebenen Beweisführung zur Kenntnis genommen worden, durch welche sich der römisch-kanonische Prozess vom gemeinrechtlichen Verfahren unterschied. Der böhmische Landedelmann Thomas von Stitný (ca. 1325–1400) lobte die Qualität der Gerichte, die ihren Ursprung im kirchlichen Recht hätten, freilich unter dem Vorbehalt, dass die Richter gut und die Fürsprecher gottesfürchtig seien, und setzte diese ausdrücklich den herrschenden Missbräuchen im heimischen Gerichtswesen entgegen.[627]

---

624 *Louis Carlen*, Offizialat Sitten (Anm. 600), S. 229, führt eine Klage von vier Wallisern gegen die Offiziale von Sitten an, die mehrere Personen unter dem Vorwurf der Häresie hätten hinrichten lassen, um deren Güter an sich zu ziehen.

625 Die *epistola de miseria curatorum seu plebanorum*, hg. von *Albert Werminghoff*, in: Archiv für Reformationsgeschichte 13 (1916), S. 200–227.

626 Vgl. dazu Luthers Aufruf zum Kampf gegen die „grewlich schinderey der Offiziel" im *sermo de virtute excommunicationis* (1518), in: D. Martin Luthers Werke. Kritische Gesamtausgabe, Weimar 1883 ff., Bd. 1, S. 634; ferner *ders.*, An den christlichen Adel deutscher Nation (1520), ebd. Bd. 6, S. 430.

627 *Emil Ott*, Eindringen (Anm. 253).

Tabelle 14: Examina und Dienstdiözesen der Offiziale

Nr.	Name	Fach, Examina	Diözese
2631	Nikolaus Vener	*b. decr. B*	Augsburg
1409	Heinrich Neithart von Ulm	*dr. decr.*	Augsburg
1986	Johannes Gwerlich	*dr. decr. B*	Bamberg →
2792	Peter von Schaumberg	*s. decr.*	Bamberg
1943	Johannes von Finstingen	*dr. iur. utr.*	Basel
2046	Johannes von Lautenbach	Magister	Basel
44	Albert von Freiburg	Magister	Basel
2873	Richard von Delsberg		Basel
1439	Heinrich von Regisheim	Magister	Basel
3137	Dietrich Morner		Brandenburg
3034	Semian von Breslau	Magister	Breslau
889	Friedemann von Profen	*dr. decr.*	Breslau
2340	Laurentius von Breslau	*dr. decr.*	Breslau
2765	Peter Lapis von Breslau	Magister	Breslau
1304	Heinrich von Glogau	Magister	Breslau
1760	Jakob Engilger von Breslau	*s. decr.*	Breslau
16	Albero von Montfort		Chur
2926	Rudolf von Montfort		Chur
2035	Johannes Kottmann	Magister	Chur
2762	Peter Kottmann	*s. decr.*	Chur
396	Konrad von Arberg	Magister	Eichstätt
3251	Ulrich von Leonrod		Eichstätt
2393	Ludwig Pfutzinger	*b. iur.*	Eichstätt
856	Friedrich von Parsberg	*lic. decr. B*	Eichstätt
169	Aymon von Aosta		Genf
2627	Nikolaus von Strassburg	*iurisperitus*	Gurk
308	Bruno von Hildesheim	Magister	Halberstadt
1848	Johannes von Barby	*lic. decr. B*	Halberstadt
3107	Dietrich Domnitz		Halberstadt
935	Gerhard von Klitzing	Magister	Havelberg
3403	Werner von Berg		Havelberg
621	Christian von Aachen	Magister	Köln ←
1903	Johannes de Cervo	*dr. leg.*	Köln
1316	Heinrich Grimhard	*dr. iur. utr.*	Köln
1276	Heinrich von Erpel	*dr. decr.*	Köln
623	Christian von Erpel	*dr. leg.*	Köln
1199	Heinrich von Basel	Magister	Konstanz
3378	Walter von Schaffhausen	Magister	Konstanz
1488	Heinrich von St. Gallen	Magister	Konstanz
26	Albert von Castell		Konstanz
2693	Otto von Rheinegg	Magister	Konstanz
785	Felix Stucki	*b. decr.*	Konstanz
3126	Dietrich Last	*m. art.*	Konstanz

Nr.	Name	Fach, Examina	Diözese
2042	Johannes von Tunsel	*dr. decr.*	Konstanz
3438	Werner von Rinach	Magister	Konstanz
796	Friedrich von Ablach	*lic. decr.*	Konstanz
2207	Johannes Schürpfer	Magister	Konstanz
1109	Hartmann von Bubenberg	*s. decr.*	Konstanz
789	Franz Murer	*s. decr.*	Konstanz
2021	Johannes Keller	*dr. decr.*	Konstanz
3496	Wilhelm von Lausanne		Lausanne
2084	Johannes von Marburg	*decr., Magister*	Magdeburg
859	Friedrich von Plötzke		Magdeburg
2168	Johannes Reppener		Magdeburg
937	Gerhard Konecke	*dr. decr.*	Magdeburg
1128	Hertwig von Nordhausen		Mainz/Th.
2928	Rudolf von Nordhausen		Mainz/Th.
2522	Nikolaus von Bautzen	*dr. decr.*	Meissen
1834	Johannes von Alten		Minden
1019	Gottfried von Hövel		Münster
2132	Johannes Paduanus	*dr.*	Olmütz
3552	Wolfram von Pannwitz		Olmütz
2112	Johannes Naso	*dr. iur. utr.*	Olmütz
3254	Ulrich von Liesereck	Magister	Passau
1952	Johannes von Freundsberg		Passau
2140	Johannes von Pfarrkirchen	Magister	Passau
2576	Nikolaus Locher	*dr. decr.*	Passau
2350	Leonhard Schauer	*dr. decr.*	Passau
2349	Leonhard von Laiming	*dr. decr.*	Passau
1986	Johannes Gwerlich	*dr. decr. B*	Passau ←
2598	Nikolaus von Prag	*s. decr.*	Prag
3172	Thomas Blasii von Prag	Magister	Prag
2652	Ortolf von Offenstätten		Salzburg
2561	Nikolaus de Insula	*dr. decr. B*	Schwerin
2537	Nikolaus von Clarens		Sion
2567	Nikolaus von Königstein	*lic. decr. B*	Speyer
2220	Johannes von St. Amarin	Magister	Strassburg
487	Konrad von Kirkel		Strassburg
1468	Heinrich Schorlin	Magister	Strassburg
2040	Johannes von Lampertheim	*lic. decr.*	Strassburg
2866	Reinbold Vener	*iurisperitus*	Strassburg
2165	Johannes von Reichstett	*b. decr.*	Strassburg
2250	Johannes Tauchendorf	Magister	Strassburg
2575	Nikolaus Lindenstumpf	*lic. decr.*	Strassburg
621	Christian von Aachen	Magister	Utrecht →
9	Adolf von Waldeck	Magister	Utrecht
1272	Heinrich von Engass	Magister	Würzburg
638	Kuno von Gochsen	Magister	Würzburg

Nr.	Name	Fach, Examina	Diözese
2411	Lupold von Bebenburg	*dr. decr.*	Würzburg
2201	Johannes Schenk von Erbach		Würzburg

→ später Offizial in ...

Nicht in die Tabelle aufgenommen, da nicht eindeutig identifizierbar: Nrn: 1197, 989, 2106.

Bei der Tätigkeit des geistlichen Richters handelte es sich um **die** Juristentätigkeit schlechthin und um die einzige überhaupt, für die Rechtskenntnisse ausdrücklich vorgeschrieben waren. In dieser Funktion finden sich 88 Bologneser Studenten (Tabelle 14). Einen juristischen Grad in Form eines Doktorats oder Lizentiats wiesen zwar nur 26 von ihnen auf, aber weitere 27 trugen einen Magistertitel ohne zusätzliche Graduierung und zwölf sind als *iurisperiti* oder zumindest als Scholaren der Kanonistik belegt. Nur gerade für ein Viertel der Offiziale können, ein „juristisches" Verständnis des Magistertitels im 13. und 14. Jahrhundert vorausgesetzt, keine formalen Rechtskenntnisse nachgewiesen werden, wodurch sich im Offizialat, wenig erstaunlich, die fachlich am höchsten qualifizierten Besucher der Universität Bologna nachweisen lassen.[628] Natürlich waren vor dem geistlichen Gericht vor allem kanonistische Kenntnisse gefragt. Diese sind einzig beim Kölner Offizial Christian von Erpel nicht zu belegen, aber in Analogie zu seinem Kölner Offizialskollegen Johannes de Cervo, der neben seinem zivilistischen Doktor auch das Bakkalariat im Kirchenrecht erreicht hatte, mit guten Gründen anzunehmen.

Entsprechend dem hohen Professionalisierungsgrad, der für das Offizialat zweifellos vorausgesetzt werden darf, wurde dieses stärker durch Juristen mit bürgerlichem Hintergund besetzt als durch Adlige. Unter den 47 diesbezüglich bestimmbaren Studenten stehen 27 Adligen 20 aus bürgerlich-stadtadliger Familie gegenüber, also ein relativ grosser Anteil. Damit scheint das Offizialat auch eine Art von Karrierengipfel für viele Studenten bürgerlicher Herkunft gewesen zu sein, denn von diesen gelangte nur ein einziger auf einen Bischofsstuhl, während dieses Ziel von den adligen Offizialen sechs erreichten. Auf demselben sozialen Niveau wie das Offizialat ist auch das Generalvikariat anzusetzen, das 22 der Offiziale, teils in Personalunion, teils zu einem anderen Zeitpunkt, in denselben Diözesen ausübten. Wenn auch viele Offiziale nicht

---

628 Von dieser Aussage sind natürlich die acht Rotarichter ausgenommen, die ausnahmslos mindestens das Doktorat im Kirchenrecht erworben hatten.

über diese Laufbahnposition hinauskamen, so muss man doch bemerken, dass die Tätigkeit des geistlichen Richters für die überwiegende Mehrzahl der Amtsinhaber keine Dauerstelle war, sondern von den meisten unter ihnen nur wenige Jahre lang ausgeübt wurde, wobei bisweilen nach einer Unterbrechung ein früherer Offizial erneut amtierte. Dietmar Willoweit, der dieselbe Beobachtung bezüglich der Karrieren von Heidelberger Lizentiaten gemacht hat, schliesst aus dieser nur sporadischen Ausübung des geistlichen Richteramts durch die einzelnen Offiziale, dass die gezielte Besetzung richterlicher Amtsstellen nicht gerade das erstrangige Ziel der Juristenausbildung gewesen sei.[629] Es bleibt dabei die Frage offen, ob es ein erstrangiges Ziel der Juristenausbildung überhaupt gegeben hat, oder ob die Tätigkeit der Juristen im geistlichen Gericht als Ausdruck spätmittelalterlicher Kirchenpolitik schlechthin zu betrachten ist.[630]

Obwohl in verschiedenen Diözesen die Offizialate teilweise über Jahre hinweg lückenlos mit Absolventen der Universität Bologna besetzt wurden, kann wohl kaum von einer gezielten Besetzungspolitik oder gar von einer Bevorzugung der Bologneser Absolventen gesprochen werden. Gerade weil für die Rekrutierung der Offiziale fachliche Kompetenz ein wichtiges Kriterium war, mussten die Bischöfe und Domkapitel auf diejenigen Fachkräfte zurückgreifen, die in ihrem Einflussbereich vorhanden waren, und das waren zu bestimmten Zeiten in Breslau, Konstanz, Strassburg und Passau beinahe ausschliesslich in Bologna ausgebildete Leute. Wie derartige Bildungsgewohnheiten entstanden, lässt sich nicht mit Sicherheit eruieren. Sicherlich wird die relative Nähe zu Bologna, etwa bei Basel, Chur, Konstanz oder Passau eine Rolle gespielt haben. Ob man bei den Breslauer Offizialen noch von örtlicher Nähe sprechen kann, sei dahingestellt – weit reisen mussten sie für ihr Studium auf jeden Fall. Die relative Nähe zu Bologna dürfte aber doch von Konstanz, Chur und Passau, und wohl auch von Basel aus, das Studium in Bologna zum üblichen Ausbildungsgang für Studierwillige gemacht haben.

Die Funktion des Offizialats als bedeutende, in mancher Hinsicht sogar kaum zu umgehende Anlaufstelle für Angelegenheiten der streitigen und nichtstreitigen Gerichtsbarkeit, als öffentliche Beurkundungsstelle, als Aufsichtsorgan über den Pfarrklerus und teilweise sogar als allgemeine Zentralbehörde der Diözesanführung, brachte es auf verschieden-

---

629 *Dietmar Willoweit*, Das juristische Studium (Anm. 9), S. 117.

630 *Ebd.*, S. 120 f.

sten Ebenen und mit unterschiedlichsten Bevölkerungsgruppen in Kontakt. Wer immer die Dienstleistungen, wie wir dies heute nennen würden, des Offizialats in Anspruch nahm, hatte sich an die Formen und Gebräuche einer vergleichsweise stark und durchschaubar organisierten berechenbar agierenden Behörde anzupassen und jene Formen zu übernehmen, wenn er von der rechtswahrenden Tätigkeit dieser Institution profitieren wollte. Für einen grossen Teil der Bevölkerung ergaben sich aus dem Kontakt mit dem Offizialat die ersten und vielfach auch durchaus positiven Erfahrungen mit einer neuen Rechtsordnung, nicht zuletzt auch durch dessen in der ganzen papstchristlichen Welt prinzipiell vergleichbare und anerkannte Legitimation. Damit brachte das Offizialat eine erste, wenn auch in den meisten Fällen noch kaum bewusst aufgenommene Vorstellung der universalen Geltung eines Normensystems unter eine breite Bevölkerung, wie sie vorher nur mit den Namen der beiden Universalmächte Kaiser und Papst verbunden worden war. Im Unterschied zu diesen beiden, letztlich doch mehr theoretisch wirksamen Mächten prägten die römisch-kanonischen Verfahrens- und Beurkundungsformen immer stärker auch den Alltag der Menschen. Es ist deshalb nicht übertrieben, im Offizialat eine der wichtigsten, wenn nicht überhaupt die wichtigste Institution für die Vermittlung der gelehrten Rechte im Reich zu sehen.[631]

7.3.4 Die Schiedsrichter

Wollten die Parteien aus irgendwelchen Gründen ihre Streitigkeiten nicht vor dem zuständigen ordentlichen Gericht austragen, so hatten sie in zivilrechtlichen und kirchlichen Angelegenheiten die Möglichkeit, sich auf einen oder mehrere Schiedsrichter zu einigen, die den Streitfall nach Recht oder Billigkeit entscheiden sollten.[632] Der grundsätzliche

---

631 Anstelle vieler vgl. *Winfried Trusen*, Anfänge (Anm. 109), S. 67 f.; grundsätzlich dieselbe Aussage ergibt sich auch aus der negativen Betrachtungsweise der älteren Arbeiten, die das römisch-kanonische Rechtsdenken als Eindringling in den germanischen Rechtsraum verstanden, z. B. bei *Otto Riedner*, Speierer Offizialatsgericht (Anm. 8), S. 107.

632 Grundlegend *Karl Siegfried Bader*, Das Schiedsverfahren in Schwaben vom 12. bis zum ausgehenden 16. Jahrhundert, Diss. iur., Tübingen 1929 (wieder abgedruckt in: ders.: Ausgewählte Schriften zur Rechts- und Landesgeschichte, 3 Bde., Sigmaringen 1984, Bd. I, 157–225); für Ehesachen, *causae liberales* und *integrum restitutio* sowie generell für Strafsachen war das Schiedsgericht nicht zulässig: *Wieslaw Litewski*, Schiedsgerichtsbarkeit nach den ältesten *ordines iudiciarii*, in: Vom mittelalterlichen Recht zur neuzeitlichen Rechtswissenschaft. Bedingungen, Wege und Probleme der europäischen Rechtsgeschichte. Festschrift zum 70. Geburtstag von

Unterschied zwischen dem ordentlichen und einem Schiedsgericht bestand darin, dass der ordentliche Richter seine Amtsgewalt von der Obrigkeit verliehen bekam und gegebenenfalls auf deren Zwangsmittel zur Durchsetzung seiner Entscheidungen zurückgreifen konnte, während der Schiedsrichter seine Autorität aus den Händen der Rechtssuchenden selbst empfing und auf die Akzeptanz seines Spruchs durch die Parteien angewiesen blieb.[633] Diese legten in einem Schiedsvertrag, dem sogenannten *compromissum*, nicht nur fest, wen sie mit dem Schiedsspruch betrauen wollten, sondern auch den weiteren Verlauf des Verfahrens bis hin zur Art und zum Umfang der Beweisaufnahme und der Zulässigkeit der Beweismittel.[634] Sofern zwischen den Parteien noch ein minimaler Konsens bestand, der die Ausfertigung eines Schiedsvertrags erlaubte, konnten sie sich auf diese Weise ein genau auf ihre Interessen und Bedürfnisse abgestimmtes Verfahren der Streiterledigung sichern, das dem formalstrengen ordentlichen Gerichtsprozess an Flexibilität weit überlegen war und vor allem wesentlich kürzer und damit kostengünstiger durchgeführt werden konnte. Dennoch waren die Modalitäten des Schiedsverfahrens keineswegs der Willkür der Parteien preisgegeben, sondern fanden ihren Niederschlag im kanonischen Recht und wurden in vielen *ordines iudicarii* teilweise kontrovers diskutiert.[635]

Das Schiedsverfahren selbst bestand aus zwei verschiedenen Stufen, in denen derselbe Schiedsrichter in unterschiedlicher Funktion zu handeln hatte. Auf der ersten Stufe sollte eine Streitigkeit nach Minne, Güte, oder 'Fründlichkeit' entschieden werden, wobei der Schiedsrichter als *arbitrator seu amicabilis compositor* auftrat und einen Vergleich zu vermitteln suchte.[636] Gelangten die Parteien auf diese Weise nicht zu einem Kompromiss oder hielten sie sich nicht daran, so konnte die zweite Stufe des Schiedsgerichts, das Verfahren nach dem Recht, zur Austragung kommen. In diesem wesentlich genauer geregelten Vefahren amtierte der Schiedsrichter als *arbiter* und leitete *rigore iuris* einen richtigen Prozess mit formeller Klageerhebung, einem Beweisverfahren, in

---

Winfried Trusen, hg. von Norbert Brieskorn u.a. (Rechts- und staatswissenschaftliche Veröffentlichungen der Görres-Gesellschaft; N.F. 72), Paderborn-München-Wien-Zürich 1994, S. 194.

633 *Karl Siegfried Bader*, Schiedsverfahren (Anm. 632), S. 33.

634 *Ebd.*, S. 35 f.

635 *Wieslaw Litewski*, Schiedsgerichtsbarkeit (Anm. 632), S. 193 ff.

636 *Karl Siegfried Bader*, Schiedsverfahren (Anm. 632), S. 41.

dem Eid, Zeugenaussagen, Urkunden und Augenschein zugelassen waren, und feierlicher Verkündigung des Schiedsspruchs.[637]

Die Durchsetzung des Schiedsspruchs blieb das ganze Mittelalter hindurch eine Schwachstelle des ganzen Schiedsverfahrens, da der Schiedsrichter mit seiner Entscheidung kein Recht schaffen, geschweige denn solches durchsetzen konnte. Mit bereits im *compromissum* festgehaltenen Bestimmungen erkannten deshalb die Parteien entweder dem Schiedsrichter selbst die Exekutionsgewalt zu, oder legten sich von Anfang an auf einen ordentlichen Richter oder eine andere Autoriät als Exekutor des Schiedsspruchs fest.[638] Ob ein Urteil schliesslich durchgesetzt werden konnte, blieb damit, wie in allen anderen Fällen auch, wieder eine Frage der realen Machtverhältnisse zwischen den Beteiligten.

Das Schiedswesen als Mittel zur friedlichen Streiterledigung hat wichtige Wurzeln sowohl im römischen Recht als auch im Gütegedanken der christlichen Kirche und kann als Nebenprodukt der hoch- und spätmittelalterlichen Gottes- und Landesfriedensbewegung gesehen werden, mit dem Ziel, *pax* und *concordia* unter den Streitparteien wiederherzustellen und gemäss dem christlichen Liebesgebot auf Versöhnung hinzuwirken.[639] Aus dem oberitalienischen Raum verbreitete sich diese Form der aussergerichtlichen Streitbeilegung im 12. Jahrhundert über die eidgenössischen Lande in den südwestdeutschen Raum und von dort bis zur Mitte des 14. Jahrhunderts auch ins Mittelrheingebiet und nach Franken.[640] Seit seinem Aufkommen lässt sich eine grosse Beliebtheit des Schiedsverfahrens beobachten, zuerst unter den Klerikern, auf die es anfänglich beschränkt war[641], dann aber zunehmend bei Streitigkeiten zwischen Klerikern und Laien und schliesslich solchen von Laien untereinander. Nach Ausweis der Urkundenüberlieferung müsste die Zahl der schiedsrichterlich erledigten Streitsachen diejenige der

---

637 *Ebd.*, S. 42 ff.

638 *Ebd.*, S. 56.

639 *Karl Siegfried Bader*, Die Entwicklung und Verbreitung der mittelalterlichen Schiedsidee in Südwestdeutschland und in der Schweiz, in: Zeitschrift für Schweizerisches Recht, N.F. 54 (1935). 100–125, S. 115 f.; *ders.*, Arbiter, arbitrator seu amicabilis compositor. Zur Verbreitung einer kanonistischen Formel in Gebieten nördlich der Alpen, in ZRG 77, KA 46 (1960), 239–276, S. 271; *Karin Nehlsen-von Stryk*, Zivilprozess (Anm. 518), S. 317.

640 *Karl Siegfried Bader*, Arbiter (Anm. 639), S.261 ff.

641 *Karl Siegfried Bader*, Schiedsidee (Anm. 639), S. 115 ff.

Verfahren vor den ordentlichen Gerichten deutlich übertroffen haben. Dabei ist allerdings zu berücksichtigen, dass Schiedsurkunden als prozessrelevante Aktenstücke eine ungleich bessere Überlieferungschance hatten als die oft nicht einmal schriftlich fixierten Entscheidungen der ordentlichen Gerichte.[642]

Darüber hinaus ist aber auch, entgegen Baders wiederholt bekräftigter These der Konkurrenz zwischen ordentlicher Gerichtsbarkeit und Schiedsgericht, ein unbestreitbares Interesse vor allem der geistlichen Gerichte festzuhalten, Streitigkeiten nicht von den Schiedsgerichten fernzuhalten, sondern vielmehr an diese zu verweisen. Grundsätzlich war ja nach kanonischem Recht der geistliche Richter in Zivilstreitigkeiten gehalten, den Parteien eine friedliche Einigung nahezulegen. Er konnte vor oder sogar noch während eines Prozesses bis unmittelbar vor der Schlussentenz den Parteien den Wechsel vom ordentlichen zum Schiedsverfahren vorschlagen, wobei er selbst die Rolle wechseln und nicht mehr als ordentlicher Richter sondern als Schiedsrichter fungieren oder ein anderer diese Rolle übernehmen konnte.[643] In diesem Sinn erscheint das Fällen eines Endurteils in einem ordentlichen Gerichtsverfahren nur als letzte Möglichkeit, als Drohung über den Häuptern der Streitparteien, denen damit mehr oder weniger deutlich nahegelegt werden sollte, zuerst eine gütliche Einigung anzustreben. Insbesondere galt dies wohl bei hart umstrittenen Tatbeständen, bei denen ein eindeutiges Urteil, wie es das ordentliche Gericht zu fällen pflegte, kaum der Komplexität der Sachlage gerecht werden konnte. War die Sachlage hingegen klar, so konnte auch in einem ordentlichen Verfahren eine im Wesentlichen kaum zu bestreitende Entscheidung gefällt werden.

In der Funktion eines Schiedsrichters sind 59 Bologneser Studenten belegt. Rund die Hälfte dieser Belege stammt aus den Forschungen des Ehepaars Stelling-Michaud, die in vollständig aufgearbeiteter Form nur 35 Jahre des ganzen Untersuchungszeitraums (1265–1300) umfassen.[644]

---

642 *Karl Siegfried Bader*, Schiedsidee (Anm. 639), S. 107 f.; „Vom 'ordentlichen Verfahren' ... berichten die spätmittelalterlichen Urkunden verzweifelt wenig. Dagegen fanden sich seit etwa 1150, der Zeit nach der Überwindung der grossen Urkundenlücken, in gedruckten und ungedruckten Beständen der heimischen Archive Tausende von Schiedsurkunden: *Karl Siegfried Bader*, Arbiter (Anm. 639), S. 239.

643 *Karin Nehlsen-von Stryk*, Zivilprozess (Anm. 518), S. 318 f.; *Ingeborg Buchholz-Johanek*, Geistliche Richter (Anm. 21), S. 144.

644 *Suzanne* und *Sven Stelling-Michaud*, Juristes (Anm. 18).

Die Anzahl der gelegentlich als Schiedsrichter tätigen Juristen dürfte demnach um einiges höher gewesen sein, als die hier angegebene.

Angesichts der Möglichkeit, ein Schiedsverfahren nicht nur nach „Minne und Fründlichkeit", sondern gegebenenfalls auch *rigore iuris* austragen zu müssen, erstaunt der geringe Anteil der Graduierten unter den Schiedsrichtern. Nur drei von ihnen waren Doktoren, einer Lizentiat des Kirchenrechts und einer trug den Titel eines Doktors im Zivilrecht. Auch deuten die übrigen Qualifikationen dieser Schiedsrichter nicht auf verbreitete Vertrautheit mit dem Prozessrecht hin. So sind unter ihnen lediglich zwei auch als Offizial zu finden, aber 14 zusätzlich als Pröpste und sieben als Bischöfe tätige Personen. Anstelle der fachlichen Kompetenz als Richter scheinen demnach häufig auch die Position oder der soziale Rang einer Person für ihre Wahl zum Schiedsrichter ausschlaggebend gewesen zu sein, wobei noch zu berücksichtigen ist, dass sich zwei Streitparteien zunächst auf einen *arbiter* einigen mussten, was die Auswahl zusätzlich erschwert haben dürfte.

7.3.5 Die delegierten Richter

Ergänzend zum ordentlichen bischöflichen Gericht kamen weiterhin delegierte Richter zum Einsatz, sei es in deren Vertretung oder in speziellem Auftrag des Bischofs oder gar des Papstes. Unter den Bologneser Studenten übten 19 diese Funktion aus, wobei sie immer punktuelle Einsätze wie die Leitung eines wichtigen Prozesses leisteten. Auffallend ist der geringe Anteil von Graduierten unter den delegierten Richtern, wären doch angesichts der vergleichbaren Aufgaben ähnliche Qualifikationen wie bei den Offizialen zu erwarten. Nur ein einziger Doktor des Kirchenrechts, aber immerhin acht Magister finden sich unter den *iudices delegati*. Anderseits ist auch Rudolf von Habsburg, ein Vetter König Rudolfs, unter ihnen zu finden, der kaum länger als zwei Jahre studiert haben kann. Ob sein Stand womöglich fehlende fachliche Kenntnisse kompensieren sollte oder welche anderen Gründe für dieses Mandat ausschlaggebend waren, bleibt offen. Immerhin war er als Nichtgraduierter unter den delegierten Richtern ja keineswegs allein.

7.3.6 Die Rotarichter

An die Spitze des geistlichen Gerichtswesens als Auditoren an der *Rota Romana* schafften es acht in Bologna ausgebildete Juristen aus dem Reich.[645] Die *Audientia sacri palatii*, so die offizielle Bezeichnung der Rota, behandelte als Kollegialbehörde jene Fälle, die sich die Päpste nicht als *causae maiores* selbst vorbehielten. Über ihre Entscheidungen erstellten die Auditoren Berichte, sogenannte *decisiones*, in denen sie auch die zu jedem Fall erteilten *consilia* aufnahmen. Sammlungen derartiger *decisiones* fanden als Rechtsquellen hoher, wenn auch oft umstrittener Autorität grosse Aufmerksamkeit und beeinflussten wiederum die Rechtsprechung der Territoren.[646] Die Angehörigen dieses Richterkollegiums mussten vor allen Dingen fachlich kompetent sein, wodurch ständische Aspekte von selbst zurücktraten. In der Tat hatten sämtliche acht Rotarichter mindestens ein Doktorat im Kirchenrecht, einer sogar in beiden Rechten erworben, stammten aber, soweit erkennbar, alle aus nichtadligen Familien. Ihr Beitrag zur Verbreitung der gelehrten Rechte im Reich ist hauptsächlich in der Herausgabe der *decisiones* zu suchen. Mindestens zwei der in Bologna ausgebildeten Rotarichter, Wilhelm von Horborch und Hermann de Insula (von Werder) erstellten derartige Sammlungen, von denen die *Novae decisiones Rotae* Horborchs grosse Verbreitung fanden.[647] Nicht weniger als zwei Drittel der erhaltenen knapp 250 spätmittelalterlichen Handschriften von Decisionensammlungen stammen aus dem Raum nördlich der Alpen, wo die Entscheidungen der Rota offensichtlich in hohem Ansehen standen.[648]

7.3.7 Die Archidiakone

Zunehmende Beanspruchung der Bischöfe in der Politik und die wachsende Bedeutung der geistlichen Gerichtsbarkeit liessen den Archidiakon, den ursprünglichen Vertreter des Bischofs in der Vermögensverwaltung, der Armenpflege und im Gericht seit dem 10. Jahrhundert zum wichtigsten Gerichtsbeamten in der Diözese werden.[649] Die Stellung dieses sogenannten Archidiakons jüngerer Ordnung wurde

---

645 Zur Rota Romana vgl. *Knut W. Nörr*, Ein Kapitel aus der Geschichte der Rechtsprechung: Die Rota Romana, in: Ius Commune 5 (1975), S. 192–209; *Gero Dolezalek*, Art. Audientia sacri palatii, in: LexMA 1, Sp. 1193 f.; speziell zu den Deutschen an der Rota vgl. *Christiane Schuchard*, Die Deutschen (Anm. 400), 115 ff.

646 *Knut W. Nörr*, Ein Kapitel (Anm. 645), S. 192 ff.

647 Wilhelm von Horborch, Nr. 3492; Hermann von Werder, Nr. 1620.

648 *Achim Steins*, Der ordentliche Zivilprozess (Anm. 518), S. 197 ff.; *Knut W. Nörr*, Ein Kapitel (Anm. 645), S. 203.

649 *Hans Erich Feine*, Kirchliche Rechtsgeschichte (Anm. 594) S. 130, 201, 369.

gefestigt durch die Aufteilung der bischöflichen Gerichtsrechte in fest abgegrenzte Archidiakonatsbereiche, in denen die Archidiakone praktisch ein selbständiges Visitationsrecht ausübten und die ihnen delegierte Gerichtsbarkeit wie eine *iurisdictio ordinaria* handhabten. In vielen Diözesen erreichten die Archidiakone zudem kraft ihres Amtes die Aufnahme in die Domkapitel, wodurch die Archidiakonate meistens mit den Dignitäten fest verbunden wurden.[650] Durch die von ihnen ausgeübte Gerichtsbarkeit im Sendgericht (Synodalgericht) und die Visitation entwickelten die Archidiakone ihr Amt zu einer durch die erhobenen Bussgelder gewinnträchtigen Zwischeninstanz zwischen Bischof und Pfarrer bzw. Gläubigen, teilweise sogar unter Einsatz von eigenen Beamten (*officiales, missi*), wodurch die Bischöfe aus der unmittelbaren Regierung ihrer Diözesen nahezu ausgeschaltet wurden.[651] Mit der Einführung des gelehrten Prozesses im geistlichen Gericht wurden die Archidiakone als ordentliche geistliche Richter seit dem 13. Jahrhundert durch die Offiziale ersetzt, und das Archidiakonat wandelte sich mehr und mehr zu einer reinen Pfründe.[652]

Zum Sendgericht versammelten die Archidiakone einmal jährlich die gesamte Bevölkerung ihres Bezirks und liessen unter ihrem Vorsitz ein Kollegium von Sendgeschworenen die bekanntgewordenen Vergehen beurteilen und rügen. Sie konnten sich dabei auf Handbücher und vor allem die Bussenkataloge stützen um die entsprechenden Strafmasse festzusetzen, hatten aber auch immer lokales oder diözesanes Gewohnheitsrecht zu beachten.[653] Kenntnisse des gelehrten Rechts waren bei diesem nach germanischen Formen durchgeführten Verfahren nicht erforderlich, hingegen musste eine gewisse Allgemeinbildung vorhanden sein, um die Kompetenz der zu visitierenden Pfarrer zu überprüfen. Die Ausbildung dürfte aber auch bei den Archidiakonen neben den ständi-

---

650 Ebd., S. 201; *Bernhard Panzram*, Art. Archidiakon, in: LexMA 1, Sp. 896 f.

651 *Franz Kerff*, Libri paenitentiales und kirchliche Strafgerichtsbarkeit bis zum Decretum Gratiani, in: ZRG 106, KA 75 (1989), S. 23–57, hier: S. 52.

652 Die Einführung des Offizialats darf kaum, wie in der älteren Literatur behauptet, als Reaktion der Bischöfe auf Kompetenzanmassungen der Archidiakone aufgefasst werden, sondern erklärt sich aus den neuen Anforderungen an die geistlichen Richter. Vgl. dazu auch die Ausführungen im Abschnitt über das Offizialat.

653 *Franz Kerff*, Libri paenitentiales (Anm. 651), S. 54 ff.; zu den Kompetenzen von Vorsitzenden und Geschworenen bei der Urteilsfindung vgl. *ders.*, Die Urteilsfindung im Sendgericht. Kritische Anmerkungen zu Jürgen Weitzels „Dinggenossenschaft und Recht“ und dessen Replik, in: Rechtshistorisches Journal 8, 1987, S. 397–413.

schen Voraussetzungen nur eine sekundäre Rolle gespielt haben, rekrutierte man die Archidiakone doch meistens aus den Mitgliedern der Domkapitel, also aus gesellschaftlich höheren Schichten.[654]

Beim grössten Teil der 92 Studenten, die später als Archidiakone nachgewiesen sind, ist davon auszugehen, dass das Amt nicht mehr funktional, sondern überwiegend nur noch als Pfründe betrachtet wurde. Mit Sicherheit war das Archidiakonat kein Karriereziel, was sich schon daraus ergibt, dass über drei Viertel der Archidiakone nicht nur als Inhaber dieser Funktion oder Pfründe, sondern zumindest noch einer (weiteren) Pfründe überliefert sind. Der Charakter einer Sinekure oder Durchgangsstation auf dem Weg zu anderen Funktionen zeigt sich auch daran, dass zwölf der Archidiakone auch Offiziale wurden und weitere zwölf schliesslich Bischof und einer Erzbischof. Auffällig ist ferner der grosse Adelsanteil unter den späteren Archidiakonen mit 49 von 52 bestimmbaren Personen, der auch nicht gerade auf persönliche Aktivität der Amtsinhaber hindeutet. Die Anzahl von 20 belegten kanonistischen Graduierungen der Archidiakone, darunter ein Doktor beider Rechte liegt nur knapp oberhalb des Ausbildungsniveaus der Bischöfe, was zusammen mit dem vergleichbar hohen Adelsanteil das Profil des Archidiakons als Standesstellung verstärkt, für die man mit Sicherheit nicht in Bologna studiert haben musste.

7.3.8 Die Kapitelsämter (Dignitäten)

Die oberen Kapitelsämter in den säkularen Dom- und Kollegiatstiften, die sogenannten Dignitäten, verdienen besondere Aufmerksamkeit, war doch mit der Zugehörigkeit zur Spitze eines Kapitels oft auch der Zugang zu weiteren Stellen oder wie im Fall der Domkapitel, entscheidende Mitsprache bei der Wahl des Bischofs verbunden.[655] Politische Bedeutung im weiteren Sinn kam den Dignitäten auch dadurch zu, dass ihre Besetzung komplizierten regional- und standespolitischen Regeln unterworfen war, in denen sich die Kräfteverhältnisse unter den mit den betreffenden Institutionen verbundenen Familien spiegelten.[656] Wie alle

---

654 *Aloys Schulte*, Adel und Kirche (Anm. 416), S. 230 f.; *Franz Kerff*, Urteilsfindung (Anm. 653), S. 401 f.

655 Zur Rolle der Dignitäten und der inneren Organisation der Stifte vgl. allgemein *Guy P. Marchal*, Dom- und Kollegiatstifte (Anm. 431); speziell zu den Domkapiteln als Personalreservoir für herrschaftliche Funktionen vgl. *Hélène Millet* und *Elisabeth Mornet* (Hgg.), I canonici (Anm. 22).

656 *Aloys Schulte*, Adel und Kirche (Anm. 416), S. 284 ff.

politisch einflussreichen Positionen im Mittelalter wurden auch die entscheidenden Dignitäten, vor allem die Dompropsteien, nach ständischen Gesichtspunkten besetzt, hinter denen bildungsmässige Anforderungen entsprechend zurückzutreten hatten und sich, soweit erkennbar, auch nicht von den entsprechenden (bescheidenen) Anforderungen an die übrigen Kapitelsmitglieder unterschieden.[657]

In der Funktion eines Dompropsts sind 77 Bologneser Studenten nachzuweisen, von denen erwartungsgemäss die überwiegende Zahl, 57 von 61 standesmässig bestimmbaren, adliger Herkunft waren. In das ständisch dominierte Bild der Dompröpste fügt sich auch die niedrige Anzahl von nicht mehr als neun kanonistischen Graduierungen nebst einigen Magistern gut ein, von denen allein sechs durch Angehörige des Ritter- oder Ministerialadels und sieben erst nach 1390 erworben wurden. Die regionale Verteilung zeigt kleinere Konzentrationen von in Bologna ausgebildeten Dompröpsten in Konstanz und Freising (je sieben), Magdeburg (vier), Basel, Passau, Utrecht und Strassburg (je drei), sowie weiteren Domstiften mit zwei oder einem Dompropst mit Bologna-Studium. Die Anzahl der Studenten in der obersten Position der Domstifte entspricht somit tendenziell den Bildungstraditionen in den ensprechenden Gebieten.

Das ausschlaggebende Kriterium für die Wahl zum Dompropst war eindeutig der soziale Stand der Kandidaten, abhängig natürlich von der politischen Konstellation unter den Wahlbeteiligten, noch nicht aber eine irgendwie definierte universitäre Ausbildung. Am besten wird dies dadurch demonstriert, dass nicht weniger als 14 Studenten ihren Aufenthalt in Bologna bereits in der Funktion eines Dompropsts antraten oder noch in Bologna als solche erwähnt werden. Dass sie alle, oder auch nur ein Teil von ihnen, sich aufgrund zu Tage getretener Wissenslücken im juristischen Bereich plötzlich für ein Studium in Bologna entschieden hätten, ist mit grosser Sicherheit auszuschliessen.

---

657 Eine Stichprobe an über 50 Dom- und Kollegiatstiften ergab für den betrachteten Zeitraum keine einzige generelle Vorschrift über eine Graduierung und keine Forderung, die über eine Studienzeit von drei Jahren hinausging; zum diesbezüglichen Forschungsstand vgl. *Rudolf Holbach*, Zu Ergebnissen und Perspektiven neuerer Forschung zu spätmittelalterlichen deutschen Domkapiteln, in: RhVJBll. 56 (1992), (Anm. 22), S. 148–180, hier: S. 154 f.

7.3.9 Die Äbte und Prioren

Unter den Personen mit geistlichen Leitungsfunktionen begegnen auch zwölf Äbte und Priore von Klöstern. Rechtskenntnisse konnten selbstverständlich auch für die Leiter von Mönchsgemeinschaften nur von Nutzen sein, boten doch einerseits Landbesitz, Kollaturrechte oder Abgaben immer wieder Anlass zu Rechtsstreitigkeiten und wurden anderseits Klostervorsteher genaugleich wie Inhaber von Dignitäten an Stiften als Ratgeber oder Rechtsgutachter herbeigezogen. Der Doktor des Kirchenrechts Balduin von Wenden fungierte von seinem Benediktinerkloster St. Michael in Lüneburg aus als Erzbischof von Bremen und Berater der Lüneburger Herzöge, und der gleich qualifizierte Arnold von Egmont wurde neben seinem Wirken als Vorsteher des Benediktinerklosters Dickeninghe als Rechtskenner geschätzt, von dem mehrere Gutachten erhalten sind. Diese beiden einzigen Graduierten unter den Äbten und Prioren sind zugleich auch die einzigen, von denen juristische Aktivitäten im weiteren Sinn bekannt sind.

7.3.10 Die Pfarrer

Die unmittelbare Kontaktperson der Gläubigen war der Pfarrer, der durch die Spendung der Sakramente, durch Predigt, Armenfürsorge und Begräbnis geradezu die Verkörperung der Kirche im täglichen Leben darstellte. Mit der Einrichtung kleinerer Pfarrsprengel oder Kirchspiele im achten und neunten Jahrhundert wurde der Pfarrzwang für alle Angehörigen des Sprengels durchgesetzt, der unter anderem die Ablieferung der Zehnten und Stolgebühren (Entgelt für geistliche Amtshandlungen) an die Pfarrkirche sowie deren Monopol für die wichtigen Kulthandlungen beinhaltete.[658] Unter den verschiedenen Pflichten trug insbesondere die jährliche Beichte der Gemeindemitglieder bei ihrem eigenen Pfarrer dazu bei, diesem eine Position starker moralischer Autorität in seinem Sprengel zu verschaffen.

Um seinen Pflichten der Gemeinde gegenüber nachkommen zu können, sollte ein Priester nach der Formulierung des Strassburger Dominikaners Ulrich Engelberti zumindest die Grammatik soweit beherrschen, dass er die Worte richtig aussprechen konnte und den wörtlichen Sinn dessen verstand, was er las. Als Verwalter der Sakramente sollte er wissen, was die notwendige Materie und Form eines Sakraments sei und

---

658 *Hans Erich Feine*, Kirchliche Rechtsgeschichte (Anm. 594), 187 ff.; *P. Leisching*, Art.: Pfarrer, in HRG, Bd. 3, 1707ff:

jenes korrekt zu spenden verstehen. Vom Glauben, der sich in der Liebe wirksam erweise, sollte er zumindest die Grundlagen kennen, und als Richter in Gewissensfragen sollte er jedenfalls erkennen können, ob eine Sünde vorlag. Auf schwere Gewissensfragen brauchte er nicht selbst Antwort zu geben. Sobald er erkannte, dass schwierige Fragen vorlagen, sollte er diese an die Oberen weiterleiten, die zur Entscheidung berufen seien.[659]

Mit der jährlichen Beichtpflicht, die jedem Christen vom vierten Laterankonzil 1215 auferlegt wurde, erhielt der Beichtstuhl die Funktion eines kircheninternen Gerichts, eines *forum internum*, das wiederum den Pfarrer, der die Beichte abnahm, in die Rolle des Richters über Gut und Böse, des *iudex animarum* versetzte.[660] Dadurch mit juristischen Sachverhalten konfrontiert, denen er aufgrund der oben geschilderten bildungsmässigen Anforderungen in keiner Art und Weise gewachsen war, musste sich ein Pfarrer Hilfsmittel besorgen, die wesentlich weiter gingen als die früher benutzten Bussbücher. Nun musste ein Pfarrer auch beurteilen können, ob eine Sünde vorlag, die durch Verstösse gegen das kanonische Recht zustandegekommen war. Mit anderen Worten, er musste sowohl theologisch gebildet sein, um die Beichtenden informieren und führen zu können, als auch die notwendigen Kenntnisse im Kirchenrecht und ergänzend dazu im römischen Recht besitzen, denn dieses wurde wie üblich subsidiär neben dem kanonischen herangezogen, wo ersteres keine Hilfe bot.[661] Die wichtigsten Hilfsmittel für die Pfarrer, die in der Regel über keinerlei juristische Ausbildung verfügten, stellten die verschiedenen, seit dem ausgehenden 12. Jahrhundert auftauchenden Summen dar. Diese sollten die Beichtväter in die Lage versetzen, nicht mehr nur Taten allein, sondern nun auch den Rechtsstatus der Täter und die hinter den Taten stehenden *circumstantiae* mit in die Frage nach der Sündhaftigkeit von Handlungen einzubeziehen.[662] Anhand der in diesen Summen gesammelten Beispiele von Gewissens-

---

659 Ulrich von Strassburg, zitiert nach *Friedrich Wilhelm Oediger*, Bildung der Geistlichen (Anm. 589), S. 55 f.

660 Zum *forum internum* vgl. grundsätzlich *Winfried Trusen*, Anfänge (Anm. 109), S. 135–147; *ders.*: *Forum internum* und gelehrtes Recht im Spätmittelalter. Summae confessorum und Traktate als Wegbereiter der Rezeption, in: ZRG 88, KA 57 (1971), S. 83–126 und *Christoph Bergfeld*, Zur Jurisprudenz des *forum internum*, in: Ius Commune 16 (1989), S. 133–147.

661 *Winfried Trusen*, Forum internum (Anm. 660), S. 87.

662 Ebd., S. 88 f. mit eingehender Beschreibung der wichtigsten Summen.

fällen und Normen konnten die Pfarrer beurteilen, ob Gesetze verletzt, Sünden begangen worden waren oder nicht. Da auch wichtige Bereiche des täglichen Lebens wie Ehe, Zins und Kauf kirchenrechtlich zu einem *peccatum* führen konnten, gewannen die Beichtväter grossen Einfluss auf das Alltagsverhalten ihrer Gemeindemitglieder. Indem sie aus ihrer dominierenden Position heraus ihre Gemeindemitglieder über die geltenden Rechte und Regeln informierten – Sünde setzt ja die Kenntnis der zu beachtenden Normen voraus – und deren Einhaltung über die Beichte erzwangen, konnten die Pfarrer stark, wenn auch vom Publikum wohl kaum wahrgenommen, zur Verbreitung der romanistischen Gedankengänge unter den Gläubigen beitragen.[663]

Noch stärker als beim Amt des Archidiakons steht bei der Funktion des Pfarrers, die von 384 Studenten ausgeübt wurde, der Aspekt der reinen Versorgungsstelle im Vordergrund, weshalb diese Frage im Kapitel über die Pfründenversorgung ausführlicher zur Sprache kommt. In Anbetracht der Tatsache, dass der Anteil der persönlich die Funktion eines Gemeindepfarrers ausübenden Studenten nicht auszumachen ist, kann über ihren Anteil an der Verbreitung des gelehrten Rechts über den kirchlichen Raum hinaus in den weltlichen Bereich nur spekuliert werden.[664]

7.3.11 Die Kollektoren

Eher am Rand zu erwähnen ist die Tätigkeit von 33 in Bologna ausgebildeten Juristen als Kollektoren.[665] Bei dieser Aufsicht über den sEinzug von Zehnten und Abgaben zugunsten der Kirche handelte es sich offensichtlich um ein (einträgliches) Ehrenamt, das von den Päpsten, Konzilien und Bischöfen an Kleriker vergeben wurde, die sich bereits in anderen kirchlichen Bereichen bewährt hatten. Unter den Kollektoren finden sich jedenfalls 16 ebenfalls als Pröpste, 14 als Offiziale, vier als Generalvikare nachweisbare Personen und weitere Inhaber von wichtigen kirchlichen Ämtern. Eine besondere juristische Ausbildung war zur Ausübung dieses Amtes bestimmt nicht zwingend erforderlich,

---

663 *Winfried Trusen*, Anfänge (Anm. 109), S. 145 ff.; *Dietlinde Munzel*, Art. Rechtssummen, in: HRG IV, S. 375 ff.; *Christoph Bergfeld*, Jurisprudenz (Anm. 660), S. 135 f.

664 Vgl. zu dieser Frage *Winfried Trusen*, Forum internum (Anm. 660), S. 126.

665 Zu den Kollektoren vgl. allgemein *Richard Puza*, Art. Kollekte, Kollektor, in: LexMA 5, Sp. 1254; *Andreas Meyer*, Zürich und Rom (Anm. 120), S. 72 f.

konnte aber gerade bei der Erhebung von Annaten umstrittener Pfründen sicherlich von Nutzen sein.

7.3.12 Zusammenfassung: geistliche Führung und Verwaltung

Im Gegensatz zum weltlichen Herrschaftsbereich lassen sich unter den Funktionen der geistlichen Verwaltung mit dem Offizialat und den übrigen Richterfunktionen Ämter erkennen, zu deren Ausübung gute juristische Kenntnisse unerlässlich waren. In diesen Funktionen finden sich denn auch, ungeachtet ihrer sozialen Herkunft, überwiegend entsprechend qualifizierte Besucher der Universität Bologna. Festzuhalten ist jedoch, dass auch bei geistlichen Funktionen mit realem oder zumindest möglichem politischen Einfluss wie Bischof oder Dompropst praktisch durchwegs soziale Kriterien den Ausschlag gaben für die Rekrutierung. Die kirchliche Führung und Verwaltung erwies sich damit zwar als wesentlich moderner im Sinn einer stärkeren Juridifizierung von Schlüsselpositionen, blieb aber bei der Besetzung der entscheidenden Positionen wie die weltliche Führung den Mechanismen der traditionellen ständischen Personalrekrutierung verpflichtet. Die relativ hohe Juristendichte in der Umgebung einiger Bischofssitze dürfte wesentlich zu diesem Modernitätsvorsprung der geistlichen Verwaltungen beigetragen haben, wobei keine objektiven Gründe dafür anzuführen sind, dass diese Juristen – lokale Bildungstraditionen ausgenommen – speziell in Bologna und nicht anderswo ausgebildet wurden.

7.4 Die Rechtslehrer

Mit der Gründung der Universität Prag 1348 und ihrer ersten Nachfolgerinnen in Wien, Heidelberg, Köln und Erfurt wurde, mehr als zweieinhalb Jahrhunderte nach der Entstehung der ersten Rechtsschulen in Italien, endlich auch im Kernraum des Reichs die Möglichkeit zum Studium, anfänglich erst des Kirchenrechts, später auch des Zivilrechts geschaffen.[666] Die ersten Lehrer der neuen Universitäten hatten sich ihre Kenntnisse meistens noch in Frankreich oder Italien erworben

---

666 Für die Zusammensetzung des Lehrkörpers in den Anfängen der Juristenuniversität Prag vgl. *Peter Moraw*, Die Juristenuniversität in Prag (Anm. 19); zu Wien vgl. *Paul Uiblein*, Beiträge zur Frühgeschichte der Universität Wien, in: MIÖG 71 (1963), S. 284–310; zu Heidelberg vgl. *Peter Moraw*, Heidelberg (Anm. 491); zu Köln vgl. *Erich Meuthen*, Die alte Universität (Anm. 286); zu Erfurt vgl. *Erich Kleineidam*, Universitas (497), S. 47–49, S. 319 ff.

und zogen als Mitglieder der Gründungsmannschaft oder als Angehörige der zweiten und dritten Lehrergeneration an die neu eröffneten Lehrstätten (Tabelle 15).[667]

Tabelle 15: Studienjahre und Universitäten der Rechtslehrer

Nr.	Name	Bologna	Fach	Universität
2480	Matth. von Muttersdorf	1371	*can.*	Prag (1371)
3493	Wilhelm von Horborch	1367	*can.*	Prag (1373)
3470	Wildericus de Mitra	1368	*can.*	Prag (1374)
1621	Hermann de Insual	1379	*can.*	Prag (1383)
1621	Hermann de Insula	1379	*can.*	Wien (1384)
2350	Leonhard Schauer	1379	*can.*	Wien (1394)
1986	Johannes Gwerlich	1412	*can.*	Wien (1421)
453	Konrad von Gelnhausen	1369	*can.?*	Heidelbg. (1387)
2025	Johannes Kirchen	1414	*?*	Heidelbg. (1427)
1230	Heinrich Breitenbach	1380	*can.*	Erfurt (1392)
1425	Heinrich der Oven	1414	*can.*	Erfurt (1417)
1316	Heinrich Grimhard	1379	*?*	Köln (1389-)
1017	Gottfried von Harff	1384	*can.*	Köln (1389-)
1335	Heinrich de Hoven	1385	*can.?*	Köln (1389-)
2120	Johannes de Novo Lapide	1387	*leg.*	Köln (1392-)
1857	Johannes Bau	1389	*leg.*	Köln (1397-)
623	Christian von Erpel	1397	*leg.*	Köln (1403-)
1276	Heinrich von Erpel	1397	*leg. ?*	Köln (1404-)
2314	Johannes Wrede	1405	*leg.*	Köln (1410-)
2981	Segebold Berswort	1407	*leg.*	Köln (1415-)
1429	Heinrich de Piro	1407	*can ?*	Köln (ca. 1413)
2503	Michael von Breda	1408	*leg ?*	Köln (1422-)
2157	Johannes Raboden	1410	*can.*	Köln (1419-)
984	Gerwin Vosken	v. 1418	*leg.*	Köln (1410-)
2777	Peter de Molendino	1419	*leg.*	Köln (1410-)
691	Eberhard Lackepren	1423	*can.?*	Köln (1429)
2202	Johannes von Schleinitz	1405	*can.*	Leipzig (1409)
911	Georg Nebeltau	1416	*can.*	Leipzig (1423)
732	Egidius v. Wissenkerke	1412	*leg.*	Löwen (1441)
154	Arnold von Reysendal	1413	*can.*	Löwen (1429)

667 Zur langsamen Ausbildung eines „einheimischen" Professorenstandes vgl. *Peter Moraw*, Improvisation und Ausgleich (Anm. 483); als Lehrer des Kirchenrechts ausserhalb des Reichs sind ferner belegt Konrad von Tannroda, Nr. 589, und Gerhard von Wederden, Nr. 960, in Avignon, Johannes von Finstingen, Nr. 1943, in Orléans, Rudolf von Allaman, Nr. 2898, vielleicht in Paris und Egenolf von Ratzenhausen, Nr. 735, in Padua.

Nr.	Name	Bologna	Fach	Universität
2037	Johannes Krusbeck	1412	*leg.?*	Löwen (1426)
1388	Heinrich von den Meeren	1417	*can.*	Löwen (1426)
1429	Heinrich de Piro	1407	*can.?*	Löwen (1428-)

Quellen: Acta Nationis; Universitätsmatrikeln

Die in Bologna ausgebildeten späteren Rechtslehrer an den Universitäten im Reich lassen sich demnach unterteilen in jene, die noch keine andere Möglichkeit hatten, als im Ausland zu studieren und in diejenigen, die ihr Studium bereits im Reich begannen und den Aufenthalt in Bologna als Zwischenstation oder Abschluss ihrer Ausbildung eingelegt hatten. Zur ersten Gruppe gehören Konrad von Gelnhausen, der zuerst in Paris die Artes, später in Bologna wohl Kirchenrecht studierte, bevor er, vielleicht nach einem Aufenthalt in Prag, vom Pfalzgrafen zum Aufbau des Heidelberger Studiums an den Neckar geholt wurde. Weiter sind hier zu nennen der ehemalige Student in Avignon und spätere Prager Lehrer Wilhelm Horborch, ebenfalls in Prag Wildericus de Mitra und in Köln schliesslich Grimhard von Recklinghausen. Für die übrigen Rechtslehrer ist vor ihrer Lehrtätigkeit ein Studium im Reich belegt oder doch wohl anzunehmen.

Zu Beginn der deutschen Universitätsgeschichte scheint eine Professur noch keineswegs eine erstrebenswerte Stelle und erst recht kein Karriereziel für die an italienischen Rechtsschulen graduierten Juristen gewesen zu sein. Einige unter ihnen verliessen ihr Lehramt denn auch bald wieder, um wie Wilhelm Horborch oder Hermann de Insula als Auditoren an der päpstlichen Rota erfolgreiche Laufbahnen einzuschlagen.[668] Diejenigen, die längere Zeit an der Universität blieben, übten ihre Lehrfunktion nicht selten parallel zu einer höher angesehenen Ratstätigkeit am Hof der (fürstlichen) Universitätsherren aus, was wohl das augenfälligste Beispiel für die Einheit der frühen Lehrtätigkeit an den deutschen Universitäten und dem Fürstendienst darstellt.[669]

Insgesamt wirkten 31 unter anderem in Bologna ausgebildete Juristen später an Universitäten im Reich als Lehrer. Mindestens 17 unter ihnen

---

668 *Peter Moraw*, Improvisation und Ausgleich (Anm. 483), S. 311 und 315, beurteilt die Attraktivität der neugegründeten Universitäten im Reich als teilweise dermassen gering, dass fähige Leute geradezu als Lehrer dorthin „abkommandiert“ werden mussten, ihr Lehramt als Durchgangsposition empfanden und es baldmöglichst wieder verliessen.

669 *Peter Moraw*, Heidelberg (Anm. 491), S. 533 ff.

haben sicher einen Grad in Bologna erworben, während die übrigen entweder an anderen Universitäten promoviert wurden, ihre Promotionen vor das Jahr 1377 fallen oder die Promotionsbelege überhaupt fehlen, obwohl sie natürlich alle graduiert waren. An der Bologneser Rechtsschule erwarben sechs Studenten den Doktortitel und einer das Lizentiat im Zivilrecht und je fünf das Doktorat und das Lizentiat im Kirchenrecht. Für sie kann festgestellt werden, dass sie sich vor ihren Studienabschlüssen tatsächlich längere Zeit, durchschnittlich über fünf Jahre, in Bologna aufhielten und nur fünf unter ihnen ihren Titel bereits innerhalb von drei Jahren nach ihrer Ankunft in Bologna erlangt hatten, womit für die meisten von ihnen ein ernsthaftes Studium in Bologna, nicht nur ein Promotionsaufenthalt belegt ist.

Die Bedeutung der Universität Bologna für die Ausbildung der deutschen Rechtslehrer lässt sich nicht generell ermessen. Sicher war Bologna für den Lehrkörper der Prager Hohen Schule wesentlich wichtiger als beispielsweise für die Professoren in Leipzig oder Löwen, da bei der Gründung dieser beiden Schulen bereits seit einigen Jahrzehnten die Möglichkeit bestand, im Reich selbst Juristen auszubilden. Wirkten italienische Lehrer an der Universität Prag in deren ersten Jahren noch weitgehend allein und direkt als Träger des Unterrichts, so finden wir ihren Einfluss bei den folgenden Gründungen schon deutlich vermindert und teilweise nur noch indirekt über ihre Schüler ausgeübt. Der Lehrkörper an den Juristenfakultäten der Universitäten Wien, Heidelberg und Erfurt wurde bereits stärker von Prager Absolventen bestimmt als von direkt in Bologna ausgebildeten Juristen.[670] Wichtiger dagegen war die Bologneser Universität für den Aufbau des Kölner Lehrkörpers, wo unter den 48 Professoren der Jurisprudenz bis 1430 immerhin 15 vorher in Bologna studiert hatten.[671] Insbesondere die legistische Ausbildung konnte offenbar im Reich entweder nicht oder nur ungenügend sichergestellt werden, so dass bis ins dritte Jahrzent des 15. Jahrhunderts immer wieder in Bologna ausgebildete Legisten, aber auch Kanonisten als Rechtslehrer in Köln wirkten.[672]

---

670 Zu den Verbindungen Wiens mit Prag vgl. *Paul Uiblein*, Beziehungen (Anm. 487), S. 175 f.; zu Heidelberg vgl. *Peter Moraw*, Heidelberg (Anm. 491), S. 529 f.; zu Erfurt vgl. *Erich Kleineidam*, Universitas (Anm. 497), S. 22 ff.

671 Zu den ersten Kölner Rechtsprofessoren vgl. *Erich Meuthen*, Die alte Universität (Anm. 286), S. 131 ff.

672 *Hermann Keussen*, Matrikel Köln I, S. 70 ff.; nach *Erich Meuthen*, Die alte Universität (Anm. 286), S. 126, konnte die deutsche Legistik ihren im europäischen Ver-

Auf die beiden Hochschulen von Leipzig und Löwen übte die Bologneser Hochschule keinen wichtigen Einfluss mehr aus. Die Leipziger Juristenfakultät wurde im Wesentlichen von Erfurt aus aufgebaut und Löwen hing personell stark von Köln ab, wenn auch einzelne noch selbst in Bologna ausgebildete Professoren an den beiden Schulen lehrten.[673]

Für die Professoren hatte das Auslandstudium auf jeden Fall bis mindestens ins erste Viertel des 15. Jahrhunderts hinein seine Attraktivität bewahrt – und wenn man an die Kölner Legistik denkt, wohl auch seine Berechtigung behalten. Die Motivation zum Besuch der Bologneser Rechtsschule darf bei den späteren Professoren sowohl auf der fachlichen Ebene als auch im Hinblick auf das dort zu gewinnende Prestige vermutet werden. Bologna war deshalb auch für angehende Professoren die richtige Universität: nicht aus Standesgründen – die Professoren waren überwiegend bürgerlicher Herkunft – sondern weil ein Bologneser Titel in der europäischen Bildungslandschaft noch immer hohes Ansehen genoss, selbst wenn die verleihende Universität wissenschaftlich längst nicht mehr führend war.[674] Noch um die Mitte des 15. Jahrhunderts sandte der Pfalzgraf deshalb ausgewählte Männer nach Italien, die dort auf „Staats-"Kosten einen (Legisten-)Titel erwerben sollten, um damit später die Pfalz bei diplomatischen Missionen angemessen vertreten zu können.[675]

7.5 Weitere Tätigkeiten

Ausser den bisher erwähnten klassischen Tätigkeitsfeldern für gelehrte Juristen im Dienst von geistlichen und weltlichen Herren sowie an den Rechtsschulen, soll im Folgenden ohne Anspruch auf Vollständigkeit ein Überblick über juristennahe und weniger naheliegende Tätigkeiten gegeben werden, nicht zuletzt im Hinblick auf die Frage, wohin Tausende von Juristen nach ihren Studien „verschwunden" sind.

---

gleich betrachteten Rückstand in der Legistik erst seit dem ausgehenden 15. Jahrhundert aufholen.

673 Zur Abwanderung der Erfurter Juristen nach Leipzig vgl. *Erich Kleineidam*, Universitas (Anm. 497), S. 48 f., S. 70; zu Löwen vgl. *Anton G. Weiler*, Les relations entre l'université de Louvain et l'université de Cologne au XVe siècle, in: The Universities in the Late Middle Ages (Anm. 180), S. 49–81, hier: 51 ff.

674 *Erich Meuthen*, Die alte Universität (Anm. 286), S. 132.

675 *Peter Moraw*, Heidelberg (Anm. 491), S. 528.

Diese Frage stellt sich um so berechtigter, als in den bisher erörterten Bereichen (ohne die Pfarrer) lediglich 520, nicht einmal ein Sechstel der insgesamt aufgenommenen 3601 Personen nachgewiesen werden können, wobei von diesen 520 Personen die meisten mehrere Funktionen ausgeübt haben. Mehr als fünf Sechstel der in Bologna studierenden Juristen, 3081 Personen, sind demnach später nicht in den erwähnten „klassischen" Spitzentätigkeiten für Juristen nachweisbar. Von diesen 3081 Personen haben 1843 überhaupt keine weiteren Spuren nach ihrem Studium hinterlassen[676], während 817 immerhin noch anhand der Pfründen fassbar sind, die sie entweder während des Studiums bereits innehielten oder anschliessend erwarben. Immerhin ist von knapp der Hälfte der in Bologna ausgebildeten Juristen mindestens eine Station ihres nachuniversitären Lebens bekannt, womit sie wesentlich besser dokumentiert sind als beispielsweise die Studenten der Universität Tübingen zwei Jahrhunderte später, von denen lediglich etwa ein Drittel in anderen archivalischen Quellen als der Matrikel selbst nachgewiesen werden konnten.[677] Der Vergleich mit Tübingen ist allerdings nicht ganz statthaft, hatten doch Juristen, selbst wenn sie nicht in Spitzenpositionen gelangten, eine ungleich grössere Chance, überliefert zu werden, als ein durchschnittlicher Besucher der württembergischen Landesuniversität.[678]

Um die Karrieren weiterer Absolventen der Bologneser Rechtsschule festzustellen, sind demnach neben den oben behandelten Funktionen in Herrschaft und Verwaltung eine Vielzahl weiterer Tätigkeiten zu überprüfen, bei deren Ausübung in unterschiedlichem Mass Elemente des gelehrten Rechts zur Anwendung kommen konnten. Im Kontakt mit einem Prokurator, einem städtischen Syndikus, einem Notar oder auch schon bei der Abfassung oder Vollstreckung eines Testaments kamen

---

676 Mindestens zehn Studenten sind in Bologna gestorben und elf weitere haben dort, teilweise bereits als *infirmi*, ihr Testament erstellt, so dass rund zwanzig Personen als vorzeitig verstorben betrachtet werden müssen.

677 *Werner Kuhn*, Die Studenten der Universität Tübigen zwischen 1477 und 1534. Ihr Studium und ihre spätere Lebensstellung (Göppinger Akademische Beiträge 37/38), Göppingen 1971; *Jürgen Miethke*, Die Welt der Professoren und Studenten an der Wende vom Mittelalter zur Neuzeit, in: Historiographie am Oberrhein im späten Mittelalter und in der Frühen Neuzeit, hg. von Kurt Andermann (Oberrheinische Studien 7), Sigmaringen 1988, S. 11–33, hier: S. 24.

678 Zur Ungleichheit der Quellenüberlieferung vgl. *Arnold Esch*, Überlieferungs-Chance und Überlieferungs-Zufall als methodisches Problem des Historikers, in: HZ 240 (1985), S. 529–570.

immer wieder Formen und Inhalte der gelehrten Rechte zur Anwendung und wurden dadurch, oft mehr unbewusst als bewusst, einer breiteren Bevölkerung bekannt oder sogar vertraut.

7.5.1 Die Advokaten

Mit der Einführung des römisch-kanonischen Prozesses unter dem Vorsitz eines gelehrten Richters am geistlichen Gericht waren die Streitparteien faktisch gezwungen, sich auch ihrerseits der Dienste von Rechtskennern zu versichern. Im Unterschied zum *procurator*, dem Prozessvertreter der Parteien, der anfänglich kein Rechtskundiger sein musste, amtierte als *advocatus*, als Rechtsbeistand oder -berater der Parteien, schon seit der Frühzeit des römisch-kanonischen Prozesses im Reich stets ein Rechtsgelehrter.[679] Nach der *Tabula utriusque iuris* (ca. 1282) des Johannes von Erfurt musste einer Prozesspartei, die zu Beginn eines Verfahrens erklärte, keinen Advokaten zu haben, Gelegenheit gegeben werden, einen solchen zu suchen. Wer sich keinen Anwalt leisten konnte, sollte vom Gericht einen gestellt bekommen, der den Fall kostenlos zu übernehmen hatte. Dem Richter oblag es, derartige „Pflichtmandate" gerecht unter den anwesenden Advokaten zu verteilen.[680]

Wer als Advokat an einem Gericht tätig werden wollte, hatte jährlich den Eid zu leisten, Klienten nur in Fällen zu beraten, die er selbst für gerecht hielt und war zum Schadenersatz verpflichtet, wenn er eine ungerechte Sache vertrat. Ebenso machte er sich strafbar, wenn er sich ohne schwerwiegenden Grund vor Ende eines Prozesses zurückzog, seine Klienten nicht zur Wahrheit anhielt, den Prozessausgang zu manipulieren versuchte oder das Verfahren bewusst verschleppte.[681] Ein Advokat, der Prozessgegnern geheime Sachverhalte verriet, Einsicht in Akten seiner Partei gewährte oder gar Akten verlor, sollte bestraft weden und durfte nie mehr in diesem Amt tätig werden.[682] Als *iurisperitus* war der

---

679 Die folgenden Ausführungen stützen sich im wesentlichen auf den Aufsatz von *Winfried Trusen*, Advocatus - zu den Anfängen der gelehrten Anwaltschaft in Deutschland und ihren rechtlichen Grundlagen, in: Um Recht und Freiheit, FS für A. von der Heydte, hg. von Heinrich Kipp u.a., Berlin 1977, S. 1235–1248.

680 Johannes von Erfurt, zitiert nach *Winfried Trusen*, Advocatus (Anm. 679), S. 1240 f. und 1246.

681 *Winfried Trusen*, Advocatus (Anm. 679), S. 1244 f.

682 Johannes von Erfurt, zitiert nach *Winfried Trusen*, Advocatus (Anm. 679), S. 1240.

Advokat ein wichtiger Garant für den ordnungsgemässen Ablauf eines Verfahrens, in dem er grundsätzlich die Einhaltung der vorgeschriebenen Verfahrensformen durch seine Klienten überwachte und Schriftsätze wie den Klagelibell erstellte.

Die Entstehung eines eigentlichen Advokatenstandes ist von der Ausbreitung der Offizialatsgerichte nicht zu trennen. Als Spezialisten für die Führung des römisch-kanonischen Prozesses fanden die durchweg rechtsgelehrten Advokaten praktisch nur hier ein Anwendungsgebiet für ihre Spezialkenntnisse. Aufgrund des verfahrensrechtlichen Verbots, im selben Prozess gleichzeitig als Advokat, Prokurator oder Assessor zu fungieren, bildeten sich nach italienischem Vorbild auch im Reich zu Beginn des 14. Jahrhunderts berufsständische Vereinigungen der Advokaten, die sich – ebenfalls nach italienischem Vorbild – als Advokatenkollegien gegen aussen abschlossen. Das Würzburger Kollegium setzte 1340 die folgenden Bedingungen für die Aufnahme neuer Advokaten fest: Mitglieder des Kollegiums mussten studiert haben oder zumindest eine lange Prozesserfahrung aufweisen können, sich in einer Prüfung als fähig und für die Berufsausübung geeignet erwiesen haben, dem Bischof einen ausführlichen Treueeid geleistet haben und schliesslich von Offizial zugelassen worden sein.[683]

Von den Bologneser Studenten haben sich 38 im Verlauf ihrer Karriere auch als Advokaten betätigt, unter denen acht zumindest ein Lizentiat in einem der beiden Rechte und vier ein Doktorat erworben haben. Bis auf eine Ausnahme haben alle diese Advokaten im Umkreis der geistlichen Gerichte und allgemein der (bischöflichen) Kurien gewirkt. Lediglich Stephan von Baulmes trat 1306 als Konsulent im Prozess des Grafen Amadeus V. von Savoyen gegen den Herrn von Gex auf, wobei er sich für die Anwendung des waadtländischen Gewohnheitsrechts zugunsten des Grafen aussprach.[684] Die institutionelle Nähe der Advokatur zu den geistlichen Gerichten zeigt sich auch daran, dass acht dieser Advokaten auch als Offiziale, acht als Schiedsrichter und drei als *iudices delegati* fassbar sind.

683 *Ebd.*, S. 1241 ff.

684 *Suzanne* und *Sven Stelling-Michaud*, Juristes (Anm. 18), S. 63; Heinrich von Hettlingen, der zwischen 1289 und 1315 als *advocatus* im württembergischen Mengen (bei Sigmaringen) amtierte (*ebd.*, S. 99), dürfte nicht als Rechtskonsulent, sondern als Inhaber einer (Land-)Vogtsfunktion zu betrachten sein.

7.5.2 Die Prokuratoren

Aufgaben im Rahmen des römisch kanonischen Prozesses bilden nur einen kleinen Ausschnitt aus dem breiten Spektrum der möglichen Betätigungsfelder von Prokuratoren. Grundsätzlich bestand die Funktion eines Prokurators darin, Personen oder Institutionen anderswo zu vertreten, wenn diese aus technischen, zeitlichen oder geographischen Gründen ihre Anliegen nicht selbst vertreten konnten. Vor Gericht führten die Prokuratoren zwar den Prozess im Namen ihrer Mandaten, doch blieben diese selbst Partei und das Urteil wurde auf sie ausgestellt. Die Prozessvertreter handelten nur im Rahmen eines zuvor ausgehandelten Mandats und mussten nach dem dafür getätigten Aufwand entschädigt werden. Sie waren verpflichtet, den Prozess weisungsgetreu und mit aller erdenklichen Sorgfalt zu führen.[685] Vorschriften über einschlägige Rechtskenntnisse für Prokuratoren bestanden nicht, aber die praktischen Anforderungen der Aufgabe erforderten auf jeden Fall mindestens grosse Prozesserfahrung, wenn nicht sogar ebenfalls eine formale Rechtsausbildung wie bei den Advokaten.

Ausserhalb des Gerichtsbereichs finden sich Prokuratoren für alle erdenklichen Geschäfte, die nicht zuletzt deshalb in so grosser Zahl überliefert sind, weil Prokuratoren als handlungsfähige Vertreter von ihren Auftraggebern in der Regel schriftlich zur Ausübung des entsprechenden Mandats ermächtigt und dessen Umfang festgehalten wurde.[686] Allein in den Bologneser Notariatsregistern sind Hunderte von Regesten erhalten, in denen Studenten Kommilitonen zu ihren Prokuratoren ernennen oder selbst in dieser Funktion für andere Geld in Empfang nehmen, Bücher an- und verkaufen oder als Testamentsvollstrecker auftreten. Ein Prokurator wurde ferner 1300 bestellt für die Vermittlung einer *pax* zwischen einem Studenten aus der Diözese Bremen und einem Italiener[687], und der nachmalige Rat Karls IV., Johannes Paduanus, 1336 Rektor der Ultramontanen in Bologna, ernannte dort den

---

685 *St. Holenstein*, Art. Procurator II, in: LexMA, Bd. 7, Sp. 237 f.

686 Insbesondere wenn Prokuratoren ausserhalb ihres eigenen oder des Bekanntenkreises ihres Auftraggebers tätig werden sollten, liess man für sie durch eine anerkannte Autorität eine entsprechende Bestätigung ausstellen. Johannes von Schlierbach, Nr. 2203, der 1300 im Auftrag von dessen Bruder Burkard die Hinterlassenschaft des in Bologna verstorbenen Studenten Arnold von Biederthal regeln sollte, legitimierte sich beispielsweise in Bologna mit Schreiben des Basler Minoritenguardians und der Basler Kurie: Mem. 100, fol. 227^{v}.

687 Mem. 26, fol. 210^{r}: Tammo de Frisea, Nr. 3076.

Prager Kleriker Symon zu seinem Prokurator, um dem Bologneser Bischof die Bestellung eines Pfarrers zu melden.[688] Nicht zu vergessen sind in diesem Zusammenhang auch die Vorsteher der deutschen Nation in Bologna. Ihre Bezeichnung als Prokuratoren (im Unterschied zum Titel *consiliarius* der Kollegen in den anderen Nationen) zeigt, dass unter einem Prokurator schlicht der Inhaber eines Amts verstanden wurde, der seine Institution nach aussen vertrat, auch wenn dem Aspekt der Stellvertretung in diesem Fall wenig Bedeutung zukam. Als *procurator infirmorum* bezeichnet wurde zu Beginn des 14. Jahrhunderts aber auch der Pfleger des Spitals zu Strassburg[689], und Rudolf von Aarburg, der 1327 im Auftrag König Heinrichs von Böhmen und Polen nach Savoyen ritt um dessen Ehekontrakt mit Beatrice von Savoyen zu unterzeichnen, reiste als *procurator generalis et nuncius specialis*.[690]

Das wichtigste Wirkungsfeld für Prokuratoren war aber die päpstliche Kurie.[691] Ohne genaue Kenntnis der Kanzleiabläufe, formalen Vorgaben und gegebenenfalls auch der geltenden Tarife für Schmiergeldzahlungen konnten die weiten Reisen nach Rom oder Avignon leicht zu teuren Misserfolgen werden.[692] Herrscher und Institutionen wie der Deutsche Orden unterhielten deshalb eigene Prokuratoren am Hof, die den Nachrichtenfluss sicherstellten, Bekanntschaften pflegten und die Interessen des Ordens an der Kurie vertraten, kurz, das taten, was wir heute als politischen Lobbyismus bezeichnen.[693] Die zunehmende Bedeutung des Provisionswesens im Verlauf des 14. Jahrhunderts ver-

---

688 CSB 4, 24 f.

689 UB Strassburg, Bd. 3, S. 303 und passim; *Gustav Knod*, Deutsche Studenten (Anm. 13), S. 205.

690 Nr. 2896; *Suzanne* und *Sven Stelling-Michaud*, Juristes (Anm. 18), S. 41 ff., Nr. 2.

691 *Peter Herde*, Beiträge zum päpstlichen Kanzlei- und Urkundenwesen im dreizehnten Jahrhundert, München 1967, 125 ff.; *Christiane Schuchard*, Die Deutschen (Anm. 400), S. 191–194; *Andreas Meyer*, Zürich und Rom (Anm. 120), S. 61–66 und neuestens *Andreas Sohn*, Deutsche Prokuratoren an der römischen Kurie in der Frührenaissance (1431–1474) (Norm und Struktur. Studien zum sozialen Wandel in Mittelalter und früher Neuzeit 8), Köln 1997.

692 *Peter Herde*, Beiträge (Anm. 691), S. 127; *Thomas Frenz*, Art. Prokurator, III, in: LexMA, Bd. 7, Sp. 238.

693 Vgl. dazu *Kurt Forstreuter* (Bearb.), Die Berichte der Generalprokuratoren des Deutschen Ordens an der Kurie. Erster Band: Die Geschichte der Generalprokuratoren von den Anfängen bis 1403 (Veröffentlichungen der Niedersächsischen Archivverwaltung 12), Göttingen 1961, S. 7 ff. sowie die weiteren Bände dieser Reihe.

schaffte so zahlreichen Prokuratoren Arbeit und Brot, die die Suppliken zehntausender, meistens nicht persönlich anwesender Petenten in korrekter Form einzureichen und ihren Verlauf durch die kuriale Administration zu begleiten hatten.[694] Grösstenteils „freiberuflich" im Umfeld der Kurie für eine ständig wechselnde Kundschaft tätig, kannten die Prokuratoren bis zum Beginn des 15. Jahrhunderts weder Standesregeln noch formale oder bildungsmässige Mindestanforderungen, war es doch noch am Ende des 15. Jahrhunderts grundsätzlich jedermann freigestellt, ein Anliegen persönlich oder eben durch irgendeinen Prokurator an der Kurie vorzubringen.[695]

Im Verlauf ihrer späteren Tätigkeit (und in Einzelfällen bereits während des Studiums) nahmen 69 der in Bologna ausgebildeten Juristen Mandate als Prokuratoren wahr. Mit 14 juristischen Graduierungen bewegten sich die als Prokuratoren tätigen Personen etwa im Rahmen der fachlichen Qualifikation der Advokaten, obwohl ihre Wirkungsfelder bei weitem weniger eng an die Gerichte gebunden waren als jene der Rechtskonsulenten. Entsprechend den vielfältigen Möglichkeiten und Bedürfnissen der Vertretung begegnen beispielsweise vier Prokuratoren des Deutschen Ordens in Rom und am Konstanzer Konzil, darunter zwei Doktoren des Kirchenrechts, drei Vertreter von Päpsten, 15 von bischöflichen Kurien, zehn von Dom- und Kollegiatkapiteln und elf von Privatpersonen.

7.5.3 Die Notare

Eine rechtsgültige Beurkundung konnte im Reich während des hohen Mittelalters praktisch nur das „authentische" Siegel von König, Papst, Städten oder kirchlichen Würdenträgern und Institutionen garantieren.[696] Nach der Einführung des geistlichen Gerichts, an dem seit 1215 die Aktenführung durch eine *persona publica* oder zwei andere geeignete Personen vorgeschrieben war, gelangte seit der zweiten Hälfte des 13. Jahrhunderts das Notariat in das Reich, dessen Vertreter ebenfalls

---

694 Zur Behandlung von Provisionen an der Kurie vgl. *Andreas Meyer*, Zürich und Rom (Anm. 120), S. 49 ff.

695 *Andreas Meyer*, Zürich und Rom (Anm. 120), S. 61 f.; zu den seit dem 15. Jahrhundert entstehenden Prokuratorenkollegien vgl. *Andreas Sohn*, Prokuratoren (Anm. 691), 267–293.

696 *Harry Bresslau*, Urkundenlehre (Anm. 65), Bd. 1, S. 713 ff.; *Winfried Trusen*, Anfänge (Anm. 109), S. 63 ff.

befugt waren, Urkunden mit öffentlicher Beweiskraft auszustellen.[697] Nicht jeder *notarius* war allerdings eine öffentliche Urkundsperson, sondern nur, wer die entsprechende Autorisation erhalten hatte.[698] Neben den autorisierten öffentlichen Urkundspersonen treten in den spätmittelalterlichen Quellen sehr viele andere *notarii* auf, da das Wort in seiner Grundbedeutung ja nichts anderes bedeutet als „Schreiber", wenn auch teilweise in hohen und herrschaftsnahen Positionen und mit im einzelnen sehr differenzierten Kompetenzen.[699]

Das Betätigungsfeld für öffentliche Notare war allerdings, abgesehen von der Tätigkeit am Gericht, noch sehr eingeschränkt und erweiterte sich nur langsam. Ausserhalb von grösseren Klerikeransammlungen, etwa in Bischofsstädten, waren die typischen Beurkundungsfälle wie z. B. Testamente noch wenig verbreitet, und im weltlichen Bereich bevorzugte die Landbevölkerung noch lange die traditionellen, siegelgebundenen Beglaubigungsformen.[700]

Für die Ausübung ihres Gewerbes brauchten die Notare keine juristische Bildung aufzuweisen. Notar war im Reich grundsätzlich ein Lehrberuf, für den man die notwendigen Kenntnisse durch die praktische Tätigkeit bei einem anderen Notar oder einem Stadtschreiber erwarb, nachdem man eine artistische Ausbildung in städtischen oder geistlichen

---

697 Die Dekretale *Scripta vero authentica* Papst Alexanders III. von 1167/69 erkannte dem Notariatsinstrument ausreichende Beweiskraft auch nach dem Tode der Zeugen zu, womit ein grosses Problem der bis dahin geltenden Beweiskraftsicherung durch persönliches Zeugnis überwunden werden konnte: *Winfried Trusen*, Anfänge (Anm. 109), S. 70; zur Entwicklung des Notariats vgl. allgemein *Harry Bresslau*, Urkundenlehre (Anm. 65), Bd. 1, S. 730 ff.; *Winfried Trusen*, Anfänge (Anm. 109), S. 69–101; *Armin Wolf*, Das öffentliche Notariat, in: Coing (Hg.), Handbuch (Anm. 72), S. 505–514; *Peter-Johannes Schuler*, Notariat (Anm. 511); *ders.*: Südwestdeutsche Notarszeichen. Mit einer Einleitung über die Geschichte des deutschen Notarszeichens (Konstanzer Geschichts- und Rechtsquellen 22), Sigmaringen 1976; *Karl Heinz Burmeister*, Anfänge und Entwicklung des öffentlichen Notariats bis zur Reichsnotariatsordnung von 1512, in: FS Ferdinand Elsener zum 65. Geburtstag, hg. von Louis Carlen und Friedrich Ebel, Sigmaringen 1977, S. 77–90.

698 *Peter-Johannes Schuler*, Notariat (Anm. 511), S. 122 ff.

699 *Winfried Trusen*, Anfänge (Anm. 109), S. 71 f.; *Peter-Johannes Schuler*, Notariat (Anm. 511), S. 132 f.

700 *Peter-Johannes Schuler*, Notariat (Anm. 511), S. 138 ff.; *Karl Heinz Burmeister*, Anfänge und Entwicklung (Anm. 697), S. 78 f.; zur Ablehnung der Notariatsinstrumente in den Alpengebieten vgl. *Schuler*, Notariat (Anm. 511), S. 27 f.

Lateinschulen erworben hatte.[701] Ein Studium an einer Universität scheint für die deutschen Notare keineswegs notwendig gewesen zu sein und wurde entsprechend auch selten absolviert. Nach Peter Johannes Schuler haben zwischen 1300 und 1419 bloss 32 von 324 erfassten Notaren studiert, was einem Anteil von nicht einmal zehn Prozent entspricht.[702]

Bevor er überall öffentlich tätig werden konnte, brauchte ein Notar die Anerkennung durch mindestens eine der beiden Universalmächte Kaiser oder Papst, die ihm den Titel *publicus imperiali* bzw. *apostolica auctoritate notarius* eintrug. Erhielt er die Bestätigung nicht von einer dieser Mächte, sondern lediglich von einem Fürsten, einem Bischof oder einer Universität, so war sein Wirkungskreis oder zumindest der Geltungsbereich seiner Beglaubigungen auf die Reichweite der Jurisdiktion der betreffenden Institution beschränkt.[703] Im späten Mittelalter gelangte das Recht zur Verleihung des Notarstitels auch in die Hände untergeordneter Instanzen wie der Hofpfalzgrafen oder von Notaren selbst, die von dieser einträglichen Befugnis teilweise derart ausgiebigen Gebrauch machten, dass die Qualität der Notare häufig Anlass zu Beanstandungen gab.[704] Mit der Reichsnotariatsordnung von 1512 wurden

---

701 Zur Ausbildung der Notare vgl. *Winfried Trusen*, Anfänge (Anm. 109), S. 82 ff.; *Armin Wolf*, Notariat (Anm. 698), S. 509; *Peter-Johannes Schuler*, Notariat (Anm. 511), S. 100 ff.; *Karl Heinz Burmeister*, Anfänge und Entwicklung (Anm. 697), S. 81 f.

702 *Peter-Johannes Schuler*, Notariat (Anm. 511), S. 109; *Karl Heinz Burmeister*, Anfänge und Entwicklung (Anm. 697), S. 81. In Bologna wurde die Notarsausbildung den Artes und nicht den Rechtsfakultäten zugerechnet. Die Wurzeln sowohl der Rechts- wie auch der Notarsausbildung liegen in der *ars dictaminis*, einer Abteilung der Artes, von denen sich die Juristen in der Folgezeit deutlicher abzugrenzen vermochten als die Notare. Bezeichnend für die Phase des Übergangs ist ja der „Gründer" der Bologneser Legistenschule, Irnerius, der ursprünglich Arteslehrer war und auch ein (verlorenes) *formularium tabellionum* verfasst haben soll: *Albano Sorbelli*, Storia (Anm. 11), S. 39.

703 *Peter-Johannes Schuler*, Notariat (Anm. 513), S. 122 f.; *Karl Heinz Burmeister*, Anfänge und Entwicklung (Anm. 697), S. 80.

704 *Louis Carlen*, Hofpfalzgrafen und Notare in der Schweiz, in: FS Ferdinand Elsener (Anm. 697), S. 91–96; *Georg Kreuzer*, Zur Ernennung eines Notars durch einen Hofpfalzgrafen, in: FS für Georg Kottje, hg. von *Hubert Mordek*, Frankfurt-Bern-New York 1992, S. 413–419 (mit Edition einer Ernennungsurkunde, die dem ernannten Notar das Recht zur Ernennung von weiteren acht Notaren einräumt); zur abnehmenden Qualität der von den Hofpfalzgrafen erhobenen Notare vgl. *Winfried Trusen*, Anfänge (Anm. 109), S. 87 ff.

zwar einige Rahmenbedingungen für die Prüfung von Notarskandidaten festgelegt, die aber von den Hofpfalzgrafen zum Teil weder erfüllt werden wollten noch konnten.[705]

In der Funktion eines öffentlichen Notars begegnen wir 20 Studenten der Bologneser Rechtsschule, von denen sechs bereits während des Studiums den Notarstitel trugen und fünf sogar in Bologna für die Nation oder die *universitas ultramontanorum* Instumente ausstellten. Soweit erkennbar, waren sie alle kaiserliche Notare und nur ein einziger unter ihnen, Nicolaus Laurentii von Falkenberg fungierte mit kaiserlicher und päpstlicher Autorität. Aus den bekannten Karrieren darf geschlossen werden, dass das Notariat für die in Bologna ausgebildeten Juristen, insbesondere für die sechs Doktoren des Kirchenrechts unter ihnen, kein Karriereziel darstellte. Die sechs Doktoren, drei von ihnen waren schon vor ihrem Aufenthalt in Bologna Notare, machten denn auch noch weitere Karriere im päpstlichen und königlichen Dienst sowie in der geistlichen Verwaltung, aber auch unter den nicht Graduierten finden sich vier Offiziale und drei Generalvikare.

Das Notariat, so wichtig es in der Rezeptionsforschung für die Verbreitung verschiedener Formeln ist, ging offensichtlich in der Ausbildung eigene Wege, auf denen es nicht auf die Universitäten angewiesen war. Die wenigen in Bologna (an der Rechtsuniversität, nicht an der Notarsschule, über deren Besucher wenig bekannt ist)[706] ausgebildeten Notare beweisen es einmal mehr.

7.5.4 Die Gutachter

Eine juristisch hochqualifizierte, wenn auch relativ selten belegte Tätigkeit der Juristen war die Erstellung von Gutachten über juristische Probleme, bei denen es sich um Sachverhalte von hoher und höchster politischer Tragweite wie die Legitimität einer Königs- oder Abtwahl, aber auch um Alltagsgeschäfte wie umstrittene Besitzansprüche handeln

---

705 *Peter-Johannes Schuler*, Notariat (Anm. 513), S. 128 f.; *Karl Heinz Burmeister*, Anfänge und Entwicklung (Anm. 697), S. 80.

706 Die Aufmerksamkeit der Forschung richtet sich stärker auf die Bologneser Notarsgilde als auf die Ausbildung der Notare; vgl. dazu *Brigide Schwarz*, Das Notariat in Bologna im 13. Jahrhundert, in QFIAB 53 (1973), S. 51 mit FN 5; *Giorgio Tamba*: La società di notai di Bologna. Saggio storico e inventario (Pubblicazioni degli Archivi di Stato 103. Strumenti), Rom 1988; zur Notariatsschule vgl. *Roberto Ferrara*, Rolandini Passagerii Contractus, Rom 1983.

konnte.[707] Juristische Stellungnahmen sind von mindestens 16 Absolventen des Bologneser Studiums bekannt. Entsprechend der Sachverhalte wurden dazu mit Vorliebe Graduierte und Professoren beigezogen. So hatten zwei der Gutachter den Doktortitel in beiden Rechten, sechs im Zivilrecht, drei im Kirchenrecht, sowie je einer das Lizentiat im Kirchen- und im Zivilrecht. Die vier Gutachter ohne juristische Examina waren alle zumindest Magister, hatten Prozesserfahrung oder weisen lange Aufenthaltszeiten in Bologna auf, die auch auf fachliche Kompetenz schliessen lassen.

7.6 Zusammenfassung: Juristenkarrieren

Anhand der oben aufgezeigten Tätigkeitsfelder zeigt sich deutlich, dass es so etwas wie eine Musterkarriere für gelehrte Juristen im Mittelalter nicht gab. Welche Position ein Rechtsgelehrter nach seinem Studium erreichte und welche Tätigkeiten er später ausübte, hingen wesentlich von den sozialen und materiellen Voraussetzungen ab, unter denen er seine Laufbahn begann. Aus dem sozialen und materiellen Nichts heraus eine erfolgreiche Juristenkarriere aufzubauen, war nahezu ausgeschlossen, weil ein derartiges Unterfangen in den meisten Fällen bereits an den Ausbildungskosten gescheitert wäre. Die Frage, ob der Sohn eines Tagelöhners als Doktor des Kirchenrechts Karriere gemacht und dadurch sozial aufgestiegen wäre, erübrigt sich angesichts dieses faktisch bestehenden finanziellen *numerus clausus* von selbst.

Innerhalb einer grosszügig verstandenen Bandbreite von Karrieremöglichkeiten lassen sich dennoch verschiedene Ebenen von Juristenlaufbahnen erkennen, wenn auch nicht so deutlich voneinander abgrenzbar, dass man geradezu von Karrieretypen sprechen könnte. Mit Blick auf ihre wichtigsten Wirkungsfelder lassen sich dazu die Rechtsgelehrten grob unterteilen in „Hofjuristen", „Richterjuristen" und „Stiftsjuristen".

Die Hofjuristen fanden sich als Kanzler, Protonotare oder Räte in der Umgebung des Königs oder von Territorialherren. Sie verbanden eine Herkunft aus dem niederen Adel oder dem Stadtpatriziat mit guten

---

707 Reinbold Vener und sein Sohn Job erstellten 1400 ein Gutachten zur Königswahl Ruprechts: *Hermann Heimpel*, Die Vener (Anm. 523), Bd. 1, 127 ff.; Johannes von Finstingen wurde 1316 vom Mainzer Erzbischof als einer von drei *prudentiores et meliores clerici et experientia providi* mit einem Gutachten über die Doppelwahl in Hersfeld beauftragt: *Suzanne* und *Sven Stelling-Michaud*, Juristes (Anm. 18), S. 86.

Rechtskenntnissen und einem funktionierenden Beziehungsnetz, das sie sowohl am Hof als auch auf dem Pfründenmarkt voranbrachte. Ihr Karrierehorizont lag im Bischofsamt, das rund ein Viertel von ihnen erreichten. Als typische Hofjuristen sind Heinrich von Klingenberg, Johannes von Zürich oder Job Vener zu betrachten, an deren unterschiedlicher Herkunft und Pfründenkarrieren auch das breite soziale Spektrum dieser Gruppe zu erkennen ist.[708]

Die Gruppe der Richterjuristen war durch ihre juristische Tätigkeit eng an die bischöflichen Kurien gebunden. Gute familiäre Verbindungen zu Domkapitel und bischöflicher Kurie sowie in der Regel sehr gute juristische Kenntnisse verhalfen den zumeist aus der Ministerialität oder dem Bürgertum stammenden Richterjuristen zu ihren Positionen und Einsätzen als Offiziale, Generalvikare, Schiedsrichter, Archidiakone, delegierte Richter, Prokuratoren oder Testamentsvollstrecker. Auch unter ihnen stieg zwar der eine oder andere zum Bischofsamt empor oder gelangte auf anderen Wegen in die Nähe des Herrschers, doch liegt ihr Karrierehorizont eher im Bereich von Propsteien und Mitgliedschaften in Dom- oder Stiftskapiteln. Laufbahnen dieser Art haben Walter von Schaffhausen, Gottfried von Hövel, Heinrich Goldoghe oder Johannes de Cervo eingeschlagen.[709]

Eine grosse, aber profilarme Gruppe bildeten die Stiftsjuristen, deren einzige Gemeinsamkeit darin bestand, während oder nach ihrem Studium einem Dom- oder Kollegiatstift anzugehören, ohne aber über längere Zeit hinweg Funktionen im Rahmen der geistlichen Verwaltung wahrzunehmen. Ihr juristisches Wirken beschränkte sich zumeist auf einzelne Aktivitäten wie die gelegentliche Vertretung ihres Stifts als Prokuratoren in Prozessen oder die Leitung eines Verfahrens als delegierte oder subdelegierte Richter. Wie die Bezeichnung „Stiftsjuristen" impliziert, waren Karrieremöglichkeiten dieser Gruppe mit der Mitgliedschaft in einem oder mehreren Kapiteln und gelegentlich einer Propstei weitgehend ausgeschöpft. Stellvertretend für viele derartige Stiftsjuristen sei verwiesen auf Berthold von Konstanz, Arnold Ketelhod und Heinrich Westhoff.[710]

---

708 Heinrich von Klingenberg, Nr. 1345; Johannes von Zürich, Nr. 1808; Job Vener, Nr. 2323.

709 Walter von Schaffhausen, Nr. 3378; Gottfried von Hövel, Nr. 1019; Heinrich Goldhoge, Nr. 1306; Johannes de Cervo, Nr. 1902.

710 Berthold von Konstanz, Nr. 249; Arnold Ketelhod, Nr. 141; Heinrich Westhoff, Nr. 1540.

Die in Bologna ausgebildeten Juristen kamen als hochqualifizierte Fachkräfte auf den Arbeitsmarkt „Reich“, der auf das Ganze gesehen noch weit davon entfernt war, das Spezialwissen dieser Rechtskenner überall sinnvoll einsetzen zu können. Klagen über den Mangel an ausreichend geschulten Juristen, wie sie zu Beginn des 15. Jahrhunderts an den geistlichen Gerichten der Diözese Würzburg zu vernehmen waren, dürften eher Einzelfälle dargestellt und sich auf den kirchlichen Bereich beschränkt haben.[711]

Sämtliche Positionen, die mit politischer Macht verbunden waren, wurden traditionellerweise nach dynastischen oder doch zumindest ständischen Gesichtspunkten besetzt. In diese vormodernen Strukturen vermochten die Juristen in der Regel nicht, oder jedenfalls nicht allein aufgrund ihrer fachlichen Qualifikationen, einzudringen. Wo Juristen als Kanzler, Räte oder Bischöfe in einflussreiche Positionen gelangten, spielten in der Regel die traditionellen Mechanismen des Beziehungsgeflechts eine mindestens ebenso grosse Rolle wie die Rechtskenntnis der betreffenden Personen. Das fachliche Können der Juristen in diesen Tätigkeitsfeldern dürfte denn auch in den seltensten Fällen über eine Anstellung entschieden haben, und die besuchte Universität spielte fast nur bei der Zusammenstellung besonders hochrangiger Delegationen eine grössere Rolle.[712] Die Dienstherren, in der Regel selbst nicht kompetent genug, um die Qualifikationen eines Juristen zu beurteilen, konnten einen Bologneser Juristen höchstens aufgrund des berühmten Namens seiner Ausbildungsstätte bevorzugen.

Anders stellte sich die Situation auf dem Gebiet der eigentlichen Rechtspflege, genauer gesagt, in der weiteren Umgebung des geistlichen Gerichts dar. Hier finden wir seit dem Beginn des 14. Jahrhunderts gut ausgebildetes Personal, das dem Gerichtsbetrieb allmählich einen professionellen Rahmen gab und einer breiten Bevölkerung die Funktionstüchtigkeit der geistlichen Gerichtsbarkeit vor Augen zu führen vermochte.

Neben diesen konkret und institutionell erfassbaren Tätigkeiten ist auch noch ein Aspekt des juristischen Wirkens zu beachten, der besonders im Rahmen des vermeintlichen Gegensatzes von Gewohnheits- und gelehrtem Recht zum Tragen kommt. In vielen Regionen fanden die gelehrten Rechte zwar nicht in grösserem Masse Eingang in die Ko-

---

711 *Dietmar Willoweit*, Juristen im mittelalterlichen Franken (Anm. 20), S. 228.

712 *Ingrid Männl*, Territorialherren (Anm. 21), S. 275.

difikation, wurden aber dennoch herangezogen, um das lokale Recht zu systematisieren, zu erklären und formal anzupassen. Gelehrte Juristen brachten keineswegs immer die gelehrten Rechtsinhalte in die Diskussion, sondern kümmerten sich, wie am Beispiel des Kantons Waadt zu zeigen ist, auch um die formal korrekte Anwendung und Systematisierung des einheimischen Gewohnheitsrechts.[713] Ohne Zweifel kam auf diesem Weg eine bedeutende, wenn auch kaum an Personen festzumachende Verbreitung von gelehrtem juristischem Gedankengut zustande, deren quantitiative und qualitative Ausmasse noch immer nicht ausreichend bekannt sind.

8. Zusammenfassung

Die Ergebnisse der vorliegenden Untersuchung bestätigen grundsätzlich das traditionelle Bild der Universität Bologna als vielbesuchter Ausbildungsstätte einer gesellschaftlichen Elite im späten Mittelalter. Andere Klischees hingegen, die immer wieder im Zusammenhang mit der Bologneser Rechtsschule auftauchen, wie die sogenannte Selbstbestimmung der Studenten und vor allem die selbstverständlich glänzenden „Berufsaussichten" ihrer Besucher, müssen stark relativiert werden. Die folgenden sechs Thesen können hierfür als Ausgangspunkte dienen.

1. Quellenlage und Besucherfrequenz

Die bisher fast ausschliesslich auf den Acta Nationis bzw. Gustav Knods biographischem Index basierenden Untersuchungen über die Studenten sind durch die Regesten aus den Bologneser Notariatsregistern und weitere Quellen zu ergänzen, da die deutsche Nation offensichtlich nie in der Lage war, auch nur annähernd sämtliche deutschen Rechtsstudenten zum Eintritt in ihre Körperschaft zu bewegen. Der Bestand an nachweisbaren Besuchern der Universität Bologna zwischen 1265 und 1425 ist fast eineinhalbmal so hoch wie die Anzahl der in den Nationsakten allein belegten Studenten. Durch den Beizug der Memoriali ist es zudem in nicht wenigen Fällen möglich, weitergehende Aus-

713 *Jean-Daniel Morerod*, Le pays de Vaud et les universités dès 1300, in: Ecoles et vie intellectuelle (Anm. 462), S. 25–71, hier: S. 68 ff.

sagen über einzelne Studenten zu machen, wie beispielsweise über die Dauer ihres Studiums, ihre finanziellen Verhältnisse und ihre Büchergeschäfte in Bologna.

2. Zur Organisationsform der Rechtsuniversitäten in Bologna

Die vielzitierte Selbstbestimmung der Studenten, die Bologna zu einem „Muster einer von Studenten geführten Universität" (Stein) machte oder gar, unter dem Einfluss der studentischen achtundsechziger Bewegung, als „studentische Autonomie" (Steffen) bezeichnet wurde, sollte in ihrer Bedeutung nicht überschätzt werden. Auch wenn in Bologna tatsächlich die Studenten während des ausgehenden zwölften bis zum Anfang des 14. Jahrhunderts gegenüber ihrern Lehrern und der Stadt Bologna selbst eine wesentlich stärkere Stellung einnahmen als in den meisten anderen Universitäten, vermochten sie längst nicht alle wichtigen Entscheidungsgremien und -prozesse zu kontrollieren. Die Promotionsbefugnis etwa, ein Herzsstück jedes Universitätsbetriebs, blieb ständig in den Händen der Professoren bzw. des Bologneser Archidiakons, ohne dass die Studenten darauf irgendwelchen Einfluss nehmen konnten. Die Anstellung der Professoren geriet bereits ab dem ausgehenden 13. Jahrhundert unter die Kontrolle des Bologneser Comune, der sich mit der Übernahme der Besoldung für die Rechtslehrer auch entscheidenden Einfluss auf deren Auswahl verschaffte. Die studentischen Rektoren verloren schliesslich auch die wichtigsten Befugnisse der Gerichtsbarkeit an den Comune, so dass die ursprüngliche Selbstbestimmung, so sie denn überhaupt je als solche bestanden hatte, bereits zu Beginn des 14. Jahrhunderts praktisch verschwunden war.

Was Bologna zum Sonderfall unter den europäischen Universitäten machte und später mehrmals bei der Gründung von Hohen Schulen erfolglos zu kopieren versucht wurde, war aber nicht einfach eine andere Möglichkeit der Universitätsorganisation, sondern lag im sozialen Selbstverständnis der Universitätsbesucher begründet. Die Selbstorganisation der Studentenschaft und die Inanspruchnahme verschiedener Privilegien stellten nichts anderes dar als einen Ausdruck gewohnten Sozialverhaltens der gesellschaftlichen Führungsschichten auch an der Universität. Nicht Autonomie, anachronistische Selbstbestimmungs- oder gar Demokratiegedanken führten zu der besonderen Organisationsform der Bologneser Rechtsschule, sondern das normale Verhalten bzw. Gehabe der Juristen in ihrem Selbstverständnis als Angehörige der gesellschaftlichen Führungsschichten, die sie tatsächlich sehr oft auch waren.

3. Die Bedeutung der Bologneser Rechtsschule für das Reich

Die ausserordentlich grosse Bedeutung, die der Bologneser Rechtsschule für die Ausbildung der deutschen Juristen in der Literatur zugemessen wird, ist zu einem nicht geringen Teil schlicht auf die unvergleichlich gute Quellenlage zurückzuführen. In der Frühzeit der europäischen Universitäten mag Bologna mangels Alternativen tatsächlich auch für das Reich die bedeutendste gewesen sein, aber bereits im genannten Untersuchungszeitraum standen, wie die Frequenzen zeigen, den angehenden Juristen mehrere andere Schulen in Italien und Südfrankreich und schliesslich auch innerhalb des Reichs selbst zur Verfügung. Wenn auch quantitative Vergleiche des Besuchs, die eine relative Rangierung der verschiedenen Rechtsschulen ermöglichten, nicht angestellt werden können, so muss doch die banale Tatsache ernst genommen werden, dass Bologna immer mehr Studenten an die neugegründeten Universitäten verlor. Der Ruhm der Anciennität und eine möglicherweise noch immer gewährleistete (objektiv aber nicht nachweisbare) höhere Qualität der Lehre vermochten die hohen materiellen Kosten des Italienaufenthalts nicht mehr zu kompensieren. Nach Bologna und nach Italien überhaupt zogen, nachdem die Universitäten im Reich endlich funktionierten, überwiegend nur noch Studenten, die Wert legten auf den nach wie vor hoch geschätzten Namen der dortigen Hohen Schulen, und die mit einer in Italien erworbenen Promotion ihre Position in ihrer akademischen oder sozialen Umgebung festigen wollten. Die eigentliche Ausbildung in Form eines längeren Studienaufenthalts spielte dabei oft keine grosse Rolle mehr.

4. Die späteren Tätigkeiten der Juristen

Bei der Suche nach den Karrieren von Juristen im späten Mittelalter ist grundsätzlich Abstand zu nehmen von einem Juristenbild, das den Rechtsgelehrten eine eigenständige Position innerhalb eines durch moderne Gewaltentrennung geprägten Systems von Institutionen zuweist. Die Absolventen der Universität Bologna fanden ihre Tätigkeitsfelder wie die übrigen gelehrten Juristen innerhalb eines nicht mit den Kriterien des modernen Anstaltsstaates erfassbaren Begriffs- und Kompetenzkomplexes „Herrschaft", in dem die sozialen und bildungsmässigen Qualifikationen aller Beteiligten im Interesse der jeweiligen Herrschaftsträger zusammengefasst wurden.

Die meisten der nach ihren Studien in irgendwelchen „Berufslaufbahnen" feststellbaren Juristen finden sich im Bereich der geistlichen Verwaltung und Gerichtsbarkeit. Die Kirche als „grösster Arbeitgeber des Mittelalters“[714] stellte für die vergleichsweise hochqualifizierten Absolventen der Bologneser Rechtsschule neben den herrschaftlichen Kanzleien nahezu die einzige Möglichkeit dar zur Anwendung ihrer speziellen Kenntnisse. Neben der eigentlichen Rechtspflege, in der unter Einschluss sämtlicher Funktionen nur rund 200 Personen nachgewiesen werden konnten, waren Tätigkeiten an der Spitze der weltlichen und geistlichen Administration, sei es als Kanzler, Protonotar oder Generalvikar die einflussreichsten späteren Funktionen der in Bologna ausgebildeten Juristen. Für die Mehrzahl der Studenten lassen sich aber nach ihren Studien keine qualifizierten juristischen Tätigkeiten nachweisen. Zwar kann davon ausgegangen werden, dass viele unter ihnen gelegentlich als juristische Vertreter ihrer Pfründengeber tätig wurden, doch muss in bezug auf die Bedeutung ihres Wirkens als Juristen, sowohl in qualitiativer als auch in quantitativer Hinsicht nach wie vor ein Fragezeichen gesetzt werden. Nicht zuletzt ist auch festzuhalten, dass zwischen den Karrieren derjenigen Juristen, die an der angesehenen Bologneser Rechtsschule ausgebildet wurden, und den Absolventen anderer Universitäten, keine signifikanten Unterschiede festzustellen sind.

5. Sozialer Aufstieg durch ein Rechtsstudium

Herrschaft und die davon abgeleiteten Funktionen waren nach mittelalterlichem Verständnis an ererbte soziale Qualifikationen geknüpft, neben denen gesellschaftlich neue Existenzformen und Selbstverständnisse wie diejenigen der Gelehrten, namentlich der Juristen, höchstens sekundär gewertet wurden. Der häufig zitierte Adel der Doktoren, stellte trotz der formalen (Beinahe-)Gleichsetzung von Geburtsadel und Promovierten in vielen Zeugenlisten und Lozierungsvorschriften eher ein Phänomen des gelehrten Selbstverständnisses dar, als dass er vom Geburtsadel als gleichrangig betrachtet worden wäre. Als Konkurrenz im Gericht oder bei der Verteilung von Pfründen mussten die gelehrten Juristen seit dem 15. Jahrhundert freilich ernst genommen, aber deswegen noch lange nicht als gleichrangig akzeptiert werden.

Wie die Karrieren der Bologneser Studenten zeigen, blieben die klassischtraditionalen (Moraw) Qualifikationen für die Besetzung der herrschaftsnahen Stellen in der betrachteten Zeit im Wesentlichen unangetastet. Wo ein bedeutender sozialer Aufstieg festzustellen ist, kam er in

---

714 *Ludwig Schmugge*, Schleichwege (Anm. 415), S. 6.

der Regel nicht allein aufgrund der universitären Bildung zustande, sondern nur im Verbund mit den traditionellen Instrumenten von Patronage und Klientel.

6. Weshalb Bologna?

Die Besucher der Rechtsuniversität Bologna repräsentierten anhand ihrer Herkunft, ihres Studiums, d. h. durch die Wahl von Studienfach und Studienort und durch ihre späteren Karrieren die gesellschaftlich und politisch führenden Schichten schlechthin. An der Universität Bologna herrschte jene Mentalität, die diesen Studenten vertraut war, und die sie auch während des Studiums nicht missen mochten: die Mentalität der Herren. Die Bologneser Rechtsschule wies ja durch ihren Rang unter den europäischen Universitäten so etwas wie die Nobilität der Anciennität, wenn nicht gar Geburtsadel auf, war also der sozialen Herkunft der meisten ihrer deutschen Besucher angemessen. Ausschlaggebend für die Wahl Bolognas als Studien- oder Promotionsort für Herren waren daher sicher nicht die Barbarossa gegenüber geäusserten Vorteile der Stadt wie gerechte Preise oder kostenloses Wasser für die Studenten. Es ging auch nicht darum, ob die Bologneser Schule im wissenschaftlichen Umfeld eine besonders **wichtige**, sondern darum, dass sie im sozialen Kontext die **richtige** Universität war.

9. Abkürzungsverzeichnis

Acta	Acta Nationis Germanicae
A.F.	Alte Folge
AFA	Acta Facultatis Artistarum Universitatis Vindobonensis 1385–1416
AMR	Atti e Memorie della Deputazione di storia patria per la province di Romagna
ASB	Archivio di Stato di Bologna
AUP	Auctarium Chartularii Universitatis Parisiensis
B.	Bischof
CC	Carte del Corredo della Curia del Podestà
CSB	Chartularium Studii Bononiensis
CUP	Chartularium Universitatis Parisiensis
D.	Diözese
DA	Deutsches Archiv für Erforschung des Mittelalters
DVG	Deutsche Verwaltungsgeschichte
EB.	Erzbischof
FDA	Freiburger Diözesan-Archiv
FR	Frühjahrsrektorat
FS	Festschrift
GHS	Genealogisches Handbuch der Schweiz
GS	Germania Sacra
HBLS	Historisch-Biographisches Lexikon der Schweiz
HJb	Historisches Jahrbuch
HR	Herbstrektorat
HRG	Handwörterbuch der Rechtsgeschichte
HS	Helvetia Sacra
IRMAE	Ius Romanum Medii Aevi
Kt.	Kanton
LexMA	Lexikon des Mittelalters
Mem.	Memoriali communis Bononiensis
MIÖG	Mitteilungen des Instituts für Österreichische Geschichtsforschung
N.F.	Neue Folge
N.S.	Nuova Serie, Nouvelle Série
QFIAB	Quellen und Forschungen aus italienischen Archiven und Bibliotheken
r. e.	rector ecclesie = Kirchherr
RBPH	Revue Belge de Philologie et d'Histoire
RhVjbll.	Rheinische Vierteljahresblätter

RG	Repertorium Germanicum
RIDC	Rivista Internazionale di Diritto Comune
RL	Registra Lateranensia
SMUB	Studi e Memorie per la Storia dell'Università di Bologna
SNG	Statuta Nationis Germanicae (jeweils mit Jahrzahl)
SR	Sommerrektorat
SUB	Statuta Universitatis Bononiensis (jeweils mit Jahrzahl)
TRE	Theologische Real-Enzyklopädie
UHG	Urkundenregesten zur Tätigkeit des deutschen Königs- und Hofgerichts bis 1451
VSWG	Vierteljahrschrift für Sozial- und Wirtschaftsgeschichte
WR	Winterrektorat
ZBLG	Zeitschrift für bayerische Landesgeschichte
ZGO	Zeitschrift für die Geschichte des Oberrheins
ZHF	Zeitschrift für Historische Forschung
ZRG, KA	Savigny-Zeitschrift für Rechtsgeschichte, Kanonistische Abteilung
ZRG, RA	Savigny-Zeitschrift für Rechtsgeschichte, Romanistische Abteilung
ZVGAS	Zeitschrift des Vereins für Geschichte und Altertum Schlesiens

10. Quellen- und Literaturverzeichnis

In diesem Verzeichnis werden alle mehrfach benutzten Quellen, Darstellungen und Hilfsmittel aufgeführt, soweit es sich nicht um Werke allgemeineren Charakters wie das Lexikon des Mittelalters, gebräuchliche Atlanten oder ähnliche Publikationen handelt. Sämtliche Werke werden im Textteil beim erstmaligen Erscheinen vollständig, im Folgenden aber nur noch mit Autornamen, Kurztiteln und Verweisen auf die erstmalige Erwähnung zitiert. Im Personenkatalog werden mit wenigen Ausnahmen ausschliesslich Kurztitel verwendent.

1. Ungedruckte Quellen

Bologna, Archivio di Stato (ASB)

Ufficio Memoriali 1–155 (= Mem.)
Studio 126: Liber secretus iuris Pontifici 1 (= LSIP)
Curia del Podestà, Carte di Corredo (= CC)

Frankfurt am Main, Max-Planck-Institut für europäische Rechtsgeschichte (MPI)

Karteikästen Arnold Luschins von Ebengreuth
(= Luschin, Kartei MPI)

Universitätsarchiv Wien

J1, Matricula Facultatis Juristarum Studii Wiennensis I, 1402–1442
(Ich danke an dieser Stelle meinem Berner Kollegen Beat Immenhauser für die freundliche Überlassung seiner Transskription).

2. Gedruckte Quellen und Matrikeln

Album seu Matricula Facultatis Juridicae Universitatis Pragensis ab anno Christi 1371 usque ad annum 1418 (Monumenta Historica Universitatis Carolo-Ferdinandeae Pragensis, Tomus II, Pars I), Prag 1834. (= MUP)

Battenberg, Friedrich (Bearb.): Urkundenregesten zur Tätigkeit des deutschen Königs- und Hofgerichts bis 1451, Bd. 5: Die Zeit Ludwigs des Bayern und Friedrichs des Schönen 1314–1347 (Quellen und Forschungen zur Höchsten Gerichtsbarkeit im Alten Reich 5), Köln, 1987 (= UHG 5)

Chartularium Studii Bononiensis. Documenti per la storia dell'Università di Bologna dalle origini sino al secolo XV, hg. von der Commissione per la storia dell'Università di Bologna, 15 Bde., Bologna 1909–1981. (= CSB)

Colliva, Paolo (Hg.): Statuta Nationis Germanicae Universitatis Bononiae (1292–1750). (Acta Germanica 1 – Quaderni dell'Associa-zione Italo-Tedesca), Bologna 1975. (= SNG)

Dallari, Umberto (Hg.): I Rotuli dei lettori, legisti e artisti dello Studio bolognese dal 1384 al 1799, 4 Bde., 1 Index, Bologna 1888–1924.

Denifle, Heinrich (Hg.): Die Statuten der Juristen-Universität Bologna vom Jahr 1317–1347 und deren Verhältnis zu jenen Paduas, Perugias, Florenz, in: Archiv für Litteratur- und Kirchengeschichte des Mittelalters 3 (1887). (=SUB)

Ders. und Emile **Châtelain** (Hgg.): Auctarium Chartularii Universitatis Parisiensis, 4 Bde., Paris 1894–1935. (= AUP)

Erler, Georg (Hg.): Die Matrikel der Universität Leipzig 1409–1559, 3 Bde., Leipzig 1895–1902 (Ndr. Nendeln 1976)

Fasoli, Gina und Pietro **Sella** (Hgg.), Statuti di Bologna dell'anno 1288, 2 Bde., Città del Vaticano 1937–1940.

Frati, Luigi (Hg.): Statuti di Bologna dall'anno 1245 all'anno 1267, 3 Bde., Bologna 1869–1884.

Friedländer, Ernst und **Carlo Malagola** (Hgg.): Acta Nationis Germanicae Universitatis Bononiensis ex archetypis tabularii Malvezziani, Berlin 1887.

Gall, Franz und Willi **Szaivert** (Hgg.): Die Matrikel der Universität Wien, 1377–1518, 2 Bde. und 2 Registerbde., Wien-Graz-Köln 1954–1967.

Gaudenzi, Augusto: Gli antichi statuti del comune di Bologna intorno al studio, in: Bolletino dell'Istituto storico Italiano 6 (1888), 117–137.

Gloria, Andrea (Hg.): Monumenti della Università di Padova (1222–1405), Teil (1222–1318), Venedig 1884, Teil II (1318–1405), 2 Bde., Padua 1888.

Jullien de Pommerol, Marie-Henriette (Bearb.): Sources de l'Histoire des Universités françaises au Moyen Age. Université d'Orléans, Paris 1978.

Keussen, Hermann (Hg.): Die Matrikel der Universität Köln (Publika-tionen der Gesellschaft für Rheinische Geschichtskunde 8), 3 Bde., Bonn 1928^2, 1919, 1931.

Malagola, Carlo (Hg.): Statuti delle Università e delle Collegi dello Studio bolognese, Bologna 1888 (= Ndr. Bologna 1988).

Mollat, Guillaume (Hg.): Jean XXII. (1316–1334), Lettres communes, 16 Bde., Paris 1904–1947.

Ders. (Hg.): Grégoire XI. (1370–78), Lettres secrètes et curiales intéressant les pays autres que la France, 3 fasc., Paris 1962–1965.

von Ottenthal, Emil: Regulae Cancellariae Apostolicae. Die päpstlichen Kanzleiregeln von Johannes XXII. bis Nikolaus V., Innsbruck 1888 (Ndr. Aalen 1968).

Piana, Celestino OFM (Hg.): Lauree in diritto civile e canonico conferite dall'università di Bologna secondo la relazione del „Liber sapientium" (1419–1434), in Atti e Memorie della Deputazione di storia patria per le province di Romagna N.S. 17–19, (1969), 265–333.

Ders. (Hg.): Il «Liber secretus iuris Caesarei» dell'Università di Bologna 1451–1500 (Orbis Academicus. Saggi e documenti di storia delle università raccolti da D. Maffei 1), Milano 1984.

Ders. (Hg.): Il «Liber secretus iuris Pontifici» dell'Università di Bologna 1451–1500 (Orbis Academicus. Saggi e documenti di storia delle università raccolti da D. Maffei 2), Milano 1989.

Repertorium Germanicum. Verzeichnis der in den päpstlichen Registern und Kameralakten vorkommenden Personen, Kirchen und Orte des Deutschen Reiches, seiner Diözesen und Territorien vom Beginn des Schismas bis zur Reformation, hg. vom Deutschen Historischen Institut in Rom. Band 1: Clemens VII. von Avignon 1378–1394, bearb. von Emil Göller, Berlin 1916; Band 2: Urban VI., Bonifaz IX., Innozenz VII. und Gregor XII. 1378–1415, bearb. von G. Tellenbach, 2 Teile, Berlin 1933–1961; Band 3: Alexander V., Johann XXIII., Konstanzer Konzil 1409–1417, bearb. von Ulrich Kühne, Berlin 1935; Band 4: Martin V. 1417–1431, bearb. von Karl August Fink, Berlin 1941–1958; Personenregister zu Band 4, bearb. von Sabine Weiss, Tübingen 1979.

Reusens, Edmond (Hg.): Matricule de l'Université de Louvain I, 1426–1453, Brüssel 1903.

Rieder, Karl (Bearb.): Römische Quellen zur Konstanzer Bistumsgeschichte zur Zeit der Päpste in Avignon 1305–1378 (Monumenta Vaticana Historiam Episcopatus Constantiensis in Germania Illustrantia), Innsbruck 1908.

Rödel, Ute (Bearb.): Urkundenregesten zur Tätigkeit des deutschen Königs- und Hofgerichts bis 1451, Bd. 4: Die Zeit Adolfs von Nassau, Albrechts I. von Habsburg, Heinrichs von Luxemburg 1292–1313 (Quellen und Forschungen zur Höchsten Gerichtsbarkeit im Alten Reich 5), Köln-Weimar-Wien 1992 (= UHG 4)

Sarti, Mauro und **Fattorini**, Mauro: De claris Archigymnasii Bononiensis Professoribus a saeculo XI usque ad saeculum XIV, Bologna 1769; Neuedition von C. Albicini und C. Malagola, Bologna 1882 (Ndr. Turin 1962).

Schwinges, Rainer Chr. und Klaus **Wriedt** (Hgg.): Das Bakkalarenregister der Artistenfakultät der Universität Erfurt 1392–1521 (Ver-öffentlichungen der Historischen Kommission für Thüringen, Grosse Reihe, Bd. 3), Jena-Stuttgart 1995.

Sorbelli, Albano (Hg.): Il «Liber secretus iuris Caesarei» dell'Università di Bologna 1378–1420, Bologna 1938.

Sorbelli, Albano (Hg.): Il «Liber secretus iuris Caesarei» dell'Università di Bologna 1421–1450, Bologna 1942.

Toepke, Gustav (Hg.): Die Matrikel der Universität Heidelberg von 1386 bis 1662, 3 Bde., Heidelberg 1886 (= Neudr. Nendeln 1976)

Uiblein, Paul (Hg): Acta Facultatis Artistarum Universitatis Vindobonensis 1385–1416 (Publikationen des Instituts für Österreichische Geschichtsforschung, VI. Reihe: Quellen zur Geschichte der Universität Wien, 2. Abteilung), Graz 1968.

Weissenborn, Johann Christian Hermann (Hg.): Allgemeine Studentenmatrikel, in: Acten der Erfurter Universität (Geschichts-quellen der Provinz Sachsen und angrenzender Gebiete VIII), 3 Bde., Halle, 1881–1899 (Ndr. Nendeln 1976).

Zonta, Caspare und Iohannes Brotto (Hgg.): Acta Graduum Academicorum Gymnasii Patavini ab anno MCCCCVI ad annum MCCCCL cum aliis antiquioribus in appendice additis, Padua 1922.

3. Bibliographien

Feenstra, Robert: Bibliographie zum römischen Recht im Mittelalter (1100–1500), in: Das römische Recht im Mittelalter, hg. von Eltjo J. H. Schrage (Wege der Forschung 635), Darmstadt 1987, 299–353.

Paquet, Jacques: Les matricules universitaires (Typologie des sources du Moyen Âge occidental 65), Turnhout 1992.

Wendehorst, Alfred und Stefan **Benz**: Verzeichnis der Säkularkanonikerstifte der Reichskirche, in: Jahrbuch für fränkische Landesforschung 54 (1994).

Zanella, Gabriele: Bibliografia per la storia dell'Università di Bologna dalle origine al 1945, aggiornata al 1983, in: SMUB, N.S. 5, Bologna 1985, 5–237.

4. Darstellungen

Abb, Gustav und Gottfried **Wentz**: Das Bistum Brandenburg (GS AF, Die Bistümer der Kirchenprovinz Magdeburg 1), Berlin 1929 (= Ndr. Berlin 1963).

Amon, Karl (Hg.): Die Bischöfe von Graz-Seckau 1218–1968, Graz-Wien-Köln 1969.

Amrhein, August: Die Prälaten und Canoniker des ehemaligen Collegiatstifts St. Peter und Alexander zu Aschaffenburg, Würzburg 1882.

Arnaldi, Girolamo: L'università di Bologna, in: Le università dell'Europa. La nascità delle università, hg. von G. P. Brizzi und J. Verger, Milano 1990, 85–115.

Ascheri, Mario: Giuristi, umanisti e istituzioni del Tre-Quattrocento: qualche problema, in: Annali dell'Istituto Storico Italo-Germanico in Trento 3 (1977), 43–73.

Bader, Karl Siegfried: Das Schiedsverfahren in Schwaben vom 12. bis zum ausgehenden 16. Jahrhundert, Diss. iur., Tübingen 1929 (wieder abgedruckt in: ders.: Ausgewählte Schriften zur Rechts- und Landesgeschichte, 3 Bde., Sigmaringen 1984, Bd. I, 157–225)

Ders.: Die Entwicklung und Verbreitung der mittelalterlichen Schiedsidee in Südwestdeutschland und in der Schweiz, in: Zeitschrift für Schweizerisches Recht, N.F. 54 (1935). 100–125 (wieder abgedruckt in: ders.: Ausgewählte Schriften zur Rechts- und Landesgeschichte, 3 Bde., Sigmaringen 1984, Bd. I, 226–251)

Ders.: Arbiter, arbitrator seu amicabilis compositor. Zur Verbreitung einer kanonistischen Formel in Gebieten nördlich der Alpen, in ZRG 77, KA 46

(1960), 239–276 (wieder abgedruckt in: ders.: Ausgewählte Schriften zur Rechts- und Landesgeschichte, 3 Bde., Sigmaringen 1984, Bd. I, 252–289).

Bagge, Sverre: Nordic Students at Foreign Universities until 1660, in: Scandinavian Journal of History 9 (1984), 1–29.

Barraclough, Geoffrey: Papal Provisions. Aspects of Church History Constitutional, Legal and Administrative in the Later Middle Age, Westport (Connecticut) 1935.

Barth, Médard: Handbuch der elsässischen Kirchen (Archives de l'église d'Alsace N.S. 11–13) 1960–1962/63).

Bataillon, Louis et. al., (Hgg.): La production du livre universitaire au Moyen Âge. Exemplar et Pecia. Actes du symposion tenu au Collegio San Bonaventura de Grottaferrata en mai 1983, Paris 1988.

Baumgärtner, Ingrid: «De privilegiis doctorum» Über Gelehrtenstand und Doktorwürde im späten Mittelalter, in: HJb 106 (1986), 298–332.

Beckmann, Ludger: Konstanzer Bischöfe vom 13. zum 14. Jahrhundert. Diss Freiburg/Br. 1996.

Bellomo, Manlio: Federico II, lo 'studium' a Napoli e il diritto comune nel 'regnum', in: RIDC 2 (1991), 135–151.

Ders.: L'Europa del diritto comune (I libri di Erice 1), Rom 1994[7].

Ders.: Saggio sull'Università, Rom 1994[2].

Ders.: Parlando di 'ius commune', in: RIDC 5 (1994), 187–195.

Bergfeld, Christoph: Zur Jurisprudenz des *forum internum*, in: Ius Commune 16 (1989), 133–147.

Bertram, Martin: Neuerscheinungen zur mittelalterlichen Geschichte von Stadt und Universität Bologna, in: QFIAB 67 (1987), 477-488.

Beyerle, Konrad: Die Geschichte des Chorstifts und der Pfarrei St. Johann in Konstanz, (Erweiterter Sonderdruck aus dem Freiburger Diözesanarchiv 1903–1908), Freiburg im Br. 1908.

Bláhová, Marie: Studenten aus den böhmischen Ländern in Italien im Mittelalter. Die Premyslidische Zeit, in: Studi e Testi 13 (1993), 153–178.

Blaschke, Karlheinz: Urkundenwesen und Kanzlei der Wettiner bis 1485, in: Landesherrliche Kanzleien im Spätmittelalter. Referate zum VI. Internationalen Kongress für Diplomatik, München 1983, hg. von Gabriel Silagi (Münchener Beiträge zur Mediävistik und Renaissance-Forschung 35), 2 Bde., München 1984, 193–202.

Bocchi, Francesca: Trasferimenti di lavoratori e studenti a Bologna nel basso Medioevo, in: Forestieri e stranierei nelle città basso-medievali. Atti del Seminario Internazionale di Studio Bagno a Ripoli (Firenze), 4–8 giugno 1984 (Quaderni di Storia urbane e rurale 9), Florenz 1988, 249–261.

Boehm, Laetitia: Die Verleihung akademischer Grade an den Universitäten des 14.–16. Jahrhunderts, in: Chronik der Ludwig-Maximilians-Universität (1958/1959), 164–178.

Dies.: Libertas scholastica und negotium scholare. Entstehung und Sozialprestige des akademischen Standes im Mittelalter, in: Universität und Gelehrtenstand, hg. von Hellmuth Rössler und Günther Franz (Deutsche Führungsschichten in der Neuzeit 4), Limburg/Lahn 1970, 15–61.

Bösterling-Röttgermann, Antonia: Das Kollegiatstift St. Mauritz-Münster. Untersuchungen zum Gemeinschaftsleben und zur Grundherrschaft des Stifts von den Anfängen bis zur Mitte des 14. Jahrhunderts (Westfalia Sacra 9), Münster 1990.

Boháček, Miroslav: Zur Geschichte der Stationarii von Bologna, in: EOS. Commentarii Societatis Philologae Polonorum 48 (1956), Fasc. 2, Breslau 1957, 241–295.

Ders.: Einflüsse des Römischen Rechts in Böhmen und Mähren (IRMAE V, 11), Milano 1975.

Boockmann, Andrea: Geistliche und weltliche Gerichtsbarkeit im mittelalterlichen Bistum Schleswig (Quellen und Forschungen zur Geschichte Schleswig-Holsteins 52), Neumünster 1967.

Boockmann, Hartmut: Die Rechtsstudenten des deutschen Ordens. Studium, Studienförderung und gelehrter Beruf im späteren Mittelalter, in: FS Hermann Heimpel (Veröffentlichungen des Max-Planck-Instituts für Geschichte 36), 3 Bde., Göttingen 1972, Bd. 2, 313–375.

Ders.: Zur Mentalität spätmittelalterlicher gelehrter Räte, in: HZ 233 (1981), 295–316.

von Brandenstein, Christian Freiherr: Urkundenwesen und Kanzlei, Rat und Regierungssystem des Pfälzer Kurfürsten Ludwig III. (1410–1436) (Veröffentlichungen des Max-Planck-Instituts für Geschichte 71), Göttingen 1983.

Bresslau, Harry: Handbuch der Urkundenlehre für Deutschland und Italien, 2 Bde., Berlin 1912–1931.

Brouette, Émile und Paulette **Pieyns-Rigo**: Regestes des officiaux des évêques de Liège (1214–1300), in: Bulletin de la Société d'Art et d'Histoire du diocèse de Liège 46 (1966), 1–139.

Buchholz-Johanek, Ingeborg: Geistliche Richter und geistliches Gericht im spätmittelalterlichen Bistum Eichstätt (Eichstätter Studien NF 23), Regensburg 1988.

Budischin, Hans Jürg: Der gelehrte Zivilprozess in der Praxis geistlicher Gerichte des 13. und 14. Jahrhunderts im deutschen Raum (Bonner rechtswissenschaftliche Abhandlungen 103), Bonn 1974.

Büchler-Mattmann, Helene: Das Stift Beromünster im Spätmittelalter, Beiträge zur Sozial- und Kulturgeschichte, Beromünster 1976.

Bünz, Enno: Stift Haug in Würzburg. Untersuchungen zur Geschichte eines fränkischen Kollegiatstifts im Mittelalter (Veröffentlichungen des Max-Planck-Instituts für Geschichte 128 – Studien zur Germania Sacra 20), 2 Bde., Göttingen 1998.

Bulst, Neithard: Zum Gegenstand und zur Methode von Prosopographie, in: Medieval Lives and the Historian. Studies in Medieval Prosopography, hg. von dems. und Jean-Philippe Genet, Kalamazoo 1986, 1–16.

Bulst, Neithard: Studium und Karriere im königlichen Dienst in Frankreich, in: Schulen und Studium, hg. von J. Fried, 375-405.

Burger, Gerhart: Die südwestdeutschen Stadtschreiber im Mittelalter (Beiträge zur schwäbischen Geschichte, Heft 1–5), Böblingen 1960.

Burghard, Hermann: Kaiserswerth im späten Mittelalter. Personen-, wirtschafts- und sozialgeschichtliche Untersuchungen zur Geschichte einer niederrheinischen Kleinstadt (Veröffentlichung des Landschaftsverbandes Rheinland, Amt für rheinische Landeskunde Bonn), Köln 1994.

Burmeister, Karl Heinz: Anfänge und Entwicklung des öffentlichen Notariats bis zur Reichsnotariatsordnung von 1512, in: FS für Ferdinand Elsener zum 65. Geburtstag, hg. von Louis Carlen und Friedrich Ebel, Sigmaringen 1977, 77–90.

Ders.: Die Grafen von Montfort und ihre Bedeutung für die Bündnder Geschichte, in: ders.: Die Grafen von Montfort. Geschichte, Recht, Kultur, FS zum 60. Geburtstag, hg. von Alois Niederstätter (Forschungen zur Geschichte Vorarlbergs, N.F. 2), Konstanz 1996.

Carlen, Louis: Zum Offizialat von Sitten im Mittelalter, in: ZRG 77, KA 46 (1960), 221–238.

Ders.: Hofpfalzgrafen und Notare in der Schweiz, in: FS für Ferdinand Elsener zum 65. Geburtstag, hg. von Louis Carlen und Friedrich Ebel, Sigmaringen 1977.

Cavazza, Francesco: Le Scuole dell' antico Studio bolognese, Milano 1896.

Cencetti, Giorgio: Il Foro degli Scolari negli Studi Medievali Italiani, in: AMR 5 (1940), 163–188.

Ders.: La Laurea nelle Università Medioevali, in: SMUB 16 (1943), 249–273 (Ndr. 1988).

Ders.: Studium fuit Bononie. Note sulla storia dell'Università di Bologna nel primo mezzo secolo della sua esistenza, in: Studi Medievali 37 (1966), 781–834.

Christ, Karl: Petia. Ein Kapitel mittelalterlicher Buchgeschichte, in: Zentralblatt für Bibliothekswesen 55 (1938), 1ff.

Cilento, Vincenzo: Il mito medievale della «translatio studii», in: Filologia e Letteratura 12, Fasc. 1, No. 45, 1–15.

Clavadetscher, Otto: Die geistlichen Richter des Bistums Chur (Ius Romanum in Helvetia 1), Basel 1964.

Coing, Helmut: Römisches Recht in Deutschland (IRMAE V, 6), Milano 1964.

Ders. (Hg.): Handbuch der Quellen und Literatur der neueren europäischen Privatrechtsgeschichte, Bd. 1: Mittelalter (1100–1500). Die gelehrten Rechte und die Gesetzgebung (Veröffentlichungen des Max-Planck-Instituts für europäische Rechtsgeschichte), München 1973.

Colliva, Paolo: Pepo Legis Doctor, in: AMR N.S. 29–30 (1978–79), 153–162 (wieder in: ders: Scritti Minori, hg. von Giovanna Morelli und Nicoletta Sarti, Milano 1996, 601–612).

Colliva, Paolo: Irnerio da Bologna. [überarbeitete Fassung eines Vortrags zur Eröffnung des neuen Centro Civico im *quartiere „Irnerio“* vom 29. 11. 1981], Bologna, Quartiere Irnerio, 1982.

Continelli, Luisa: L'Archivio dell'Ufficio dei Memoriali. Inventario. Vol. I: Memoriali, 1265–1436, Tom. I, 1265–1333, Bologna 1988.

Dal Pane, Luigi: Lo studio e l'economia della città, in: Atti del convegno internazionale di studî Accursiani, Bologna, 21–26 Ottobre 1963, hg. von Guido Rossi, Milano, 1968, 43–53.

Debus, Karl Heinz: Studien zur Personalstruktur des Stiftes St. Guido in Speyer (Quellen und Abhandlungen zur mittelrheinischen Kirchengeschichte 51), Mainz 1984.

Denifle, Heinrich: Die Entstehung der Universitäten des Mittelalters bis 1400, Berlin 1885 (unv. Ndr. Graz 1956).

Denzel, Markus A.: „La Practica della Cambiatura“. Europäischer Zahlungsverkehr vom 14. bis zum 17. Jahrhundert (Beiträge zur Wirtschafts- und Sozialgeschichte 58), Stuttgart 1994.

Destrez, Jean: La pecia dans dans les manuscrits universitaires du XIII^{ee} et du XIVe siècle, Paris, 1935.

Diederich, Anton: Das Stift St. Florin zu Koblenz (Veröffentlichungen des Max-Planck-Instituts für Geschichte 16 – Studien zur Germania Sacra 6), Göttingen 1967.

Ditsche, Magnus: Zur Studienförderung im Mittelalter, in: RhVJBll. 41 (1977), 53–62

Doerr, Wilhelm (Hg.): Semper Apertus. Sechshundert Jahre Ruprecht-Karls-Universität Heidelberg 1386–1986. Festschrift in sechs Bänden, Berlin-Heidelberg-New York-Tokyo 1985.

Dolcini, Carlo: Velut Aurora surgente. Pepo, il vescovo Pietro e l'origine dello Studium bolognese (Studi Storici 180), Roma 1987.

Ders.: Pepo, Irnerio, Graziano. Alle origini dello „Studium“ di Bologna, in: L'Università di Bologna. Personaggi, momenti e luoghi dalle origini al XVI secolo, hg. von Ovodio Capitani, Bologna 1987, 17–27.

Dolezalek, Gero: Les gloses des manuscrits de droit: reflet des méthodes d'enseignement, in: Manuels, programmes de cours et techniques d'enseignement dans les universités médiévales (Université de Louvain, Publications de l'Institut d'Etudes Médiévales. Textes, Etudes, Congrès 16), Louvain-la-Neuve 1994, 235–255.

Dotzauer, Winfried: Deutsche in den westeuropäischen Hochschul- und Handelsstädten, vornehmlich in Frankreich, bis zum Ende des Alten Reiches. Nation, Bruderschaft, Landsmannschaft, in: FS Ludwig Petry, Bd. 2 (Geschichtliche Landeskunde 5), Wiesbaden 1969, 89–159.

Ders.: Deutsches Studium in Italien unter besonderer Berücksichtigung der Universität Bologna. Versuch einer vorläufigen zusammenstellenden Überschau, in: Geschichtliche Landeskunde 14, Wiesbaden 1976, 84–130.

Dotzauer, Winfried: Deutsches Studium und deutsche Studenten an europäischen Hochschulen (Frankreich, Italien) und die nachfolgenden Tätigkeit in Stadt, Kirche und Territorium in Deutschland, in: Stadt und Universität im Mittelalter und in der früheren Neuzeit, hg. von Erich Maschke und Jürgen Sydow (Veröffentlichungen des Südwestdeutschen Arbeitskreises für Stadtgeschichtsforschung 3), Sigmaringen 1977, 112–141.

van Eijl, Edmond J.M.: The foundation of the University of Louvain, in: The Universities in the late Middle Ages, hg. von Jozef Ijsewijn und Jacques Paquet (Mediaevalia Lovaniensia 1/6), Louvain 1978, 29-41.

Ennen, Edith: Bonner als Studenten an fremden Universitäten vor 1800, in: Bonner Geschichtsblätter 12 (1958), 122–142.

Esch, Arnold: Überlieferungs-Chance und Überlieferungs-Zufall als methodisches Problem des Historikers, in: HZ 240 (1985), 529–570.

Eulenburg, Franz: Die Frequenz der deutschen Universitäten von ihrer Gründung bis zur Gegenwart, Leipzig 1904.

Fasoli, Gina: La pace del 1279 tra i partiti bolognesi, in: Archivio storico Italiano, Serie 7, Vol. 20 (1933), 49–75.

Dies.: Bologna nell'età medievale (1115–1506), in: Storia di Bologna, hg. von Antonio Ferri und Giancarlo Roversi, Bologna 1984.

Feine, Hans Erich: Vom Fortleben des römischen Rechts in der Kirche, in: ZRG 73, KA 62 (1956), 1–24.

Ders.: Kirchliche Rechtsgeschichte, Bd. 1: Die katholische Kirche, 4., neubearbeitete und erweiterte Auflage, Köln-Graz 1964.

Feldkamp, Michael F.: Die Amtsbezeichnung des bischöflichen Stellvertreters an der Kurie zu Osnabrück, in: Aus Archiven und Bibliotheken. FS Raymund Kottje zum 65. Geburtstag, hg. von Hubert Mordek, Frankfurt-Bern-New York-Paris 1992, 459-476.

Fenger, Ole: L'influence du droit romain dans la Scandinavie médievale (IRMAE V. 14), Milano 1981.

Fenske, Lutz und Klaus **Militzer**, Ritterbrüder im livländischen Zweig des deutschen Ordens (Quellen und Studien zur baltischen Geschichte 12), Köln-Weimar-Wien 1993.

Filippini, Francesco: L'esodo degli studenti da Bologna nel 1321 e il „polifemo" dantesco, in: SMUB 6 (1921), 107–185.

Finger, Richard: Bologna und die Deutschen im Mittelalter (Abhandlungen und Vorträge, herausgegeben von der Wittheit zu Bremen 14, Heft 2), Bremen 1941.

Fiorelli, Piero: Clarum Bononiensium lumen, in: Per Francesco Calasso. Studi degli allievi, Rom 1978, 413-459.

Fitting, Hermann: Die Anfänge der Rechtsschule zu Bologna, Berlin und Leipzig 1888.

Floud, Robert: Einführung in quantitative Methoden für Historiker, dt. Bearbeitung aufgrund der Übersetzung von Volker Henn und Ursula Irsigler, Stuttgart 1980.

Fögen, Marie Therese: Modell und Mythos. Die Rechtsfakultäten von Konstantinopel, Neapel und Bologna im Mittelalter, in: Rechtshistorisches Journal 15 (1996), 181–204.

Forstreuter, Kurt (Bearb.): Die Berichte der Generalprokuratoren des Deutschen Ordens an der Kurie. Erster Band: Die Geschichte der Generalprokuratoren von den Anfängen bis 1403 (Veröffentlichungen der Niedersächsischen Archivverwaltung 12), Göttingen 1961.

Fouquet, Gerhard: Das Speyerer Domkapitel im späten Mittelalter. Adlige Freundschaft, fürstliche Patronage und päpstliche Klientel (Quellen und Abhandlungen zur mittelrheinischen Kirchengeschichte 57), 2 Bde., Mainz 1987.

Fournier, Paul: Les officialités au moyen âge. Étude sur l'organisation, la compétence et la procédure des tribunaux ecclésiastiques ordinaires en France, de 1180 à 1328, Paris 1880 (Ndr. Aalen 1984).

Franchini, Vittorio: L'insitituto dei „Memoriali" in Bologna nel secolo XIII, in: L'Archiginnasio 9 (1914), 95–106.

Fransen, Gérard: Les questions disputées dans les facultés de droit, in: Les questions disputées et les questions quodlibétiques dans les facultés de théologie, de droit et de médecine (Typologie des sources du Moyen Age occidental 44/45), Turnhout 1985, 223–277.

Fried, Johannes: Die Entstehung des Juristenstandes im 12. Jahrhundert. Zur sozialen Stellung und politischen Bedeutung gelehrter Juristen in Bologna und Modena (Forschungen zur neueren Privatrechtsgeschichte 21), Köln-Wien 1974.

Ders. (Hg.): Schulen und Studium im sozialen Wandel des hohen und späten Mittelalters (Vorträge und Forschungen 30), Sigmaringen 1986.

Ders.: Die Rezeption Bologneser Wissenschaft in Deutschland während des 12. Jahrhunderts, in: Viator 21 (1990), 103–145.

Friederici, Adolf: Das Lübecker Domkapitel im Mittelalter 1160–1400. Verfassungsrechtliche und personenstandliche Untersuchungen (Quellen und Forschungen zur Geschichte Schleswig-Holsteins 91), Neumünster 1988.

Fuchs, Christoph: Dives, pauper, nobilis, magister, frater, clericus. Sozialgeschichtliche Untersuchungen über Heidelberger Universitätsbesucher des Spätmittelalters (1386–1450) (Education and Society in the Middle Ages and Renaissance 5), Leiden-New York 1995.

Gall, Franz: Die Gründung der Wiener Universität, in: Les Universités européennes du XIVe au XVIIIe siècle. Aspects et problèmes (Etudes et documents publiés par l'Institut d'Histoire de la Faculté des Lettres de l'Université de Genève 4), Genf 1967, 48–55.

Gams, P. Bonifacius O. S. B. (Hg.): Series Episcoporum Ecclesie Catholicae quotquot innotuerunt a beato Petro Apostolo, Regensburg 1873–1886 (Ndr. Graz 1957).

Ganghoffer, René und **Levresse**, Pierre: Le droit Romain en Alsace du 12e au 16e siècle (IRMAE V, 4), Milano 1977.

García y García, Antonio: Die Rechtsfakultäten, in: Geschichte der Universität in Europa, Bd. 1, hg. von W. Rüegg, München 1993, 343–358.

Ders.: La enseñanza del derecho en la universidad medieval, in: Manuels, programmes de cours et techniques d'enseignement dans les universités médiévales (Université de Louvain, Publications de l'Institut d'Etudes Médiévales. Textes, Etudes, Congrès 16), Louvain-la-Neuve 1994, 201–234.

Gargan, Luciano: Le note «conduxit» – Libri di maestri e studenti nelle Università italiane del Tre e Quattrocento, ebd., 385–397.

Genzmer, Erich: Kleriker als Berufsjuristen im späten Mittelalter, in: Etudes d'Histoire du droit canonique dediées à Gabriel Le Bras, Bd. 2, Paris 1965, 1207–1236.

Ders.: Die Verbreitung der Accursischen Glosse in den einzelnen Gebieten Europas, in: Atti del convegno internazionale di studî Accursiani, Bologna 21–26 Ottobre 1963, Milano 1968, 781–798.

Gerlich, Alois: Das Stift St. Stephan zu Mainz. Beiträge zur Verfassungs-, Wirtschafts- und Territorialgeschichte des Erzbistums Mainz. (Ergänzungsband zum Jahrbuch für das Bistum Mainz), Mainz 1954.

Gescher, Franz: Das älteste kölnische Offizialatsstatut (1306–1331), in: ZRG 45, KA 14 (1925), 475-485.

Ders.: Offizial und Generalvikar (Besprechung zu Ed. Fournier), in: ZRG 48, KA 17 (1928), 611–635.

Ders.: Das Offizialat der Erzbischöfe von Köln im 13. Jahrhundert, in: Annalen des Historischen Vereins für den Niederrhein insbesondere das alte Erzbistum Köln 115 (1929), 136–166.

Gmür, Rudolf: Zwei kanonische Zivilprozesse aus der Gegend des Thunersees (Archiv des Historischen Vereins des Kantons Bern 44 (1958), 289–316.

Gottlob, Theodor: Die Offiziale des Bistums Konstanz im Mittelalter, Limburg/Lahn 1951.

Ders.: Die Offiziale des Bistums Basel im Mittelalter, in: ZRG 69, KA 38 (1952), 113–157.

Gouron, André: Montpellier – eine Universität zwischen Paris und Bologna, in: Die Universität in Alteuropa, hg. von A. Patschovsky und H. Rabe, Konstanz 1994, 29-41.

Grotefend, Hermann: Mecklenburger auf der Universität Bologna, in: Jahrbuch des Vereins für Mecklenburgische Geschichte und Altertumskunde 53 (1888), 189–204.

Grundmann, Herbert: Vom Ursprung der Universität im Mittelalter. Zweite, mit einem Nachtrag versehene Auflage, Berlin 1960 (= Ndrr. Darmstadt 1964, 1976)

Gualazzini, Ugo: L'origine dello studium bolognese nelle piu antiche vicende della licentia docendi, in: SMUB, N.S. 1 (1956), 97–115.

Güntner, Johann: Die Dekane und Kanoniker des Kollegiatstifts St. Johann zu Regensburg, in: St. Johann in Regensburg. Vom Augustinerchorherrenstift zum Kollegiatstift 1127 / 1290 / 1990, München-Zürich 1990, 59–138.

Güntner, Johann: Die Pröpste des Kollegiatstifts St. Johann zu Regensburg, ebd., 29–58.

Güttsches, Arnold: Die Generalvikare der Erzbischöfe von Köln bis zum Ausgang des Mittelalters, (Diss., Teildruck), Köln 1931.

von Guttenberg, Erich Freiherr von: Das Bistum Bamberg, Bd. 1, T. 1 (GS AF 2.1.1), Berlin 1937 (Ndr. 1963)

Häfele, Rolf: Die Studenten der Städte Nördlingen, Kitzingen, Mindelheim und Wunsiedel bis 1580. Studium, Berufe und soziale Herkunft (Trierer Historische Forschungen 13), 2 Bde., Trier 1988.

Hageneder, Othmar: Die Geistliche Gerichtsbarkeit in Ober- und Niederösterreich von den Anfängen bis zum Beginn des 15. Jahrhunderts (Forschungen zur Geschichte Oberösterreichs 10), Linz 1967.

Helvetia Sacra, Abt. 1, Bd. 1: Schweizerische Kardinäle. Das Apostolische Gesandtschaftswesen in der Schweiz. Erzbistümer und Bistümer I, hg. von Albert Bruckner, Bern 1972; Abt. 1, Bd. 2: Ezbistümer und Bistümer II: Das Bistum Konstanz. Das Erzbistum Mainz. Das Bistum St. Gallen, hg. vom Kuratorium der Helvetia Sacra, Basel 1993; Abt. 1, Bd. 3: Archidiocèses et diocèses III: Le diocèse de Genève. L'Archidiocèse de Vienne en Dauphiné, hg. vom Kuratorium der Helvetia Sacra, Bern 1980; Abt 1, Bd. 4: Archidiocèses et diocèses IV: Le diocèse de Lausanne (VIe siècle–1821), de Lausanne et Genève (1821–1925) et de Lausanne, Genève et Fribourg (depius 1925), hg. vom Kuratorium der Helvetia Sacra, Basel-Frankfurt/M. 1988; Abt. 2, Bd. 2: Die weltlichen Kollegiatstifte der deutsch- und französischsprachigen Schweiz, hg. von Albert Bruckner, Bern 1977.

Heimpel, Hermann: Der Benediktiner und Kanonist Nikolaus Vener aus Gmünd, in: ZRG 84, KA 53, (1967), 46–76.

Ders.: Die Vener von Gmünd und Strassburg 1162–1447. Studien und Texte zur Geschichte einer Familie sowie des gelehrten Beamtentums in der Zeit der abendländischen Kirchenspaltung und der Konzilien von Pisa, Konstanz und Basel (Veröffentlichungen des Max-Planck-Instituts für Geschichte 52), 3 Bde., Göttingen 1982.

Herde, Peter: Beiträge zum päpstlichen Kanzlei- und Urkundenwesen im dreizehnten Jahrhundert (Münchener Historische Studien. Abteilung Geschichtliche Hilfswissenschaften 1), München 1967^{2}.

Herdi, Ernst: Die Schenken und Dienstmannen von Salenstein, in: Thurgauische Beiträge zur vaterländischen Geschichte 79 (1943), 47–59.

Herkenrath, Rainer Maria: Studien zum Magistertitel in der frühen Stauferzeit, in: MIÖG 38 (1980), 3–35.

Hesse, Christian: St. Mauritius in Zofingen. Verfassungs- und sozialgeschichtliche Aspekte eines mittelalterlichen Chorherrenstiftes (Veröffentlichungen zur Zofinger Geschichte 2), Zofingen 1993.

Ders.: Artisten im Stift. Die Chancen, in schweizerischen Stiften des Spätmittelalters eine Pfründe zu erhalten, in: Gelehrte im Reich, hg. von R. Chr. Schwinges, 85–112.

Hessel, Alfred: Geschichte der Stadt Bologna von 1116–1280 (Historische Studien 76), Berlin 1910; übersetzt von Gina Fasoli, Bologna 1975.

Hiestand, Rudolf: Bologna als Vermittlerin im kurialen Zahlungsverkehr, in: VSWG 82 (1995), 332–349.

Hildebrand, Thomas: Herrschaft, Schrift und Gedächtnis. Das Kloster Allerheiligen und sein Umgang mit Wissen in Wirtschaft, Recht und Archiv (11.–16. Jahrhundert), Zürich 1996, insbesondere S. 21–96.

Hilling, Nikolaus: Die Offiziale der Bischöfe von Halberstadt im Mittelalter (Kirchenrechtliche Abhandlungen 72), Stuttgart 1911.

Hlavácek, Ivan: Das Urkunden- und Kanzleiwesen des böhmischen und römischen Königs Wenzel (IV.) 1376–1419. Ein Beitrag zur spätmittelalterlichen Diplomatik (Schriften der MGH 23), Stuttgart 1970.

Höroldt, Dietrich: Das Stift St. Cassius zu Bonn von den Anfängen der Kirche bis zum Jahre 1580, in: Bonner Geschichtsblätter 11 (1957), 1–387.

Höroldt, Ulrike: Studien zur politischen Stellung des Kölner Domkapitels zwischen Erzbischof, Stadt Köln und Territorialgewalten 1198–1332. Untersuchungen und Personallisten (Studien zur Kölner Kirchengeschichte 27), Siegburg 1994.

Holbach, Rudolf: Stiftsgeistlichkeit im Spannungsfeld von Kirche und Welt. Studien zur Geschichte des Trierer Domkapitels im Spätmittelalter (Trierer Historische Forschungen 2), 2 Bde, Trier 1982.

Ders.: Zu Ergebnissen und Pespektiven neuerer Forschung zu spätmittelalterlichen deutschen Domkapiteln, in: RhVjBll 56 (1992), 148–180.

Ders.: Kanoniker im Dienste von Herrschaft. Beobachtungen am Beispiel des Trierer Domkapitels, in: Millet/Mornet, I canonici, 121–148.

Hollmann, Michael: Das Mainzer Domkapitel im späten Mittelalter (1306–1476) (Quellen und Abhandlungen zur mittelrheinischen Kirchengeschichte 64), Mainz 1990.

Horn, Norbert: Soziale Stellung und Funktion der Berufsjuristen in der Frühzeit der europäischen Rechtswissenschaft, in: Sozialwissenschaften im Studium des Rechts, Bd. 4: Rechtsgeschichte, 125–144.

von Hülsen-Esch, Andrea: Frauen an der Universität. Überlegungen anlässlich einer Gegenüberstellung von mittelalterlichen Bildzeugnissen und Texten, in: ZHF 24/3 (1997), 315–346.

Ijsewijn, Jozef und Jacques **Paquet** (Hgg.): The Universities in the Late Middle Ages (Mediaevalia Lovaniensia 1/6), Louvain 1978.

Illmer, Detlef: Die deutsche Nation an der alten Universität Orléans und ihre Mitglieder im 14., 15. und 16. Jahrhundert. Ein Beitrag zum Rechtsstudium der Deutschen in Frankreich, zugleich eine Vorarbeit zur Herausgabe eines Chartularium Nationis Germanicae Universitatis Aurelianensis, 2 Bde., 1976 (Mss. im Max-Planck-Institut für europäische Rechtsgeschichte, Frankfurt/M.).

Ders.: Die Statuten der deutschen Nation an der alten Universität Orléans von 1378 bis 1596, in: Ius Commune 6 (1977), 10–107.

Illmer, Detlef: Die Rechtsschule von Orléans und ihre deutschen Studenten im späten Mittelalter, in: Schulen und Studium, hg. von J. Fried, 407-438.

Immenhauser, Beat: Wiener Juristen, Zur Sozialgeschichte der juristischen Besucherschaft der Universität Wien von 1402 bis 1519, in: Mitteilungen der Österreichischen Gesellschaft für Wissenschaftsgeschichte 17 (1997), 61–102.

Issle, Hermann: Das Stift St. German vor Speyer (Quellen und Abhandlungen zur mittelrheinischen Kirchengeschichte 20), Mainz 1974.

Jähnig, Bernhard: Johann von Wallenrode O.T. (Quellen und Studien zur Geschichte des deutschen Ordens 24), Bonn 1970.

Jäschke, Kurt-Ulrich: Imperator Heinricus. Ein spätmittelalterlicher Text über Kaiser Heinrich VII. in kritischer Beleuchtung (Beiheft zu Hémecht 1988), Luxemburg 1988.

Jansen, Rosemarie und Hans Helmut: Die Pest in Heidelberg, in: Semper Apertus, hg. von W. Doerr, 371–398.

Jeserich, Kurt G.A.; **Pohl**, Hans; **von Unruh**, Georg-Christoph (Hgg): Deutsche Verwaltungsgeschichte, Bd. 1: Vom Spätmittelalter bis zum Ende des Reiches, Stuttgart 1983. (= DVG)

Kaluza-Baumruker, Margit: Das Schweriner Domkapitel (1171–1400) (Mitteldeutsche Forschungen 96), Köln-Wien 1987.

Kaufmann, Georg: Die Geschichte der deutschen Universitäten, 2 Bde., Stuttgart 1888–1896 (Ndr. Graz 1958).

Kerff, Franz: Libri paenitentiales und kirchliche Strafgerichtsbarkeit bis zum Decretum Gratiani, in: ZRG 106, KA 75 (1989), 23–57.

Ketner, F.: Het officialaat in het bisdom Utrecht, in: Tijdschrift voor Geschiedenis 60 (1947), 66–74.

Kibre, Pearl: The Nations in the Medieval Universities, Cambridge (Massachusettes) 1948.

Dies.: Scholarly Privileges in the Middle Ages. The Rights, Privileges and Immunities of Scholars and Universitites at Bologna, Padua and Oxford (Medieval Academy of America, Public. Nr. 72), London 1962.

von Kienitz, Erwin: Generalvikar und Offizial auf Grund des Codex Iuris Canonici, Freiburg 1931.

Kintzinger, Martin u.a. (Hgg.): Schule und Schüler im Mittelalter. Beiträge zur europäischen Bildungsgeschichte des 9. bis 15. Jahrhunderts (Beihefte zum Archiv für Kulturgeschichte 42), Köln-Weimar-Wien 1996.

Kisky, Wilhelm: Die Domkapitel der geistlichen Kurfürsten in ihrer persönlichen Zusammensetzung im vierzehnten und fünfzehnten Jahrhundert (Quellen und Studien zur Verfassungsgeschichte des Deutschen Reiches in Mittelalter und Neuzeit Bd.1, Heft 3), Weimar 1906.

Kist, Johannes: Das Bamberger Domkapitel von 1399 bis 1556. Ein Beitrag zur Geschichte seiner Verfassung, seines Wirkens und seiner Mitglieder (Historisch-Diplomatische Forschungen 7), Weimar 1943.

Kist, Johannes: Die Matrikel der Geistlichkeit des Bistums Bamberg 1400–1556 (Veröffentlichungen der Gesellschaft für fränkische Geschichte 7), Würzburg 1965.

Kläui, Hans: Henggart – seine Kirche und sein Ortsadel, in: Wappen, Orte, Namen, Geschlechter. FS zum 75. Geburtstag von Hans Kläui, hg. vom Verein der Freunde der Paul Kläui-Bibliothek Uster, Winterthur 1981, 83–97.

Klassert, Martin Ludwig: Das Mainzer Kollegiatstift St. Peter. Bemerkenswertes aus der Geschichte des Stifts, seiner Besitzungen und seiner Mitglieder, in: Archiv für hessische Geschichte und Altertumskunde NF 52 (1994), 11–138.

Kleineidam, Erich: Universitas Studii Erffordensis. Überblick über die Geschichte der Universität Erfurt. Teil 1: Spätmittelalter 1392–1460 (Erfurter Theologische Studien 14), Leipzig 1985.

Klosterberg, Brigitte: Zur Ehre Gottes und zum Wohl der Familie – Kölner Testamente von Laien und Klerikern im Spätmittelalter (Kölner Schriften zur Geschichte und Kultur 22), Köln 1995.

Knod, Gustav: Elsässische Studenten in Heidelberg und Bologna, in: ZGO NF 7 (1892), 329–355.

Ders.: Hat Markgraf Bernhard d. j. († ca. 1424) wirklich in Bologna studiert?, in: ZGO NF 10 (1895), 376–382.

Ders.: Deutsche Studenten in Bologna (1289–1562). Biographischer Index zu den Acta nationis Germanicae universitatis Bononiensis, Berlin 1899 (Ndr. Aalen 1970).

Knothe, Hermann: Die Pröpste des Kollegiatstifts St. Petri zu Bautzen von 1221–1562, in: Neues Archiv für Sächsische Geschichte und Altertumskunde 11 (1890), 17-46.

Koch, Bettina: Räte auf deutschen Reichsversammlungen. Zur Entwicklung der politischen Funktionselite im 15. Jahrhundert (Europäische Hochschulschriften, Reihe III: Geschichte und ihre Hilfswissenschaften 832), Frankfurt am Main-Berlin-Bern-New York-Paris-Wien 1999.

Kohl, Wilhelm, Das Domstift St. Paulus zu Münster (GS, N. F. 17: Die Bistümer der Kirchenprovinz Köln), 3 Bde. Berlin-New York 1982–1989.

Koeppen, Hans (Bearb.): Die Berichte der Generalprokuratoren des Deutschen Ordens an der Kurie. Dritter Band: Johann Tiergart (1419–1428), Erster Halbband (1419–1423). (Veröffentlichungen der Niedersächsischen Archivverwaltung, Heft 21)

Kreuzer, Georg: Zur Ernennung eines Notars durch einen Hofpfalzgrafen, in: Aus Archiven und Bibliotheken. FS für Raymund Kottje zum 65. Geburtstag, hg. von Hubert Mordek, Frankfurt am Main-Bern-New York 1992.

Krick, Ludwig Heinrich: Das ehemalige Domstift Passau und die ehemaligen Kollegiatstifte des Bistums Passau. Chronologische Reihenfolgen ihrer Mitglieder von der Gründung der Stifte bis zu ihrer Aufhebung, Passau 1922.

Krieg, Julius: Der Kampf der Bischöfe gegen die Archidiakone im Bistum Würzburg (Kirchenrechtliche Abhandlungen 82), Stuttgart 1914.

Krüger, Hans-Jürgen: Zu den Anfängen des Offizialats in Trier, in: Archiv für mittelrheinische Kirchengeschichte 29 (1977), 39–74.

Kuhn, Werner: Die Studenten der Universität Tübigen zwischen 1477 und 1534. Ihr Studium und ihre spätere Lebensstellung (Göppinger Akademische Beiträge 37/38), Göppingen 1971.

Kurrus, Theodor: Magister Johannes von Tunsel. Generalvikar und Offizial von Konstanz, in: Freiburger Diözesan-Archiv 88, 1968, 310–356.

Kurze, Dietrich: Der niedere Klerus in der sozialen Welt des späteren Mittelalters, in: Beiträge zur Wirtschafts- und Sozialgeschichte des Mittelalters. FS für Herbert Helbig zum 65. Geburtstag, hg. von Knut Schulz, Köln 1976, 273–305.

Kuttner, Stephan: Papst Honorius III. und das Studium des Zivilrechts, in: FS für Martin Wolff, Tübingen 1952, 79–101.

Ders.: Research on Gratian. Acta and Agenda. Proceedings Cambridge 1984 (Monumenta Iuris Canonici, Series C, Bd. 8) Città del Vaticano 1988, 3–26.

Lange, Hermann: Vom Adel des doctor, in: Das Profil des Juristen in der europäischen Tradition (Symposion aus Anlass des 70. Geburtstages von Franz Wieacker), hg. von Klaus Luig und Detlef Liebs, Ebelsbach 1980, 279–294.

Ders.: Die Anfänge der modernen Rechtswissenschaft. Bologna und das frühe Mittelalter (Abhandlungen der Geistes- und Sozialwissenschaftlichen Klasse. Akademie der Wissenschaften und der Literatur 9), Stuttgart 1993.

Lefebvre, Charles: Juges et savants en Europe (13e–16e s.). L'apport des juristes savants au développement de l'organisation judiciare, in: Ephemerides Iuris Canonici 12, Nrn. 1-4, (1966) 76–202 und 13, Nrn. 1-4, (1967) 9–61.

Le Goff, Jacques: Un étudiant tchèque à l'université de Paris au XIVe siècle, in: Revue des études slaves 24 (1948), 143–170.

Levresse, Pierre: Prosopographie du Chapitre de l'église cathédrale de Strasbourg de 1092–1593, in: Archives de l'église d'Alsace, N.S. 18, (1970), 1-40.

Ders.: L'officialité épiscopale de Strasbourg depuis ses origines à son transfert à Molsheim (1248–1597), Thèse, 1972, Ms., Univ. de Strasbourg, Institut de droit canonique.

Lieberich, Heinz: Die gelehrten Räte. Staat und Juristen in Baiern in der Frühzeit der Rezeption, in: ZBLG 27 (1964), S. 120–189.

Litewski, Wieslaw: Schiedsgerichtsbarkeit nach den ältesten ordines iudiciarii, in: Vom mittelalterlichen Recht zur neuzeitlichen Rechtswissenschaft. Bedingungen, Wege und Probleme der europäischen Rechtsgeschichte. Festschrift zum 70. Geburtstag von Winfried Trusen, hg. von Norbert Brieskorn u.a. (Rechts- und staatswissenschaftliche Veröffentlichungen der Görres-Gesellschaft; N.F. 72), Paderborn-München-Wien-Zürich 1994.

Löhr, Wolfgang: Kanonikerstift Münstereifel. Von den Anfängen der Stiftskirche bis zum Jahre 1550 (Veröffentlichungen des Vereins der Geschichts- und Heimatfreunde des Kreises Euskirchen e.V., A-Reihe, Heft 12), Euskirchen 1969.

Ludewig, P. Anton S. J.: Vorarlberger an in- und ausländischen Hochschulen vom Ausgange des XIII. bis zur Mitte des XVII. Jahrhunderts (Forschungen zur Geschichte Vorarlbergs und Liechtensteins 1), Bern-Bregenz-Stuttgart 1920.

Lundt, Bea: Die Entstehung der Universität als Männerwelt, in: Geschichte der Mädchen- und Frauenbildung, Bd. 1: Vom Mittelalter bis zur Aufklärung, hg. von Elke Kleinau und Claudia Opitz, Frankfurt-New York 1996, 103–118.

Luschin von Ebengreuth, Arnold: Oesterreicher an italienischen Universitäten zur Zeit der Rezeption des römischen Rechts, in: Blätter des Vereines für Landeskunde von Niederösterreich, N.F. (1880), 228–252, 401-420; (1881), 83–113, 250–264, 379-402, 417-428; (1882), 54–72, 236–273; (1883), 393-411, 490–516; (1884), 271–316, 431-446; (1885), 503–558.

Ders.: Nuovi documenti riguardanti la Nazione Alemanna nello Studio di Bologna, in: AMR 3, Vol. 2 (1883–84), 183–200.

Ders.: Quellen zur Geschichte deutscher Rechtshörer in Italien, in: Sitzungsberichte der philosophisch-historischen Klasse der kaiserlichen Akademie der Wissenschaften 113 (1886), 745–792; 124 (1891), 1–30.

Ders.: Vorläufige Mittheilungen über die Geschichte deutscher Rechtshörer in Italien, in: Sitzungsberichte der philosophisch-historischen Classe der kaiserlichen Akademie der Wissenschaften 127 (1892), 1–144.

Männl, Ingrid: Die gelehrten Juristen in den deutschen Territorien im späten Mittelalter, Ms. Diss. Giessen 1987.

Dies.: Die gelehrten Juristen im Dienste der Territorialherren im Norden und Nordosten des Reiches von 1250 bis 1440, in: Gelehrte im Reich, hg. von Rainer Chr. Schwinges, 269–290.

Malagola, Carlo: Monografie Storiche sullo Studio Bolognese (Athenaeum. Bibliotheca di storia della scuole e delle università 27), Bologna 1888 (= Ndr. Bologna 1979).

Ders.: Rettori e Vice Rettori delle Università dello Studio, in: ders., Monografie (siehe oben), 133–219.

Maleczek, Werner: Deutsche Studenten an Universitäten in Italien, in: Kommunikation und Mobilität im Mittelalter. Begegnungen zwischen dem Süden und der Mitte Europas (11.–14. Jahrhundert), hg. von Siegfried de Rachewiltz und Josef Riedmann, Sigmaringen 1995, 77–96.

Marchal, Guy P.: Die Dom- und Kollegiatstifte in der Schweiz, in: HS II/2, 27–102.

Marongiu, Antonio: A proposito dell'Auth. 'Habita', in: Atti del convegno internazionale di studî Accursiani, Bologna, 21–26 Ottobre 1963, hg. von Guido Rossi, 3 Bde., Milano 1968, Bd. 1, 99–113.

Marti, Berthe Marie: The Spanish College at Bologna in the Fourteenth Century (University of Pennsylvania Press), Philadelphia 1966.

Maurer, Helmut: Das Stift St. Stephan in Konstanz (GS NF 15, Bistum Konstanz 1), Berlin-New York 1981.

May, Georg: Die Geistliche Gerichtsbarkeit des Erzbischofs von Mainz im Thüringen des späten Mittelalters (Erfurter Theologische Studien 2), Leipzig 1956.

Meier, Rudolf: Die Domkapitel zu Goslar und Halberstadt in ihrer persönlichen Zusammensetzung im Mittelalter mit Beiträgen über die Standesverhältnisse der bis zum Jahre 1200 nachweisbaren Hildesheimer Domherren (Studien zur Germania Sacra 1), Göttingen 1967.

Meier, Ulrich: *Ad incrementum rectae gubernationis*. Zur Rolle der Kanzler und Stadtschreiber in der politischen Kultur von Augsburg und Florenz in Spätmittelalter und Früher Neuzeit, in: Gelehrte im Reich, hg. von R. Chr. Schwinges, 477–503.

Meuthen, Erich: Kölner Universitätsgeschichte, Bd. 1: Die alte Universität, Köln-Wien 1988.

Meyer, Andreas: Zürich und Rom. Ordentliche Kollatur und päpstliche Provision am Frau- und Grossmünster 1316–1525 (Bibliothek des Deutschen Historischen Institus in Rom 64), Tübingen 1986.

Ders.: Das Wiener Konkordat von 1448 – eine erfolgreiche Reform des Spätmittelalters, in: QFIAB 66 (1986), 108–152.

Ders.: Spätmittelalterliches Benefizialrecht im Spannungsfeld zwischen päpstlicher Kurie und ordentlicher Kollatur. Forschungsansätze und offene Fragen, in: Proceedings of the Eighth International Congress of Medieval Canon Law, San Diego, Universitiy of California at La Jolla, 21–27 August 1988 (Monumenta Iuris Canonici, Series C: Subsidia 9), Città del Vaticano 1992, 247–262.

Miethke, Jürgen: Die Studenten, in: Unterwegssein im Spätmittelalter, hg. von Peter Moraw (Beihefte der ZHF 1), 1985, 49–70.

Ders.: Die Kirche und die Universitäten im 13. Jahrhundert, in: Schulen und Studium, hg. von J. Fried, 285–320.

Ders.: Die Welt der Professoren und Studenten an der Wende vom Mittelalter zur Neuzeit, in: Historiographie am Oberrhein im späten Mittelalter und in der Frühen Neuzeit, hg. von Kurt Andermann (Oberrheinische Studien 7), Sigmaringen 1988, 11–33.

Ders.: Karrierechancen eines Theologiestudiums im späteren Mittelalter, in: Gelehrte im Reich, hg. von Rainer Chr. Schwinges, 181–209.

Millet, Hélène und Elisabeth **Mornet** (Hgg.): I canonici al servizio dello Stato in Europa secoli XIII-XIV, Modena 1992.

Mötsch, Johannes: Genealogie der Grafen von Sponheim, in: Jahrbuch für westdeutsche Landesgeschichte 13 (1987), 63–179.

Moraw, Peter: Beamtentum und Rat König Ruprechts, in: ZGO 116 (1968), 59–126.

Ders.: Kanzlei und Kanzleipersonal König Ruprechts, in AD 15 (1969), 428–521.

Ders.: Personenforschung und deutsches Königtum, in: ZHF 2 (1975), 7–18.

Moraw, Peter: Zur Sozialgeschichte der deutschen Universität im späten Mittelalter, in: Giessener Universitätsblätter 8, Heft 2 (1975), 44–60.

Ders.: Räte und Kanzlei, in: Karl IV. Staatsmann und Mäzen, hg. von Ferdinand Seibt, München 1978, 285–292.

Ders.: Wesenszüge der „Regierung" und „Verwaltung" des deutschen Königs im Reich (ca. 1350–1450), in: Histoire comparée de l'administration IVe-XVIIIe siècles), hg. von Werner Paravicini und Karl Ferdinand Werner, München 1980, 149–167.

Ders.: Heidelberg: Universität, Hof und Stadt im ausgehenden Mittelalter, in: Studien zum städtischen Bildungswesen des späten Mittelalters und der frühen Neuzeit, hg. von Bernd Moeller u. a. (Abhandlungen der Akademie der Wissenschaften Göttingen, Phil.-hist. Klasse 3, Folge Nr. 137), 1983, 524–552.

Ders.: Von offener Verfassung zu gestalteter Verdichtung. Das Reich im späten Mittelalter 1250–1490 (Propyläen Geschichte Deutschlands 3), Frankfurt am Main/Berlin 1985; zitiert nach: Propyläen Studienausgabe, Frankfurt am Main/Berlin 1989.

Ders.: Gelehrte Juristen im Dienste der deutschen Könige des späten Mittelalters (1273–1493), in: Die Rolle der Juristen bei der Entstehung des modernen Staates, hg. von Roman Schnur, Berlin, 1986, 77–147.

Ders.: Die Juristenuniversität in Prag (1372–1419), verfassungs- und sozialgeschichtlich betrachtet, in: Schulen und Studium, hg. von Johannes Fried (VuF 30), Sigmaringen 1986, 439-486.

Ders.: Die Universität Prag im Mittelalter, in: Die Universität zu Prag (Schriften der süddeutschen Akademie der Wissenschaften und Künste 7), München 1986, 9–134.

Ders.: Über Entwicklungsunterschiede und Entwicklungsausgleich im deutschen und europäischen Mittelalter. Ein Versuch, in: Hochfinanz, Wirtschaftsräume, Innovationen, FS für Wolfgang von Stromer, hg. von Uwe Bestmann u.a., 3 Bde., Trier 1987, Bd 2, 583–622.

Ders.: Der Lebensweg der Studenten, in: Geschichte der Universität in Europa, Bd. 1, hg. von W. Rüegg, München 1993, 225–254.

Ders.: Das spätmittelalterliche Universitätssystem in Europa – sozialgeschichtlich betrachtet, in: Wissensliteratur im Mittelalter und in der frühen Neuzeit, hg. von Horst Brunner und Norbert Richard (Wissensliteratur im Mittelalter 13), Wiesbaden 1993, 9–25.

Ders.: Die Hohe Schule in Krakau und das europäische Universitätssystem um 1400, in: Studien zum 15. Jahrhundert, FS für Erich Meuthen, hg. von Joachim Helmrath u.a., Köln 1994, 521–539.

Ders.: Stiftspfründen als Elemente des Bildungswesens im spätmittelalterli-chen Reich. Studien zum weltlichen Kollegiatstift in Deutschland, hg. von Irene Crusius (Studien zur Germania Sacra 114), Göttingen 1995, 270–297.

Ders.: Improvisation und Ausgleich. Der deutsche Professor tritt ans Licht, in: Gelehrte im Reich, hg. von R. Chr. Schwinges, 309–326.

Mordek, Hubert: Das kirchliche Recht im Übergang von der Antike zum Mittelalter, in: Akten des 26. Deutschen Rechtshistorikertages 1986, hg. von Dieter Simon (Ius Commune, Sonderhefte; Studien zur Europäischen Rechtsgeschichte 30), Frankfurt/M. 1987, 455-464.

Morell, P. Gall: Rudolph von Liebegg, in: Der Geschichtsfreund 21 (1866), 122–143.

Morelli, Giovanna: De studio scolarium civitatis Bononie manutenendo. Gli statuti del comune (1335–1454) per la tutela dello studio e delle Università degli scolari, in: L'Archiginnasio 76 (1981), 79–165.

Dies.: I Collegi di Diritto nello Studio di Bologna fra XIV e XVII secolo, in: Il Carobbio 8 (1982), 250–258.

Morerod, Jean-Daniel: Le pays de Vaud et les universités dès 1300, in: Écoles et vie intellectuelle à Lausanne au Moyen Âge, hg. von A. Paravicini Bagliani, 25–71.

Moser, Peter: Das Kanzleipersonal Kaiser Ludwigs des Bayern in den Jahren 1330–1347 (Münchener Beiträge zur Mediävistik und Renaisance-Forschung 37), München 1985.

Müller, Rainer A.: Universität und Adel. Eine soziostrukturelle Studie zur Geschichte der bayerischen Landesuniversität Ingolstadt 1472–1648 (Ludovico Maximilianea. Universität Ingolstadt-Landshut-München. Forschungen und Quellen, Forschungen 7), Berlin 1974.

Müller-Volbehr, Jörg: Die geistlichen Gerichte in den Braunschweig-Wolfenbüttelschen Landen (Göttinger Studien zu Rechtsgeschichte 3), Göttingen-Zürich-Frankfurt 1973.

Mussinghoff, Heinrich: Das bischöfliche Offizialat Münster. Anmerkungen zu seiner Geschichte, in: Iustus Iudex. Festgabe für Paul Wesemann zum 75. Geburtstag von seinen Freunden und Schülern, hg. von Klaus Lüdicke, H. Mussinghoff u.a., Essen 1990, 143–182.

Muther, Theodor: Deutsche Rechtsstudenten auf ausländischen Hoch-schulen bis 1500, in: Zur Geschichte der Rechtswissenschaft und der Universitäten in Deutschland. Gesammelte Aufsätze von D. Theodor Muther, Jena 1876 (Ndr. Amsterdam 1961), 399-411.

Nehlsen-von Stryk, Karin: Der römisch-kanonische Zivilprozess in der gesellschaftlichen Realität des 13. Jahrhunderts, in: Die Bedeutung der Wörter. Studien zur europäischen Rechtsgeschichte. FS für Sten Gagnér zum 70. Geburtstag, hg. von Michael Stolleis u.a., München 1991.

Nörr, Knut Wolfgang: Ein Kapitel aus der Geschichte der Rechtsprechung: Die Rota Romana, in: Ius Commune 5 (1975), 192–209.

Noohan, John T., Jr.: Gratian slept here: The changing identity of the father of the systematic study of Canon Law, in: Traditio 35 (1979), 145–172.

Oediger, Friedrich Wilhelm: Über die Bildung der Geistlichen im späten Mittelalter (Studien und Texte zur Geistesgeschichte des Mittelalters 2), Leiden-Köln 1953.

Orlandelli, Gianfranco: Il libro a Bologna dal 1300 al 1330. Documenti con uno studio su il contratto di scrittura nella dottrina notarile bolognese (Studi e Ricerche di Storia e scienze Ausiliare 1), Bologna 1959.

Ders.: Die handschriftlichen Texte, in: Alma Mater Librorum. Nove secoli di editoria bolognese per l'Università, Bologna 1988.

Oswald, Stefan: Die Natio Germanica. Fünfhundert Jahre deutsches Studentenleben in Bologna (Acta Germanica 6 – Quaderni dell'Istituto di Cultura Germanica di Bologna), Bologna 1996.

Ott, Emil: Beiträge zur Receptions-Geschichte des römisch-canonischen Processes in den böhmischen Ländern, Leipzig 1879.

Ders.: Das Eindringen des kanonischen Rechts, seine Lehre und wissenschaftliche Pflege in Böhmen und Mähren während des Mittelalters, in: ZRG 34, KA 3 (1913), 1–107.

Otte, Gerhard: Dialektik und Jurisprudenz. Untersuchungen zur Methode der Glossatoren (Ius Commune, Sonderheft 1), Frankfurt 1971.

Ders.: Die Rechtswissenschaft, in: Die Renaissance der Wissenschaften im 12. Jahrhundert (Zürcher Hochschulforum 2), Zürich 1981, 123–142.

Ottnand, Bernd: Kanzleramt und Kanzler der Fürstbischöfe von Konstanz, in: FDA 105 (1985), 249–281.

Paarhammer, Hans: Rechtsprechung und Verwaltung des Salzburger Offizialates (1300–1569). (Dissertationen der Universität Salzburg 8), Wien 1977.

Pace, Giacomo: 'Garnerius Theutonicus'. Nuove fonti su Irnerio e i 'quattro dottori', in: RIDC 2 (1991), 123–133.

Paravicini Bagliani, Agostino (Hg.): Écoles et vie intellectuelle à Lausanne au Moyen Âge (Études et documents pour servir à l'histoire de l'Université de Lausanne 12), Lausanne 1987.

Parisse, Michel: Noblesse et chevalerie en Lorraine médiévale. Les familles nobles du XIe au XIIIe siècle, Nancy 1982.

Pauly, Ferdinand: Das Stift St. Kastor in Karden an der Mosel (GS NF 19, Erzbistum Trier 3), Berlin-NewYork 1986.

Pennington, Kenneth: Learned Law, Droit Savant, Gelehrtes Recht': The Tyranny of a Concept, in: RIDC 5 (1994), 197–199.

Perez Martin, Antonio: Il Corpus Scholarium Bononiensium, in: Bolletino informativo dell'Istituto Giuridico Spagnolo in Roma 17 (1969), 7–11.

Ders.: Büchergeschäfte in Bologneser Regesten aus den Jahren 1265–1350, in: Ius Commune 7 (1978), 7-49.

Perlbach, Max: Prussia scholastica. Die Ost- und Westpreussen auf den mittelalterlichen Universitäten, Braunsberg 1895.

Pfotenhauer, P.: Schlesier auf der Universität Bologna, in: Zeitschrift des Vereins für Geschichte und Altertum Schlesiens 28 (1894), 433-446 und 29 (1895), 268–278.

Pini, Antonio Ivan: L'arte del cambio a Bologna nel XIII secolo, in: L'Archiginnasio 57 (1962), 20–81.

Ders.: Problemi di demografia bolognese del Duecento, in: AMR, N.S. 17–19 (1969), 147–222.

Ders.: La presenza dello studio nell'economia di Bologna medievale, in: L'Università a Bologna. Personaggi, momenti e luoghi dalle origine al XVI secolo, hg. von. O. Capitani, Bologna 1987, 85–111.

Ders.: Studenti e vita studentesca, in: Studenti e Università degli Studenti dal XII al XIX secolo (SMUB, N.S. 7), Bologna 1988, 47–136.

Plessi, Giuseppe: Araldica ultramontana a Bologna (1393–1660) dal Fondo Malvezziano della Nazione Germanica (Acta Germanica 3), Bologna 1980.

Rashdall, Hastings: The Universities of Europe in the Middle Ages, hg. von F. M. Powicke und A. B. Emden, 3 Bde., Oxford 1936, Bd. I: Salerno-Bologna-Paris.

Das **Reichsland** Elsass-Lothringen. Landes- und Ortsbeschreibungen, hg. vom statistischen Bureau des Ministeriusm für Elsass-Lothringen, 3 Teile, Strassburg 1901–1903.

Reininger, Nikolaus: Die Archidiacone, Offiziale und Generalvicare des Bisthums Würzburg. Ein Beitrag zur Diözesangeschichte, in: Archiv des Historischen Vereins von Unterfranken und Aschaffenburg 28 (1885), 1–265.

Renardy, Christine: Le monde des maîtres universitaires du diocèse de Liège 1140–1350. Recherche sur sa composition et ses activités (Bibliothèque de la Faculté de Philosophie et Lettres de l'Université de Liège 227), Paris 1979.

Dies.: Les Maîtres universitaires dans le diocèse de Liège. Répertoire biographique (1140–1350). (Bibliothèque de la Faculté de Philosophie et Lettres de l'Université de Liège 232), Paris 1981.

Rexroth, Frank: Karriere bei Hof oder Karriere an der Universität? Der Freiburger Gründungsrektor Mätthäus Hummel zwischen Selbst- und Fremdbestimmung, in: ZGO 141, N.F. 102, (1993), 155–183.

Ders.: Finis sicientie nostre est regere. Normenkonflikte zwischen Juristen und Nichtjuristen an den spätmittelalterlichen Universitäten Köln und Basel, in: ZHF 21 (1994), 315–344.

de Ridder-Symoens, Hilde: Deutsche Studenten an italienischen Rechtsfakultäten. Ein Bericht über unveröffentlichtes Quellen- und Archivmaterial, in: Ius Commune 12 (1984), 287–315.

Dies.: Possibilités de carrière et de moblité sociale des intellectuels-universitaires au moyen âge, in: Medieval Lives and the Historian. Studies in Medieval Prosopography, hg. von Neithard Bulst und Jean-Philippe Genet, Kalamazoo 1986, 343–357.

Dies.: La place de l'Université, de Bologne dans la mobilité des étudiants européens, in: Universitates e Università. Atti del convegno, Bologna 16–21 Novembre 1987, Bologna 1995, 83–92.

Dies.: Training and Professionalization, in: Power Elites and State Building. The Origins of the Modern State in Europe, 13th–18th Centuries, hg. von Wolfgang Reinhart, Oxford 1996, 149–172.

Riedner, Otto: Das Speierer Offizialatsgericht im dreizehnten Jahrhundert, in: Mitteilungen des Historischen Vereins der Pfalz 29/30 (1907), 1–107.

Ristelhuber, Paul: Strasbourg et Bologne. Recherches biographiques et littéraires sur les étudiants alsaciens immatriculés à l'Université de Bologne de 1289 à 1562, Paris 1891.

Röpcke, Andreas: Das Eutiner Kollegiatstift im Mittelalter 1309–1535 (Quellen und Forschungen zur Geschichte Schleswig-Holsteins 71), Neumünster 1977.

Rossi, Guido: „Universitas scholarium" e comune (sec. XII-XIV), in: SMUB N.S. 1 (1956), 173–266.

Sablonier, Roger: Adel im Wandel. Eine Untersuchung zur sozialen Situation des ostschweizerischen Adels um 1300 (Veröffentlichungen des Max-Planck-Instituts für Geschichte 66), Göttingen 1979.

Sällström, Åke: Bologna och Norden intill Avignonpåvedömets tid, Lund 1957.

Samulski, Robert: Untersuchungen über die persönliche Zusammensetzung des Breslauer Domkapitels im Mittelalter bis zum Tode des Bischofs Nanker (1341), Teil 1 (Historisch-Diplomatische Forschungen 6), Weimar 1940.

Sandermann, Wolfgang: Die Herren von Hewen und ihre Herrschaft. Ein Beitrag zur politischen Geschichte des schwäbischen Adels (Forschungen zur oberrheinischen Landesgeschichte 3), Freiburg/Br. 1956.

Santifaller, Leo: Das Brixner Domkapitel in seiner persönlichen Zusammensetzung im Mittelalter (Schlern-Schriften 7), Innsbruck 1924.

von Savigny, Friedrich Carl: Geschichte des Römischen Rechts im Mittelalter, 6 Bde., Heidelberg 1822.

Schindler, Gerhard: Das Breslauer Domkapitel von 1341–1417. Untersuchungen über die Verfassungsgeschichte und persönliche Zusammensetzung. Diss. Breslau, Teildruck Breslau 1937.

Schmidt, Tilmann: Ein Studentenhaus in Bologna zwischen Bonifaz VIII. und den Colonna, in: QFIAB 67 (1987), 108–141.

Schmidt-Bleibtreu, Wilhelm: Das Stift St. Severin in Köln (Studien zur Kölner Kirchengeschichte 16), Siegburg 1982.

Schmugge, Ludwig: „Codicis Iustiniani et Institutionum baiulus" – eine neue Quelle zu Magister Pepo von Bologna, in: Ius Commune 6 (1977), 1–9.

Ders.: Über nationale Vorurteile im Mittelalter, in: DA 38 (1982), 439–459.

Ders.: Schleichwege zu Pfründe und Altar. Päpstliche Dispense vom Geburtsmakel, in: HZ 257, Heft 3 (1993), 615–645; wieder abgedruckt in den Schriften des Historischen Kollegs München, Vorträge 37, München 1994, 5–35.

Ders., Béatrice **Wiggenhauser** und Patrick **Hersperger** (Hgg.): Die Supplikenregister der päpstlichen Pönitentiarie aus der Zeit Pius' II. (1448–1464). (Bibliothek des Deutschen Historischen Institus in Rom 84), Tübingen 1996.

Schmutz, Jürg: Erfolg oder Misserfolg. Die Supplikenrotuli der Universitäten Heidelberg und Köln 1389–1425 als Instrumente der Studienfinanzierung, in: ZHF 23/2 (1996), 145–167.

Ders.: Notariatsakten als prosopographische Quelle für die Universitätsgeschichte. Ein Neuansatz zur Auswertung der Memoriali del Comune von Bologna, in: QFIAB 76 (1996), 125–146.

Scholz, Klaus: Das Stift Alter Dom St. Pauli in Münster (GS NF 33, Bistum Münster 6), Berlin-New York 1995.

Schott, Clausdieter: Wir Eidgenossen fragen nicht nach Bartele und Baldele ..., in: Gerichtslauben-Vorträge. Freiburger Festkolloquium zum fünfundsiebzigsten Geburtstag von Hans Thieme, hg. von Karl Kroeschell, Sigmaringen 1983, 17-45.

Schrader, Gerhard: Die bischöflichen Offiziale Hildesheims und ihre Urkunden im späten Mittelalter (1300–1600), in: Archiv für Urkundenforschung 13 (1935), 91–176.

Schuchard, Christiane: Die Deutschen an der päpstlichen Kurie im späten Mittelalter (1378–1447). (Bibliothek des Deutschen Historischen Instituts in Rom 65), Tübingen 1987.

Schuler, Peter-Johannes: Geschichte des südwestdeutschen Notariats von den Anfängen bis zur Reichsnotariatsordnung von 1512 (Veröffentlichungen des Alemannischen Instituts Freiburg/Br. 39), Bühl 1976.

Ders.: Südwestdeutsche Notarszeichen. Mit einer Einleitung über die Geschichte des deutschen Notarszeichens (Konstanzer Geschichts- und Rechtsquellen 22), Sigmaringen 1976.

Schulte, Aloys: Der Adel und die deutsche Kirche im Mittelalter. Studien zur Sozial-, Rechts- und Kirchengeschichte, Stuttgart 1922[2] (Ndr. Darmstadt 1958).

Schwarz, Brigide: Über Patronage und Klientel in der spätmittelalterlichen Kirche am Beispiel des Nikolaus von Kues, in: QFIAB 68 (1988), 284–310.

Schwinges, Rainer Chr.: Deutsche Universitätsbesucher im späten Mittelalter. Methoden und Probleme ihrer Erforschung, in: Politische Ordnungen und soziale Kräfte im Alten Reich, hg. von H. Weber, Wiesbaden 1980, 37–51.

Ders.: Pauperes an deutschen Universitäten des 15. Jahrhunderts, in: ZHF 8 (1981), 285–309

Ders.: Immatrikulationsfrequenz und Einzugsbereich der Universität Giessen 1650–1800. Zur Grundlegung einer Sozialgeschichte der Giessener Studenten, in: Academia Gissensis, hg. von Peter Moraw und Volker Press (Veröffentlichungen der Historischen Kommission für Hessen 45), Marburg 1982, 247–295.

Ders.: Studentische Kleingruppen im späten Mittelalter. Ein Beitrag zur Sozialgeschichte deutscher Universitäten, in: Politik, Gesellschaft, Geschichtsschreibung. Giessener Festgabe für F. Graus zum 60. Geburtstag, hg. von H. Ludat und R. Chr. Schwinges (Beihefte zum Archiv für Kulturgeschichte 18), Köln-Wien 1982, 319–361.

Schwinges, Rainer Chr.: Deutsche Universitätsbesucher im 14. und 15. Jahrhundert. Studien zur Sozialgeschichte des Alten Reiches (Veröffentlichungen des Instituts für Europäische Geschichte Mainz 123: Abteilung Universalgeschichte), (Beiträge zur Sozial- und Verfassungsgeschichte des Alten Reiches 6), Stuttgart 1986.

Ders.: Zur Prosopographie studentischer Reisegruppen im 15. Jahrhundert, in: Medieval Lives and the Historian. Studies in Medieval Prosopography, hg. von Neithard Bulst und Jean-Philippe Genet, Kalamazoo 1986, 333–341.

Ders.: Rektorwahlen. Ein Beitrag zur Verfassungs- Sozial- und Universitätsgeschichte des alten Reiches im 15. Jahrhundert (Vorträge und Forschungen, Sonderband 38), Sigmaringen 1992.

Ders.: Erfurts Universitätsbesucher im 15. Jahrhundert. Frequenz und räumliche Herkunft, in: Zur Geschichte der Universität Erfurt, hg. von Horst Rudolf Abe und Jürgen Kiefer (Sonderschriften der Akademie gemeinnütziger Wissenschaften zu Erfurt 21), Erfurt 1993, 19–39.

Ders.: Der Student in der Universität, in: Geschichte der Universität in Europa, Bd. 1, hg. von W. Rüegg, München 1993, 181–223.

Ders.: Europäische Studenten des späten Mittelalters, in: Die Universität in Alteuropa, hg. von. A. Patschovsky und H. Rabe, Konstanz 1994, S. 129–146.

Ders. (Hg.): Gelehrte im Reich. Zur Sozial- und Wirkungsgeschichte akademischer Eliten des 14. bis 16. Jahrhunderts (Beihefte der ZHF 18), Berlin 1996.

Šebánek, Jindrich und Saša **Duškova**: Das Urkundenwesen König Ottokars II. von Böhmen (2. Teil), in: AD 15 (1969), 251-427.

Sidler, Josef: Die Bildungsverhältnisse im Kanton Luzern mit besonderer Berücksichtigung des Klerus von ca. 1250 bis um 1530 (Beiheft Nr. 6 zum Geschichtsfreund), Stans 1970.

Silagi, Gabriel (Hg.): Landesherrliche Kanzleien im Spätmittelalter. Referate zum VI. Internationalen Kongress für Diplomatik, München 1983 (Münchener Beiträge zur Mediävistik und Renaissance-Forschung 35), 2 Bde., München 1984.

Soetermeer, Frank: La proportion entre civilistes et canonistes à l'université de Bologne vers 1270, in: El dret comú i Catalunya. „Ius proprium – Ius commune a Europa" Actes del III.er Simposi Internacional Homenatge al professor André Gouron, Barcelona, 5–7 de novembre de 1992, Barcelona 1993, 151–166.

Ders.: Utrumque ius in peciis. Aspetti della produzione libraria a Bologna fra Due e Trecento (Orbis Academicus, Saggi e Documenti di Storia delle Università, raccolti da Domenico Maffei 7), Milano 1997.

Sohn, Andreas: Deutsche Prokuratoren an der römischen Kurie in der Frührenasissance (1431–1474) (Norm und Struktur. Studien zum sozialen Wandel in Mittelalter und früher Neuzeit 8), Köln 1997.

Sonntag, Franz Peter: Das Kollegiatstift St. Marien zu Erfurt von 1117–1400. Ein Beitrag zur Geschichte seiner Verfassung, seiner Mitglieder und seines Wirkens (Erfurter Theologische Studien 13), Leipzig 1962.

Sorbelli, Albano: Storia della Università di Bologna, Bd. 1: Il Medievo, Bologna 1940 (= Ndr. Bologna 1987).

Ders.: La „nazione" nelle antiche università italitane e straniere, in: SMUB 16 (1943), 91–232.

Spagnesi, Enrico: Wernerius Bononiensis Iudex. La figura storica d'Irnerio (Accademia Toscana „La Colombaria", Studi 16), Florenz 1970.

Sprinkart, P. Alfons (OFMCap): Kanzlei, Rat und Urkundenwesen der Pfalzgrafen bei Rhein und Herzöge von Bayern 1294 bis 1314 (1317). Forschungen zum Regierungssystem Rudolfs I. und Ludwigs IV. (Forschungen zur Kaiser- und Papstgeschichte des Mittelalters. Beihefte zu J.F. Böhmer, Regesta Imperii 4), Köln-Wien 1986.

Steffen, Walter: Die studentische Autonomie im mittelalterlichen Bologna. Eine Untersuchung über die Stellung der Studenten und ihrer Universitas gegenüber Professoren und Stadtregierung im 13./14. Jahrhundert (Geist und Werk der Zeiten 58), Bern-Frankfurt am Main-Las Vegas 1981.

Stein, Peter G.: Römisches Recht und Europa. Die Geschichte einer Rechtskultur, Frankfurt 1996.

Steins, Achim: Der ordentliche Zivilprozess nach den Offizialatsstatuten. Ein Beitrag zur Geschichte des gelehrten Prozesses in Deutschland im Spätmittelalter, in: ZRG, KA 59 (1973), 191–262.

Stelling-Michaud, Sven: Etudiants vaudois à l'Université de Bologne de 1265 à 1300, in: Mélanges d'Histoire et de Littérature offerts à Charles Gilliard, Lausanne 1944, 187–204.

Ders.: Les étudiants valaisans à Bologne et la réception du droit romain au XIIIe siècle dans la diocèse de Sion, in: Vallesia 6 (1951), 59–85.

Ders.: L'université de Bologne et la pénétration des droits romain et canonique en Suisse aux XIIIe et XIVe siècles (Travaux d'Humanisme et Renaissance 17), Genève 1955.

Ders.: La «nation» de Bourgogne à l'université de Bologne du XXXe au XVIe siecle, in: Mémoires de la Societé pour l'Histoire du Droit et des Institutions des anciens pays bourguignons, comtois et romands 18 (1956), 7-43.

Ders.: Plan de recherche pour l'établissement d'un Corpus des étudiants européens (juristes, médecins, théologiens) ayant étudié à Bologne de 1270 à 1500, Bolletino storico-bibliografico subalpino 54 (1956), S. 191–195.

Ders.: Le transport international des manuscrits juridiques bolonais entre 1265 et 1320, in: Mélanges d'Histoire économique et sociale en hommage au professeur Antony Babel, Genève 1963, 95–127.

Ders. und Suzanne **Stelling-Michaud**: Les juristes Suisses à Bologne. Notices biographiques et regestes des actes bolonais (Travaux d'Humanisme et Renaissance 38), Genève 1960.

Stelzer, Winfried: Zum Scholarenprivileg Friedrich Barbarossas (Authentica „Habita"), in: DA 34, 1978, 123–165.

Ders.: Gelehrtes Recht in Österreich. Von den Anfängen bis zum frühen 14. Jahrhundert MIÖG Ergänzungsband 26), Wien-Köln-Graz 1982.

Ders.: Zur Kanzlei der Herzöge von Österreich aus dem Hause Habsburg, in: Landesherrliche Kanzleien im Spätmittelalter. Referate zum VI. Internationalen Kongress für Diplomatik, München 1983, hg. von Gabriel Silagi (Münchener Beiträge zur Mediävistik und Renais-sance-Forschung 35), 2 Bde., München 1984, 297–313.

Stintzing, Roderich: Geschichte der populären Literatur des römisch-kanonischen Rechts in Deutschland am Ende des fünfzehnten und im Anfang des sechszehnten Jahrhunderts, Leipzig 1867.

Stolleis, Michael: Juristenbeschimpfung, oder: Juristen, böse Christen, in: Politik - Bildung - Religion. Hans Maier zum 65. Geburtstag, hg. von Theo Stamm u. a., Paderborn-München-Wien-Zürich 1996, 163–170.

Struck, Wolf-Heino: Das Stift St. Lubentius in Dietkirchen (GS NF 22, Erzbistum Trier 4), Berlin-New York 1986.

Ders.: Die Stift St. Severus in Gemünden, St. Maria in Dietz mit ihren Vorläufern St. Petrus in Kettenbach, St. Adelphus in Salz (GS NF 25, Erzbistum Trier 5), Berlin-New York 1988.

Tadra, Ferdinand: Kanceláře a písaří v zemích Českých za králů z rodu lucemburského Jana, Karla IV. a Václava IV. (1310–1420), Prag 1892.

Tanaka, Mineo: La nation anglo-allemande de l'Université de Paris à la fin du Moyen Age, Paris 1990.

Tremp-Utz, Kathrin: Gedächtnis und Stand. Die Zeugenaussagen im Prozess um die Kirche von Hilterfingen (um 1312), in: Schweizerische Zeitschrift für Geschichte 36 (1986), 157–203.

Trio, Paul: Financing of University Students in the Middle Ages. A New Orientation, in: History of Universities 4 (1984), 1–24.

Trombetti Budriesi, Anna Laura: L'Esame di Laurea presso lo Studio Bolognese. Laureati in Diritto Civilie nel Secolo XV, in: SMUB N.S. 7 (1988), 137–191.

Trusen, Winfried: Anfänge des gelehrten Rechts in Deutschland. Ein Beitrag zur Geschichte der Frührezeption (Recht und Geschichte 1), Wiesbaden 1962.

Ders.: Forum internum und gelehrtes Recht im Spätmittelalter. Summae confessorum und Traktate als Wegbereiter der Rezeption, in: ZRG 88, KA 57 (1971), 84–126.

Ders.: Aus den Anfängen des Würzburger Offizialats. Zum 700. Jahre seines Bestehens, in: Würzburger Diözesan-Geschichtsblätter 37/38 (1975), 321–335.

Ders.: Advocatus – zu den Anfängen der gelehrten Anwaltschaft in Deutschland und ihren rechtlichen Grundlagen, in: Um Recht und Freiheit, FS für Friedrich August Freiherr von der Heydte zur Vollendung seines 70. Lebensjahrs, hg. von Heinrich Kipp, Franz Mayer und Armin Steinkamm, Berlin 1977, 1235–1248.

Tuillier, André: Histoire de l'Université de Paris et de la Sorbonne, Bd. 1: Des origines à Richelieu, Paris 1994.

Uiblein, Paul: Beiträge zur Frühgeschichte der Universität Wien, in: MIÖG 71 (1963), 284–310.

Ders.: Die Beziehungen der Wiener Universität zu anderen Universitäten im Mittelalter, in: The Universities in the late Middle Ages, hg. von Jozef Ijsewijn und Jacques Paquet (Mediaevalia Lovaniensia 1/6), Louvain 1978.

Les **Universités** européennes du XIVe au XVIIIe siècle. Aspects et problèmes. Actes du Colloque international à l'occasion du VIe Centenaire de l'Université Jagellonne de Cracovie 6–8 Mai 1964, hg. von der Commission Internationale pour l'Histoire des Universitaires (Etudes et documents publiés par l'Institut d'Histoire de la Faculté des Lettres de l'Université de Genève 4), Genf 1967.

Vasella, Oskar: Untersuchungen über die Bildungsverhältnisse im Bistum Chur mit besonderer Berücksichtigung des Klerus. Vom Ausgang des 13. Jahrhunderts bis um 1500 (62. Jahresbericht der Historisch-Antiquarischen Gesellschaft von Graubünden), Chur 1932.

Vasina, Augusto: Lo „studio" nei rapporti colle realtà cittadine e il mondo esterno nei secoli XII-XIV, in: L'Università a Bologna. Personaggi, momenti e luoghi dalle origine al XVI secolo, hg. von. O. Capitani, Bologna 1987, 29–59.

Verger, Jacques: Géographie universitaire et mobilité étudiante au Moyen Âge: quelques remarques, in: Écoles et vie intellectuelle à Lausanne au Moyen Âge, hg. von Agostino Paravicini Bagliani, (Études et documents pour servir à l'histoire de l'Université de Lausanne 12), Lausanne 1987, 11–23.

Ders.: Sven Stelling-Michaud and the History of Universities, in: History of Universities 8 (1989), 201–210.

Ders.: Grundlagen, in: Geschichte der Universität in Europa, hg. von W. Rüegg, 49–80.

Ders.: Die Universitätslehrer, ebd., 139–157.

Ders.: Etudiants et gradués allemands dans les universités françaises du XIVe au XVIe siècle, in: Gelehrte im Reich, hg. von Rainer Chr. Schwinges (Beihefte der ZHF 18), Berlin 1996, 23-40.

Ders.: Les gens de savoir en Europe à la fin du Moyen Age, Paris 1997.

De Vergottini, Giovanni: Lo Studio di Bologna, l'Impero, il Papato, in: SMUB N.S. 1 (1956), 19–95.

Wagner, Hans und Herbert **Klein**: Salzburgs Domherren von 1300 bis 1514, in: Mitteilungen der Gesellschaft für Salzburger Landeskunde 92 (1952), 1–81.

Walliser, Peter: Römischrechtliche Einflüsse im Gebiet des heutigen Kantons Solothurn vor 1500 (Ius Romanum in Helvetia 2), Basel-Stuttgart 1965.

Walther, Helmut G.: Die Anfänge des Rechtsstudiums und die kommunale Welt Italiens, in: Schulen und Studium, hg. von Johannes Fried, 121–162.

Wedekind, R.: Hamburger auf der Universität Bologna 1289–1562, in: Zeitschrift für Niederdeutsche Familienkunde 45 (1970), 166–167.

Weigle, Fritz: Deutsche Studenten in Italien, in: QFIAB 32 (1942), 110–188.

Ders.: Die „Deutschen Nationen" an den italienischen Universitäten des Mittelalters und bis 1800, in: Einst und jetzt 2 (1957), 12–22.

Weiler, Anton G.: Les relations entre l'université de Louvain et l'université de Cologne au XVe siècle, in: The Universities in the Late Middle Ages, hg. von Jozef Ijsewijn und Jacques Paquet, 49–81.

Weisert, Hermann: Die Dekane der Juristischen Fakultät, in: Semper Apertus, hg. von W. Doerr, 341–355.

Wendehorst, Alfred: Wer konnte im Mittelalter lesen und schreiben?, in: Schulen und Studium, hg. von J. Fried, 9–33.

Ders.: Das Stift Neumünster in Würzburg (GS NF 26, Bistum Würzburg 4), Berlin-New York 1989.

Wentz, Gottfried: Das Bistum Havelberg (GS AF, Die Bistümer der Kirchenprovinz Magdeburg 2), Berlin 1933 (Ndr. Berlin 1963)

Wentz, Gottfried und Berent **Schwineköper**: Die Bistümer der Kirchenprovinz Magdeburg (GS AF, Erzbistum Magdeburg), 2 Bde., Berlin-New York 1972.

Wieacker, Franz: Privatrechtsgeschichte der Neuzeit unter besonderer Berücksichtigung der deutschen Entwicklung, Göttingen 1967[2].

Wiggenhauser, Béatrice: Klerikale Karrieren. Das ländliche Chorherrenstift Embrach und seine Mitglieder im Mittelalter, Zürich 1997.

Willoweit, Dietmar: Das juristische Studium in Heidelberg und die Lizentiaten der Juristenfakultät von 1386 bis 1436, in: Semper Apertus, hg. von W. Doerr u.a., 6 Bde., Berlin-Heidelberg 1985, Bd. 1, 85–135.

Ders.: Rezeption und Staatsbildung im Mittelalter, in: Akten des 26. Deutschen Rechtshistorikertages, Frankfurt am Main, 22.bis 26. September 1986 (Ius Commune, Sonderheft 30), Frankfurt am Main 1987, 19-44.

Ders.: Juristen im mittelalterlichen Franken. Ausbreitung und Profil einer Elite, in: Gelehrte im Reich, hg. von Rainer Chr. Schwinges, 225–267.

Worstbrock, Franz Josef: Libri pauperum. Zu Entstehung, Struktur und Gebrauch einiger mittelalterlicher Buchformen der Wissensliteratur seit dem 12. Jahrhundert, in: Der Codex im Gebrauch (Akten des Internationalen Kolloquiums 11.–13. Juni 1992), hg. von Christel Meier, Dagmar Hüpper und Hagen Keller (Münstersche Mittelalter-Schriften 70), München 1996, 41–60.

Wriedt, Klaus: Das gelehrte Personal in der Verwaltung und Diplomatie der Hansestädte, in: Hansische Geschichtsblätter 96 (1978), 15–37.

Ders.: Bürgertum und Studium in Norddeutschland während des Spätmittelalters, in: Schulen und Studium, hg. von J. Fried, 487–525.

Ders.: Gelehrte in Gesellschaft, Kirche und Verwaltung norddeutscher Städte, in: Gelehrte im Reich, hg. von R. Chr. Schwinges, 437-452.

Zaccagnini, Guido: La vita dei maestri e degli scolari nello studio di Bologna nei secoli XIII e XIV (Biblioteca dell'«Archivum Romanicum», Serie I: Storia-Letteratura-Paleografia 5), Genf 1926.

Zahnd, Urs Martin: Die Bildungsverhältnisse in den bernischen Ratsgeschlechtern im ausgehenden Mittelalter. Verbreitung, Charakter und Funktion der Bildung in der politischen Führungsschicht einer spätmittelalterlichen Stadt (Schriften der Berner Burgerbibliothek 14), Bern 1979.

Ders.: Studium und Kanzlei. Der Bildungsweg von Stadt- und Ratsschreibern in eidgenössischen Städten des ausgehenden Mittelalters, in: R. Chr. Schwinges (Hg.), Gelehrte im Reich, 453-476.

Zeilinger, Kurt: Das erste Roncaglische Lehensgesetz Friedrich Barbarossas, das Scholarenprivileg (Authentica *Habita*) und Gottfried von Viterbo, in: Römische Historische Mitteilungen 26 (1984), 191–217.

11. Personen- und Ortsregister